U0922181

北京商务年鉴

（2018）

北京市商务局　编

中国商务出版社

图书在版编目(CIP)数据

北京商务年鉴. 2018 / 北京市商务局编. — 北京 :
中国商务出版社，2018.11
ISBN 978-7-5103-2665-3

Ⅰ.①北… Ⅱ.①北… Ⅲ.①商务—北京—2018—年
鉴 Ⅳ.①F727.1-54

中国版本图书馆 CIP 数据核字(2018)第 249933 号

北京商务年鉴(2018)
BEIJING SHANGWU NIANJIAN (2018)
北京市商务局 编

出　　版：中国商务出版社
地　　址：北京市东城区安外东后巷 28 号　　邮　　编：100710
责任部门：经管与人文社科事业部（010-64255862 cctpress@163.com）
责任编辑：孙　梅
直销客服：010-64255862
传　　真：010-64255862
总 发 行：中国商务出版社发行部（010-64266193 64515150）
网购零售：中国商务出版社淘宝店（010-64286917）
网　　址：http://www.cctpress.com
网　　店：http://cctpress.taobao.com
邮　　箱：cctp@cctpress.com
排　　版：金奥都科技发展中心
印　　刷：北京墨阁印刷有限公司
开　　本：889 毫米×1194 毫米　1/16
印　　张：26.5　　字　　数：564 千字
版　　次：2018 年 11 月第 1 版　　印　　次：2018 年 11 月第 1 次印刷
书　　号：ISBN 978-7-5103-2665-3
定　　价：150.00 元

《北京商务年鉴（2018）》编辑委员会

《北京商务年鉴（2018）》编辑部

编　辑　说　明

一、《北京商务年鉴（2018）》（以下简称《年鉴》）由北京市商务局《年鉴》编辑委员会编纂，是本市商务领域唯一的权威性、综合性年鉴。该书的前身——《北京商务概览》创刊于2003年，2004年分为外经贸卷和内贸卷。2005年将两卷合一，更名为《北京商务年鉴》，并由内部刊印改为公开出版发行。

二、《年鉴》全面、系统地记述了上年北京市商务领域的基本情况和取得的成就。封面年号“2018”表示本期《年鉴》于2018年出版，主要包括2017年1月1日至12月31日期间的工作成果、相关数据，并在重要文献中涉及2018年全市商务工作安排。

三、《年鉴》的内容由商务部门各单位和海关、出入境检验检疫局、天竺综保区等单位提供，内容广泛，资料详实，数据准确，逐年出版，具有宝贵的文献保存价值。

四、《年鉴》不仅能为政府机关领导决策提供参考依据，也可为国内外商务领域和其他各界人士提供相关的法规、政策和数据资料。

五、创刊以来，《年鉴》承蒙供稿单位的大力支持，受到有关人士的欢迎和鼓励，在此谨致谢意，并希望继续得到各界人士的关心和支持。

《北京商务年鉴》编辑委员会

二〇一八年八月

Editor's Notes

Ⅰ. *Beijing Commercial Yearbook* (2018) (hereinafter abbreviated as the *Yearbook*), compiled by the editorial committee of the *Yearbook* of Beijing Municipal Bureau of Commerce, is the only authoritative and comprehensive yearbook in the commercial field in Beijing. The predecessor of the *Yearbook* is *Beijing Commercial Review* started publication in 2003. In 2004, the book was divided into two volume—Foreign Economy & Trade Volume and Domestic Trade Volume. In 2005, the two volumes were combined together as one book with the name *Beijing Commercial Yearbook*, which changed from a periodical for restricted circulation into a publicly published one.

Ⅱ. The *Yearbook* gives a comprehensive and systematic record of the basic situation and achievements in the commercial field in Beijing. "2018" in the cover means the *Yearbook* is published in 2018. The *Yearbook* mainly includes the achievements of work and related data from January 1 to December 31, 2017, and involves the commercial work arrangement of Beijing in 2018 in some important documents.

Ⅲ. The contents of the *Yearbook* come from various authorities of Commerce and other departments like the Customs, the Entry-Exit Inspection and Quarantine Bureau, and Beijing Tianzhu Free Trade Zone. With rich material, wide coverage and accurate data, the *Yearbook* is a valuable document.

Ⅳ. The *Yearbook* can not only provide reference for the leaders of government authorities to make decision but also provide the related materials of laws, regulations, policies and data for domestic and overseas personnel in the commercial field as well as other fields.

Ⅴ. We are deeply appreciative of the great support from the authorities providing articles, and the enthusiastic encouragement of the related personnel since the publication of the *Yearbook*. We hope we would be concerned and supported continuously in the future.

Editorial Committee of *Beijing Commercial Yearbook*

Aug. 2018

目　录

第一部分　重要文献

第二部分　法规、文件选编

第三部分 主要业务

第四部分 海关、检验检疫

第五部分　开发区、区商务

第六部分　统计资料

第七部分 大 事 记

第八部分 附 录

CONTENTS

Part Ⅰ Important Documents

Part Ⅱ Selection of Laws, Regulations and Documents

Part Ⅲ Main Work

Part IV Customs, Inspection and Quarantine

Part Ⅴ Commercial Affairs of Development Areas and Districts

Part Ⅵ Statistical Data and Materials

Part Ⅶ Major Events

Part Ⅷ Appendix

第一部分

重　要　文　献

程红副市长在2018年全市商务会议上的讲话

（2018年1月16日）

（根据讲话录音整理稿）

同志们：

今天我们在这里召开2018年北京市商务工作会议，在系统总结党的十八大以来首都商务五年工作的基础上，认真贯彻党的十九大以及中央经济工作会议要求，明确新时代首都商务工作发展的总体的思路和要求，并对2018年以及今后一个时期首都商务工作进行部署。立刚同志作了工作报告，提出了新时代首都商务工作发展的总体思路，特别是十项行动计划，以及2018年度六项重点任务，我都赞同，希望大家在工作中认真贯彻落实。会上有关区、部门、企业进行了交流发言，讲得也非常好。在今年的商务工作会上，我想采取一种“长镜头”方式，集中讲两个方面。

一、关于过去五年商务工作

党的十八大以来，在市委市政府的坚强领导下，全市商务系统深入贯彻落实习近平总书记对北京工作重要讲话精神，敢于担当，开拓创新，务实进取，出色完成了商务工作的各项任务。总体上，可以概括为三个“前所未有”。

（一）以前所未有的努力实现商务运行稳中有进

在新常态下，与全国其他主要城市相同，首都面临发展基数大、运行成本高、增长动力减弱等压力，北京自身还面临减量发展、转型发展的挑战。首都商务要实现稳定的增长，有很大的难度，特别是在促进消费、外贸和外资增长方面面临的困难和挑战更加突出。但是大家克服重重困难，顶住下行压力，最终战胜各种复杂挑战，实现稳中有进，各项工作保持全国首列。

五大商务指标，稳步发展。全国率先建立了总消费的统计制度，实现五年平均增长速度7.3%，消费率从2012年的56.7%，达到现在的60%，消费成为“三驾马车”中稳居首位的牵引器。货物贸易增速由负转正，并保持平稳向好走势。服务贸易基本稳定在两位数增长。利用外资、对外投资五年平均增速分别为24.8%、29.3%。

五大商务指标，稳中有进。一是名次在进，份额在进。消费规模、服务贸易都稳居全国最前列。利用外资由2012年的第六名，跃升为第一名，占全国的份额由7.2%上升到20.3%；五年吸引的外资相当于改革开放40年总量的四成。对外投资占全国的份额由2012年的2.2%上升到了5.4%，位居全国第四。二是结构在优化，方式在转化，效能在提升。服务消费在消费中的比重超过50%。网上零售额占社零额的比重达到19.6%，是2012年的2倍多。服务贸易占对外贸易比重由2012年的19.7%上升到31%，是全国水平的2倍。“双自主”企业出口占比与五年前相比实现翻番，由2012年的10%上升到20.6%。社会物流总费用占GDP比重从2012年的15.1%下降到2016年的13.2%，低于全国平均水平1.7个百分点，物流的效率更高，能耗更低。

（二）以前所未有的担当服务全市中心工作

过去五年，为更好解决人口资源环境矛盾，走可持续发展之路，首都在减量发展中强调非首都功能疏解。在此过程中，商务以前所未有的担当，承担了诸多综合性的工作。主要包括三个方面：非首都功能疏解，便民商业体系建设和生活性服务业品质提升，以及推进“四个中心”建设、服务“四个中心”功能。

疏解非首都功能。党的十九大报告指出，党的十八大以来“解决了许多长期想解决而没有解决的难题，办成了许多过去想办而没有办成的大事”。商务系统在牵头做市场和物流中心疏解的同时，还配合做好“开墙打洞”诸工作。在大家艰苦卓绝地工作下，取得了突破性进展。三年累积疏解提升市场超1000个（1032个），腾退面积超1000万平方米（约1450万平方米），实现双“1000”。各区积极行动，形成了良好的工作氛围。西城动物园地区12家市场、丰台大红门地区45家市场全部完成疏解提升。在疏解市场的过程中，商务战线的同志们打了场硬仗，啃了硬骨头。

做好便民工作。一是工作力度明显加大。习总书记、蔡奇同志高度重视北京生活性服务业品质提高，加快建设国际一流的和谐宜居之都，各级党委政府的主要负责同志在过去五年也以前所未有的力度开展工作。2015年出台了提高生活性服务业品质行动计划，2016年在全国率先建立了生活性服务业标准规范体系，2017年全市基本便民商业服务功能城市社区覆盖率达87.4%。成功举办7届商业服务业技能大赛，增加商业服务业一线员工的职业荣誉感，营造“行行有状元、代代出名师”的氛围，鼓励一线员工钻研技能，提升服务。2017年市统计局抽样调查显示，被访市民对社区及周边各类生活性服务设施便利程度满意度比上年提高了4.2个百分点。二是商业业态明显提升。许多新业态不断发展，生活服务中心、蔬菜连锁店等便民设施中，菜品新鲜，供应充足，受到百姓的欢迎。西城区基本便民商业网点的规范化、品牌化、连锁化网点比例达69%，远高于2014年的22%。三是完善生活必需品流通体系。加强监测、储备和应急响应机制，优化流通格局，巩固“市管批发，区管零售”的工作机制，推动形成两个全市性综合型农产品批发市场“双核”保障格局。

服务“四个中心”定位，履行“四个服务”使命。商务服务保障能力不断增强。圆满完成党的十八大、十九大、全国两会、APEC会议、纪念抗战胜利70周年、“一带一路”国际合作高峰论坛等重大国事活动的供应服务保障任务。口岸综合服务功能持续提升。2012年首都机场国内首家空港整车进口口岸投入运行，2013年国内首批实施72小时过境免签，2014年平谷国际陆港成为全国首家国际海路联运口岸，天竺综合保税区文化保税园开园，2015年在全国率先实施了离境退税、京津冀通关一体化，2016年北京国际贸易“单一窗口”启动试运行，2017年京津冀实施外国人144小时过境免签。全市已拥有首都国际机场空运口岸、北京西客铁路口岸、平谷国际陆港 3 个国家口岸以及丰台货运、朝阳口岸 2 个口岸功能区，全方位口岸开放格局基本形成。成功举办京交会。已成功举办四届京交会，吸引来自 180 个国家和地区的客商参加。京交会从无到有、从小到大，已发展成为全球服务贸易领域规模最大的品牌交易会。助力文化交易中心建设。目前北京拥有一百多家老字号（中华老字号 117 家，北京老字号 175 家），27 条市级特色商业街，成为首都文化建设重要组成部分。服务科技创新中心建设。“双自主”企业的出口占比超过五分之一，在出口环节彰显出北京作为科技创新中心的地位。

（三）以前所未有的力度，统筹推进改革开放

党的十八大以来，中央紧抓改革开放，国务院在“放管服”方面也提出要求。北京主动谋划，充分发挥首都优势，通过扩大开放和深化改革促进首都商务的升级转型。在党中央国务院的支持下，争取到在北京开展服务业扩大开放综合试点的历史性机会，2015 年 5 月得到批复。两年多的改革，效果明显。首轮 141 项任务已完成 95.7%。2017 年又提出 85 项深化方案，成果集中体现在“10 种业态创新＋8 项体制机制创新”。

优化营商环境是服务业扩大开放的重要落脚点。各项管理服务方面都有了许多新的突破。比如人才保障取得突破性进展，服务业 6 个领域的人才可申请绿卡。实施一年多，绿卡的申请量相当于以前十年申请的总量。

各级党委政府推进服务业扩大开放的积极性和务实性在提升，市里从示范区、示范园区、示范单位、示范项目、示范团队五个层面推出试点，作为展示开放成效、跟踪开放效果的重要载体。

服务业扩大开放实施试点以来，六大领域实际利用外资增长 2.6 倍，占全市利用外资的比重由上年的 38.6%，提高到目前的 73.5%。试点为国家全方位扩大开放探索了经验，为我市改善营商环境和构建高精尖经济结构提供了抓手，也有力促进了首都经济社会持续健康发展，特别是和老百姓密切相关的医疗、教育、旅游等生活性服务业也得到快速发展。

三个“前所未有”，是五年奋斗历程的缩影。过去五年商务领域的成绩来之不易，这离不开各级党委政府艰苦卓越的工作，离不开相关委办局同志们密切的配合和工作的创新，离不开各商贸企业、相关协会以及一线商业服务员工艰苦的拼搏和日益进取，也离不开媒体和市民朋友们的关心、支持和参与。所以，这过去五年来之不易的成绩是大家共同努力的成果，在此我代表市政府，对大家的辛勤工作和付出表示衷心的感谢！也对大家对我个人工作的支持和帮助表示衷心的感谢！

二、关于新时代的首都商务发展的思考

2018 年是党的十九大对新时代中国特色社会主义作出战略部署的第一年，商务工作要全面贯彻落实党的十九大精神，落实市委市政府有关部署，坚决贯彻习近平新时代中国特色社会主义思想，结合首都战略定位，加强“四个中心”功能建设，提高“四个服务”水平，抓好三件大事，打好三大攻坚战，建设一个与首都地位相适应、符合新时代要求的首都商务工作新格局。

做好首都商务工作，重点是做好“两个牢牢把握”和“一个持续推进”。

（一）牢牢把握首都职责，在提高服务保障水平中惠民生、稳增长

市委十二届三中全会指出，首都发展的全部要义在于以首善水平加强四个中心的功能建设，做好“四个服务”工作。首都商务工作，要牢记“四个服务”基本职责，做好“两个底网”和一个体系的建设。

“两个底网”：生活必需品流通保障网和生活便民网。

“一个体系”：生活性服务业品质提升体系。

做好“四个服务”，持续抓好两个底网、一个行动计划建设，核心是把握住安全、便利、顺畅三个要义。

第一，安全。一是产品的安全，特别是食品安全。比如建立肉菜追溯节点四千多个。二是场所的安全。比如首都商业服务业场所，人员密集场所，重要商业街区的安全等，这是商务工作底线思维中的重要组成部分。三是突发事件的应对。完善政府储备体系，保障城市生活必需品平稳有序。

第二，便利。习总书记指出，要坚持从人民群众关心的事做起，从让人民群众满意的事做起。习总书记在2018年新年贺词也专门讲了“以造福人民为最大的政绩”。蔡书记、陈市长也十分关心米袋子、菜篮子建设。首都工作的同志，就是要牢固树立以人民为中心的执政理念，持续补全、补齐和完善便民设施，市管批发、区管零售，逐渐向街区一级延伸。同时，不仅要做正确的事情，而且要以正确的方式去做，希望大家站在老百姓的角度，精细化做好商务工作。

第三，顺畅。持续抓好流通体系建设，保证到老百姓手里的菜、肉、蛋等生活必需品的价格便宜实惠。只有顺畅，才能确保价格的优势，让首都老百姓长期享受实惠。着力改善物流产业发展环境，不断降低物流的损耗，提高物流的效率，

对于“两个底网”的建设，大家在建设和完善过程当中，一定要抓住安全、便利和顺畅三个要义，确保首都的“四个服务”水平能够不断地提升。生活性服务业的体系建设，也是一个重要工作。行动计划实施三年来，效果非常好，还要持续做下去。除继续坚持“五化”原则外，要考虑未来的发展，需新增“智能化”，共“六化”。党的十九大报告也明确指出，我国社会的主要矛盾已经成为人民日益增长的美好生活需要和不平衡不充分的发展之间的矛盾。针对现阶段的主要矛盾，在北京市的表现主要是“五性”：便利性、宜居性、多样性、公平性、安全性。多从“五性”方面找不足。按照这个总的框架，要针对便利性、宜居性、安全性这“三性”方面工作的不足，下力抓好“两个底网”的建设和“一个体系”的提升，在提升服务保障的水平之中，履行好商务“四个服务”的职责，惠民生、稳增长。

（二）牢牢把握首都战略定位，在服务大局中疏功能、促发展

坚定不移疏解非首都功能。党的十九大报告提出北京要“以疏解北京非首都功能为‘牛鼻子’推动京津冀协同发展”。市委市政府决定，今后几年疏解非首都功能要持续抓下去。疏解整治促提升，落脚点要落在促提升上。通过业态的改造，连锁企业的引入，保功能提水平，让老百姓更满意。同时疏解整治促提升要和城市的精细化管理相结合，把疏、整、提以后的成果，更多纳入城市精细化管理的长效机制中，确保便民措施长期稳定下去。

做好首都战略定位落实过程中的商务工作。除服务文化中心的建设、科技创新中心建设等城市战略定位外，还要凸显在国际交往中心中的商务作为。发挥首都优势，体现首都示范效应，货物贸易主要立足于提升水平，服务贸易应保持稳定增长；利用进口优势，优化环境，打造国际消费中心城市，把保税、免税，跨境电商综合优势发挥起来，做活贸易；积极推动会展业发展，持续办好京交会；在“一带一路”倡议中发挥首都的引领作用，树立和打造北京服务的平台，在服务国际交往中心的建设中打造出北京服务品牌；依托新机场，进一步拓展口岸格局。

（三）持续推进改革开放，在优化环境中提质量、调结构

今年是改革开放40年。40年的巨变，我国成为全球第二大经济体、第一大货物贸易国。推动力就是两个“轮子”：改革、开放。党的十九大确立要推动形成全面开放新格局。作为直接负责对外开放和内贸的管理、服务等工作的商务部门而言，要始终坚持持续推进改革和开放。

开放方面，向国际一流水平看齐，持续高水平推进环境优化。要多出政策，多讲政策，释放信号，努力营造稳定、公平、透明和可预期的营商环境，弥补成本带来的压力。习总书记在中央财经领导小组第16次会议上提出，北京等特大城市要率先加大营商环境改革力度。所以我们对各个区的营商环境评价，出台了50多项指标，商务部门要做好管理和服务。

改革方面，政府的改革要跟上市场的改革，跟上时代发展的步伐。应对新常态，要坚持新产品、新技术、新业态、新模式、新管理“五新”同步。解放思想，以促进发展为根本出发点，提升改革的自觉性，主动加大改革力度，抓住机遇，使经济更好发展，更好满足人民美好生活的需要。一是企业、行业要紧盯市民、消费者的需要，政府部门要紧盯企业的需要，形成一个链条，共同努力，同步改革，促进新业态的发展。比如电子发票的推广，为企业节省了成本，北京电子发票占全国的比重近50%。二是政府在管理和服务方面的改革，要助力企业更好创新，营造更好的竞争市场，更好服务市民。比如网上订餐平台餐饮商户的证照审核，食药局、工商局和网络平台开展信息共享，帮助消费者把关；开展阳光餐饮，消费者在APP上就能查到订餐信息，2000多万市民人人可以做监督员。

党的十九大报告指出，我国总体上实现小康社会，人民美好生活需要日益广泛。北京城镇和农村的恩格尔系数均已降至30%以下，符合联合国认定的富足标准，市民的消费需求开始倾向于对服务消费、绿色消费、品质消费的需求。因此，就需要做好供给侧结构性改革，经营的创新、管理的创新要跟上，企业在一线做，后续政府在管理和服务上的支撑就要跟得上，也要不断地改革。

同志们，新时代开启新征程，新时代呼唤新作为。迈入新时代，使命和责任在召唤着我们。让我们在市委市政府的坚强领导下，锐意进取，埋头苦干，奋力走好新时代的长征路，努力开创新时代首都商务工作的新局面，在进一步推进习近平新时代中国特色社会主义思想在京华大地落地生根上贡献出新的力量，在加快建设国际一流的和谐宜居之都上再立新功、再创佳绩。谢谢！

优化供给　提质增效
全面推动新时代首都商务新发展
——在2018年全市商务工作会议上的报告

北京市商务委员会党组书记、主任　闫立刚

（2018年1月16日）

同志们：

今天召开全市商务工作会议，总结2017年及过去五年工作，明确新时代首都商务工作的新目标，部署2018年及今后一个时期的工作。

一、首都商务事业在砥砺奋进中不断前行

十八大以来，在市委市政府正确领导下，我们全面深入贯彻党的十八大和十八届历次全会、十九大会议精神，深入学习贯彻习近平总书记两次视察北京重要讲话精神，坚持稳中求进工作总基调，坚定不移贯彻新发展理念，牢牢把握首都城市战略定位，不断深化服务业扩大开放综合试点，有序推进市场和物流中心疏解，稳步提高居民生活性服务业品质，积极优化营商环境和市场秩序，整体上实现了商务发展的转型升级和质量提升，圆满完成各项目标任务，为首都经济社会发展作出重要贡献。

（一）商务基本业务全面提升

消费格局实现根本性转变。发展流通、促进消费，出台系列“商品＋服务”促消费政策，推动消费规模持续扩大和结构优化调整，形成消费新格局。北京在全国率先成为商品消费跨入万亿元的城市，率先形成以消费拉动为主的经济发展格局，率先建立以总消费为目标的增长促进机制。全市社会消费品零售总额从2012年的8123.5亿元增长到2016年的11005.1亿元，连续9年保持全国最大消费城市地位。网上零售额占零售总额比重从2012年的7.8%提高到2017年1—11月的19.6%，对消费市场的支撑作用愈发增强。2017年1—11月，全市总消费额突破2万亿元；其中服务消费额增长11.6%，占到总消费额的51.9%，北京在全国率先步入服务消费主导时代。

外贸发展质量实现重大提升。积极落实国家促进外贸稳增长调结构各项政策措施，巩固本市促进外贸发展工作机制，对外贸易质量持续向好。2017年1—10月服务进出口额占外贸总额的比重达31.0%，高出全国平均水平16.3个百分点。货物进出口增长超出预期，2017年1—11月进出口额1.98万亿元、增长18.5%，其中出口3528.0亿元、增长15.8%，增速均高于全国水平，进口规模位居全国第三。外贸竞争力持续增强，“双自主”企业出口占比从2012年的10%提高到2017年1—11月的20.6%。服务贸易稳居全国第二，全年服务进出口额预计增长10%；新兴服务贸易出口占比超过60%，服务贸易结构进一步优化。2017年共组织682家次企业参加38个境内外重点展会，累计成交额达34亿元。五年来成功举办4届京交会和2017北京国际服务贸易交易会，累计意向成交额3938.9亿美元，京交会已打造成为规模最大的国家级、国际性、综合型的服务贸易交易平台。

双向投资迈入新阶段。多措并举吸引外资，有序引导境外投资，双向投资由注重引进来，进入引进来与走出去并重新阶段。利用外资突破性增长，五年引进外资规模占到改革开放以来总量的四成；2017年增长86.7%，达到243.3亿美元，规模跃居全国第一。引资结构持续优化，服务业利用外资比重进一步提高，占全市实际外资的95.4%。走出去更加稳健有序，2013年以来至2017年11月，全市企业累计境外直接投资达450亿美元。2017年1—11月本市企业非金融类对外直接投资额57.9亿美元，非理性投资得到有效遏制。投资领域从采矿业、制造业为主转向新兴服务行业，租赁和商务服务业、文化与体育、信息传输和计算机技术服务业等行业占比超过50%，本市境外投资水平居全国各省市前列。

（二）商务为民服务迈上新台阶

市场和物流中心疏解进展显著。认真落实京津冀协同发展战略和全市疏解整治促提升专项行动部署，制定商务领域新增产业禁止和限制目录，明确商务领域相关产业15条管理措施，出台推进市场和物流中心疏解提升指导意见等配套政策。2017年疏解提升市场241个、物流中心55个，涉及建筑面积约438万平方米。重点地区全面收官，动物园地区12家、大红门地区45家市场以及天意、万通、永外城市场全部完成疏解提升。自2015年以来累计疏解提升市场1032个、物流中心106个，疏解提升工作取得阶段性成果。加强与津冀在功能优化互补、产业深度融合、产销对接、家政服务、物流配送等方面协同合作，为落实国家京津冀协同发展战略作出积极贡献。

生活性服务业品质明显提高。本着服务市民生活，制定实施北京市提高生活性服务业品质行动计划，对生活性服务业发展进行整体规划、全面推进。2017年建设提升蔬菜零售、便利店等各类便民商业网点1210个，其中近1/4是疏解整治促提升补建网点。全市基本便民商业网点的城市社区覆盖率达87.4%，网点连锁化率达34.9%，较上年提高5.5个百分点。自2015年提高生活性服务业品质行动计划实施以来，共新建或规范提升基本便民商业网点3685个，在全国率先建立家政服务等11个行业（业态）的标准规范体系。成功举办7届商业服务业技能大赛，累计参与人员超过200万人次。全市生活性服务业规范化、连锁化、便利化、品牌化、特色化发展取得显著成效，人民群众享受到更便利、更优质的生活服务。

商务服务保障能力不断增强。深入推进农产品流通体系建设，新发地农产品批发市场蔬菜交易楼开工建设，北京鲜活农产品流通中心项目主体工程封顶。加强生活必需品市场供应保障，有效组织开展春节蔬菜保供联合行动，粮油市场供应充足、价格平稳。持续推进重要产品追溯体系建设，2017年底全市肉菜追溯流通节点分别达到1778个、2383个。稳步实施盐业体制改革，食盐市场供应充足秩序良好。近年来，圆满完成党的十九大、“一带一路”国际合作高峰论坛、亚太经合组织（APEC）领导人非正式会议等70多次重要会议和重大活动的供应服务保障任务。

（三）商务改革开放实现重大突破

服务业扩大开放综合试点全面推进。2015年北京市服务业扩大开放综合试点获得国务院批复，试点与自贸试验区建设、内地与香港澳门服务业基本自由化一起，共同构成国家多层次、宽领域、高水平的服务业对外开放格局，2017年试点深化方案再次获得国务院批复。自2015年以来全力推进试点开展，首轮141项任务已完成135项、完成率95.7%，新一轮85项深化试点任务完成过半，在服务业重点领域推出21项开放措施，在配套支撑体系方面落地100多项改革举措。朝阳、顺义示范区取得一批突破性成果，新增海淀、通州2个示范区，首批12个试点示范园区、17家示范单位、28个示范项目和3个示范团队加快建设。试点取得明显成效，外资飞机维修、演出经纪、出境游等新业态落地运营，投资管理、贸易便利、人才保障等方面改革取得实效，形成以“10项业态创新＋8项体制机制创新”为代表的58项全国首创或效果最优的创新举措。2017年试点六大领域实际利用外资178.8亿美元，比2014年增长2倍；前3季度全市服务业增加值占GDP比重达82.1%，比2014年提高4.1个百分点。

“放管服”改革持续深化。落实国务院“放管服”要求，首创外资企业设立“一窗受理”，企业减少45%重复填报事项，此项改革措施已在全国推广。建立外资企业“全周期”管理机制，首创“双积分”信用激励制度，联合9个部门推出24项激励措施。搭建统一的北京市“境外投资直通车”网上备案平台，实现境外投资网上“一口受理”。推进实现外贸领域“十五证合一”，减少企业重复提交各类登记备案事项130余项。建立13家境外服务中心，北京经贸通平台上线运营。推动京津冀144小时过境免签政策落地实施。北京电子口岸暨国际贸易“单一窗口”上线，北京口岸年进出境人员迈上2000万台阶。北京新机场口岸非现场设施开工建设，新机场口岸对外开放查验机构编制获批。推进行政审批改革，自2013年以来共取消15项行政审批事项。开展商务“减证便民”专项行动，取消3项涉及企业和群众办事创业证明、5项行政审批中介服务事项，49项公共服务事项进驻市政务服务中心。企业和社会满意度明显提高。

商务发展新动能加快积聚。应用互联网信息技术引领商务创新，电商自营B2C市场份额占全国七成以上，电商集群化发展规模全国领先。率先在国内应用电子发票，累计开具11亿张，占全国电子发票总量近50%。推动北京老字号传承创新，北京拥有中华老字号117家、北京老字号175家，居全国前列。推进流通行业降本增效，通过开展物流标准化试点，68家试点企业装卸效率提高超过50%、人员成本降低50%。积极推动商务高端发展，租赁和商务服务业高端化、国际化、品牌化、集群化发展格局初步形成，产业支撑作用显著增强。2017年1—11月完成固定资产投资221.2亿元，增长1倍。提高总部企业创新能力、国际化水平。全市4007家总部企业中，国家高新技术企业和跨国公司地区总部占比达30.3%；世界500强企业56家，连续5年位居全球城市之首。

市场秩序和流通环境不断改善。统筹全市打击侵权假冒工作，2017 年 9 家行政执法部门捣毁窝点 182 个，公安机关抓捕嫌疑人 595 名，互联网领域侵权假冒行为治理等专项行动取得阶段性成果。加强预付卡企业备案管理，对 8 家违规企业进行处罚，在全国率先实现单用途商业预付卡行政处罚“零”的突破。改进传统执法方式，全面实行“双随机、一公开”监管方式，商务综合行政执法体制改革试点深入开展。制定商务领域信用不良名单记录管理办法，推进信用联合惩戒制度有效实施，商务诚信体系不断完善。建立 12312 商务举报投诉处理体系。强化行业安全生产，年均出动安全检查人员 2 万余人次，未发生较大以上或有影响的安全事故。

我们还切实增强“四个意识”，全面加强党的建设；认真开展党的群众路线教育实践活动和“三严三实”专题教育，推进“两学一做”学习教育常态化制度化；严格落实中央八项规定精神，落实“一岗双责”，推进商务系统廉政建设和反腐败斗争，严肃查处一批违规违纪案件；坚持依法行政，办理人大代表建议和政协委员提案合计 354 件。全市商务系统工作效能和履职能力大幅提升。

回顾过去的五年，首都商务事业全方位推进，实现了跨越式发展和历史性变革。在贡献上，商务领域成为全市经济增长的第一拉动力，消费率不断提高，达到 60%以上，消费对全市经济增长的贡献超过六成，成为经济增长的“压舱石”和保障民生的“稳定器”。在质量上，商务发展规模和效益全面提升，内贸流通、对外贸易、双向投资发展水平稳居全国前列，与新时代首都发展相适应的商务发展新格局初步奠定。在动力上，商务创新发展的活力显著增强，改革开放形成一批经验和制度成果，外商投资企业备案事项一体化改革措施为全国首创，获得国务院主要领导肯定。在惠民上，商务为人民群众服务的能力不断提高，在疏解非首都功能、提高生活性服务业品质等优化供给上迈出坚实步伐，打击侵犯知识产权和制售假冒伪劣商品工作整体推进态势基本形成，区域性市场环境得到有效净化。

五年来的工作让我们深刻认识到：做好首都商务工作，必须坚持党对一切工作的领导，自觉在思想上政治上行动上同以习近平同志为核心的党中央保持高度一致，全面贯彻落实党中央、国务院和市委、市政府各项重大决策部署；必须立足首都城市战略定位，紧抓疏解北京非首都功能这个“牛鼻子”，加快落实京津冀协同发展战略，做到疏解整治促提升有机结合；必须坚持供给侧结构性改革为引领，积极践行新理念，主动适应新常态，培育商务发展新动能；必须勇于改革开放，紧紧抓住服务业扩大开放综合试点重大机遇，积极推动体制机制创新，为国家探索有中国特色的服务业开放发展规律做好积极实践；必须坚持把人民对美好生活的向往作为奋斗目标，在发展中保障和改善民生，以首善标准保障市场供应，筑牢民生底线。

同志们，过去五年成绩的取得，是市委市政府坚强领导的结果，是各区各相关部门的大力支持和共同努力的结果，是全市商务战线广大企业、相关行业协会全体干部职工团结奋斗的结果。在此，我谨代表北京市商务委员会，向各级领导、各单位和同志们，表示衷心的感谢！

同时，我们也清醒看到，商务工作还存在许多差距和不足。主要是：商务发展还不平衡不充分，中高端商品和优质服务供给难以满足消费升级的需求，部分商务业态的质量和效益有待提高，便民商业设施在区域和城乡分布不均衡；创新能力和增长新动能需要增强，扩大开放的深度和广度还不够，优化商务领域营商环境的措施和力度需要加强。对这些问题，我们要高度重视，认真加以研究解决。

二、新时代首都商务工作的新要求新目标

（一）新时代首都商务发展的新要求

当前，国际形势复杂变化，短期企稳向好、中期挑战较多。我国经济已由高速增长阶段转向高质量发展阶段，我国社会主要矛盾已经转化为人民日益增长的美好生活需要和不平衡不充分的发展之间的矛盾。北京新版城市总体规划发布实施，为商务优化布局提供新的指南，为商务发展释放新的空间。新时代商务工作必须抓住新机遇、把握新要求，紧扣我国社会主要矛盾变化，着力解决商务发展不平衡不充分问题，提高商务发展质量，促进区域协调发展，更好满足人民日益增长的美好生活需要。

（二）新时代首都商务发展的基本思路

我们要推动新时代商务工作展现新气象、实现新作为，在全市商务领域发展中，重点突出便民、创新、开放、提质、安全的发展思路。坚持便民，就是要以人民为中心，完善商业设施规划布局，提高生活性服务业品质，让首都人民不断增强获得感、幸福感。坚持创新，就是要以创新作为引领发展的第一动力，树立创新意识，着力减量集约发展，强化创新驱动，增强商务发展动能。坚持开放，就是要以服务业扩大开放为引领，充分利用京交会平台，加快建设开放型经济新体制，发展更高层次的开放型经济，率先跻身国际一流营商环境城市行列。坚持提质，就是要以深化供给侧结构性改革为主线，推动内贸流通升级和外贸优进优出，大力提升发展质量和效益，加速构建商务高精尖新优势。坚持安全，就是要以安全稳定为商务工作的基本保障，加大打击侵权假冒整体推进力度，加强商务领域各行业安全，打造商务安全首善之区。

（三）新时代首都商务发展的新目标

根据党的十九大关于决胜全面建设成小康社会、分两个阶段实现第二个百年奋斗目标的战略安排，按照市委市政府总体部署、北京城市总体规划和商务部建设经贸强国要求，立足商务实际、突出首都特色、体现时代要求，提出新时代首都商务改革发展的奋斗方向：努力建设首都特色、国际一流的高品质商业服务体系和高质量经贸促进体系，为实现首都城市战略定位、建成更高水平的国际一流的和谐宜居之都提供基础保障和战略支撑。具体目标和步骤是：

2020年前，全力打造全国商务首善之区。保持总消费规模全国城市领先地位，中高端商品和服务消费比重显著提升；巩固贸易大市地位，初步建成贸易强市，外贸规模、占全国份额、在全国位次保持稳定，服务贸易全国领先地位进一步巩固；持续深化服务业扩大开放，成为全国服务业扩大开放第一高地，服务业和高精尖产业利用外资居主导地位；对外投资位列全国前列；基本便民商业服务功能城市社区实现全覆盖，乡村流通现代化水平显著提高。商务发展助力首都“四个中心”功能建设、做好“四个服务”的保障能力全面提升。

2035年前，基本建成国际一流的商贸中心城市。成为具有国际影响力的消费中心城市，中高端消费需求全面释放；贸易强市目标基本实现，服务贸易竞争力达到国际先进水平；基本建成与国际高标准投资经贸规则相衔接的服务业开放体系，营商环境达到国际一流水平；对外投资质量和效益显著提高；基本便民商业服务功能城乡实现全覆盖。商务服务保障体系更加健全，成为国际一流的和谐宜居之都的有力支撑。

2050年前，全面建成全球领先的世界商贸中心。成为享誉世界的国际消费之都；贸易强市目标全面实现，服务贸易全球领先；开放型经济水平位居全球前列，成为国家参与全球服务业开放规则制定的主要贡献者；对外投资全球影响力明显增强；成为全球高端要素资源配置的重要枢纽。商务服务、保障、促进、协同体系全面完善，更好保障以首都为核心的世界级城市群，服务全国、辐射世界。

三、奋力推进新时代首都商务新发展

从十九大到二十大，是“两个一百年”奋斗目标的历史交汇期。围绕新时代的新目标，2018－2022年首都商务要着重推进四个方面主要任务和实施十大行动计划。这是今后五年推动首都商务事业发展的重大举措，是首都商务改革发展的“四梁八柱”。

推进四个方面主要任务，具体是：

一是推进流通转型升级。加快创新流通步伐，推动流通现代化。优化调整商业服务业空间布局，提升流通产业精细化管理水平。大力发展电子商务、现代供应链，促进线上线下融合、内外贸融合，增加商品和服务有效供给。倡导绿色消费，优化消费环境。

二是提升外贸竞争优势。加快外贸转动力调结构，培育贸易新业态新模式，促进货物贸易和服务贸易协调发展。加快转变外贸发展方式，大力培育北京自主品牌，提升技术和文化服务贸易竞争力。强化京交会作为服务贸易龙头展会的地位和作用。

三是推动全面扩大开放。通过放宽市场准入、深化区域合作、改革监管模式、优化营商环境，始终保持全国服务业扩大开放的引领者排头兵地位。扩大利用外资规模，加大高精尖引资，提高利用外资质量。有序引导和规范对外投资，积极参与“一带一路”经贸合作。

四是增强商务为民服务能力。坚定有序开展疏解整治促提升专项行动，完善便民惠民的城乡商业设施，持续提高生活性服务业品质。保障生活必需品市场供应稳定，完善重要产品追溯体系。深入推进电商、家政、对外劳务等商务扶贫，做好对口支援地区帮扶。

实施十大行动计划，具体是：

一是国际消费中心城市建设行动计划。引进国际高端品牌，积极支持本土品牌，培育老字号等特色优势。创新业态模式，丰富消费供给，实现商品消费和服务消费更加融合发展。围绕“首都特色、国际一流、高品质服务”，全力打造国际消费中心城市。

二是提高生活性服务业品质行动计划。注重疏解提升并举，充分利用疏解腾退空间补足便民商业服务设施。加强居住配套商业服务设施管理，在街区层面加强规划引导，确保按规划用途使用。创新融资支持方式，支持生活性服务业健康发展。

三是物流创新发展行动计划。注重物流业安全、高效、智慧、绿色发展，与国际物流发达城市对标，推动整个物流体系转型升级，提高服务质量和效率，更好地保障城市运行。加快构建现代供应链，推进产业融合发展。

四是贸易强市行动计划。制定贸易强市路线图，加快转变外贸发展方式，推动外贸高质量发展。搭建贸易促进平台，加快外贸转型升级基地和出口质量安全示范区建设，提升出口竞争力。大力实施北京市服务贸易竞争力提升工程，打造服务贸易基地。着力培育新型贸易业态，建设全国服务贸易创新发展高地。

五是服务业开放升级行动计划。扩大开放领域，争取更大幅度放宽服务业市场准入。发挥政策合力，加强各类开放型经济试点的政策集成。加大改革力度，优化提升政务营商环境。延伸开放体系，服务“一带一路”建设和京津冀协同发展战略，探索城市开放向区域联动开放延伸，进一步发挥开放的辐射带动作用。

六是开放型经济营商环境优化提升行动计划。全面实施外资准入前国民待遇和负面清单管理模式，通过简化双向投资办理程序、深化“多证合一”改革等举措提高便利化程度。加大服务企业力度，整合人才引进政策，强化知识产权保护，营造稳定公平透明、可预期的营商环境。

七是对外投资创新行动计划。简化备案流程，减少企业网上填报事项。建立北京市对外投资合作企业台账，健全对外投资服务保障体系。建立一批境外服务中心，建设北京海外经贸合作平台。支持养老、护理、家政服务等方面的劳务合作，打造劳务合作“北京名片”。

八是总部经济优化提升行动计划。突出总部经济创新型、高端化、实体化、国际化的发展方向，注重服务管理方式创新，建设与首都城市战略定位相匹配的总部经济。

九是高端商务服务业发展行动计划。聚焦创新发展和质量提升，创建“北京服务、全球共享”的国际化服务体系，推动本市商务服务业国际化、品牌化、集群化、规模化发展，不断增强首都服务业发展的创新力和竞争力。

十是提高乡村流通现代化水平行动计划。服务“三农”，完善乡村流通体系。创新流通模式，畅通农产品流通渠道。根据乡村发展现状和农民需求，补齐商品流通和生活性服务业短板，提升乡村商业基础设施水平和企业连锁化水平。

在谋划好未来长远发展的基础上，要着力做好2018年具体工作。2018年是贯彻党的十九大精神的开局之年，是改革开放40周年，是决胜全面建成小康社会、实施“十三五”规划承上启下的关键一年；也是落实首都城市战略定位、实施北京城市总体规划，全力以赴促进首都商务新发展的重要一年。

2018年全市商务工作的总体要求是：全面贯彻党的十九大精神，以习近平新时代中国特色社会主义思想为指导，加强党对商务工作的领导，坚持稳中求进工作总基调，坚持新发展理念，按照中央经济工作会议、全国商务工作会议要求和市委市政府工作部署，牢牢把握供给侧结构性改革这一主线，紧紧抓住疏解提升和开放创新两个要点，着力推进四个方面主要任务，研究制定并组织实施十大行动计划，全力推动各项业务高质量发展，努力实现新时代首都商务新发展。

2018年，要着力抓好以下六项重点工作：

（一）坚持深化供给侧结构性改革，实现发展质量和效益新提升

深入优化商务供给体系。把提高供给体系质量作为主攻方向，发挥流通衔接供需的作用，增加商品和服务的有效供给，实现供需动态平衡。积极参与首届中国国际进口博览会，增加高品质消费品和优质服务进口，丰富本市进口消费品市场。优化北京老字号发展环境，促进老字号特色和品质传承创新，提升老字号品牌影响力。积极推进供应链创新与应用，启动本市供应链创新与应用试点工作，整合行业资源，提高供给效率。

全面促进消费升级。完善促进消费的体制机制，实现总消费增长7%左右，增强消费对经济发展的基础性作用。着重在创新引领、绿色低碳等领域激发新动能，在品牌、时尚、特色等消费领域培育新增长点，满足人民群众多元化、个性化需求。加快建设免税商店、进口商品直销店等，吸引境外消费回流。扩大离境退税商店覆盖业态及网点布局，进一步简化退税手续，提升境外旅客购物体验，扩大外来消费。优化城市消费空间格局，推进国际消费中心城市建设。促进多业态融合、商旅文体协同、购物体验结合，形成统筹商品消费和服务消费的政策促进体系。

加快内贸流通转型升级。推动流通现代化，加快复制国内贸易流通体制改革发展综合试点经验。大力推动连锁经营方式稳健发展，新增连锁便利店400家。促进流通信息化、标准化、集约化、绿色化、品牌化发展，做大做强一批龙头企业，规模以上连锁企业增至260家以上。制定实施提高乡村流通现代化水平三年行动计划，研究提出乡村商业设施配置标准，引导快递物流企业布局乡村。加强对物流行业管理标准和规范、绩效和政策的研究，制定本市物流发展的指导意见和推进物流业降本增效的实施意见。研究制定物流行业高质量发展的指标体系、行业规范体系，推动绿色物流、末端配送网点规范发展。建立完善重点物流企业监测数据库，提高行业管理能力。

（二）坚持重疏解，更重提升，促进商务为民服务水平新提高

坚定有序疏解市场和物流中心。坚定不移地疏解商务领域非首都功能，以更有力的措施推进疏解整治促提升专项行动，促进城市品质、人居环境、发展水平不断提升。加快疏解区域性专业市场和物流中心，升级改造服务于民生的市场和物流中心。全市疏解提升市场159个、物流中心17个，三环内区域性专业市场疏解工作取得明显进展。积极推进《环首都1小时鲜活农产品流通圈规划》实施，跟踪重点项目建设情况，推动新项目的启动建设。继续与津冀两地共同发力，加强在市场疏解、连锁企业发展、农产品供应保障等方面的协作，深入推动商务领域京津冀协同发展。

加强统筹商业设施规划建设。落实北京城市总体规划，编制商业服务业设施空间布局规划，明确商业服务业设施发展规模、业态结构、功能定位、空间布局。编制全市生活性服务业设施规划、物流设施布局规划，加强规范引导，进行合理布局。研究制定街区商业生态配置标准，调整优化特色商业街区。推进公益性农产品市场体系建设，加快农产品流通中心建设升级，新建和规范提升蔬菜零售网点500个以上。出台通州区商业服务体系规划建设指导意见，高水平建设城市副中心商业设施。加强南部地区和新城、

生态涵养区的便民商业服务设施建设，提高农村便民服务网点覆盖面，推进城乡统筹发展和区域均衡发展。

持续提高生活性服务业品质。坚持疏解整治和优化提升一体谋划、统筹实施，持续提高生活性服务业的品质水平和质量效益。着力提升精细化管理水平，落实进一步提升生活性服务业品质的工作方案。加大网点建设，全年建设提升基本便民商业网点1400个以上，全市基本便民商业服务功能在城市社区覆盖率达到92%左右。进一步提高生活性服务业规范化水平和组织化程度，基本便民商业网点连锁化率提高2.5个百分点左右。支持连锁便利店搭载早餐、蔬菜零售、代收代缴等服务，完善“一站式”便民服务功能，新建10家社区商业便民综合体。扩大生活性服务业的范围和内涵，加大行业标准规范的制定宣传贯彻力度，举办第八届商业服务业技能大赛，促进生活性服务业“五化”发展。实施“家政无忧”工程，提升家政行业规范程度和服务水平。

（三）坚持扩大服务业对外开放，努力开拓全面开放新格局

全面深化服务业扩大开放。今年改革开放整40年，北京服务业扩大开放综合试点满3年，要系统做好试点评估工作，梳理总结形成更多可复制推广的经验成果；立足首都城市战略定位，服务新时期国家对外开放战略布局，全面扩大开放的范围、拓宽开放的领域、加深开放的层次。推进深化试点工作方案和开放措施全面落地实施，加快放宽符合首都城市战略定位的相关产业准入门槛，提出新一轮北京市服务业扩大开放的工作方案。聚焦特定区域进行开放布局，打造对外开放新高地。强化示范区等5类示范体系建设，促进形成更多可视化标志性创新成果，充分释放试点的改革开放红利。

打造国际一流的营商环境。率先加大外商投资环境改革力度，努力营造走在全国前列的营商环境。落实市委市政府《关于率先行动改革优化营商环境实施方案》任务，加强事中事后监管，创新管理服务模式。出台并落实扩大对外开放促进外资增长的意见，力促利用外资的稳步增长和质量提升。积极争取商务部支持，加强与工商部门配合，进一步完善外商投资企业设立“单一窗口、单一表格”新模式。修订完善营商环境评价指标体系，做好对各区营商环境考核工作，形成长效机制。

促进高水平引进来、有序走出去。坚持引进来和走出去并重，不断扩大利用外资规模、提高利用外资质量，创新对外投资方式、加强国际经贸合作。聚焦“三城一区”和城市副中心，加大吸引跨国公司总部、国际高精尖项目的力度。加强生产性服务业重点领域的引资，推动高端产业聚集，提高北京高精尖服务业竞争力。加快推动高端生活性服务业引资，通过开放创新丰富服务供给，引领新一轮服务消费升级。创新对外投资方式，规范境外企业健康发展，加快培育国际经济合作和竞争新优势。加强海外投资促进平台建设，为企业走出去提供支持。积极参与“一带一路”建设，在国际上打造北京服务品牌。

（四）坚持多措并举统筹融合，加快外贸转型发展新升级

积极拓展对外贸易。统筹贸易与投资、内贸与外贸、货贸与服贸融合发展，推进贸易强市建设。进一步优化外贸结构，支持拥有自主品牌和自主知识产权的企业开拓国际

市场，“双自主”企业出口占比提高到22%以上。积极扩大进口，支持企业引进高新技术、关键设备，扩大中高端消费品进口。充分发挥资金和基金的杠杆作用，促进外经贸企业创新发展。扩大“政保贷”平台业务，缓解外经贸企业融资困难。加快新机场口岸非现场设施建设，推进新机场综合保税区申报及口岸开放批复等工作。推进“三互”大通关建设改革，实行高水平的贸易便利化政策。

推动服务贸易稳定发展。促进服务贸易创新发展，继续保持全国领先水平，服务进出口额实现增长5%以上。落实北京市服务贸易竞争力提升工程实施方案，提高服务贸易整体发展水平和国际竞争力。积极申请服务贸易创新发展试点，探索服务贸易发展新机制、新模式、新路径。以天竺综保区建设“国家文化出口基地”为重点，探索北京文化贸易发展新模式。支持国家文化产业创新实验区等文化服务贸易示范基地发展，打造文化产品和服务走出去集聚区。全力以赴办好第五届京交会，围绕“开放、创新、融合”主题，深化国际服务贸易合作和本市服务业扩大开放，助力国际交往中心功能建设。

培育贸易新业态新模式。加快外贸转动力调结构，培育外贸竞争新优势，推动外贸从量的扩张到质的提升。积极利用国际列车开行跨境贸易专线，推动完善与外贸综合服务企业发展相适应的通关、出口退税、收付汇等便利监管措施。支持跨境电商监管场所、产业园区、体验店、重点企业等发展，积极申请跨境电子商务试验区。创新资金支持内容、支持方式，积极组织服务贸易企业开拓国际市场，促进文化、技术、服务外包、中医药服务贸易等新兴业务发展。深化服务外包产业京津冀合作，加快服务外包企业全国布局进程，实现本市服务外包高端化、国际化发展。完善天竺综保区功能，创新便利化监管政策，探索建设自由贸易港。

（五）坚持推动高质量发展，积极培育商务高精尖新优势

发展与首都城市战略定位相匹配的总部经济。充分发挥首都的科技和人才优势，支持引导科技、文化等创新型总部企业发展，推动总部经济从规模效应向质量效益转变。健全总部经济促进体系，研究推出知识产权保护、重点总部企业服务等方面专项配套措施，完善出台与首都城市战略定位相匹配的总部经济政策。积极吸引跨国公司地区总部落户北京，培育本土跨国企业，提高全球资源配置能力。推出新一版总部企业名单，建立健全总部经济监测和评价体系。

推动高端商务服务业发展。加快培育现代商务服务业，充分发挥商务服务业对构建高精尖经济结构的支撑作用。制定出台促进商务服务业发展的意见和行动计划，瞄准国际标准提高发展质量和水平。加强行业政策研究和智库建设，培育高端商务服务业北京品牌。建设8座商务服务业主题示范楼宇和集聚区公共服务平台，构建10个境内外各类商务服务机构。对标国际一流，探索研究首都商务领域高质量发展指标体系。

促进“互联网+商务”深度融合。坚持以技术创新和商业模式创新为驱动，推动互联网、大数据、人工智能和商务深度融合。发展智慧流通，支持企业运用新技术，促进实体零售创新转型。促进电子商务以及商业实体企业与电子商务平台融合发展，培育消费新供给、新动力，网络零售额增长15%

以上。促进“互联网＋社区”创新发展，培育一批社区电子商务、“互联网＋生活性服务业”等新模式、新业态。加快农村电子商务发展，推进农村电商精准帮扶工作，拓宽农产品网上销售渠道。

（六）坚持做好商务安全保障，打造首善之区放心商务新体系

增强商务精细化保障服务。努力办好群众家门口的事情，在保障和改善民生中多做贡献。完善重要产品追溯体系，扩大肉菜追溯节点覆盖范围，全市猪肉追溯和蔬菜追溯节点数增至1900个和2600个。持续巩固与津冀等省市产销合作，保障首都生活必需品市场供应稳定。积极开展供应服务保障工作标准体系研究，进一步规范工作流程，做好重要会议和重大活动的供应服务保障。

确保商务秩序稳定健康。夯实商务领域诚信建设基础，营造良好的商务诚信环境。加大对打击侵权假冒违法行为的统筹力度，加强重点产品、重点区域专项治理。深化与津冀晋蒙打击侵权假冒区域协作，推动跨区域、跨部门执法联动和信息共享。积极推进消除地区封锁、维护统一市场和公平竞争的相关改革任务。进一步规范流通秩序，加强药品流通行业管理，不断加强促销、零供关系、预付卡备案等管理力度。

抓好商务领域重点风险防控。加强商务行业安全生产，积极做好商务领域综治维稳、反恐协防等工作，构建行业安全生产齐抓共管新格局。深化商务综合执法改革，实施“双随机”抽查和“入区执法”。加强对繁华商业街区、人员密集区域商业服务业经营单位检查，落实安全责任制和促销活动应急管理措施。进一步落实外商投资企业信息报告制度，做好外商投资国家安全审查有关识别、提示和报告工作。加强对走出去风险防范的指导，打击非法劳务派遣，规范海外经营行为。加强全市商务系统应急值守和突发事件信息报送工作，提高突发事件应对能力。

2018年，我们要落实全面从严治党新要求，坚持把党的政治建设摆在首位，把制度建设贯穿其中。持之以恒改进作风，认真查找整改“四风”问题。大兴调查研究之风，围绕改革开放40周年开展研究，找准短板弱项、解决实际问题。坚持依法行政，严格按程序决策、按规矩办事。全面推进政务公开，及时回应公众关切，积极宣传新时代商务工作新举措新成效。严格执行廉洁自律准则和纪律处分条例，深入推进反腐败斗争。加强干部队伍建设，努力锻造一支政治强、业务精、作风实，与新时代首都商务发展相适应的高素质专业化干部队伍，以先进典型为榜样，积极培育一支具有劳模精神、工匠精神的商务人才队伍，为新时代首都商务事业提供坚强保障。

同志们，首都商务正处在新时代发展的关键时期，任务艰巨，责任重大。让我们在市委市政府的坚强领导下，锐意进取，埋头苦干，努力开创新时代首都商务发展新局面，奋力推动习近平新时代中国特色社会主义思想进一步在京华大地形成生动实践，为实现中华民族伟大复兴中国梦的北京篇章贡献力量！

第二部分

法规、文件选编

2017年国家制定修订的部分法律、法规目录

序　号	名　　称	文　号
1	中华人民共和国红十字会法（2017 修订）2017.02.24	主席令第 63 号
2	中华人民共和国企业所得税法（2017 修正）2017.02.24	主席令第 64 号
3	中华人民共和国民法总则 2017.03.15	主席令第 66 号
4	中华人民共和国测绘法（2017 修订）2017.04.27	主席令第 67 号
5	中华人民共和国国家情报法 2017.06.27	主席令第 69 号
6	中华人民共和国行政诉讼法（2017 修正）2017.06.27	主席令第 71 号
7	中华人民共和国民事诉讼法（2017 修正）2017.06.27	主席令第 71 号
8	中华人民共和国水污染防治法（2017 修正）2017.06.27	主席令第 70 号
9	中华人民共和国国歌法 2017.09.01	主席令第 75 号
10	中华人民共和国中小企业促进法（2017 修订）2017.09.01	主席令第 74 号
11	中华人民共和国核安全法 2017.09.01	主席令第 73 号
12	中华人民共和国法官法（2017 修正）2017.09.01	主席令第 76 号
13	中华人民共和国检察官法（2017 修正）2017.09.01	主席令第 76 号
14	中华人民共和国公务员法（2017 修正）2017.09.01	主席令第 76 号
15	中华人民共和国公证法（2017 修正）2017.09.01	主席令第 76 号
16	中华人民共和国仲裁法（2017 修正）2017.09.01	主席令第 76 号
17	中华人民共和国行政复议法（2017 修正）2017.09.01	主席令第 76 号
18	中华人民共和国律师法（2017 修正）2017.09.01	主席令第 76 号
19	中华人民共和国行政处罚法（2017 修正）2017.09.01	主席令第 76 号
20	中华人民共和国母婴保健法（2017 修正）2017.11.04	主席令第 81 号
21	中华人民共和国中外合作经营企业法（2017 修正）2017.11.04	主席令第 81 号
22	中华人民共和国海关法（2017 修正）2017.11.04	主席令第 81 号
23	中华人民共和国文物保护法（2017 修正）2017.11.04	主席令第 81 号
24	中华人民共和国海洋环境保护法（2017 修正）2017.11.04	主席令第 81 号
25	中华人民共和国会计法（2017 修正）2017.11.04	主席令第 81 号

（续）

序号	名称	文号
26	中华人民共和国刑法（2017 修正）2017.11.04	主席令第 80 号
27	中华人民共和国标准化法（2017 修订）2017.11.04	主席令第 78 号
28	中华人民共和国公共图书馆法 2017.11.04	主席令第 79 号
29	中华人民共和国反不正当竞争法（2017 修订）2017.11.04	主席令第 77 号
30	中华人民共和国公路法（2017 修正）2017.11.04	主席令第 81 号
31	中华人民共和国港口法（2017 修正）2017.11.04	主席令第 81 号
32	中华人民共和国职业病防治法（2017 修正）2017.11.04	主席令第 81 号
33	中华人民共和国境外非政府组织境内活动管理法（2017 修正）2017.11.04	主席令第 81 号
34	中华人民共和国计量法（2017 修正）2017.12.27	主席令第 86 号
35	中华人民共和国招标投标法（2017 修正）2017.12.27	主席令第 86 号
36	中华人民共和国船舶吨税法 2017.12.27	主席令第 85 号
37	中华人民共和国农民专业合作社法（2017 修订）2017.12.27	主席令第 83 号
38	中华人民共和国烟叶税法 2017.12.27	主席令第 84 号
39	残疾人教育条例（2017 修订）2017.02.01	国务院令第 674 号
40	残疾预防和残疾人康复条例 2017.02.07	国务院令第 675 号
41	中华人民共和国文物保护法实施条例（2017 修订）2017.03.01	国务院令第 676 号
42	中华人民共和国中外合作经营企业法实施细则（2017 修订）2017.03.01	国务院令第 676 号
43	中华人民共和国河道管理条例（2017 修订）2017.03.01	国务院令第 676 号
44	中华人民共和国计量法实施细则（2017 修订）2017.03.01	国务院令第 676 号
45	中华人民共和国招标投标法实施条例（2017 修订）2017.03.01	国务院令第 676 号
46	防治船舶污染海洋环境管理条例（2017 修订）2017.03.01	国务院令第 676 号
47	防治海洋工程建设项目污染损害海洋环境管理条例（2017 修订）2017.03.01	国务院令第 676 号
48	中华人民共和国防治海岸工程建设项目污染损害海洋环境管理条例（2017 修订）2017.03.01	国务院令第 676 号
49	中华人民共和国船员条例（2017 修订）2017.03.01	国务院令第 676 号
50	中华人民共和国进出口商品检验法实施条例（2017 修订）2017.03.01	国务院令第 676 号
51	取水许可和水资源费征收管理条例（2017 修订）2017.03.01	国务院令第 676 号
52	城市道路管理条例（2017 修订）2017.03.01	国务院令第 676 号

（续）

序　号	名　　　称	文　　号
53	城市绿化条例（2017 修订）2017.03.01	国务院令第 676 号
54	期货交易管理条例（2017 修订）2017.03.01	国务院令第 676 号
55	广播电视管理条例（2017 修订）2017.03.01	国务院令第 676 号
56	中华人民共和国水文条例（2017 修订）2017.03.01	国务院令第 676 号
57	中华人民共和国海洋倾废管理条例（2017 修订）2017.03.01	国务院令第 676 号
58	防止拆船污染环境管理条例（2017 修订）2017.03.01	国务院令第 676 号
59	公共机构节能条例（2017 修订）2017.03.01	国务院令第 676 号
60	饲料和饲料添加剂管理条例（2017 修订）2017.03.01	国务院令第 676 号
61	旅行社条例（2017 修订）2017.03.01	国务院令第 676 号
62	实验动物管理条例（2017 修订）2017.03.01	国务院令第 676 号
63	印刷业管理条例（2017 修订）2017.03.01	国务院令第 676 号
64	国内水路运输管理条例（2017 修订）2017.03.01	国务院令第 676 号
65	放射性药品管理办法（2017 修订）2017.03.01	国务院令第 676 号
66	地震安全性评价管理条例（2017 修订）2017.03.01	国务院令第 676 号
67	学校体育工作条例（2017 修订）2017.03.01	国务院令第 676 号
68	中国公民出国旅游管理办法（2017 修订）2017.03.01	国务院令第 676 号
69	对外承包工程管理条例（2017 修订）2017.03.01	国务院令第 676 号
70	地质资料管理条例（2017 修订）2017.03.01	国务院令第 676 号
71	中华人民共和国档案法实施办法（2017 修订）2017.03.01	国务院令第 676 号
72	中华人民共和国内河交通安全管理条例（2017 修订）2017.03.01	国务院令第 676 号
73	城市市容和环境卫生管理条例（2017 修订）2017.03.01	国务院令第 676 号
74	中华人民共和国进出口关税条例（2017 修订）2017.03.01	国务院令第 676 号
75	食盐加碘消除碘缺乏危害管理条例（2017 修订）2017.03.01	国务院令第 676 号
76	直销管理条例（2017 修订）2017.03.01	国务院令第 676 号
77	农药管理条例（2017 修订）2017.03.16	国务院令第 677 号
78	大中型水利水电工程建设征地补偿和移民安置条例（2017 修订）2017.04.14	国务院令第 679 号
79	医疗器械监督管理条例（2017 修订）2017.05.04	国务院令第 680 号
80	中华人民共和国统计法实施条例（2017）2017.05.28	国务院令第 681 号

（续）

序号	名称	文号
81	机关团体建设楼堂馆所管理条例 2017.10.05	国务院令第 688 号
82	气象灾害防御条例（2017 修正）2017.10.07	国务院令第 687 号
83	历史文化名城名镇名村保护条例（2017 修正）2017.10.07	国务院令第 687 号
84	重大动物疫情应急条例（2017 修正）2017.10.07	国务院令第 687 号
85	中华人民共和国道路交通安全法实施条例（2017 修正）2017.10.07	国务院令第 687 号
86	棉花质量监督管理条例（2017 修正）2017.10.07	国务院令第 687 号
87	农业转基因生物安全管理条例（2017 修正）2017.10.07	国务院令第 687 号
88	建设工程勘察设计管理条例（2017 修正）2017.10.07	国务院令第 687 号
89	建设工程质量管理条例（2017 修正）2017.10.07	国务院令第 687 号
90	导游人员管理条例（2017 修正）2017.10.07	国务院令第 687 号
91	中华人民共和国文物保护法实施条例（2017 第二次修订）2017.10.07	国务院令第 687 号
92	中华人民共和国野生植物保护条例（2017 修正）2017.10.07	国务院令第 687 号
93	中华人民共和国自然保护区条例（2017 修正）2017.10.07	国务院令第 687 号
94	中华人民共和国渔港水域交通安全管理条例（2017 修正）2017.10.07	国务院令第 687 号
95	中华人民共和国河道管理条例（2017 第二次修订）2017.10.07	国务院令第 687 号
96	植物检疫条例（2017 修正）2017.10.07	国务院令第 687 号
97	中华人民共和国母婴保健法实施办法（2017 修正）2017.11.17	国务院令第 690 号
98	中华人民共和国中外合作经营企业法实施细则（2017 第二次修订）2017.11.17	国务院令第 690 号
99	中华人民共和国增值税暂行条例（2017 修订）2017.11.19	国务院令第 691 号
100	中华人民共和国反间谍法实施细则 2017.11.22	国务院令第 692 号
101	规章制定程序条例（2017 修订）2017.12.22	国务院令第 695 号
102	行政法规制定程序条例（2017 修订）2017.12.22	国务院令第 694 号
103	中华人民共和国环境保护税法实施条例 2017.12.25	国务院令第 693 号
104	食盐专营办法（2017 修订）2017.12.26	国务院令第 696 号

（卓　娜）

2017年商务部规章、部分公告目录

序 号	名 称	文 号
1	关于2017年蔺草及其制品出口配额招标的公告 2017.01.06	商务部公告2017年第1号
2	关于对原产于美国进口干玉米酒糟反补贴调查最终裁定的公告 2017.01.11	商务部公告2016年第80号
3	关于对原产于美国进口干玉米酒糟反倾销调查最终裁定的公告 2017.01.11	商务部公告2016年第79号
4	商务部等16部门关于促进老字号改革创新发展的指导意见 2017.01.13	商流通发〔2017〕13号
5	商务部批准《电子商务商品验收规范》等34项国内贸易行业标准的公告 2017.01.13	商务部公告2017年第2号
6	关于对原产于日本的进口偏二氯乙烯－氯乙烯共聚树脂反倾销调查初步裁定的公告 2017.01.19	商务部公告2017年第3号
7	准予陕西华联石油化工销售有限公司等成品油批发经营许可的公告 2017.01.20	商务部公告2017年第7号
8	商务部、工业和信息化部、国防科工局、国家原子能机构、海关总署公告2017年第9号——关于增列禁止向朝鲜出口的两用物项和技术清单的公告 2017.01.25	商务部、工业和信息化部、国防科工局、国家原子能机构、海关总署公告2017年第9号
9	商务部关于“十三五”时期促进酒类流通健康发展的指导意见 2017.02.13	商运发〔2017〕47号
10	关于商务部对原产于印度的进口邻氯对硝基苯胺进行反补贴立案调查的公告 2017.02.13	商务部公告2017年第5号
11	关于商务部对原产于印度的进口邻氯对硝基苯胺进行反倾销立案调查的公告 2017.02.13	商务部公告2017年第4号
12	商务部、工业和信息化部、公安部等关于推进重要产品信息化追溯体系建设的指导意见 2017.02.16	商秩发〔2017〕53号
13	中西部地区外商投资优势产业目录(2017年修订)2017.02.17	国家发展和改革委员会、商务部令第46号
14	关于本年度暂停进口朝鲜原产煤炭的公告 2017.02.18	商务部、海关总署公告2017年第12号
15	关于对原产于新加坡、泰国和日本（部分企业）的进口甲基丙烯酸甲酯所适用反倾销措施进行期中复审调查的公告 2017.02.28	商务部公告2017年第11号
16	关于对原产于泰国的进口双酚A反倾销立案公告 2017.03.06	商务部公告2017年第13号
17	关于古比雪夫氮公众股份有限公司继承古比雪夫氮开放式股份公司在锦纶6切片反倾销措施中所适用税率的公告 2017.03.15	商务部公告2017年第14号

（续）

序　号	名　　称	文　　号
18	关于延长进口食糖保障措施调查期限的公告 2017.03.17	商务部公告 2017 年第 15 号
19	关于对原产于欧盟、美国和日本的进口相纸所适用反倾销措施进行期终复审调查的公告 2017.03.22	商务部公告 2017 年第 10 号
20	关于对原产于韩国、日本和南非的进口甲基异丁基（甲）酮反倾销立案公告 2017.03.27	商务部公告 2017 年第 16 号
21	汽车销售管理办法 2017.04.05	商务部令 2017 年第 1 号
22	关于对原产于美国和欧盟英力士化学拉瓦拉有限公司的进口乙二醇和二甘醇的单丁醚期中复审立案公告 2017.04.12	商务部公告 2017 年第 18 号
23	关于废止《SB/T 10003－1992 广式腊肠》等 143 项国内贸易行业标准和行业标准计划项目的公告 2017.04.14 发布	商务部公告 2017 年第 21 号
24	关于对原产于日本的进口偏二氯乙烯－氯乙烯共聚树脂反倾销调查最终裁定的公告 2017.04.19	商务部公告 2017 年第 17 号
25	关于对原产于美国和欧盟的进口非色散位移单模光纤反倾销措施期终复审裁定的公告 2017.04.21	商务部公告 2017 年第 20 号
26	环境保护部、外交部、发展改革委、商务部关于推进绿色“一带一路”建设的指导意见 2017.04.24	环国际〔2017〕58 号
27	原油、成品油经营许可公告 2017.04.26	商务部公告 2017 年第 24 号
28	关于原产于欧盟的进口太阳能级多晶硅所适用的反倾销措施期终复审裁定的公告 2017.04.28	商务部公告 2017 年第 22 号
29	关于原产于欧盟的进口太阳能级多晶硅所适用的反补贴措施期终复审裁定的公告 2017.04.28	商务部公告 2017 年第 23 号
30	关于附加限制性条件批准陶氏化学公司与杜邦公司合并案经营者集中反垄断审查决定的公告 2017.04.29	商务部公告 2017 年第 25 号
31	关于对原产于日本、美国和欧盟的进口氯丁橡胶反倾销措施期终复审裁定的公告 2017.05.09	商务部公告 2017 年第 19 号
32	关于终止对原产于美国和日本的进口邻苯二酚的反倾销措施的公告 2017.05.20	商务部公告 2017 年第 27 号
33	关于对进口食糖采取保障措施的公告 2017.05.22	商务部公告 2017 年第 26 号
34	关于对原产于印度的间苯氧基苯甲醛进行反倾销立案调查的公告 2017.06.08	商务部公告 2017 年第 29 号
35	关于《SBT 10026－1992 洋葱》等 56 项国内贸易行业标准调整为供销合作行业标准的公告 2017.06.22	商务部、中华全国供销合作总社公告 2017 年第 33 号
36	关于对原产于韩国、台湾地区和美国的进口苯乙烯进行反倾销立案调查的公告 2017.06.23	商务部公告 2017 年第 31 号

（续）

序　号	名　　称	文　　号
37	关于原产于韩国、泰国和马来西亚的进口共聚聚甲醛反倾销调查的初步裁定的公告 2017.06.26	商务部公告 2017 年第 32 号
38	关于终止对原产于俄罗斯、韩国、日本和美国的进口环氧氯丙烷反倾销措施的公告 2017.06.27	商务部公告 2017 年第 30 号
39	外商投资产业指导目录（2017 年修订）2017.06.28	国家发展和改革委员会、商务部令 2017 年第 4 号
40	关于取消加工贸易银行保证金台帐制度有关事宜的公告 2017.07.15	海关总署、商务部公告 2017 年第 33 号
41	关于对产自朗盛德国有限公司和朗盛比利时有限公司的进口锦纶 6 切片倾销及倾销幅度期中复审裁定的公告 2017.07.20	商务部公告 2017 年第 34 号
42	关于外商投资企业设立及变更备案管理有关事项的公告 2017.07.30	商务部公告 2017 年第 37 号
43	商务部关于修改《外商投资企业设立及变更备案管理暂行办法》的决定（2017）2017.07.30	商务部令 2017 年第 2 号
44	外商投资企业设立及变更备案管理暂行办法（2017 修订）2017.07.30	商务部令 2017 年第 2 号
45	关于三菱化学株式会社继承三菱丽阳株式会社在腈纶反倾销措施中所适用税率的公告 2017.08.04	商务部公告 2017 年第 36 号
46	关于发布《进口废物管理目录》（2017 年）的公告 2017.08.10	环境保护部、商务部、发展改革委、海关总署、质检总局公告 2017 年第 39 号
47	2017 年农产品进口关税配额再分配公告 2017.08.11	国家发展和改革委员会、商务部公告 2017 年第 11 号
48	关于根据联合国安理会 2371 号决议新增对朝鲜禁运部分产品清单的联合公告 2017.08.14	商务部、海关总署联合公告 2017 年第 40 号
49	关于执行联合国安理会第 2371 号决议的公告 2017.08.14	商务部、海关总署公告 2017 年第 40 号
50	关于对原产于巴西的进口白羽肉鸡产品进行反倾销立案调查的公告 2017.08.18	商务部公告 2017 年第 39 号
51	对原产于日本和美国的进口光纤预制棒所适用的反倾销措施进行期终复审调查 2017.08.18	商务部公告 2017 年第 35 号
52	关于批准《商贸物流园区建设与运营服务规范》等 17 项国内贸易行业标准的公告 2017.08.21	商务部公告 2017 年第 42 号
53	关于附加限制性条件批准博通有限公司收购博科通讯系统公司股权案经营者集中反垄断审查决定的公告 2017.08.22	商务部公告 2017 年第 46 号

（续）

序　号	名　　称	文　号
54	关于对原产于美国的进口非色散位移单模光纤所适用反倾销措施进行期中复审调查的公告 2017.08.22	商务部公告 2017 年第 41 号
55	关于废止 1 项强制性国内贸易行业标准以及将 2 项强制性国内贸易行业标准转化为推荐性行业标准的公告 2017.08.23	商务部公告 2017 年第 44 号
56	关于执行联合国安理会第 2371 号决议禁止同朝鲜新设合资合作企业和追加合资企业投资的公告 2017.08.25	商务部公告 2017 年第 47 号
57	关于执行“中国—对原产于加拿大的进口浆粕反倾销措施”世贸组织争端裁决的立案公告 2017.08.25	商务部公告 2017 年第 43 号
58	关于对原产于美国、欧盟和新加坡的进口卤化丁基橡胶进行反倾销立案调查的公告 2017.08.30	商务部公告 2017 年第 45 号
59	关于商务部 2017—2018 年度电子商务示范企业名单的公告 2017.09.03	商务部公告 2017 年第 48 号
60	关于 2018 年上半年部分反倾销、反补贴措施即将到期的公告 2017.09.07	商务部公告 2017 年第 49 号
61	储备糖投放公告 2017.09.11	国家发展和改革委员会、商务部、财政部公告 2017 年第 13 号
62	商务部关于废止和修改部分规章的决定 2017.09.14	商务部令 2017 年第 3 号
63	对外劳务合作风险处置备用金管理办法（试行）（2017 修正）2017.09.14	商务部令 2017 年第 3 号
64	二手车流通管理办法（2017 修正）2017.09.14	商务部令 2017 年第 3 号
65	关于对原产于欧盟的进口马铃薯淀粉所适用的反补贴措施期终复审裁定的公告 2017.09.15	商务部公告 2017 年第 38 号
66	关于进口自荷兰皇家内德史罗夫控股有限公司的碳钢紧固件所适用的反倾销措施进行倾销及倾销幅度期中复审裁定的公告 2017.09.19	商务部公告 2017 年第 50 号
67	关于执行联合国安理会 2375 号决议的公告 2017.09.22	商务部、海关总署公告 2017 年第 52 号
68	关于全国全面供应硫含量不大于 10ppm 普通柴油的公告 2017.09.25	国家发展和改革委员会、公安部、环境保护部、商务部、国务院国有资产监督管理委员会、国家工商行政管理总局、国家质量监督检验检疫总局、国家能源局公告 2017 年第 15 号
69	乘用车企业平均燃料消耗量与新能源汽车积分并行管理办法 2017.09.27	工业和信息化部、财政部、商务部、海关总署、国家质量监督检验检疫总局令第 44 号

（续）

序　号	名　　　称	文　　号
70	商务部、工商总局关于执行联合国安理会第 2375 号决议关闭涉朝企业的公告 2017.09.28	商务部、工商总局公告 2017 年第 55 号
71	关于 2018 年食糖进口关税配额申请和分配细则的公告 2017.09.30	商务部公告 2017 年第 59 号
72	关于附加限制性条件批准惠普公司收购三星电子有限公司部分业务案经营者集中反垄断审查决定的公告 2017.10.05	商务部公告 2017 年第 58 号
73	关于终止实施对原产于日本、新加坡、韩国、台湾地区和美国的进口氨纶所适用的反倾销措施的公告 2017.10.12	商务部公告 2017 年第 54 号
74	关于对原产于美国和日本的进口氢碘酸进行反倾销立案调查的公告 2017.10.16	商务部公告 2017 年第 62 号
75	关于对原产于印度的邻氯对硝基苯胺反补贴调查初步裁定的公告 2017.10.20	商务部公告 2017 年第 57 号
76	关于对原产于印度的邻氯对硝基苯胺反倾销调查初步裁定的公告 2017.10.20	商务部公告 2017 年第 56 号
77	关于对原产于欧盟和美国的进口已内酰胺所适用的反倾销措施期终复审裁定的公告 2017.10.21	商务部公告 2017 年第 53 号
78	关于对原产于韩国、泰国和马来西亚的进口共聚聚甲醛反倾销调查最终裁定的公告 2017.10.23	商务部公告 2017 年第 61 号
79	2018 年磷矿石出口配额申报条件、申报程序及分配原则 2017.10.23	商务部公告 2017 年第 64 号
80	公布 2018 年度铁合金出口许可申报条件及申报程序 2017.10.23	商务部公告 2017 年第 63 号
81	2018—2019 年度钨、锑、白银出口国营贸易企业申报条件及申报程序 2017.10.26	商务部公告 2017 年第 66 号
82	2018 年化肥进口关税配额总量、分配原则及相关程序 2017.10.30	商务部公告 2017 年第 69 号
83	关于对原产于美国、沙特阿拉伯、马来西亚和泰国的进口乙醇胺进行反倾销立案调查的公告 2017.10.30	商务部公告 2017 年第 67 号
84	2018 年工业品和农产品出口配额总量 2017.10.30	商务部公告 2017 年第 68 号
85	国家发展改革委、人民银行、商务部等关于加强对外经济合作领域信用体系建设的指导意见 2017.10.31	发改外资〔2017〕1893 号
86	关于附加限制性条件批准加阳公司与萨斯喀彻温钾肥公司合并案经营者集中反垄断审查决定的公告 2017.11.06	商务部公告 2017 年第 75 号
87	2018 年原油非国营贸易进口允许量总量、申请条件和申请程序 2017.11.06	商务部公告 2017 年第 76 号

（续）

序 号	名 称	文 号
88	决定准予沧州金长兴石油产品有限公司等成品油批发经营许可 2017.11.06	商务部公告 2017 年第 73 号
89	关于对原产于韩国的进口腈纶所适用反倾销措施进行期中复审调查的公告 2017.11.07	商务部公告 2017 年第 71 号
90	关于附加限制性条件批准马士基航运公司收购汉堡南美船务集团股权案经营者集中反垄断审查决定的公告 2017.11.07	商务部公告 2017 年第 77 号
91	关于对原产于韩国和日本的进口丁腈橡胶进行反倾销立案调查的公告 2017.11.09	商务部公告 2017 年第 74 号
92	关于对原产于泰国的进口双酚 A 反倾销调查初步裁定的公告 2017.11.09	商务部公告 2017 年第 72 号
93	关于投放国家储备厂丝的公告 2017.11.10	商务部公告 2017 年第 79 号
94	公布《2018 年成品油（燃料油）非国营贸易进口允许量申领条件、分配原则和相关程序》2017.11.20	商务部公告 2017 年第 80 号
95	关于对原产于韩国、日本和南非的进口甲基异丁基（甲）酮反倾销调查初步裁定的公告 2017.11.20	商务部公告 2017 年第 70 号
96	关于对原产于韩国的进口太阳能级多晶硅倾销及倾销幅度期中复审裁定的公告 2017.11.21	商务部公告 2017 年第 78 号
97	商务部关于进一步深化商务综合行政执法体制改革的指导意见 2017.11.24	商秩函〔2017〕885 号
98	关于附加限制性条件批准日月光半导体制造股份有限公司收购矽品精密工业股份有限公司股权案经营者集中反垄断审查决定的公告 2017.11.24	商务部公告 2017 年第 81 号
99	关于 2018 年度甘草及其制品出口配额招标的公告 2017.11.27	商务部公告 2017 年第 82 号
100	关于公布进口铜精矿中有毒有害元素限量的公告 2017.12.02	质检总局、环境保护部、商务部公告 2017 年第 106 号
101	核两用品及相关技术出口管制清单（2017 修订）2017.12.11	商务部、国家原子能机构公告 2017 年第 85 号
102	公布 2018 年度符合申请汽车、摩托车、非公路用两轮摩托车及全地形车出口许可证条件企业名单 2017.12.11	商务部、工业和信息化部、海关总署、国家认监委公告 2017 年第 84 号
103	关于发布《中国严格限制的有毒化学品名录》（2018 年）的公告 2017.12.15	环境保护部、商务部、海关总署公告 2017 年第 74 号
104	关于内地与香港、澳门《〈关于建立更紧密经贸关系的安排〉投资协议》实施后有关备案工作的公告 2017.12.20	商务部公告 2017 年第 86 号
105	发布《2018 年度蔺草及其制品出口配额招标公告》2017.12.22	商务部公告 2017 年第 90 号
106	公布 2018 年度符合铁合金出口许可条件的企业名单 2017.12.26	商务部公告 2017 年第 91 号

（续）

序　号	名　　　　称	文　　号
107	关于附加限制性条件批准贝克顿—迪金森公司与美国巴德公司合并案经营者集中反垄断审查决定的公告 2017.12.27	商务部公告 2017 年第 92 号
108	发布《两用物项和技术进出口许可证管理目录》2017.12.28	商务部、海关总署公告 2017 年第 93 号
109	关于对原产于台湾地区、马来西亚和美国的进口正丁醇进行反倾销立案调查的公告 2017.12.29	商务部公告 2017 年第 83 号
110	关于《公布 2018 年货物出口许可证发证目录》的公告 2017.12.31	商务部公告 2017 年第 95 号
111	关于《公布 2018 年货物进口许可证发证目录》的公告 2017.12.31	商务部公告 2017 年第 96 号

（卓　娜）

2017年其他有关部门规章目录

序号	名称	文号
1	网络购买商品七日无理由退货暂行办法 2017.01.06	国家工商行政管理总局令第90号
2	新能源汽车生产企业及产品准入管理规定 2017.01.06	工业和信息化部令第39号
3	中央企业境外投资监督管理办法 2017.01.07	国务院国有资产监督管理委员会令第35号
4	中央企业投资监督管理办法 2017.01.07	国务院国有资产监督管理委员会令第34号
5	中西部地区外商投资优势产业目录(2017年修订)2017.02.17	国家发展和改革委员会、商务部令第46号
6	进口旧机电产品检验监督管理办法(2017修订)2017.02.27	国家质量监督检验检疫总局令第187号
7	专利审查指南(2017修正)2017.02.28	国家知识产权局令第74号
8	国家知识产权局关于修改《关于规范专利申请行为的若干规定》的决定(2017)2017.02.28	国家知识产权局令第75号
9	中华人民共和国海关关于最不发达国家特别优惠关税待遇进口货物原产地管理办法(2017)2017.03.01	海关总署令第231号
10	进出口工业品风险管理办法 2017.03.06	国家质量监督检验检疫总局令第188号
11	国家发展改革委决定废止的规章目录 2017.03.06	国家发展和改革委员会令第1号
12	企业投资项目核准和备案管理办法 2017.03.08	国家发展和改革委员会令第2号
13	保密事项范围制定、修订和使用办法 2017.03.09	国家保密局令2017年第1号
14	期货公司风险监管指标管理办法 2017.04.18	中国证券监督管理委员会令第131号
15	互联网新闻信息服务管理规定(2017)2017.05.02	国家互联网信息办公室令第1号
16	区域性股权市场监督管理试行办法 2017.05.03	中国证券监督管理委员会令第132号
17	全国投资项目在线审批监管平台运行管理暂行办法 2017.05.25	国家发展和改革委员会、工业和信息化部、国土资源部、环境保护部、住房和城乡建设部、交通运输部、水利部、国家卫生和计划生育委员会、国家安全生产监督管理总局、国家统计局、中国地震局、中国气象局令第3号
18	专利优先审查管理办法 2017.06.27	国家知识产权局令第76号
19	政府采购货物和服务招标投标管理办法(2017修订)2017.07.11	财政部令第87号
20	财政部关于废止部分规章和规范性文件的决定(2017)2017.08.06	财政部令第88号
21	证券发行与承销管理办法(2017修正)2017.09.07	中国证券监督管理委员会令第135号
22	政府制定价格行为规则(2017)2017.09.18	国家发展和改革委员会令第7号

（续）

序　号	名　　　称	文　　号
23	拍卖监督管理办法（2017 修订）2017.09.30	国家工商行政管理总局令第 91 号
24	国家工商行政管理总局关于废止和修改部分规章的决定 2017.10.27	国家工商行政管理总局令第 92 号
25	中华人民共和国企业法人登记管理条例施行细则（2017 修订）2017.10.27	国家工商行政管理总局令第 92 号
26	政府制定价格成本监审办法（2017）2017.10.30	国家发展和改革委员会令第 8 号
27	网络餐饮服务食品安全监督管理办法 2017.11.06	国家食品药品监督管理总局令第 36 号
28	证券交易所管理办法（2017）2017.11.17	中国证券监督管理委员会令第 136 号
29	食品生产许可管理办法（2017 修正）2017.11.17	国家食品药品监督管理总局令第 37 号
30	食品经营许可管理办法（2017 修正）2017.11.17	国家食品药品监督管理总局令第 37 号
31	互联网药品信息服务管理办法（2017 修正）2017.11.17	国家食品药品监督管理总局令第 37 号
32	国家食品药品监督管理总局关于修改部分规章的决定 2017.11.17	国家食品药品监督管理总局令第 37 号
33	招标公告和公示信息发布管理办法 2017.11.23	国家发展和改革委员会令第 10 号
34	行政单位国有资产管理暂行办法（2017 修正）2017.12.04	财政部令第 90 号
35	财政部关于修改《注册会计师注册办法》等 6 部规章的决定 2017.12.04	财政部令第 90 号
36	中华人民共和国海关暂时进出境货物管理办法(2017) 2017.12.07	海关总署令第 233 号
37	证券登记结算管理办法（2017 修改）2017.12.07	中国证券监督管理委员会令第 137 号
38	全国中小企业股份转让系统有限责任公司管理暂行办法（2017 修改）2017.12.07	中国证券监督管理委员会令第 137 号
39	转融通业务监督管理试行办法（2017 修改）2017.12.07	中国证券监督管理委员会令第 137 号
40	证券发行上市保荐业务管理办法（2017 修改）2017.12.07	中国证券监督管理委员会令第 137 号
41	期货公司监督管理办法（2017 修改）2017.12.07	中国证券监督管理委员会令第 137 号
42	期货公司资产管理业务试点办法（2017 修改）2017.12.07	中国证券监督管理委员会令第 137 号
43	期货交易所管理办法（2017 修改）2017.12.07	中国证券监督管理委员会令第 137 号
44	中国证券监督管理委员会关于修改《证券登记结算管理办法》等七部规章的决定 2017.12.07	中国证券监督管理委员会令第 137 号
45	财政部关于废止部分规章和规范性文件的决定（2017 第二次）2017.12.11	财政部令第 92 号
46	科学研究和教学用品免征进口税收规定（2017 修正）2017.12.20	财政部、海关总署、国家税务总局令第 93 号
47	中华人民共和国海关进出口货物申报管理规定（2017 修改）2017.12.20	海关总署令第 235 号
48	中华人民共和国海关关于加工贸易边角料、剩余料件、残次品、副产品和受灾保税货物的管理办法（2017 修改）2017.12.20	海关总署令第 235 号

（续）

序　号	名　　　称	文　　号
49	医疗器械网络销售监督管理办法 2017.12.20	国家食品药品监督管理总局令第 38 号
50	海关总署关于修改部分规章的决定（2017）2017.12.20	海关总署令第 235 号
51	中华人民共和国海关进出口货物征税管理办法（2017 修改）2017.12.20	海关总署令第 235 号
52	中华人民共和国海关进出境运输工具舱单管理办法（2017 修改）2017.12.20	海关总署令第 235 号
53	中华人民共和国海关报关单位注册登记管理规定（2017 修改）2017.12.20	海关总署令第 235 号
54	中华人民共和国海关对常驻机构进出境公用物品监管办法（2017 修改）2017.12.20	海关总署令第 235 号
55	中华人民共和国海关进出口货物减免税管理办法（2017 修改）2017.12.20	海关总署令第 235 号
56	中华人民共和国海关行业标准管理办法（试行）（2017 修改）2017.12.20	海关总署令第 235 号
57	政府采购质疑和投诉办法 2017.12.26	财政部令第 94 号
58	企业境外投资管理办法 2017.12.26	国家发展和改革委员会令第 11 号
59	中华人民共和国海关预裁定管理暂行办法 2017.12.26	海关总署令第 236 号
60	国家发展改革委关于废止有关规章和规范性文件的决定 2017.12.27	国家发展和改革委员会令第 12 号
61	泄密案件查处办法 2017.12.29	国家保密局令 2017 年第 2 号
62	国家税务总局关于公布失效废止的税务部门规章和税收规范性文件目录的决定 2017.12.29	国家税务总局令第 42 号
63	增值税一般纳税人登记管理办法 2017.12.29	国家税务总局令第 43 号
64	国家发展改革委决定宣布失效的规章目录 2017.12.29	国家发展和改革委员会令第 13 号

（卓　娜）

2017年国务院、商务部等有关部委和北京市相关文件目录（部分）

序　号	名　　称	文　　号
1	国务院办公厅关于印发“菜篮子”市长负责制考核办法的通知 2017.01.03	国办发〔2017〕1号
2	国务院办公厅关于创新管理优化服务培育壮大经济发展新动能加快新旧动能接续转换的意见 2017.01.13	国办发〔2017〕4号
3	国务院办公厅关于促进开发区改革和创新发展的若干意见 2017.01.19	国办发〔2017〕7号
4	国务院办公厅关于印发推行行政执法公示制度执法全过程记录制度重大执法决定法制审核制度试点工作方案的通知 2017.01.19	国办发〔2017〕14号
5	国务院办公厅关于规范发展区域性股权市场的通知 2017.01.20	国办发〔2017〕11号
6	国务院办公厅关于进一步激发社会领域投资活力的意见 2017.03.07	国办发〔2017〕21号
7	国务院办公厅关于印发2017年政务公开工作要点的通知2017.03.09	国办发〔2017〕24号
8	国务院办公厅关于进一步做好“放管服”改革涉及的规章、规范性文件清理工作的通知 2017.04.23	国办发〔2017〕40号
9	国务院办公厅关于进一步完善国有企业法人治理结构的指导意见 2017.04.24	国办发〔2017〕36号
10	国务院办公厅关于印发政务信息系统整合共享实施方案的通知 2017.05.03	国办发〔2017〕39号
11	国务院办公厅关于印发开展基层政务公开标准化规范化试点工作方案的通知 2017.05.09	国办发〔2017〕42号
12	国务院办公厅关于印发政府网站发展指引的通知 2017.05.15	国办发〔2017〕47号
13	国务院办公厅印发关于深化科技奖励制度改革方案的通知 2017.05.31	国办函〔2017〕55号
14	国务院办公厅关于印发自由贸易试验区外商投资准入特别管理措施（负面清单）（2017年版）的通知 2017.06.05	国办发〔2017〕51号
15	国务院办公厅关于建设第二批大众创业万众创新示范基地的实施意见 2017.06.15	国办发〔2017〕54号
16	国务院办公厅关于印发全国深化简政放权放管结合优化服务改革电视电话会议重点任务分工方案的通知 2017.06.22	国办发〔2017〕57号

（续）

序　号	名　　称	文　号
17	国办信息公开办关于规范信息公开申请接收渠道的意见 2017.07.05	国办公开办函〔2017〕19号
18	国务院办公厅转发国家发展改革委商务部人民银行外交部关于进一步引导和规范境外投资方向指导意见的通知 2017.08.04	国办发〔2017〕74号
19	国务院办公厅关于进一步推进物流降本增效促进实体经济发展的意见 2017.08.07	国办发〔2017〕73号
20	国务院办公厅关于进一步激发民间有效投资活力促进经济持续健康发展的指导意见 2017.09.01	国办发〔2017〕79号
21	国务院办公厅关于推广支持创新相关改革举措的通知2017.09.07	国办发〔2017〕80号
22	国务院办公厅关于积极推进供应链创新与应用的指导意见 2017.10.05	国办发〔2017〕84号
23	国务院办公厅关于全国互联网政务服务平台检查情况的通报 2017.10.06	国办函〔2017〕115号
24	国务院办公厅关于同意建立市场监管部际联席会议制度的函 2017.11.06	国办函〔2017〕118号
25	国务院办公厅关于创建“中国制造2025”国家级示范区的通知 2017.11.20	国办发〔2017〕90号
26	国务院办公厅关于推进公共资源配置领域政府信息公开的意见 2017.12.19	国办发〔2017〕97号
27	国务院关于2016年度国家科学技术奖励的决定 2017.01.02	国发〔2017〕2号
28	国务院关于印发全国国土规划纲要（2016—2030年）的通知 2017.01.03	国发〔2017〕3号
29	国务院关于西部大开发“十三五”规划的批复 2017.01.05	国函〔2017〕1号
30	国务院关于印发国家教育事业发展“十三五”规划的通知 2017.01.10	国发〔2017〕4号
31	国务院关于扩大对外开放积极利用外资若干措施的通知 2017.01.12	国发〔2017〕5号
32	国务院关于第三批取消中央指定地方实施行政许可事项的决定 2017.01.12	国发〔2017〕7号
33	国务院关于印发“十三五”市场监管规划的通知 2017.01.12	国发〔2017〕6号
34	国务院关于印发“十三五”推进基本公共服务均等化规划的通知 2017.01.23	国发〔2017〕9号
35	国务院关于印发“十三五”现代综合交通运输体系发展规划的通知 2017.02.03	国发〔2017〕11号

（续）

序　号	名　　称	文　号
36	国务院关于落实《政府工作报告》重点工作部门分工的意见（2017）2017.03.22	国发〔2017〕22号
37	国务院关于印发全面深化中国（上海）自由贸易试验区改革开放方案的通知 2017.03.30	国发〔2017〕23号
38	国务院批转国家发展改革委关于2017年深化经济体制改革重点工作意见的通知 2017.04.13	国发〔2017〕27号
39	国务院关于进一步削减工商登记前置审批事项的决定2017.05.07	国发〔2017〕32号
40	国务院关于深化改革推进北京市服务业扩大开放综合试点工作方案的批复 2017.06.25	国函〔2017〕86号
41	国务院关于“十三五”国家政务信息化工程建设规划的批复 2017.06.30	国函〔2017〕93号
42	国务院关于印发新一代人工智能发展规划的通知 2017.07.08	国发〔2017〕35号
43	国务院关于强化实施创新驱动发展战略进一步推进大众创业万众创新深入发展的意见 2017.07.21	国发〔2017〕37号
44	国务院关于促进外资增长若干措施的通知 2017.08.08	国发〔2017〕39号
45	国务院关于进一步扩大和升级信息消费持续释放内需潜力的指导意见 2017.08.13	国发〔2017〕40号
46	国务院关于取消一批行政许可事项的决定 2017.09.22	国发〔2017〕46号
47	国务院关于在北京市暂时调整有关行政审批和准入特别管理措施的决定（2017）2017.12.10	国发〔2017〕55号
48	国务院关于在自由贸易试验区暂时调整有关行政法规、国务院文件和经国务院批准的部门规章规定的决定（2017）2017.12.25	国发〔2017〕57号
49	商务部等16部门关于促进老字号改革创新发展的指导意见 2017.01.13	商流通发〔2017〕13号
50	商务部关于进一步推进国家电子商务示范基地建设工作的指导意见 2017.01.17	商电发〔2017〕26号
51	商务部配额许可证事务局关于货物出口许可证申领、签发等事宜的函 2017.01.25	商配综函〔2017〕7号
52	中国人民银行、财政部、商务部等关于金融支持服务贸易发展的指导意见 2017.02.13	银发〔2017〕41号
53	商务部关于“十三五”时期促进酒类流通健康发展的指导意见 2017.02.13	商运发〔2017〕47号
54	商务部办公厅关于复制推广公益性农产品示范市场典型经验和模式的通知 2017.02.14	商办建函〔2017〕72号

（续）

序　号	名　　称	文　号
55	商务部关于规范和促进拍卖行业发展的意见 2017.02.15	商流通发〔2017〕50 号
56	商务部办公厅关于做好《国务院办公厅关于推动实体零售创新转型的意见》贯彻落实工作的通知 2017.03.16	商办流通函〔2017〕114 号
57	商务部、发展改革委、人民银行等关于进一步推进开放型经济新体制综合试点试验的若干意见 2017.04.07	商政发〔2017〕125 号
58	商务部关于进一步加强外商投资信息报告制度和信息公示平台建设有关工作的通知 2017.06.20	商资函〔2017〕318 号
59	国家发展改革委、财政部、商务部、国家工商行政管理总局关于印发推进落实公平竞争审查制度 2017 年工作重点的通知 2017.07.03	发改价监〔2017〕1246 号
60	商务部办公厅关于进一步加强对外劳务合作管理的通知 2017.07.14	商合字〔2017〕9 号
61	商务部等 9 部门发布《关于复制推广国内贸易流通体制改革发展综合试点经验的通知》2017.07.25	商流通函〔2017〕514 号
62	商务部办公厅、财政部办公厅关于开展供应链体系建设工作的通知 2017.08.11	商办流通发〔2017〕337 号
63	商务部、农业部关于深化农商协作大力发展农产品电子商务的通知2017.08.17	商建函〔2017〕597 号
64	商务部办公厅关于印发《机电产品国际招标投标“双随机一公开”监管工作细则》的通知 2017.08.17	商办贸函〔2017〕345 号
65	科技部办公厅、商务部办公厅关于印发《支持自由贸易试验区创新发展若干措施》的通知 2017.09.04	国科办创〔2017〕81 号
66	商务部办公厅关于进一步做好鼓励类外商投资企业进口设备减免税有关工作的通知 2017.09.05 发布	商办资函〔2017〕367 号
67	商务部办公厅关于建立重点零售企业联系制度的通知 2017.09.11	商办流通函〔2017〕378 号
68	商务部办公厅关于建立重点联系企业制度的通知 2017.09.11	商办流通函〔2017〕378 号
69	商务部、海关总署、税务总局等关于促进外贸综合服务企业健康发展有关工作的通知 2017.09.25	商贸函〔2017〕759 号
70	商务部办公厅、海关总署办公厅、质检总局办公厅关于做好对外承包工程资格审批取消后有关政策衔接工作的通知 2017.09.27	商办合函〔2017〕390 号
71	国家质量监督检验检疫总局、商务部、中央网络安全和信息化领导小组办公室等关于印发《关于开展重要产品追溯标准化工作的指导意见》的通知 2017.09.27	国质检标联〔2017〕419 号
72	国家发展改革委、财政部、商务部等关于印发《公平竞争审查制度实施细则（暂行）》的通知 2017.10.23	发改价监〔2017〕1849 号

（续）

序　号	名　　称	文　　号
73	工商总局、商务部、海关总署关于印发《推进“多证合一”改革加强部门信息共享合作备忘录》的通知 2017.10.23	工商企注字〔2017〕192 号
74	国家发展改革委、人民银行、商务部等关于印发《关于对对外经济合作领域严重失信主体开展联合惩戒的合作备忘录》的通知 2017.10.31	发改外资〔2017〕1894 号
75	商务部办公厅、国家标准委办公室关于印发《网络零售标准化建设工作指引》的通知 2017.11.21	商电字〔2017〕12 号
76	商务部关于进一步深化商务综合行政执法体制改革的指导意见 2017.11.24	商秩函〔2017〕885 号
77	国家发展改革委、财政部、商务部关于印发《2017 — 2018 年清理现行排除限制竞争政策措施的工作方案》的通知 2017.12.05	发改价监〔2017〕2091 号
78	国家发展改革委、商务部、人民银行等关于发布《民营企业境外投资经营行为规范》的通知 2017.12.06	发改外资〔2017〕2050 号
79	商务部、公安部、交通运输部等关于印发《城乡高效配送专项行动计划（2017 — 2020 年）》的通知 2017.12.13	商流通函〔2017〕917 号
80	商务部关于下达 2018 年部分农产品出口配额的通知 2017.12.14	商贸函〔2017〕918 号
81	财政部、税务总局、国家发展改革委、商务部关于境外投资者以分配利润直接投资暂不征收预提所得税政策问题的通知 2017.12.21	财税〔2017〕88 号
82	商务部等 10 部门关于推广标准托盘发展单元化物流的意见 2017.12.29	商流通函〔2017〕968 号
83	科技部创新发展司、国家发展改革委高技术产业司关于进一步做好 2017 年创新型城市建设有关工作的通知 2017.01.19	国科创函〔2017〕3 号
84	战略性新兴产业重点产品和服务指导目录（2016 版）2017.01.25	国家发展和改革委员会公告 2017 年第 1 号
85	农业部、国家发展与改革委员会、财政部等关于印发《“菜篮子”市长负责制考核办法实施细则》2017.02.16	农市发〔2017〕1 号
86	国家发展改革委关于有关原油加工企业申报使用进口原油问题的通知 2017.04.27	发改运行〔2017〕791 号
87	国家发展改革委、人民银行、工业和信息化部等印发《关于在电子认证服务行业实施守信联合激励和失信联合惩戒的合作备忘录》的通知 2017.05.04	发改财金〔2017〕844 号
88	决定废止的价格规范性文件目录 2017.07.13	国家发展和改革委员会公告 2017 年第 5 号
89	体育总局、国家发展改革委、国家旅游局关于印发《京津冀健身休闲运动协同发展规划（2016 — 2025 年）》的通知 2017.07.24	体群字〔2017〕153 号

（续）

序号	名称	文号
90	国家发展改革委、人民银行、中央网信办等印发《关于对石油天然气行业严重违法失信主体实施联合惩戒的合作备忘录》的通知 2017.08.02	发改运行〔2017〕1455 号
91	国家发展改革委办公厅关于组织开展行业协会商会收费信息集中公示的通知 2017.08.15	发改办经体〔2017〕1424 号
92	国家发展改革委办公厅关于印发《增强制造业核心竞争力三年行动计划（2018—2020 年）》重点领域关键技术产业化实施方案的通知 2017.12.13	发改办产业〔2017〕2063 号
93	政府定价的经营服务性收费目录清单 2017.12.27	国家发展和改革委员会公告 2017 年第 24 号
94	国家发展改革委办公厅、人民银行办公厅关于印发首批社会信用体系建设示范城市名单的通知 2017.12.28	发改办财金〔2017〕2158 号
95	中国人民银行、工商总局关于个体工商户“两证整合”登记制度改革涉及银行账户管理有关事项的通知 2017.01.03	银发〔2017〕3 号
96	工商总局关于切实加强 12315 消费者权益保护工作的意见 2017.01.25	工商消字〔2017〕22 号
97	工商总局关于推行企业登记全程电子化工作的意见 2017.04.10	工商企注字〔2017〕43 号
98	工商总局关于印发《国家企业信用信息公示系统使用运行管理办法（试行）》的通知 2017.06.27	工商办字〔2017〕104 号
99	工商总局等十部门关于印发《严肃查处虚假违法广告维护良好广告市场秩序工作方案》的通知 2017.08.21	工商广字〔2017〕150 号
100	工商总局关于做好“多证合一”改革工作的指导意见 2017.08.29	工商企注字〔2017〕153 号
101	工商总局关于调整工商登记前置审批事项目录的通知 2017.08.30	工商企注字〔2017〕155 号
102	工商总局办公厅关于 2017 年上半年全国工商、市场监管部门打击侵权假冒工作情况的通报 2017.09.18	办字〔2017〕163 号
103	工商总局关于落实“证照分离”改革举措促进企业登记监管统一规范的指导意见 2017.09.30	工商企注字〔2017〕175 号
104	工商总局关于积极开展宣传贯彻新《反不正当竞争法》工作的通知 2017.11.07	工商竞争字〔2017〕202 号
105	工商总局关于贯彻落实国务院《“十三五”市场监管规划》的通知 2017.11.23	工商综字〔2017〕224 号
106	工商总局关于加快推进“证照分离”改革试点工作的通知 2017.12.15	工商企注字〔2017〕237 号

（续）

序 号	名 称	文 号
107	财政部、税务总局关于中小企业融资（信用）担保机构有关准备金企业所得税税前扣除政策的通知 2017.03.21	财税〔2017〕22号
108	财政部、国家税务总局关于继续实施物流企业大宗商品仓储设施用地城镇土地使用税优惠政策的通知（2017）2017.04.26	财税〔2017〕33号
109	财政部、税务总局、科技部关于提高科技型中小企业研究开发费用税前加计扣除比例的通知 2017.05.02	财税〔2017〕34号
110	科技部、财政部、国家税务总局关于印发《科技型中小企业评价办法》的通知 2017.05.03	国科发政〔2017〕115号
111	财政部、国家税务总局关于广告费和业务宣传费支出税前扣除政策的通知（2017）2017.05.27	财税〔2017〕41号
112	财政部、国家税务总局关于扩大小型微利企业所得税优惠政策范围的通知 2017.06.06	财税〔2017〕43号
113	财政部关于印发《国有企业境外投资财务管理办法》的通知 2017.06.12	财资〔2017〕24号
114	财政部、发展改革委、工业和信息化部等关于调整重大技术装备进口税收政策有关目录的通知（2017修订）2017.12.22	财关税〔2017〕39号
115	财政部、税务总局关于完善企业境外所得税收抵免政策问题的通知 2017.12.28	财税〔2017〕84号
116	北京市人民政府办公厅印发《关于提高北京城市副中心管理水平的意见》的通知 2017.02.06	京政办发〔2017〕5号
117	北京市人民政府国有资产监督管理委员会关于印发《关于进一步完善市属国有企业法人治理结构的实施意见》的通知 2017.09.19	京国资发〔2017〕27号
118	北京市人民政府办公厅关于印发《北京市安全生产工作考核办法》的通知 2017.02.20	京政办发〔2017〕7号
119	北京市人民政府办公厅印发《关于全面放开养老服务市场进一步促进养老服务业发展的实施意见》的通知 2017.03.02	京政办发〔2017〕13号
120	北京市人民政府办公厅关于印发《北京市推进“阳光餐饮”工程工作方案》的通知 2017.06.13	京政办发〔2017〕30号
121	北京市人民政府办公厅关于印发《北京市人民政府办公厅购买服务指导性目录》的通知 2017.06.29	京政办内〔2017〕5号
122	北京市人民政府关于公布北京市区域性股权市场运营机构的通告 2017.07.31	京政发〔2017〕22号

（续）

序　号	名　　称	文　号
123	北京市人民政府办公厅印发《关于财政支持疏解非首都功能构建高精尖经济结构的意见》的通知 2017.09.02	京政办发〔2017〕35号
124	北京市人民政府办公厅印发《关于加快推进“多证合一”登记制度改革的实施意见》的通知 2017.09.12	京政办发〔2017〕38号
125	中共北京市委、北京市人民政府印发《关于率先行动改革优化营商环境实施方案》的通知 2017.09.16	京发〔2017〕20号
126	北京市人民政府办公厅关于印发《北京市进一步深化简政放权放管结合优化服务改革重点任务分工方案》的通知 2017.10.13	京政办发〔2017〕43号
127	北京市人民政府办公厅印发《关于深化市属国有文化企业改革的意见》的通知 2017.11.01	京政办发〔2017〕45号
128	北京市人民政府印发《关于进一步激发重点群体活力带动城乡居民增收的若干政策措施》的通知 2017.12.07	京政发〔2017〕33号
129	北京市人民政府办公厅关于印发《北京市深入推进“互联网＋流通”行动实施方案》的通知 2017.12.11	京政办发〔2017〕50号
130	中共北京市委、北京市人民政府关于印发加快科技创新构建高精尖经济结构系列文件的通知 2017.12.20	京发〔2017〕27号
131	北京市人民政府关于印发《北京市政务信息资源管理办法（试行）》的通知 2017.12.27	京政发〔2017〕37号
132	北京市人民政府印发《关于优化人才服务促进科技创新推动高精尖产业发展的若干措施》的通知 2017.12.31	京政发〔2017〕38号
133	北京市人民政府关于加快科技创新构建高精尖经济结构用地政策的意见（试行）2017.12.31	京政发〔2017〕39号
134	北京市人民政府办公厅印发《关于保护利用老旧厂房拓展文化空间的指导意见》的通知 2017.12.31	京政办发〔2017〕53号

（卓　娜）

2017年北京市部分地方性法规、规章目录

序　号	名　　　称	文　　号
1	北京市制定地方性法规条例（2017修订）2017.01.20	北京市人民代表大会公告第5号
2	北京市旅游条例2017.05.26	北京市人民代表大会常务委员会公告〔十四届〕第34号
3	北京市审计条例（2017修正）2017.09.22	北京市人民代表大会常务委员会公告〔十四届〕第35号
4	北京市人大常委会关于修改《北京市审计条例》的决定（2017）2017.09.22	北京市人民代表大会常务委员会公告〔十四届〕第35号

（卓　娜）

2017年北京市商务委部分规范性文件目录

序　号	名　　称	文　号
1	北京市商务委员会关于印发《北京市商务委员会关于遴选境外合作组织机构建立境外北京国际经贸发展服务中心的管理办法》（试行）的通知	京商务贸发字〔2016〕66号
2	北京市商务委员会关于印发《北京市外贸综合服务企业试点工作实施方案》的通知	京商务外运字〔2017〕5号
3	北京市商务委员会关于申报2017年度第一批商务发展项目的通知	京商务财务字〔2017〕9号
4	北京市商务委员会 北京市财政局 北京市质量技术监督局关于2016年—2017年北京市物流标准化试点工作有关事项的通知	京商务物流字〔2017〕3号
5	北京市商务委员会 北京市发展和改革委员会 北京市规划和国土资源管理委员会 北京市住房和城乡建设委员会 北京市工商行政管理局 北京市食品药品监督管理局 北京市财政局关于印发《“疏解整治促提升”工作中完善便民商业设施若干问题的指导意见》的通知	京商务规字〔2017〕7号
6	北京市商务委员会等12个部门关于印发《关于加快融资租赁业发展的实施意见》的通知	京商务交字〔2017〕121号
7	北京市商务委员会 北京市财政局关于支持北京市外贸企业提升国际化经营能力的通知	京商务外运字〔2017〕22号
8	北京市商务委员会等9部门关于印发《关于对双积分信用优良企业实施联合激励的若干措施》的通知	市服务业扩大开放办字〔2017〕8号
9	北京市商务委员会关于做好2017年北京市对外投资合作专项资金项目申报工作的通知	京商务经字〔2017〕18号
10	北京市商务委员会关于开展2017年外经贸发展专项资金（进口贴息事项）申报工作的通知	京商务外运字〔2017〕26号
11	北京市商务委员会关于2017年度承接国际服务外包业务专项资金和服务外包公共服务平台项目申报工作的通知	京商务服贸字〔2017〕13号
12	北京市商务委员会关于印发《北京市商务领域不良信用记录名单管理办法（试行）》的通知	京商务秩字〔2017〕25号

（卓　娜）

关于印发《北京市商务委员会关于遴选境外合作组织机构建立境外北京国际经贸发展服务中心的管理办法》（试行）的通知

京商务贸发字〔2016〕66号

各有关单位：

《北京市商务委员会关于遴选境外合作组织机构建立境外北京国际经贸发展服务中心的管理办法（试行）》已经2016年12月6日市商务委第十四次主任办公会议通过，现予发布，请遵照执行。

特此通知。

北京市商务委员会关于遴选境外合作组织机构建立境外北京国际经贸发展服务中心的管理办法（试行）

第一章 总 则

第一条【目的】 为进一步提升境外服务北京企业、贸易促进机构、相关政府部门的品质，提高北京与有关国家地区的经贸发展水平，规范遴选境外合作组织机构、建立境外北京国际经贸发展服务中心（以下简称：境外服务中心）的管理工作，制定本办法。

第二条【定义】 本办法所称的境外合作组织机构，是指经北京市商务委员会遴选合格的，依法在境外设立的，主要从事贸易、投资、会展、金融、法律、咨询等相关业务的组织机构，包括但不限于：商协会、社会团体、企业及其他组织机构。

本办法所称境外服务中心，是指北京市商务委员会与境外合作组织机构签署协议，合作建立的经贸合作平台。

第三条【命名】 境外服务中心命名原则："北京－城市名"＋"国际经贸发展服务中心"。

第二章 资格条件、遴选授牌

第四条【资格条件】 申请合作建立境外服务中心的境外合作组织机构，应具备下列条件：

（一）依法注册设立，具备从事经贸活动等相关业务的主体资格；

（二）具有固定的办公场所；

（三）至少配备一名精通当地语言、熟悉经贸活动等相关业务的专职工作人员；

（四）有健全的内部管理制度；

（五）与当地政府部门、贸易促进机构、

企业等联系紧密，具备丰富的国际经贸等相关业务的工作经验；

（六）能够按照双方签署的合作协议开展工作；

（七）独立承担因自身行为引起的法律责任。

第五条【申请材料】 申请合作建立境外服务中心的境外合作组织机构，需提交下列材料：

（一）申请书，其中包括单位简介、申请目的、可行性陈述、工作计划、内部管理制度等内容；

（二）依法注册设立的具有从事经贸活动等相关业务的主体资格有效证明文件；

（三）办公场所证明文件；

（四）对所提供材料真实性、合法性的声明。

上述申请材料需法定代表人签字或加盖组织机构公章。

第六条【遴选授牌】 对于申请材料齐全、评估合格的境外组织机构，北京市商务委员会将遵循择优原则，与境外组织机构签署合作协议、授予境外服务中心铭牌，并定期公布境外服务中心名单。

第三章 日常管理

第七条【管理机构】 北京市商务委员会负责协调指导境外服务中心开展工作，并授权世界贸易网点联盟北京中心承办境外服务中心具体工作。北京国际经济贸易发展协会等配合开展相关工作。

第八条【合作期限】 北京市商务委员会与境外合作组织机构合作有效期一般为三年。

合作期满后，由双方协商决定是否继续合作。如继续合作，续签合作协议；如终止合作，由北京市商务委员会收回境外服务中心铭牌，原境外组织机构不得以境外服务中心的名义继续开展工作。

第九条【监督管理】 境外合作组织机构具有下列情形之一的，根据情节轻重，由北京市商务委员会予以提示改正或者解除合作关系：

（一）利用授牌身份或签署的协议，从事合作内容以外的商务活动；

（二）利用授牌身份或签署的协议，从事对外借债、担保等经济行为；

（三）利用授牌身份或签署的协议，境外合作组织机构工作人员为本人或他人谋取不正当利益；

（四）违反当地国家地区的法律法规，严重影响境外服务中心声誉；

（五）其他不正当行为。

第十条【业务评估】 境外合作组织机构定期向北京市商务委员会通报境外服务中心工作开展情况，并于每年12月底前以书面形式通报本年度境外服务中心的工作开展情况及下一年度的工作计划。

北京市商务委员会每年对境外服务中心进行评估，于每年2月底前将上一年度的评估等情况反馈境外合作组织机构。

第四章 附 则

第十一条 合作原则、合作内容、合作机制以及双方的权利义务等未尽事宜，由双方协商签署相关合作协议予以明确。

第十二条 本办法的解释权归北京市商务委员会。

第十三条 本办法自发布之日起30日后施行。

关于印发《北京市外贸综合服务企业试点工作实施方案》的通知

京商务外运字〔2017〕5号

各有关单位：

经市政府批准，现将《北京市外贸综合服务企业试点工作实施方案》印发给你们，请认真组织实施。

特此通知。

北京市商务委员会

2017年2月16日

北京市外贸综合服务企业试点工作实施方案

为贯彻落实《国务院关于促进外贸回稳向好的若干意见》（国发〔2016〕27号），加快推进外贸新模式新业态发展，促进外贸提质增效，按照商务部等5部门《关于开展外贸综合服务企业试点工作的函》（商贸函〔2016〕787号）要求，结合本市实际，制定本实施方案。

本方案所称外贸综合服务企业（以下简称综服企业）是指具备对外贸易经营者资质，接受国内外客户委托，为客户提供报关报检、物流、退税、结算、融资、信用保险、保理、供应链管理等综合服务的企业。

一、工作思路及目标

按照商务部等5部门对综服企业试点工作要求，加强对本市外贸综合服务试点企业（以下简称试点企业）的指导与支持，着力在明确综服企业身份、确定综服企业责任、创新监管方式等方面先行先试，通过制度创新、管理创新、服务创新，逐步构建企业认证体系、政策支撑体系、监督管理体系、风险防控体系、服务保障体系，为综服企业创造良好的发展环境。同时，借鉴商务部等5部门开展综服企业试点的做法，在本市范围内认定一批外贸综合服务示范企业（以下简称示范企业），发挥示范带动作用，引领综服企业健康发展，积极培育外贸发展新动能。到2017年9月试点工作结束时，初步形成适应综服企业发展的管理模式，为推动综服企业健康发展提供可复制、可推广的经验；培育3家以上年出口额超过20亿元人民币的外贸综合服务龙头企业，扶持一批整合能力强、辐射范围广、服务企业多、特色突出的示范企业，综服企业出口额占本市出口总额的比重超过5%。

二、工作任务

（一）加强政策支持。充分发挥本市中

小企业出口金融服务平台（政保贷）作用，通过整合政府担保资金、政策性保险和银行贷款等资源，帮助试点企业提高资信等级和贷款额度，降低融资成本。利用北京市外经贸发展引导基金，优先为试点企业提供融资服务。利用北京市外经贸发展专项资金，加大对试点企业投保出口信用保险的支持力度，鼓励其积极开拓国际市场。支持中国出口信用保险公司将试点企业纳入重点支持企业名录，为试点企业提供个性化承保方案，降低保险费率，扩大其向高风险国家出口的承保范围。（责任单位：市商务委、市财政局）

（二）创新监督管理。将试点企业纳入全国通关一体化改革试点范围，根据企业情况，实施一地或多地进口货物汇总征税措施；综合考虑企业信用等级等因素，采取简化货物验放手续等措施，为企业通关提供便利。开设专门窗口为试点企业办理出口退（免）税业务，按照风险可控、便于办税的原则，及时解决企业涉税问题。简化试点企业进出口监管流程，实施进口直通、出口直放等便利通关模式和低比例抽检、低频次日常监管，简化试点企业原产地证书办理手续。创新收付汇管理方式，对试点企业外汇收支情况实施主体监管、总量核查、动态监测；简化贸易信贷报告流程，允许试点企业按季度向外汇管理部门进行现场报告。（责任单位：北京海关、市国税局、北京出入境检验检疫局、国家外汇管理局北京外汇管理部）

（三）强化风险防控。构建企业内控、执法部门监管、各部门联防联控三位一体的风险防控体系。指导试点企业建立健全自身风险防控制度，加强服务对象筛查、物流服务监控、金融服务管理，自觉规范操作流程。加强对试点企业的监管，防止其出现侵犯知识产权、虚假贸易等违法违规行为。加强部门间信息共享，搭建综合风险防控平台，形成联防联控机制，提高监管效能。（责任单位：市商务委、市工商局、北京海关、北京出入境检验检疫局、市国税局、国家外汇管理局北京外汇管理部）

（四）提升服务水平。为试点企业提供境内外客户资信信息查询服务。支持试点企业优先加入出入境物品质量安全追溯监管系统。为试点企业提供预归类、预审价服务。协助试点企业开展纳税信用等级信息查询。为试点企业提供国别、行业及买家风险信息等风险评估服务，提出风险管理建议。（责任单位：市商务委、市工商局、北京海关、北京出入境检验检疫局、市国税局、国家外汇管理局北京外汇管理部）

（五）认证示范企业。为配合开展试点工作，在全市范围内选择若干代表性强、特色鲜明的综服企业，在严格履行认定程序的前提下，授予其“北京市外贸综合服务示范企业”称号（商务部等5部门确定的本市外贸综合服务试点企业直接授予该称号），示范企业参照试点企业享受相关政策。市有关单位定期开展示范企业运营能力评估、风险防控评估、运营规范评估，探索确立本市综服企业认定标准、评估方式和退出条件，逐步建立符合本市外贸发展特点的综服企业认证体系。（责任单位：市商务委、市工商局、北京海关、北京出入境检验检疫局、市国税局、国家外汇管理局北京外汇管理部）

三、保障措施

成立由分管副市长任组长，市商务委、市财政局、市工商局、北京海关、北京出入境检验检疫局、市国税局、国家外汇管理局北京外汇管理部等单位参加的推进综服企业发展工作小组（以下简称工作小组），统筹推进本市综服企业试点工作，及时协调解决遇到的问题，工作小组办公室设在市商务委，负责日常工作。支持试点企业发挥行业领军作用，牵头成立行业组织，并加强对行业组织的指导，共同维护外贸市场经营秩序。组织召开专题宣讲会、政策推介会等，加大对试点政策的宣传解读力度，为试点工作顺利开展营造良好氛围。（责任单位：市商务委、市工商局、北京海关、北京出入境检验检疫局、市国税局、国家外汇管理局北京外汇管理部）

附件：北京市外贸综合服务示范企业认定条件和程序

附件

北京市外贸综合服务示范企业认定条件和程序

一、认定条件

（一）在本市行政区域内依法注册、具有独立法人资格，合法经营，独立核算，内部控制制度健全，风险控制体系完善。近3年内无走私、骗税、财务违规、违反检验检疫和外汇管理法律法规等行为。

（二）企业资产规模不低于5000万元人民币。

（三）海关企业信用评级达一般认证企业以上（含）、出入境检验检疫信用管理达A级以上（含）、出口退（免）税企业管理类别达二类以上（含）、货物贸易外汇分类管理为A类的企业。

（四）已建立外贸综合服务信息平台，为国内外企业提供报关报检、物流、退税、结算、融资、信用保险等综合服务。

（五）拥有服务合同在有效期内的合作企业50家以上（含）。

（六）近12个月进出口额原则上不低于3亿元人民币（含）。

（七）银行授信额度在3000万元人民币以上（含）。

（八）对于在本市行政区域内依法注册的公司，为开展综服业务而设立的全资或控股子公司，可参照其母公司的资质标准进行认定。

二、认定程序

（一）符合认定条件的企业向其注册地所在区商务委提出申请。

（二）区商务委对企业资质进行初审，并出具推荐意见报工作小组办公室。

（三）工作小组办公室组织专家评审组对各区推荐企业进行评选，确定示范企业名单，并将名单在相关网站上进行公示，公示期为10个工作日。

（四）公示结束后，向企业授予“北京市外贸综合服务示范企业”称号。

（五）定期对示范企业开展评估考核，对违规经营、不诚信或未发挥示范作用的企业取消示范企业称号。

北京市商务委员会关于申报2017年度第一批商务发展项目的通知

京商务财务字〔2017〕9号

各区商务委、市属国有企业集团、有关单位：

为推进流通领域供给侧结构性改革，推动服务业扩大开放，疏解非首都功能，提高生活性服务业品质，转方式、稳增长，努力实现商务工作新跨越。现将申报2017年度第一批商务发展项目的有关事项通知如下：

一、支持方向和重点

资金主要支持商务发展领域内符合首都城市战略定位的促消费、稳增长，推动保障民生的项目；促进生活性服务业品质提升，推动商业便民利民发展的项目；促进产业转型升级，推动“高精尖”经济结构构建的项目；支持现代服务业发展项目；支持北京地区跨境电子商务建设项目；鼓励跨境电子商务直购体验店建设项目等。优先支持符合政策的公共平台建设和典型示范类项目。对符合标准和要求的项目采取项目补助、政府购买服务、以奖代补等形式给予支持。

二、申报条件

（一）在北京市登记注册、独立核算的企业、机构、经济组织等单位；

（二）项目申报单位经营状况良好，财务管理制度健全；

（三）申报项目能够按申报计划实施；

（四）已获得或确定将获得其他政府资金支持的项目原则上不得参加申报；

（五）项目申报单位近三年无重大违法违规记录。

三、申报材料要求

（一）项目申报书（含项目可行性报告）；

（二）项目已发生费用明细表；

（三）2017年商务发展项目申报情况表；

（四）项目申报单位承诺书；

（五）项目单位法人证明文件复印件（营业执照、组织机构代码证书、法定代表人身份证明等）；

（六）项目单位近两年财务报表（资产负债表、损益表、现金流量表）；

（七）其他与项目相关的证明材料。

项目申请材料一式两份，应按顺序装订成册，并加盖单位公章。项目申报材料不予退回。

四、项目申报流程

（一）项目申报。自通知发布之日起，项目申报单位填报项目申报材料，市属国有企业向市属国有企业集团提交申报材料，其他申报单位向注册地区级商务委提交申报材料。

（二）项目初审。按照管理权限和属地

原则，由市属国有企业集团和各区商务委对申报项目进行初审；通过初审的项目汇总后报市商务委进行复审。

五、申报时限

除有明确时间要求的支持方向外，凡符合项目申报条件的企业可全年申报。我委将根据申报的时间次序，择优予以支持。为提高项目申报、审核效率，市属国有企业集团和各区商务委第一批项目应于2017年5月10日前汇总上报材料并填报《2017年商务发展项目申报情况表》。

六、工作要求

（一）各项目申报单位应确保申报材料真实、准确、完整，保证项目各项建设手续合规、建设资金及时落实到位、项目按时保质完成，并向市商务委做出书面承诺。

（二）对于伪造相关材料，提供虚假发票和虚假材料的项目申报单位，取消其当年申报资格，且三年内不得申报专项资金支持。

（三）获得专项资金支持的项目申报单位应积极配合相关监督检查、审计等工作。

（四）各初审单位应积极组织项目申报，切实做好指导与审核，严格把关，按照规定程序做好相关工作。

（五）各初审单位应加强对已支持项目的后续指导和跟踪监管，确保项目实施效果，充分发挥财政资金使用效益。

（六）项目单位收到财政资金后，应按照《企业会计准则第16号—政府补助》相关规定进行账务办理，相关法规另有规定的从其规定。

七、其它事项

（一）具体支持内容及咨询电话：详见附件1—17。

（二）市商务委对本通知负责解释。

相关附件：

附件1：推进连锁经营发展项目申报指南

附件2：促进家政、洗染等行业规范化发展项目申报指南

附件3：生活性服务业示范街区项目申报指南

附件4：生活性服务业岗位技能培训提升以奖代补项目申报指南

附件5：生活性服务业行业标准规范宣贯项目申报指南

附件6：社区商业建设项目申报指南

附件7：农产品流通体系建设项目申报指南

附件8：支持“互联网＋流通”创新示范项目申报指南

附件9：老字号传承发展项目申报指南

附件10：促进汽车流通行业规范化发展项目申报指南

附件11：商业流通发展领域节能降耗项目申报指南

附件12：总部经济公共服务平台建设项目申报指南

附件13：商务服务业主题商务示范楼宇和商务服务业集聚区公共服务平台升级改造项目申报指南

附件14：促进现代物流发展项目申报指南

附件15：物流标准化2017年试点项目申报指南

附件16：支持北京地区跨境电子商务发展项目申报指南

附件17：支持跨境电子商务直购体验

店建设项目申报指南

附件18：项目申报书

附件19：项目已发生费用明细表

附件20：2017年商务发展项目申报情况表

附件21：项目申报单位承诺书

附件1

推进连锁经营发展项目申报指南

一、支持方向

（一）连锁化便民商业设施及网点建设

1. 新建便利店；

2. 新建综合超市和专业零售店；

3. 新建或改造便民早餐网点、主食加工配送中心（中央厨房），新建连锁餐饮门店，开展绿色餐饮和阳光餐饮工程，开展老年人及学生营养餐服务，大力发展团餐；

4. 新建或规范提升洗染、美容美发、家政服务网点；

5. 新建和规范提升连锁蔬菜零售网点（含社区菜店、生鲜超市）。

（二）农超对接

连锁超市开展农超对接。

二、支持内容

（一）连锁化便民商业设施及网点建设方向，支持内容为新建或规范提升直营店，用于店面装修、硬软件设备购置配置等支出。

（二）连锁超市开展农超对接方向，支持内容为连锁超市企业为满足农产品产地直采、基地直供要求，建设改造产地集配、生鲜加工配送、卖场冷储等基础设施，以及建设生鲜类商品信息化系统。

（三）支持连锁餐饮企业、老字号等知名品牌餐饮企业新建或改造便民早餐网点；新建连锁餐饮门店，大力发展品牌连锁；开展绿色餐饮工程，升级改造高效油烟净化装置，减少餐饮业PM2.5等污染物排放；开展阳光餐饮工程，建设改造透明厨房和视频厨房，提升食品安全水平；支持企业新建或改造主食加工配送中心（中央厨房），积极开展老年人及学生营养餐服务，大力发展团餐，更好地满足市民餐饮消费需求。

三、申报主体条件

（一）申报主体为在本市注册、具有独立法人资格的商业服务业企业，证照齐全有效，商业经营信誉良好。

（二）申报主体应为连锁经营企业，实行统一店面形象、统一库存、统一配送、统一核算，统一管理和服务。其中：

1. 申报新建便利店、新建综合超市和专业零售店和农超对接项目的连锁企业，应在本市行政区域内开设至少2家直营门店；

2. 申报新建或改造便民早餐网点、主食加工配送中心（中央厨房），新建连锁餐饮门店，开展绿色餐饮和阳光餐饮工程，开展老年人及学生营养餐服务，大力发展团餐的企业（老字号等知名品牌餐饮企业和团餐企业不做连锁要求），应在本市行政区域内已开设至少6家直营门店（含2017年新建门店）；

3. 申报支持新建或规范提升洗染、美容美发和家政服务门店的连锁企业，总部位于城六区的企业应在本市行政区域内开设至少10家门店（其中直营店不少于3家，含2017年新建网点数量），总部位于其他区域的企业应在本市行政区域内开设至少6家门店（其中直营店不少于 3 家，含 2017 年新建网点数量）；

4. 申报新建或规范提升连锁蔬菜零售网点项目的企业，申报连锁社区菜店或生鲜超市，应在本市行政区域内开设至少 3 家直营门店。

（三）申报项目应符合本市生活性服务业行业标准规范，包括但不仅限于《北京市连锁便利店行业规范（试行）》、《北京市餐饮业经营规范（试行）》、《固定早餐门店经营规范》、《固定门店式餐饮网点建设规范》、《便利店搭载早餐网点建设规范》、《主食加工配送中心建设规范》、《社区菜店设置和管理规范》和《生鲜超市设置和管理规范》。

四、支持标准

对符合支持条件的项目，原则上按照不超过实际审定投资额 50％的标准给予资金补贴，具体标准见附表。

五、联系方式

（一）申报新建便利店、新建综合超市和专业零售店，连锁超市开展农超对接项目，联系人：流通发展处 张爽，联系电话：87211822。

（二）申报新建或改造便民早餐网点、主食加工配送中心（中央厨房），新建连锁餐饮门店，开展绿色餐饮和阳光餐饮工程，开展老年人及学生营养餐服务，大力发展团餐项目，联系人：消费促进处 李志鹏，联系电话：87211690。

（三）申报新建或规范提升洗染、美容美发和家政服务门店项目，联系人：服务交易处 孟祥伟，联系电话：87211833。

（四）申报新建或规范提升连锁蔬菜零售网点项目，联系人：流通规划处 林英杰，联系电话：87211872。

附表

2017年推进连锁经营发展项目标准一览表

序号	类别	新建或规范提升网点应达到的标准	支持标准	负责处室
1	新建便利店	连锁企业具有2家以上直营店。实施连锁门店统一、规范化管理。 搭载5种以上便民服务项目。 新建项目证照在2016年1月1日以后颁发。	给予最多不超过第三方评审机构审定投资数额50%补助。	流通发展处
2	新建综合超市专业零售店	1. 连锁企业具有2家以上直营店。实施连锁门店统一、规范化管理。 2. 营业面积在5000平方米以下，结合经营需要开展多种形式服务。 3. 新建项目证照在2016年1月1日以后颁发。		
3	申报新建或改造便民早餐网点、主食加工配送中心（中央厨房），新建连锁餐饮门店，开展绿色餐饮和阳光餐饮工程，开展老年人及学生营养餐服务，大力发展团餐项目。	（一）新建项目标准 1. 连锁企业直营门店不少于6家，新建或改造餐饮网点均为直营。 2. 实施连锁门店统一、规范化管理。 3. 新建项目证照在2016年1月1日以后颁发。 （二）改造项目标准 1. 连锁企业直营门店不少于6家，新建或改造餐饮网点均为直营。 2. 实施连锁门店统一、规范化管理。 3. 改造项目证照在2016年1月1日以后有不低于2万元的升级改造投资，相关投资票据齐全有效。	1. 新建或改造主食加工配送中心（中央厨房），每个支持标准不超过300万元； 2. 新建连锁餐饮门店，每个支持标准不超过40万元； 3. 新建或改造早餐固定门店，每个支持标准不超过40万元； 4. 新建搭载早餐服务的连锁便利店，每个支持标准不超过10万元； 5. 开展绿色餐饮工程，对高效油烟净化装置升级改造，每个门店支持标准不超过20万元； 6. 开展阳光餐饮工程，建设或改造透明厨房和视频厨房，每个门店支持标准不超过20万元； 7. 开展老年人及学生营养餐服务项目，每个支持标准不超过20万元。 以上项目支持资金不超过项目总投资的50%。新建或改造门店项目不得与绿色餐饮、阳光餐饮、老年人及学生营养餐项目重复申报。	消费促进处

（续）

序号	类别	新建或规范提升网点应达到的标准	支持标准	负责处室
4	新建或规范提升洗染门店、洗衣代收网点	（一）新建前店后厂洗染门店标准 1. 连锁企业总部位于城六区的企业应在本市行政区域内开设至少10家门店（其中直营店不少于3家，含2017年新建网点数量），总部位于其他区域的企业应在本市行政区域内开设至少6家门店（其中直营店不少于3家，含2017年新建网点数量）。证照齐全、有效，具有“建设项目环境设施验收”的行政许可文件。 2. 新建网点为直营店，实施连锁门店统一、规范化管理。经营场所房屋面积不少于50平米以上。 3. 干洗店、干洗机应当符合GB16204—1996、QB/T2326—1997（修订）的技术指标规定。 4. 新建项目证照在2016年1月1日以后颁发。 （二）新建洗衣代收网点标准 1. 连锁企业总部位于城六区的企业应在本市行政区域内开设至少10家门店（其中直营店不少于3家，含2017年新建网点数量），总部位于其他区域的企业应在本市行政区域内开设至少6家门店（其中直营店不少于3家，含2017年新建网点数量），经营场所房屋面积不少于30米以上。 2. 新建项目证照在2016年1月1日以后颁发，或证照中“清洁服务或代收洗衣”经营范围在2016年1月1日以后新增。 （三）规范提升网点标准 规范提升后满足新增网点的所有标准。申报主体2016年1月1日以后直营门店合计有不低于10万元的升级改造投资。	新建： 补助金额不超过实际投资（需经第三方评审机构审定）的50%。单店补助金额不超过20万元。 规范： 1. 补助金额不超过实际投资（需经第三方评审机构审定）的50%。 2. 规范提升前店后厂单店补助金额不超20万元，洗衣代收单店补助金额不超10万元。	服务交易处

（续）

序号	类别	新建或规范提升网点应达到的标准	支持标准	负责处室
	新建或规范提升美容美发网点	（一）新建网点标准 1. 连锁企业总部位于城六区的企业应在本市行政区域内开设至少10家门店（其中直营店不少于3家，含2017年新建网点数量），总部位于其他区域的企业应在本市行政区域内开设至少6家门店（其中直营店不少于3家，含2017年新建网点数量）。证照齐全、有效，有卫生部门颁发的《卫生许可证》。 2. 新建网点为直营店，实施连锁门店统一、规范化管理。有固定的店堂或营业场所，美容场所经营面积应不小于30平方米，美发场所经营面积应不小于10平方米。 3. 新建项目证照在2016年1月1日以后颁发。 （二）规范提升网点标准 规范提升后满足新增网点的所有标准。申报主体在2016年1月1日以后直营门店合计有不低于10万元的升级改造投资。	新建： 补助金额不超过实际投资（需经第三方评审机构审定）的50%。单店补助金额不超过20万元。 规范： 1. 补助金额不超过实际投资（需经第三方评审机构审定）的50%。 2. 规范提升前店后厂单店补助金额不超20万元，洗衣代收单店补助金额不超10万元。	服务交易处
	新建或规范提升家政服务网点	（一）新建网点标准 1. 连锁企业总部位于城六区的企业应在本市行政区域内开设至少10家门店（其中直营店不少于3家，含2017年新建网点数量），总部位于其他区域的企业应在本市行政区域内开设至少6家门店（其中直营店不少于3家，含2017年新建网点数量）。证照齐全、有效。实施连锁门店统一、规范化管理。 2. 有不少于2人的专职工作人员（总部专职工作人员不少于5人）。 3. 有与业务范围相适应的固定经营场所，使用面积不少于30平方米（总部面积不少于50平米）。 4. 新建项目证照在2016年1月1日以后颁发，其他证照中包含《家政服务通用要求》2.1条规定的相关内容在2016年1月1日以后新增。 （二）规范提升网点标准 规范提升后满足新增网点的所有标准。申报主体在2016年1月1日以后直营门店合计有不低于10万元的升级改造投资。	新建： 补助金额不超过实际投资（需经第三方评审机构审定）的50%。单店补助金额不超过10万元。 规范： 1. 补助金额不超过实际投资（需经第三方评审机构审定）的50%。 2. 规范提升单店补助金额不超10万元。	服务交易处

（续）

序号	类别	新建或规范提升网点应达到的标准	支持标准	负责处室
5	新建或规范提升蔬菜零售网点	1. 申报项目应符合本市生活性服务业行业标准规范之《社区菜店设置和管理规范》《生鲜超市设置和管理规范》。 2. 在 2016 年 1 月 1 日以后有相应的建设或规范提升投资。	（一）社区菜店 新增项目每店 10 万元；规范提升项目每店 5 万元。 （二）生鲜超市 新增项目每店 100 万元。 （三）支持资金不超过单个项目实际投资的 50%。区级财政资金支持的项目，可以同时申报市商务委资金补助，市区两级合计补助资金不超过单个项目实际投资的 70%。	流通规划处
6	连锁超市开展农超对接	连锁超市企业开展农超对接标准 1. 为连锁超市企业，企业生鲜商品年销售额不低于 2000 万元。 2. 具有不少于 2 家骨干合作社（采购基地）；具备果蔬采购标准，每批次果蔬农产品检测合格；能够免合作社农产品进店费，缩短交易帐期； 3. 农超对接直采额同比增幅 15%左右，直采农产品价格比未开展农超对接低 15%左右； 4. 积极参加市商务委组织的农超对接直采活动，并能扩大产地标识、品牌宣传。 5. 能够提供 2017 年 1 月 1 日—2017 年 6 月 30 日期间完整的直采农产品清单。	给予最多不超过第三方评审机构审定投资数额 50%补助。	流通发展处

附件 2

促进家政、洗染等行业规范化发展项目申报指南

一、项目支持方向

（一）支持家政、洗染、沐浴、美容美发、摄影、家电维修等生活性服务业连锁企业、社会团体开展规范化建设项目。

（二）支持家政、洗染、沐浴、美容美发、摄影、家电维修、典当、拍卖、租赁等行业的社会团体建设行业服务平台项目。

（三）支持洗染企业开展节能（节水）减排改造项目。

（四）支持家政企业开展拓展服务能力项目。

二、项目支持内容

（一）开展规范化建设项目，重点支持家政等生活性服务业连锁企业、社会团体进行软件开发、网站建设及其配套设备设施改造、购置等内容。

（二）社会团体建设行业服务平台项目主要支持服务平台开发及其配套设备设施购置等内容。

（三）洗染企业节能（节水）减排改造项目主要支持节能、节水设备购置，节能、节水设施改造等内容。

（四）家政企业开展拓展服务能力项目主要支持输入输出基地的装修改造、设备购置、信息化建设等内容。

三、申报主体要求

（一）申报规范化建设项目的企业主体应为连锁经营企业，社会团体应为相关行业的社会团体，应在本市行政区域内注册登记，项目需具有一定示范性和创新性。

（二）原则上申报行业服务平台类的项目主体应为相关行业的社会团体，应在本市行政区域内注册登记。

（三）洗染企业更换节能（节水）减排设备设施项目，要求洗染企业应在本市行政区域内注册登记，具备工商营业执照、环保部门环评审批及验收手续、商务部门备案手续等。

（四）家政、沐浴、美容美发、摄影、家电维修、洗染（在本市拥有至少一个占地面积 2500 平米以上洗衣场所的洗染企业除外）企业应为连锁经营企业，并在本市拥有 3 家以上（含）直营门店。

四、资金支持标准

（一）规范化建设项目，建设行业服务平台等项目补助或支持资金不超过该项目审定实际投资的 50%，最多不超过 200 万元。

（二）洗染企业开展节能（节水）减排改造项目及家政行业拓展服务能力项目建设补助或支持资金不超过该项目审定实际投资的 50%，最多不超过 500 万元。

五、工作要求

2017 年 11 月底前项目建设改造完成。

（联系人：孟祥伟，联系电话：87211833）

附件 3

生活性服务业示范街区项目申报指南

一、项目支持范围

本市行政区域范围内符合条件的新建街区（包括街道、社区、小区或商圈）或在原有基础上进行业态升级和商业模式创新的成熟街区。

二、项目基本要求

（1）示范街区总体要求

1. 符合本地经济和社会发展规划、城乡规划和土地利用总体规划；

2. 应为在建或已建成街区，有明确的四至范围；

3. 蔬菜零售、便利店（超市）、早餐（餐饮）、洗染、美容美发、家政、再生资源回收和末端配送等基本便民服务在区域内全覆盖；

4. 区域内至少拥有：健康服务、养老服务、旅游服务、体育服务、文化服务、法律服务、住宿餐饮服务、教育培训服务等三类及以上的其他生活性服务业行业；

5. 项目资金能够落实，并有明确的投资预算计划安排；

6. 具有专门的、能够独立运作的管理机构；

7. 具有较好的公共配套设施和经营环境。

（2）示范街区入驻门店要求

1. 入驻门店证照齐备；

2. 连锁经营门店总数不低于街区入驻门店总数的 60%。

三、项目支持方式

对于验收合格的示范街区，安排专项资金对项目实施主体在示范街区前期规划、停车、标志、标识、街景美化、开放空间等为街区提供公共服务的设施改造，为街区提供公共服务管理信息系统的建设与改造，公共区域的经营配套服务功能区布局和经营环境改造等方面给予不超过上述投资总额 50% 且总额不超过 2000 万元的支持。

对于验收合格的示范街区，对以连锁经营等方式入驻的其他业态生活性服务业门店在门店装修、服务经营设备设施购置、信息系统开发建设等方面给予每家不超过上述投资总额 50%且总额不超过 100 万元的支持。

对以连锁经营等方式入驻的基本便民服务（包括蔬菜零售、便利店（超市）、早餐（餐饮）、洗染、美容美发、家政和末端配送）门店，参照市商务委年度项目征集公告给予支持。

四、项目申报所需提文材料及其他

其他具体申报要求请参见《北京市商务委员会关于开展生活性服务业示范街区征集培育工作的通知》（京商务交字〔2016〕104 号）。

（联系人：胡滨　联系电话：87211851）

附件 4

生活性服务业岗位技能培训提升以奖代补项目申报指南

一、项目支持方向

支持本市家政、洗染、美容美发、家电维修等生活性服务业企业通过集中培训、分时培训、周末培训、入店巡讲等方式开展岗位技能培训。全年支持家政、洗染、美容美发、家电维修行业培训 3.4 万人以上。

为保证培训质量，选取一家专门从事整体项目协调、项目质量监督、培训考试考核、培训合格人数的确认等工作的考核组织。

二、项目支持内容

对培训过程中发生的教材费用、教师授课费、场地使用费、实操耗材费用、考核费用、工作餐费、办公与管理费等给予支持。

三、申报主体要求

本项目拟以政府购买服务方式确定考核组织的实施主体，以公开招标方式确定符合项目要求的培训实施主体，具体要求如下（以招标文体为准）：

（一）培训实施主体要求

参与单位为本行业内在本市拥有 3 家以上（含）直营门店的连锁经营企业（不接受联合体应标），同时应符合以下要求：

1. 实力较强，信誉好，培训体系健全；

2. 能为参训人员建立规范的培训档案和就业档案，并能提供后续跟踪服务；

3. 有独立的财务部门和规范的财务管理制度；

4. 连锁企业的分支机构、分店不可以参与培训工程；

5. 需要有开展培训的法定条件，即工商营业执照经营范围内含“培训”；

6. 能够保证足够的生源。

（二）考核组织要求

1. 实力较强，信誉好，熟悉生活性服务行业；

2. 有独立的财务部门和规范的财务管理制度；

3. 有组织大型活动、培训或相关工作的经验；

4. 协调组织各行业企业、社会组织的能力；

5. 有能力针对各培训实施主体的教学大纲出具理论课、实操课试卷并负责监考、阅卷；

6. 有能力对各培训实施主体的教学管理和学员管理进行监督、检查、抽查；

7. 对培训合格的学员颁发已完成培训的相关证明。

（三）培训方式和要求

1. 可以采取集中培训、分时培训、入店巡讲、周末培训、网上课堂等与自学相结合的各种方式完成理论知识培训和专业技能培训，培训学时在 100 学时以上即可，培训结束后要统一考试；

2. 实施主体须提供培训及自学所需的场地、设备、耗材和必要的辅导；

3. 每家培训项目实施主体年培训合格人数应在500人以上；

4. 培训合格从业人员在本市行政区域内就业率应在90％以上；

5. 所有参加培训项目的主体均应保证培训质量和培训数量，不得造假，一经发现，取消培训主体参与项目资格并依法给予相应行政处罚。

四、资金支持标准

对培训合格人数，按第三方评审奖励标准的50％奖励培训实施主体，项目实施主体需承诺涉及本项目的其他收费不得超过第三方评审奖励标准的50％；考核组织的实施主体以不超过80万元的标准进行公开招标。

五、申报所需提交材料

以招标文件要求为准。

六、工作要求

2017年11月底前完成培训项目。

（联系人：王喜艳　联系电话：87211852）

附件 5

生活性服务业行业标准规范宣贯项目申报指南

一、项目支持方向

支持项目实施主体对蔬菜零售、餐饮(早餐)、便利店(超市)、家政、洗染、沐浴、美容美发、摄影、家电维修、社区商业便民服务综合体等10个行业(业态)现行有效的标准规范内容进行宣贯。

二、项目支持内容

项目实施主体召开宣贯会的场租费用、宣贯材料印刷费用，组织实施人员的劳务费、交通费、工作餐费，专家课时费等。

三、申报主体要求

(一)申报主体应为熟悉生活性服务业相关行业标准规范的社会团体或拥有丰富传媒资源的机构，有一定的组织能力；

(二)申报主体可申报一个或多个行业或业态的行业标准规范的宣贯工作。

四、资金支持标准

蔬菜零售、餐饮(早餐)、便利店(超市)、家政、洗染、沐浴、美容美发、摄影、家电维修、社区商业便民服务综合体等每个行业或业态的标准规范宣贯费用支持标准不超过4万元。

五、申报所需提交材料

(一)申报主体相关资质证明材料(原件及复印件)；

(二)行业或业态标准规范宣贯活动方案；

(三)行业或业态标准规范宣贯活动资金预算明细；

(四)其他需要提供的相关材料。

六、工作要求

实施主体应在2017年10月底前完成上述标准规范宣贯工作内容。

七、联系方式

(一)便利店(超市)、社区商业便民服务综合体标准规范宣贯工作联系人：流通发展处 耿英贞 联系电话：87211820；

(二)餐饮(早餐)标准规范宣贯工作联系人：消费促进处 李志鹏 联系电话：87211690；

(三)蔬菜零售网点标准规范宣贯工作联系人：流通规划处 林英杰 联系电话：87211872；

(四)其他行业标准规范宣贯工作联系人：服务交易处 胡滨 联系电话：87211851。

附件 6

社区商业建设项目申报指南

一、支持方向

（一）商业服务业企业立足社区消费需求，以居民为服务对象，建设集生活必需品零售、餐饮、生活服务、休闲娱乐等多功能于一体的便民服务综合体项目，是“统一规划设计、统一进行招商和统一经营管理”的运营模式。

（二）商业服务业连锁企业对原有社区商业设施进行规范化、综合化改造，引进生活性服务品牌连锁企业，拓展社区商业的生活服务功能，建设整合餐饮、生鲜便利、家政、修理、洗染、美容美发、代收代缴等多种便民服务的社区商业中心项目。

二、支持内容

社区商业建设的支持内容为：社区商业便民服务综合体的装修、改造和升级，硬软件设备的购置配置等。

三、支持条件

（一）申报项目和经营范围符合北京市新增产业的禁止和限制目录规定。

（二）社区商业便民服务综合体经营面积不少于200平米。

（三）优先支持品牌连锁企业的社区商业建设项目。

四、支持标准

项目支持资金不超过项目实际审定投资的50%，最高不超过500万元。

（联系人：耿英贞　联系电话：87211820）

附件7

农产品流通体系建设项目申报指南

一、支持方向及内容

（一）支持符合北京市农产品流通体系发展规划的农产品批发市场升级改造，完善标准化交易专区、集配中心、冷藏冷冻、电子结算、信息化、电子商务平台、检验检测、废弃物循环利用与处理、安全监控等设施设备建设。

（二）支持新建和规范提升社区菜市场，支持场内装修、交易展陈、地面硬化、给排水、供电、通风、卫生、照明、检测、废弃物循环利用与处理、安全监控等设施设备建设。

（三）支持社区蔬菜（肉类）直通车进入社区服务。

二、支持条件

（一）农产品批发市场

需符合《农产品批发市场管理技术规范》（GB/T19575—2004）。

（二）社区菜市场

需符合本市生活性服务业行业标准规范之《社区菜市场（农贸市场）设置与管理规范》。

（三）社区蔬菜（肉类）直通车

需符合本市生活性服务业行业标准规范之《社区蔬菜（肉类）直通车设置和管理规范》。

三、支持标准

（一）对2016年以来升级改造的农产品批发市场项目，补助资金不超过其实际投资的50%，最高不超过500万元。

（二）对2016年以来新建和规范提升的社区菜市场项目，补助资金不超过单个项目实际投资的50%，最高不超过50万元。

（三）对2016年以来在社区服务满一年的社区蔬菜（肉类）直通车项目，按每个企业每社区1万元标准予以奖励，每个企业最高不超过100万元。

（四）区级财政资金补助的项目，可以同时申报市商务委资金补助，市区两级合计补助资金不超过单个项目实际投资的70%。

四、具体申报要求

社区蔬菜（肉类）直通车项目，需区商务委对其2016年以来服务社区数量、社区名单、服务是否满一年等情况进行初审。

（联系人：林英杰 联系电话：87211872）

附件 8

支持“互联网＋流通”创新示范项目申报指南

一、重点支持方向

（一）支持建设社区商业“E 中心”。

（二）支持电子发票应用及公共服务平台建设。

（三）支持线上线下创新融合发展。

（四）支持“互联网＋生活性服务业”发展。

二、支持内容

（一）社区商业“E 中心”。

1. 支持建设社区商业综合体。支持通过线上线下融合，整合便利店（超市）、早餐、蔬菜零售、洗染、美容美发、家政服务、代收代缴和再生资源回收等业态资源，打造覆盖居民日常购物和服务消费全流程的一站式服务平台。对符合要求的店面装修改造、网站及移动应用建设开发、软硬件设备购置等投入给予支持。

2. 支持建设社区便民“e 站”。支持利用闲置物业及疏解腾退空间等网点资源通过“互联网＋”拓展便民服务空间，集成社区购物、自助缴费充值、物业服务、末端配送等基本便民服务功能，打造一点多用的 O2O 社区商业微中心。对符合要求的店面装修改造、信息系统建设及配套基础设施等投入给予支持。

（二）支持电子发票应用及公共服务平台建设。

1. 支持连锁、实体零售等流通企业应用电子发票，对企业用于电子发票系统对接、技术研发、设备购置等相关费用给予支持。

2. 引导社会资本参与电子发票公共服务平台建设，完善电子发票大数据分析、信息互联共享、安全查验等服务保障功能。对平台建设研发等信息化基础设施投入给予支持。

（三）支持线上线下创新融合发展。

1. 支持网络零售企业通过开设线下体验店、配送自提点、智能自提柜等，拓展线下服务渠道。对线上平台升级改造、配套设施研发购置等给予支持。

2. 支持电子商务服务平台，鼓励面向网络零售、服务消费及行业细分领域的数据服务平台建设；支持电子商务营销、咨询、移动支付、安全认证、信用评价及专业培训等综合服务平台建设。对平台建设研发等信息化基础设施投入给予支持。

3. 重点支持连锁店、百货店等传统流通企业应用电子商务开展全渠道经营，鼓励发展线上线下体验式消费模式，整合购物、餐饮、娱乐、健身等消费业态，建设消费体验示范中心。对店面装修改造、线上渠道拓展、信息化基础设施建设等给予支持。

4. 重点支持农产品线上交易平台建设，应用大数据提升线上线下供需对接、在线交易、营销推广、商品集散、物流配送等服务能力。对平台建设研发等信息化基础设施投入给予支持。

5. 重点支持连锁企业、邮政企业等依托渠道资源，在农村建设改造“互联网+综合性便民服务网点”，扩大农村消费服务供给。对网点装修改造、信息化配套设施投入给予支持。

（四）支持“互联网+生活性服务业”发展。

1. 支持发展生活性服务业线上平台和移动应用软件，对技术研发、软硬件设备购置等费用给予支持。

2. 支持家装、维修、家政、洗衣、餐饮、医药流通、房屋租赁等生活性服务业连锁企业与本地生活服务类电商平台对接，对信息化基础设施投入给予支持。

三、项目建设要求

（一）申报主体符合市商务委本年度征集通知要求，申报主体和投资主体须一致。

（二）项目建设期原则上不超过2年，项目建设及投资进度应不低于审定计划总投资的70%，优先支持已建成并投入使用的项目。

（三）涉及房屋新建、网点改造类等项目应按照相关规定取得相应的规划、环评、施工许可、产权证明等文件，申报时须一并提交。

（四）流通企业应用电子发票年开票量应不低于企业开具总量的10%。电子发票公共服务平台项目服务企业数量应不少于100家，须满足不同群体使用需求，降低电子发票应用成本。

四、资金支持标准

项目采取财政补助方式给予支持：

1. 资金支持比例最高不超过项目审定实际已投资的50%。

2. 单个项目支持金额最高为500万元。

（联系人：许凯　联系电话：87211821）

附件 9

老字号传承发展项目申报指南

一、支持方向

（一）老字号传承发展

1. 支持新建或改造老字号门店，通过发展连锁经营提升老字号企业活力；

2. 支持传承人工作室、工匠创新工作室建设，培养老字号传统技艺传承人才；

3. 支持博物馆、非遗展厅、体验式中心建设，鼓励老字号展示传统文化和现场体验式消费；

4. 支持原料生产基地、配送中心建设，提高产品质量和工艺技术水平，支持恢复原店原貌，保持老字号产品品质；

5. 支持老字号＋互联网，通过电子商务方式开展营销，提升老字号信息化、数据化水平；

6. 支持工艺技术改造、新产品研发、产品包装改良和创新设计、企业整体形象设计等，提高老字号的文化价值和经济价值；

7. 鼓励老字号企业进行商标海外注册、海外维权等海外知识产权保护，加强老字号自主知识产权保护。

（二）老字号公共服务平台建设

1. 支持为老字号企业提供经营管理咨询和培训等方面的服务；

2. 支持为老字号企业提供国内及海外知识产权保护及维权服务；

3. 支持为老字号企业提供形象设计、营销渠道和信息技术等方面的服务。

二、支持内容

1. 老字号传承发展方向：支持内容包含但不仅限于工作室、博物馆、体验中心等装修改造、硬软件设备购置配置；原料生产基地、配送中心的装修改造和升级；新建或改造门店的装修改造升级、硬软件设备购置配置；电子商务营销的服务器购买、机房建设、软件购买和升级；工艺技术改造和产品研发的生产线等相关设备的购置，企业形象设计、产品包装设计的设计费用、生产线的购买；海外商标注册的注册费用、维权的相关服务费用等。

2. 老字号公共服务平台建设：支持内容包含但不仅限于为老字号提供咨询、培训、知识产权保护、包装设计、营销渠道和信息技术服务的相关服务费用。

三、申报条件

（一）老字号企业传承发展项目申报主体须为商务部认定的中华老字号企业或北京市老字号协会认定的北京老字号企业。

（二）老字号公共服务平台建设项目申报主体应为法人单位，且为5家以上老字号企业提供至少持续一年的各类市场化服务。

四、支持标准

（一）老字号企业传承发展项目的资金支持不超过项目实际审定投资的50%，最高不超过500万元。

（二）老字号公共服务平台类项目的资金支持不超过项目实际审定投资的50%，最高不超过200万元。

（联系人：耿英贞　联系电话：87211820）

附件 10

促进汽车流通行业规范化发展项目申报指南

一、项目支持方向

（一）支持报废汽车回收拆解企业进行规范化改造、提升。

（二）支持二手车交易市场、二手车经营企业进行规范化改造、提升。

二、项目支持内容

（一）报废汽车回收拆解企业规范化改造提升项目，重点支持视频监控设备及拆解设备的购置，拆解场地装修改造及其信息化建设等内容。

（二）二手车交易市场、二手车经营企业进行规范化改造提升项目，重点支持交易服务和管理信息系统开发建设及其配套设备设施装修、购置等内容。

三、申报主体要求

（一）报废汽车回收拆解企业、二手车交易市场和二手车经营企业需按有关规定已在我市商务部门备案。

（二）报废汽车回收拆解项目建设符合《报废汽车回收拆解企业拆解规范》的要求。

（三）二手车交易信息服务平台项目应有利于增加交易透明度，方便客户交易，提高工作效率，促进我市二手车流通。

（四）项目建设手续合规，资金使用符合相关要求。

四、资金支持标准

补助或支持资金不超过该项目审定实际投资的50%，最多不超过200万元。

五、工作要求

2017年11月底前完成。

（联系人：曹民　联系电话：87211831）

附件11

商业流通发展领域节能降耗项目申报指南

一、项目支持内容

（一）鼓励商业流通企业开展节能改造项目。支持企业开展动力、照明、供暖制冷、通风空调、冷冻冷藏、电梯、厨房设备等能耗设施设备的节能改造；

（二）鼓励商业流通企业因地制宜合理利用新能源、分布式能源，提倡推广LED、热泵、蓄冷蓄热等新产品、新设备、新技术应用；

（三）鼓励企业采用信息化、自动化等先进技术和手段，提高设备能源利用效率，提高企业节能低碳管理水平。

二、项目合格标准

（一）项目按要求全部实施完成，且运行正常；

（二）项目实施周期和质量符合相关要求；

（三）项目内容与方案相符，项目成果符合要求；

（四）项目建设手续合规，资金使用符合相关要求；

（五）项目管理资料完整，建设程序符合相关要求；

（六）项目资金投入全部到位，财务管理符合相关要求；

（七）申报项目节能改造综合节能率不小于15%，能源管理项目主门店二级计量器具配备率达95%以上，实现在线监测率达90%以上。

三、资金支持标准

项目支持资金采取以奖代补方式，原则上给予不超过项目投资总额50%且最多不超过400万元的资金奖励。

（联系人：孙景东　联系电话：87211659）

附件 12

总部经济公共服务平台建设项目征集指南

一、奖励补助区域

（一）被授予总部经济集聚区（或总部经济发展新区）称号的园区；

（二）科技创新型准总部企业相对集中的园区；

（三）总部型企业（总部经济中介机构）相对集中的其他园区；

（四）总部型楼宇。

二、支持方向及要求

支持符合条件的园区（楼宇）的公共服务设施改造升级、公共信息系统建设等相关项目，提升园区综合服务能力与服务品质，为跨国公司地区总部、总部型企业开展实体化经营、战略提升、模式创新等提供基础条件，不断优化首都总部经济发展环境。

（一）公共服务设施改造升级项目

1. 为总部型企业或总部经济中介机构提供良好的服务设施；

2. 服务设施的改造升级包括以下几类：公共空间绿化、道路修缮、公共设施的改造；办公楼或厂房楼体改造、老旧电梯更换维修、室内装修改造；新建或改建展示厅、会议室、公共休闲场所、餐饮娱乐场所、停车系统等；

3. 项目运营后服务不少于 10 家总部型企业；

4. 项目建设手续符合要求；

5. 项目实施后园区（楼宇）服务水平和服务能力明显改善，办公环境进一步优化，商业配套服务更加便捷，基础设施保障更加有力；

6. 有规范的管理制度和服务制度；

7. 配备不少于 2 名经专业培训的工作人员。

（二）公共服务信息系统建设项目

1. 为总部型企业或总部经济中介机构提供信息综合服务；

2. 完成基础设施资源（通信中心、数据中心等）的建设与改造，为园区（楼宇）实现平台服务及其各项应用提供基础保障；

3. 提升园区服务品质，增强产业服务能力，丰富产业服务内涵，为园区（楼宇）入驻企业提供展示、查询、商务、生活等综合服务；

4. 为 10 家以上总部型企业提供基于移动互联网的综合企业服务；

5. 有规范的管理制度和服务制度；

6. 与物业公司、管委会等相关单位签订的租赁合同剩余使用期限不少于 2 年。

三、申报项目基本要求

申报项目所在园区（多栋楼宇）入驻企业具有一定规模，有总部企业或科技创新型准总部企业入驻；单栋楼宇有总部企业、科技创新型准总部企业或其他总部型企业入驻。

四、项目评价标准

总部经济公共服务平台项目建设完成后，对园区（楼宇）入驻企业特别是总部企业或科技创新型准总部企业的服务水平和服务能力显著改善，办公环境进一步优化，商业配套服务更加便捷，基础设施保障更加有力等。项目满足以下评价标准之一：

（一）加速引进或培育总部型企业（总部经济中介机构）；

（二）入驻的总部型企业（总部经济中介机构）社会、经济效益增长；

（三）既有总部型企业功能进一步完善。在京增设投资中心、财务中心、采购中心、研发设计中心、运营中心、知识产权中心、销售中心（含国际营销中心）、结算中心、列入相关规划的物流中心等功能性机构（满足其中之一）；

（四）入驻的总部型企业开展总部提级、入选权威机构排名、战略提升等能级提升（满足其中之一）；

（五）入驻的总部型企业（总部经济中介机构）在促进京津冀协同发展、服务业扩大开放试点、生活性服务业品质提升、“一带一路”、非首都功能疏解等全市重要工作中做出突出贡献；

（六）公共服务平台初步建成，总部企业发展环境进一步优化，园区（楼宇）服务设施更加健全，服务水平和服务品质显著提高，有明显的社会效益，项目具有一定示范性和带动性。

本“指南”所指总部型企业是指总部企业、科技创新型准总部企业、其他总部类型的企业。

五、资金支持方式

补助方式：对符合项目支持方向且评审、验收合格的项目给予一定的补助资金，补助金额不超过经审核认定总投资的50%，最多不超过500万元。

补助资金将优先支持总部经济集聚区、总部经济发展新区、科技创新型总部经济集聚区。

六、项目申报时限

项目为全年滚动申报，申报主体需在2017年10月31前向所在区商务部门提交初审材料，市商务委将在年度预算额度内，按照审核标准及项目完成情况择优支持。

（联系人：杜大琳　联系电话：87211909/87211786）

附件 13

商务服务业主题商务示范楼宇和商务服务业集聚区公共服务平台升级改造项目申报指南

一、支持方向和重点

商务发展资金支持商务楼宇（集聚区）公共服务平台升级改造和培育发展，优先支持以下方向：

（一）各类商务服务业企业办事机构相对集中、在全市或区域范围内具有示范性质的商务楼宇（集聚区）。

（二）整栋楼宇或同属一个业主（或经营单位、物业管理单位）的功能相近的连片楼宇，可按一个项目主体开展商务楼宇升级改造。

（三）重点支持商务服务业知识密集型企业集聚的楼宇（集聚区）进行商务楼宇（集聚区）升级改造。

二、申报条件

商务楼宇（集聚区）公共服务平台升级改造奖励由商务楼宇（集聚区）业主单位或经营单位、物业管理单位及商务服务业集聚区内独立运作的服务管理机构自主申报。

（一）申报主体需符合下列条件：

商务楼宇：

1. 楼宇有明确的产权归属，业主为在本市注册、具有独立法人资格、独立核算的企业或单位。楼宇具有规划建设手续，且符合首都城市功能定位及当地经济社会发展的总体规划。

2. 楼宇具备一定的建筑规模和企业入驻规模。原则上综合性楼宇建筑面积不少于20000平方米，专业性楼宇建筑面积不少于5000平方米。驻楼企业数量20个以上，其中商务服务业企业数量占比在25%以上的楼宇为商务服务业综合主题楼宇；驻楼单位中同类别商务服务业企业数量占比在50%以上的楼宇为商务服务业专业主题楼宇。

3. 楼宇具备较鲜明的商务服务业聚集效应，商务服务业发展良好，上一年度楼宇在完成产值、利税、就业等主要经济指标方面成绩显著。

4. 楼宇运营管理机构建有科学规范的管理机制和运营机制，能有效开展楼宇的管理、运营、服务等各项工作。

5. 商务楼宇公共服务平台升级改造工作完成后，具备完善的基础设施和优良的发展环境，能为驻楼商务服务业企业提供保障和服务。需具备以下四大办公功能：一是适合的基本办公环境。提供适合驻楼单位层高、承重、开间面积等要求的办公条件。二是安全的办公环境。商务楼宇拥有良好的安保、消防和突发事件应急处置的基本服务功能，具有稳定的供配电系统。三是便捷的办公环境。提供便捷的交通服务：有便捷的停车系统；有方便快捷的楼内立体交通；提供顺畅的互联网和通讯办公环境。四是舒适的办公环境。具有良好的空调系统和通风系统；具有及时到位的保洁、设施设备维修维护等服务。

商务服务业集聚区：

1. 具有区及以上人民政府或相关行政管理部门批准设立集聚区（或产业园区）的文件；

2. 具有明确的四至范围；

3. 具有专门并能够独立运作的服务管理机构；

4. 具有招引促进商务服务业企业集聚发展的相关政策；

5. 能够定期掌握集聚区（或产业园区）内产业及商务服务业发展情况；

6. 集聚区（或产业园区）内商务服务业企业数量在50家及以上；

7. 具有一定的资源配置功能和经济辐射带动能力；

8. 具有较好的营商环境、综合配套设施和公共服务能力；

9. 远郊区根据情况申报条件可适当放宽。

（二）下列情形不予支持

1. 北京市商务委委托第三方评估机构评审未通过的；

2. 项目产权或经营管理权限有争议的；

3. 申请单位因重大违法行为被执法部门依法处罚未满3年的；

4. 被市商务、工商行政管理、市场监督管理等相关部门列入经营异常名录或严重违法失信企业名单的项目单位；

5. 经审议认为影响该单位正常经营活动以及其他不予支持的事项。

三、申报材料要求

（一）商务楼宇申报材料［按照《北京市商务委员会关于对本市商务服务业主题示范楼宇升级改造工作给予适当奖励的实施意见》（京商务商服字〔2014〕1号）规定执行］。

1. 项目申报书（含项目申报表、项目信息表、项目支出预算明细表、项目可行性执行报告）；

2. 2017年市商务发展资金申报项目情况表；

3. 项目申报单位承诺书；

4. 单位法人证明文件（营业执照、组织机构代码证书、法定代表人身份证明或物业管理合同等）；

5. 楼宇基本情况（建筑面积、楼宇出租率、入驻企业数、商务服务业企业所占比例、商务服务业主要行业企业所占比例、楼宇内主要特色行业等）；

6. 入驻企业名录；

7. 楼宇经营情况（上一年度完成产值、利税、就业等主要经济指标情况）；

8. 项目已发生费用明细表；

9. 项目单位近两年财务报表（资产负债表、损益表、现金流量表）；

10. 落实重点企业联系服务制度的具体措施和工作安排；

11. 其他与项目相关的证明材料。

项目申请材料应按顺序装订成册，标示页码并加盖单位公章。

（二）商务服务业集聚区申报材料。

1. 项目申报书（含项目申报表、项目信息表、项目支出预算明细表、项目可行性研究报告）；

2. 2017年市商务发展资金申报项目情况表；

3. 项目单位法人证明文件（批准设立

集聚区或园区的相关文件、营业执照、组织机构代码证书、法定代表人身份证明或物业管理合同等)；

4. 项目申报单位承诺书；

5. 集聚区基本情况（建筑面积、集聚区内楼宇出租率、入驻企业数、商务服务业企业所占比例、主要特色行业企业所占比例等)；

6. 集聚区入驻企业名录；

7. 集聚区经营情况（上一年度完成产值、利税、就业等主要经济指标情况)；

8. 项目单位近两年财务报表（资产负债表、损益表、现金流量表)；

9. 项目已发生费用明细表；

10. 落实重点企业联系服务制度的具体措施和工作安排；

11. 其他与项目相关的证明材料。

项目申请材料应按顺序装订成册，标示页码，并加盖单位公章。

四、项目申报流程

采取区级初审、市级评审与市商务委审核确定相结合的认定程序。

（一）自主申报：各区商务委组织本辖区内符合条件的商务楼宇业主（集聚区管理服务机构）或独立运营服务管理机构进行自主申报。自通知发布之日起，项目申报单位填报项目申报材料并加盖公章后，向申报企业注册所在地的区商务委提交申报材料（市商务委商务发展资金项目征集通知另有要求的，从其要求)，由各区商务主管部门初审。

（二）区级初审：各区商务委根据商务楼宇（集聚区）申报情况，审核相关材料，出具初审意见，加盖公章后报送至市商务委商务服务业发展协调处。

（三）市级评审：市商务委根据各区初审情况，会同区相关商务主管部门进行联合会审并提出审核意见，经市商务委领导同意后纳入年度商务楼宇（集聚区）公共服务平台升级改造工作范围。

（四）纳入年度商务楼宇（集聚区）公共服务平台升级改造工作范围且按照项目申报书确定的项目改造内容完成升级改造的商务楼宇（集聚区)，由市商务委送交第三方评估机构进行评审，评审通过的项目由市区商务部门进行联合验收。具体验收要求按照《北京市商务委员会关于商务服务业主题示范楼宇升级改造和培育发展项目验收规范及操作规程》（集聚区项目验收工作参照执行)。对验收合格并通过第三方评估机构评审的项目，给予适当奖励。

（五）项目监督检查和绩效考评。市商务委会同各区商务主管部门对项目进度、制度建设等情况进行监督检查和绩效考评。

五、支持标准

2017 年度面向社会公开征集项目采用奖励的方式进行支持。商务楼宇（集聚区）公共服务平台升级改造建设项目奖励标准：对同一项目支持的最高限额不超过：项目总投资的 50%或最高不超过 200 万元。同一商务楼宇（集聚区）在两年内获得过政府其他专项资金支持的，不得重复申报。

六、申报方式及时间

（一）自公告发布之日起，项目申报单位请登录市商务委网站，按公告要求进行申报，项目纸制申请材料一式两份，应按顺序装订成册，并加盖单位公章。

（二）项目集中申报截止时间为 2017 年 4 月 28 日，市属国有企业集团和各区商务委应于 2017 年 5 月 10 日前汇总上报材料并填报《2017 年商务发展项目申报情况表》。

七、工作要求

（一）各项目申报单位应确保申报材料真实、准确、完整，保证项目各项建设手续合规、建设资金及时落实到位、项目按时保质完成，并向市商务委做出书面承诺；

（二）对于伪造相关材料，提供虚假发票和虚假材料的项目申报单位，取消其当年申报资格，且三年内不得申报专项资金支持；

（三）获得专项资金支持的项目申报单位应积极配合相关监督检查、审计等工作；

（四）各区商务委应积极组织项目申报，切实做好初审工作，指导与审核，按照本通知要求和规定程序，严格把关，确保项目申报质量；

（五）各区商务委应加强对已支持项目的后续指导和跟踪监管，确保项目实施效果，充分发挥财政资金使用效益；

（六）项目申报单位应将获得的奖励资金列入“营业外收入”科目核算，相关法规另有规定的从其规定。

八、管理与服务

（一）任务分工

按照“市区共建、属地管理”的原则，推进商务楼宇（集聚区）的管理和服务工作。

市商务委负责全市商务楼宇（集聚区）公共服务平台的升级改造和培育发展的组织指导，会同各区商务委加强检查督导，并对全市商务楼宇（集聚区）运营情况进行汇总分析。

各区商务部门要切实加强对商务楼宇（集聚区）的服务和管理，认真做好商务楼宇（集聚区）周边环境和配套服务能力的提升，建立动态档案管理制度，按季度向市商务委报送商务楼宇（集聚区）运营与发展情况。

（二）楼宇（集聚区）服务

升级改造后的商务楼宇（集聚区）管理机构，要建立高效的组织机构和科学规范的运营管理机制，积极探索商务楼宇（集聚区）专业化、产业化的发展模式，逐步建立完善公共服务平台体系，不断提升服务、管理、后勤保障等综合配套服务功能。按照《北京市商务委员会关于建立商务服务业重点企业联系服务工作制度的意见（试行）》（京商务商服字〔2013〕3号），建立规范的商务服务业重点企业联系服务工作制度，指定一名分管领导同志具体负责，明确一个管理部门承担此项工作职责，确定一名部门负责同志为联络员，切实加强与入驻企业沟通并及时提供服务，强化企业与政府之间的沟通联络工作，按照市区两级商务主管部门的要求，负责楼宇（集聚区）信息的搜集和报送工作。

（联系人：许凤伟　联系电话：87211897）

附件 14

促进现代物流发展项目申报指南

一、支持方向

符合首都功能定位，符合加强物流服务保障的能力和水平、加快城市物流的转型升级，推动首都城市物流便利化、高效化、集约化、规范化、国际化发展的现代物流项目。

二、支持重点

（一）支持冷链物流基础设施建设，冷链物流装备与技术升级，鼓励冷链末端配送及模式多元化创新发展。

（二）支持城市运行保障物流、城市末端配送、现代物流新模式等示范类建设项目，促进传统仓储企业转型升级，向配送运营中心和专业化、规模化第三方物流发展。鼓励仓储、配送一体化，推广共同配送、统一配送、集中配送等先进模式，鼓励市内末端配送服务设施包括配送服务网点、智能自提柜、搭载配送服务场所建设。

（三）支持物流技术应用、物流信息化、智能化、标准化建设项目，进一步规范物流作业流程，提高企业运作效率，提高物流技术及设备应用水平。鼓励物流企业使用标准化托盘、周转筐，鼓励物流企业设施设备及信息化的标准化改造建设，逐步提升物流行业标准化水平。

三、项目申报要求

（一）项目单位为在北京市注册，具有独立法人资格的企业。

（二）申报的物流建设项目为已建设完成验收合格并已投入使用。

四、项目建设标准

（一）项目建设应符合北京市“十三五”时期物流业发展规划。

（二）项目建设已取得如环保等相关政府部门许可手续文件。

（三）符合北京市产业政策，项目不在《北京市新增产业的禁止和限制目录（2015年版）》的禁限范围。

（四）项目建设应符合物流行业相关标准。

（五）末端服务配送网点建设标准符合《关于促进物流末端配送体系建设的意见》。

五、资金支持标准

项目采用补助方式进行支持：

（一）项目的资金支持比例不超过经过第三方评审确定的项目实际总投资的50%。

（二）单一项目支持标准不超过500万元。

（三）末端配送网点支持标准每网点不超过15万元。

（四）智能自提柜支持标准每格口150元。

（联系人：张松原　联系电话：87211775）

附件 15

物流标准化 2017 年试点项目申报指南

一、资金支持方向

（一）推动建立社会化的托盘共用体系。鼓励各类生产、流通企业主体提高标准托盘普及率。支持补贴托盘使用方租赁标准托盘（不支持购买），或盘活存量标准托盘开展社会化租赁共用服务，推广带托盘运输。支持围绕标准托盘和物流包装的循环利用建立公共服务体系，形成托盘与周转箱（筐）、包装联动局面。支持标准托盘应用与供应链、共同配送、多式联运、甩挂运输相结合，发展单元化物流，提高流通效率。

（二）提高物流设施设备和服务标准化水平。支持与标准托盘（1.2m×1.0m）相配套的设施设备更新和改造，包括仓库、配送中心、零售门店等配送设施的标准化改造，货架、叉车、笼车、周转筐、运输车辆、管理信息系统等标准化更新，提高物流配送与包装标准化水平。支持仓储、包装、分拣、装卸、配送的流程服务标准化，促进物流单元化、一体化作业。支持快消品、农副产品、药品、电商等重点物流领域服务的标准化，建立企业物流标准体系，提升服务水平。支持物流设备服务商扩大标准托盘租赁和包装循环利用等业务，拓展增加服务网点，提高专业化服务能力。

（三）加强标准化的物流信息服务平台建设。支持托盘共用系统平台建设，拓展标准载具租赁、回收、流转监控等功能，整合托盘及包装市场领域资源，逐步推进由静态租赁到动态循环，由联盟交换向区域交换过渡。支持智慧物流配送发展，鼓励物联网、大数据等先进设备技术应用，推广共同配送，建设标准化智慧仓储配送中心、智慧末端配送站。

（四）创新循环共用与绿色发展模式。支持集团企业内部在全国范围内带托盘运输，企业间“结联盟”、“结对子”共推标准化，以托盘（周转箱等载具）为单元进行订货、收发货，推动供应链全程“不倒盘、不倒筐”。支持探索回购制托盘共用系统和托盘服务市场，实行社会化开放式运营，推动标准托盘循环共用。支持从商品生产源头按照电商物流要求进行标准化包装，减少流通过程的二次包装。支持利用配送渠道、押金制、积分制等对电商物流包装物回收、重复使用。支持推广标准化精准包装，防止过度包装和欠包装，探索“周转箱＋托盘”的单元包装和无包装模式。支持仓储配送企业与电商、回收企业合作，对包装物分类、再利用，推广易降解包装材料，促进仓储配送和包装绿色化发展。

（五）推进“环首都 1 小时鲜活农产品流通圈”建设。鼓励农超对接、农产品基地直供直销等多种产销衔接模式，支持企业在津冀建设蔬菜、肉蛋等农副产品分拨配送中心、绿色食品生产加工基地建设。支持产地冷链物流发展，加强冷链基础设施建设，支持在津冀建设产地预冷、冷藏中心，支持对冷链设施设备的升级改造，支持农产品冷链监控系统、可追溯系统及信息系统建设，支持上下游高效衔接的全程冷链物流服务。支持企业购买或租赁农产品标准化周转箱，逐步实现从地头到零售终端的农产品物流标准化。支持编制《“环首都1小时鲜活农产品流通圈”设施布局规划》。

二、项目申报主体要求

（一）基本条件

1. 在北京市登记注册的独立法人，试点单位类别为：第三方物流服务企业、商贸批发企业、快速消费品生产企业、从事终端销售的零售连锁企业、电商企业、农副产品（药品）流通企业、物流标准化设备服务商、专业组织（协会、高校科研机构）等；

2. 申报单位经营状况良好，财务管理制度健全；

3. 申报单位依法经营，近三年无违法违规记录；

4. 申报项目需在2017年8月15日前完工并投入使用；

5. 同一项目已享受政府其他专项补助资金的，原则上不得重复申报；

6. 申报试点企业承诺在试点期间能够向试点工作推进部门提供年度企业试点项目推进情况。配合开展调研工作，接受审计、财政等相关部门的审计考核工作。

（二）不同类型单位的承诺条件

1. 第三方物流企业、商贸批发企业、快速消费品生产企业。承诺在试点期间内，标准化托盘使用量达到90%以上，其中50%为租赁使用，实现带托配送、托盘循环共用、免检直通模式门店占到总配送门店的40%以上。

2. 零售连锁企业。承诺在试点期间内，第三方物流及商贸批发企业直送门店的货物5%以上实现带托运输，托盘进入循环共用体系。以托盘为送（接）货单元、免验货（或延迟验货）门店数量占连锁门店总数的40%以上，且至少达到5家。

3. 物流标准化设备服务商。承诺向物流标准化工作政府推进部门提供标准托盘、周装箱使用情况等。

4. 协会（社会团体）、研究机构。承诺在试点期限内，相关规划研究完成。

（三）时间安排

企业应于2017年4月17日前将申报材料（纸质版、电子版）上报至各区县商务委，各区商务委应于2017年4月21日前上报汇总材料至市商务委。

申报指南及表单请申报单位登录信箱（wlc@bjcoc.gov.cn 密码 87211776wlc）自行下载。

（联系人：张松原　联系电话：87211775）

附件 16

支持北京地区跨境电子商务发展项目申报指南

一、支持对象

跨境电子商务企业（包括自建跨境电子商务销售平台的电子商务进出口企业、利用第三方跨境电子商务平台开展电子商务进出口的企业、为电子商务进出口企业提供交易服务的跨境电子商务第三方平台）、物流企业、第三方支付机构企业及其他相关经营单位。

二、支持方向与标准

（一）支持与北京跨境电子商务公共信息平台（以下简称“公共信息平台”）对接的信息系统建设、升级改造等项目，每个申报单位（申报主体）依据评审后的金额给予一次性资金补助，每个项目最高不超过100万元。

（二）支持跨境电子商务通关辅助系统建设，包括安检机、同屏比对系统、视频监控系统、查验设备、机检系统、防火墙系统、辅助设备、管理信息系统和监管场所设施建设等，每个申报单位（申报主体）依据评审后的总投资给予不超过50%资金支持，每个项目最高不超过300万元。

（三）支持海外仓、智能口岸仓、出口集货仓、跨境电商专用冷链库、保税仓库建设，包括货架（货柜）、视频监控系统、传送系统、专用推车（叉车）、辅助设备、管理信息系统和保税备货信息系统建设等，每个申报单位（申报主体）依据评审后的总投资给予不超过50%资金支持，每个项目最高不超过400万元。

三、支持条件

（一）已经实现与公共信息平台对接并有实际经营业绩（以公共信息平台统计数据为准），或为跨境电商企业提供现场通关、仓储物流服务，或为通关申报系统与公共信息平台提供对接服务；

（二）企业在进出口业务、电子商务业务、财务、税收、外汇管理、海关监管等方面无违法、违规记录。

四、项目申报有关要求

（一）项目实施要求：自2016年1月1日起实施且未享受过同类政策支持的项目均可进行申报，项目实际投资比例不低于计划总投资的70%。

（二）项目申报时间：自本通知发布之日起即可进行项目申报，北京市商务委员会将按照申报时间顺序进行项目评审。各区申报截止时间至2017年9月29日。

（三）在项目申报文本中，应提供在公共信息平台上的注册号（不含为跨境电商企业提供现场通关、仓储物流服务的企业）。

（联系人：宋志雷　电话：87211813）

附件17

支持跨境电子商务直购体验店建设项目申报指南

一、支持目标

2017年，全市计划完成10家以上跨境电子商务直购体验店建设。

二、支持内容

对本市企业在大型商圈、成熟社区、大型客运枢纽内部及周边，开设跨境电子商务直购体验店，采取线下展示、线上下单方式，以及现场销售部分完税商品的形式，开展跨境电子商务业务的给予支持。主要支持体验店展示柜、货架、收银系统、监控系统、安防系统等配套设备设施和网站平台、移动APP、微信公众商城建设等方面的投入。

三、支持条件

（一）申报主体需在北京市注册，具有独立法人资格，《工商营业执照》等法律必备证照齐全有效。

（二）体验店选址和建设要严格按照国家安全规范和有关规定执行。

（三）经营场所房屋使用面积不少于100平米，租赁时间自项目建设完成起至少1年以上。

（四）体验店内现场展示商品的SKU总数量不少于1000种，其中通过线上售卖的商品SKU数量不少于本店内全部展示商品SKU数量的50%。

（五）有自己的网站、移动APP或微信公众商城，提供线上交易、支付等服务，通过自有或第三方物流提供商品配送服务。

四、支持方式及标准

对企业开设跨境电子商务直购体验店，采取以奖代补的方式进行支持。资金支持比例最高不超过项目审定实际已投资的50%；单个项目支持金额最高为500万元。

五、申报时间要求

自2016年1月1日起在本市范围内建设的跨境电子商务直购体验店均可进行项目申报，按照申报时间顺序逐批送评审。各区申报截止时间至2017年9月29日。

（联系人：宋志雷　联系电话：87211813）

附件 18

项目申报表

项目名称：	
项目单位：	
企业注册地：	
申报日期：	

项目信息表

项目名称			
项目负责人		手机电话	
单位地址		邮政编码	
注册资本		办公电话	
上年收入		企业规模	
项目申请理由 及项目主要内容			
项目经济效益			
项目社会效益			
阶段性目标	实施阶段	目标内容	起止时间（年月）
	第一阶段		
	第二阶段		
	第三阶段		
项目组织实施条件			

项目支出预算明细表

<table>
<tr><td rowspan="26">项目支出预算及测算依据</td><td rowspan="8">项目资金来源</td><td>来源项目</td><td>申报额（万元）</td></tr>
<tr><td>项目总投资</td><td></td></tr>
<tr><td>其中：自筹资金</td><td></td></tr>
<tr><td>银行贷款</td><td></td></tr>
<tr><td></td><td></td></tr>
<tr><td></td><td></td></tr>
<tr><td></td><td></td></tr>
<tr><td></td><td></td></tr>
<tr><td rowspan="17">项目支出明细预算</td><td>支出明细项目</td><td>金额（万元）</td></tr>
<tr><td>合计</td><td></td></tr>
<tr><td></td><td></td></tr>
<tr><td></td><td></td></tr>
<tr><td></td><td></td></tr>
<tr><td></td><td></td></tr>
<tr><td></td><td></td></tr>
<tr><td></td><td></td></tr>
<tr><td></td><td></td></tr>
<tr><td></td><td></td></tr>
<tr><td></td><td></td></tr>
<tr><td></td><td></td></tr>
<tr><td></td><td></td></tr>
<tr><td></td><td></td></tr>
<tr><td></td><td></td></tr>
<tr><td></td><td></td></tr>
<tr><td></td><td></td></tr>
<tr><td>预算依据及说明</td><td colspan="2"></td></tr>
</table>

项目可行性执行报告
一、基本状况   二、必要性与可行性   三、实施条件

附件 19

项目已发生费用明细表

填报单位：（公章）

序号	记账时间	会计凭证号	费用名称	金额（元）
1				
2				
3				
4				
5				
6				
7				
8				
9				
10				
11				
12				
13				
14				
15				
16				
17				
18				
19				
20				
	合计			

注：项目已发生费用明细按时间先后顺序填写

附件 20

2017 年商务发展项目申报情况表

填报单位：（盖章） 单位：万元

序号	项目单位	项目名称	计划投资			企业性质	企业注册资金	项目已投资	项目进度		项目负责人	办公电话	手机	项目主要内容	项目主要支出预算
			总额	自筹资金	银行贷款				开工时间	完工时间					
总计															

填报人： 审核人：

备注：此表由项目申报单位填写，由区商务委、市属商业企业集团汇总。

附件 21

项目申报单位承诺书

北京市商务委员会：

我单位将严格按照《北京市商业流通发展专项资金管理暂行办法》、《北京市支持中小企业发展专项资金管理暂行办法》及相关配套管理办法的有关规定组织实施______________________________项目，保证向市商务委及有关部门提供的资料真实、有效，项目建设各项手续齐全、合规，项目建设资金落实到位，项目按计划实施，确保项目建设效果。

我单位承诺保证不出现任何项目建设违法违规行为，如出现上述问题我单位将承担一切责任。

项目单位法人代表（签字）：________　　　　单位公章

年　　月　　日

关于2016年—2017年北京市物流标准化试点工作有关事项的通知

京商务物流字〔2017〕3号

各有关单位：

按照国务院《物流业发展中长期规划（2014—2020年）》（国发〔2014〕42号）文件要求，根据财政部办公厅、商务部办公厅、国家标准委办公室《关于2016年开展物流标准化试点工作的通知》（财办建〔2016〕85号）有关规定，为支持发展我市现代物流业，改善物流业发展环境，加快推动首都物流业转变经济发展方式和结构调整，充分发挥标准化工作对促进物流业健康发展的重要作用，规范推进我市物流标准化试点工作，促进京津冀物流标准化的协同发展，现将有关事项通知如下。

一、试点资金使用原则和目标

物流标准化试点扶持资金（以下简称资金）按照“集中财力、统一安排、统一管理”的原则，突出重点、专款专用、讲求实效。用于支持本市物流标准化工作，加快推动首都物流业转变发展方式，促进物流配送商业模式变革，提高物流效率和诚信水平，带动京津冀物流业协同发展。

二、试点资金支持范围

资金主要用于支持京津冀区域内物流标准化项目建设、设备购置安装、信息系统开发等项目建设实施中直接相关的支出，不支持用于道路建设、公用设施建设、征地拆迁、客车购置以及人员经费、设施维护等经常性开支。

（一）支持标准化托盘、周转箱循环共用体系建设。支持企业按照国家标准《联运通用平托盘主要尺寸及公差》（GB/T2934—2007）符合1200×1000mm托盘（含托盘笼等）、《硬质直方体运输包装尺寸系列》（GB/T4892—2008）符合600×400mm模数的系列标准，进行标准化更新。支持使用方租赁标准化托盘，支持第三方托盘服务商购买标准化托盘；支持试点企业租赁及购买标准化周转笼和周转箱，实现物流标准化器具的循环共用。

（二）支持与标准托盘相配套的设施设备更新和改造，包括仓库（冷库）、配送中心、零售门店等配送设施的标准化改造建设，货架、叉车、笼车、周转箱、运输车辆、管理信息系统等标准化更新；支持仓储、包装、分拣、装卸、配送的流程服务标准化，促进物流单元化、一体化作业。支持供应链上下游企业货物交接现场免验收（或延迟验收），支持货物交接场所监控系统建设和改造升级。支持快消品、农副产品、药品、电商等重点物流领域服务的标准化，建立企业物流标准体系，提升服务水平。支持鲜活农产品冷库、生鲜配送中心分拣、清洗、包装等标准化设备、设施的更新和建设，提升冷链服务能力和质量。支持物流设备服务商扩大标准托盘租赁和包装循环利用等业务，拓展增加服务网点，提高专业化服务能力。

（三）支持商贸流通企业（含电商）、第三方物流企业引导上游快消品生产企业改造包装生产线，从源头推动产品包装与标准托盘匹配，包装规格型号（推荐采用符合GB/T4892－2008且与标准托盘相匹配的6个规格尺寸：150×100×100、200×150×150、300×200×200、400×200×200、400×300×300、600×400×400），减少流通过程的二次包装，提高带托盘运输比率。

（四）支持基于“互联网＋”物流综合信息服务平台建设，以第三方服务形式，搭建环首都1小时鲜活农产品流通圈、冷链物流等物流标准化的专项信息平台，促进物流资源共享，实现智慧物流。

（五）支持电商包裹包装标准化、减量化。支持包装物使用方从使用一次性包装物，转向可重复利用的标准包装物（纸质包装物除外），统一印制可回收利用标志、联系方式，鼓励推行减量包装认证，提高标准器具和包装物的循环利用水平。

（六）支持编制相关市级规划。

三、试点资金支持方式、标准和周期

（一）支持方式。采取以奖代补、贷款贴息等方式支持，扶持项目原则上只采用一种支持方式。

（二）支持标准。采取“以奖代补”方式的，对符合“试点资金支持范围”的项目投资给予奖励支持，对单个项目奖励额不超过项目总投资的30%（根据当年支持资金总额，按照评审结果的实际投资额确定一致的资金支持比例），且最高额度原则上不超过1000万元；采取“贷款贴息”方式的，贴息率不超过同期银行贷款基准利率且贴息总额不超过同期实际发生的利息总额，对项目支持最高额度原则上不超过1000万元。

（三）试点周期：试点周期为2016年1月－2017年8月。

四、试点资金申报要求

（一）项目申报企业须在北京市登记注册，且为独立法人单位，依法经营，经营状况良好，财务管理制度健全。试点企业类别为：第三方物流企业，快递企业，快消品、农副产品、药品等商贸流通企业），电商，快消品生产企业，标准托盘（含相匹配的托盘笼、周转箱或筐、包装等）运营服务商，物流信息服务商，科研机构，专业组织（协会）等。

（二）项目企业在申报项目时，需提供项目申报书、项目申报单位承诺书、项目申报表和企业情况表等材料。有自筹经费来源的，需提供出资证明及其它相关财务资料。申报材料的内容必须真实、准确、完整。项目需具备较好的试点效应和可行性，能产生较好的经济效益和社会效益。

有下列情形之一的，不得参加项目申报：

1.在享受各级政府财政资助中有严重违约行为的；

2.因涉嫌违法行为正在被有关部门调查或侦查的；

3.项目申报前两年内，在经营活动中有重大违法记录的；

4.同一项目已享受政府相关专项资金支持的。

5.在其它领域有重大违规的。

（三）项目申报企业应承诺在试点期间向市财政局、市商务委、市质监局报送每年度企业试点项目推进情况。包括：企业经营情况、标准化托盘年使用数量、由托盘标准化带来的物流成本和效率变化情况等信息。

五、项目管理

（一）项目征集。采取公开征集方式组织，由市商务委制定并公布年度项目申报指南，企业按照要求申报试点企业及项目。试点企业每年征集一次，试点企业在试点期内可连续申报试点项目。

（二）试点企业及项目确定程序。聘请行业专家对申报企业资质和项目方案进行论证、筛选，并在北京市商务委员会网站公示（公示期为7日），公示后由市财政局、市商务委和市质监局共同确定物流标准化试点企业，报财政部、商务部和国家标准委备案。

（三）项目资金拨付程序。项目完成后，试点企业向市商务委提出验收申请，由市商务委委托有相应资质的社会中介机构对项目进行评审。试点企业在验收申请中需说明项目在提升物流效率和降低物流成本方面的效果情况。对于通过评审的项目，市商务委会同市财政局、市质监局对项目进行验收、审议、公示，通过公示的项目，按相关规定办理资金拨付手续。

（四）项目资金管理。试点企业收到专项资金后，需按国家相关规定进行账务处理，并按照国家和北京市预算、财务管理制度的有关规定严格项目资金管理，接受国家及市级有关部门的监督检查、绩效评价及审计。对未按期完成试点项目或出现违法违规行为，特别是虚报、冒领试点资金，提供虚假发票、虚假证明文件、虚假资质文件等虚假材料的企业，经查属实的，将按照《财政违法行为处罚处分条例》（国务院令第427号）等相关法律法规进行处理处罚，停止资金拨付并保留追回资金的权利，同时将违法企业列入项目黑名单，取消试点企业资格，收回全部扶持资金。

（五）项目绩效评价。依照《财政部办公厅 商务部办公厅 国家标准委办公室关于2016年开展物流标准化试点的工作通知》（财办建〔2016〕85号）有关要求，将对项目建设实施情况、标准化水平提高程度、模式创新情况等进行绩效评价。

六、工作职责

（一）市财政局负责加强专项资金支付管理，确保专项资金及时下达。

（二）市商务委负责相关业务管理工作。负责研究确定资金的支持方向及资金拨付；负责组织项目申报，项目业务审核、评审、验收等管理工作。

（三）市质监局负责地方标准制定和标准实施的指导工作。

（四）市商务委、市财政局、市质监局按职责分工共同负责对项目执行情况进行验收，对专项资金的使用情况进行监督检查和绩效评价。

北京市商务委员会
北京市财政局
北京市质量技术监督局
2017年4月11日

关于印发《“疏解整治促提升”工作中完善便民商业设施若干问题的指导意见》的通知

京商务规字〔2017〕7号

各区政府，各有关单位：

经市政府同意，现将《关于“疏解整治促提升”工作中完善便民商业设施若干问题的指导意见》印发你们，请认真贯彻执行。

特此通知。

北京市商务委员会
北京市发展和改革委员会
北京市规划和国土资源管理委员会
北京市住房和城乡建设委员会
北京市工商行政管理局
北京市食品药品监督管理局
北京市财政局
2017年5月19日

关于“疏解整治促提升”工作中完善便民商业设施若干问题的指导意见

为深入贯彻落实习近平总书记关于建设国际一流和谐宜居之都的指示精神，按照市委、市政府关于使用疏解腾退空间着力完善便民商业等公共服务设施、提升生活性服务业品质的要求，现就“疏解整治促提升”工作中完善便民商业设施若干问题制定以下指导意见。

一、按照“升级为导向、‘建关’相结合”的原则区别对待便民商业网点

“疏解整治促提升”工作中，要在坚决疏解、整治的同时，按照“升级为导向、‘建关’相结合”的原则，合理规划建设便民商业网点，规范、改造、升级商业设施，优化便民商业网点布局、结构和功能。

对现有菜市场（农贸市场），应按照本市生活性服务业行业标准规范之《社区菜市场（农贸市场）设置与管理规范》要求进行升级改造；对因撤除菜市场造成居民买菜不便的，应按照“撤一补一”原则确保服务面积和服务功能不变，并提前采取补充替代措施。对确需撤除的市级和区级农产品批发市场，相关区政府应会同市商务委、规划国土委、发展改革委等部门提前制定替代方案，报市政府同意后方可实施。

二、积极使用疏解腾退空间完善便民商业设施

各区、各部门应积极使用疏解腾退空间用于补充便民商业等公共服务设施，引进符合规范化、连锁化、便利化、品牌化、特色化（以下简称“五化”）发展要求的生活性服务业企业。各区政府制定疏解腾退空间管理和使用实施方案时，应按照便民商业设施配置标准，补齐便民商业设施不足。已改变规划用途的居住配套商业服务设施，应加快恢复其规划用途，重点用于蔬菜零售、便利店等便民商业服务。

三、严格落实便民商业设施配置标准

（一）根据《国务院关于推进国内贸易流通现代化建设法治化营商环境的意见》（国发〔2015〕49 号）及《北京市人民政府关于印发〈北京市居住公共服务设施配置指标〉和〈北京市居住公共服务设施配置指标实施意见〉的通知》（京政发〔2015〕7 号）要求，社区商业和综合服务设施面积占社区总建筑面积的比例不得低于 10%，社区商业服务设施总体规模按 600－700m²/千人建筑面积配置。

（二）社区菜市场按照 50m²/千人的标准设置，小型社区菜市场建筑面积 500－1000m²，中小型社区菜市场建筑面积 1000－1500m²，大型社区菜市场建筑面积 2000－2500m²。在满足社区菜市场配置标准的基础上，可根据居住人口规模、设施面积、布局、交通等因素，因地制宜配置生鲜超市、社区菜店等蔬菜零售业态。每个行政社区蔬菜零售网点数量应不少于 2 个。

（三）蔬菜零售、早餐、社区超市（含便利店）、末端配送、美容美发、洗染、家政为社区商业必备型业态。百货店、专卖店、专业店、文化娱乐、图书音像、沐浴、摄影等为社区商业选择型业态，可按市场化原则配置。

（四）鼓励设置集蔬菜零售、早餐、社区超市（含便利店）、末端配送、美容美发、洗染、家政等多种功能于一体的社区商业便民服务综合体。

（五）新增便民商业设施应符合本市新增产业的禁止和限制目录规定，并符合本市生活性服务业行业各相关业态的标准规范。

四、进一步鼓励生活性服务业品牌连锁发展

（一）对因疏解整治清退的市场主体，积极做好相关证照的后续处置工作。

（二）对尚未满足上述便民商业设施配置标准，又有疏解腾退利用空间或其它闲置居住配套公共服务设施（如锅炉房、煤厂等）的，经规划国土、商务、发展改革、工商、食药等部门同意后，可引进符合本市生活性服务业“五化”发展方向的品牌连锁企业入驻经营。

（三）加快引入市场化品牌战略资源，加强国有企业、品牌民营连锁企业合作；支持品牌连锁企业通过收购、合作经营、特许加盟等方式改造提升便民商业网点，提高连锁化、规范化水平。

（四）引导支持品牌连锁餐饮企业新建或改造具备保障城市基本运行功能的中央厨房或主食加工配送中心。鼓励便利店等流通业态搭载简餐服务。

（五）支持规范化便民商业设施建设和发展。对符合要求的新增、规范、提升蔬菜零售、早餐、社区超市（含便利店）、末端配送、美容美发、洗染、家政等满足居民基本便利性需求的便民商业设施，给予资金支持。

（六）注重对老字号原址原店原貌的保护，确需拆迁的，应在原址就近安排重张。

（七）充分发挥北京生活性服务业发展

基金的作用，引导社会资金投入，通过市场化运作方式，完善生活性服务业“五化”发展投入的长效机制。鼓励企业引进社会资本，通过兼并重组、上市等多种方式发展壮大。

五、建立健全工作机制

（一）建立健全商业设施规划建设和使用管理工作机制

建立市、区两级商务部门参与各类商业设施规划建设和使用管理的工作机制。尽快建立和完善社区商业设施规划建设和使用管理的工作机制，各区商务委参与新建住宅小区配套商业设施从规划设计、建设、验收到交付使用环节的全过程管理，确保基本便民商业设施配置，并与住宅建设同步实施、同步验收、同步交付使用。

（二）建立健全部门沟通协调机制

建立市级商务、工商、食药、发展改革、规划国土等部门沟通协调机制，定期沟通相关情况，积极研究解决有关问题，统筹推进“疏解整治促提升”中生活性服务业品质提升工作。各区政府建立相关沟通协调机制，有序推进疏解整治后的基本便民商业网点建设。

六、注重总结、宣传经验典型

对统筹做好疏解整治和提升生活性服务业品质的好做法、好经验，各区要注重总结提炼、推广典型，并加大正面宣传，对突出的经验做法会同市级相关部门一并报市委、市政府。

北京市商务委员会等12个部门关于印发《关于加快融资租赁业发展的实施意见》的通知

京商务交字〔2017〕121号

各区政府，各有关部门：

为贯彻落实《国务院办公厅关于加快融资租赁业发展的指导意见》（国办发〔2015〕68号）有关精神，进一步加快本市融资租赁业发展，经市政府同意，现将《关于加快融资租赁业发展的实施意见》印发你们，请遵照执行。

特此通知。

北京市商务委员会
北京市发展和改革委员会
北京市经济和信息化委员会
北京市财政局
北京市地方税务局
北京市工商行政管理局
北京市食品药品监督管理局
北京市金融工作局
北京市国家税务局
中国人民银行营业管理部
中国银行业监督管理委员会北京监管局
中国证券监督管理委员会北京监管局
2017年6月5日

关于加快融资租赁业发展的实施意见

为贯彻落实《国务院办公厅关于加快融资租赁业发展的指导意见》（国办发〔2015〕68号）有关精神，进一步加快本市融资租赁业发展，更好地发挥融资租赁服务实体经济发展、促进经济稳定增长和转型升级的重要作用，助力建设国际一流的和谐宜居之都，经市政府同意，现提出以下实施意见。

一、指导思想

深入贯彻落实党的十八大和十八届三中、四中、五中、六中全会、习近平总书记系列重要讲话和对北京工作的重要指示、北京市委十一届八次全会精神，牢固树立和贯彻落实创新、协调、绿色、开放、共享的发展理念，适应经济发展新常态，牢牢把握首都城市战略定位，全面深化改革，坚持问题导向，充分发挥市场在资源配置中的决定性作用，完善政策扶持体系，建立健全事中事后监管机制，转变发展方式，建立专业高效、配套完善、竞争有序、稳健规范、具有国际竞争力、北京特色的现代融资租赁体系，引导融资租赁企业服务实体经济发展、中小微企业创业创新和京津冀协同发展、非首都功能疏解、生活性服务业品质提升等，为打造北京“高精尖”经济结构贡献力量。

二、发展目标

到2020年，北京市融资租赁业务领域覆盖面和市场渗透率明显高于全国平均水平；专业优势突出、管理先进、国际竞争力强，资产超百亿元的融资租赁企业数占比翻一番；统一、规范、有效的事中事后监管体系基本建立，政策扶持体系初步形成；融资租赁规模企业比例和竞争力居国内前列。

三、主要任务

（一）积极培育市场主体

1. 支持有条件的行政区域设立融资（金融）租赁聚集区，鼓励出台区域性支持融资（金融）租赁公司发展的相关配套政策；支持天竺综保区开展飞机租赁等业务；加快培育一批骨干企业。（负责单位：市商务委、市金融局、北京银监局、各区政府。排名第一者为牵头单位，下同）

2. 引导和规范各类社会资本进入融资租赁行业，对符合本市金融产业政策和准入管理规定的，支持民间资本发起设立融资租赁公司，支持独立第三方服务机构投资设立融资租赁公司，促进投资主体多元化。（负责单位：市商务委、市工商局、市金融局）

3. 对融资租赁企业设立子公司，不设最低注册资本限制。允许融资租赁公司兼营与主营业务有关的商业保理业务。（负责单位：市商务委、市工商局）

（二）营造良好发展环境

1. 重视融资租赁在促进中小微企业发展中的作用。鼓励融资租赁公司发挥融资便利、期限灵活、财务优化等优势，提供适合中小微企业特点的产品和服务。支持设立专门面向中小微企业的融资租赁公司。探索发展面向个人创业者的融资租赁服务，推动大众创业、万众创新。推进融资租赁公司与创业园区、科技企业孵化器、中小企业公共服务平台等合作，加大对科技型、创新型和创业型中小微企业的支持力度，拓宽中小微企业融资渠道。（负责单位：市商务委、市经济信息化委、市科委、市财政局）

2. 鼓励融资租赁公司在工程机械、医疗设备等传统领域做大做强，积极拓展节能环保等战略性新兴产业市场；鼓励融资租赁公司参与污水垃圾处理、环境治理、公交车、出租车、公共自行车、海绵城市、城市照明等城市公用事业；支持融资租赁业与现代农业结合，扩大农业机械设备租赁市场。（负责单位：市商务委、市发展改革委、市城市管理委、市科委、市经济信息化委、市公安局、市环保局、市水务局、市农委）

3. 开拓跨境融资租赁市场。围绕国家“一带一路”、京津冀协同发展战略、北京市服务业扩大开放综合试点，鼓励融资租赁企业开展跨境人民币业务，拓展海外租赁市场。简化融资租赁企业设立境外项目公司和特殊目的公司的备案手续。支持通过融资租赁引进国外先进设备，扩大高端设备进口，提升技术装备水平；鼓励融资租赁企业与生产性企业联手推动设备“走出去”，扩大本市产品国际影响力。（负责单位：市商务委、市发展改革委、北京外汇管理部、北京海关）

4. 进口租赁物涉及配额、许可证、自动进口许可证等管理的，在承租人已具备相关配额、许可证、自动进口许可证的前提下，不要求融资租赁公司具有购买资质。根

据融资租赁特点，便利融资租赁公司申请医疗器械经营许可或办理备案。（负责单位：市商务委、北京海关、市食品药品监管局）

5. 支持融资租赁公司比照金融租赁公司办理融资租赁交易相关担保物抵（质）押登记。（负责单位：市规划国土委、市工商局、市公安局、人行营业管理部）规范机动车交易和登记管理，简化交易登记流程，便利融资租赁各方当事人办理业务。（负责单位：市商务委、市公安局、市工商局、市国税局、市地税局）

6. 支持融资租赁公司在全国融资租赁企业管理信息系统中按照要求完整、准确地将融资租赁合同中载明的租赁物权属状况进行登记，并对标的物权属状态进行查询。（负责单位：市商务委）按照有关规定，将有接入意愿且具备接入条件的融资租赁公司纳入金融信用信息基础数据库，实现融资租赁业务的信用信息报送及查询。（负责单位：人行营业管理部）

7. 鼓励融资租赁公司不断优化产品服务，加强对北京市生活性服务业企业融资服务，推进本市生活性服务业规范化、连锁化、便利化、品牌化、特色化发展。（负责单位：市商务委、各区政府）

8. 加大对融资租赁理念和知识的宣传与普及力度，不断提高融资租赁业的社会影响力和认知度，为行业发展营造良好的社会氛围。（负责单位：市商务委）

（三）支持融资租赁企业多渠道融资

1. 支持融资租赁公司与互联网融合发展，加强与银行、保险、信托、基金等金融机构合作，创新商业模式。（负责单位：市商务委、北京银监局、北京证监局、北京保监局）探索融资租赁与政府和社会资本合作（PPP）融资模式相结合。（负责单位：市商务委、市财政局）积极鼓励融资租赁公司通过债券市场募集资金，支持符合条件的融资租赁公司通过发行股票和资产证券化等方式筹措资金。（负责单位：人行营业管理部、北京证监局）

2. 加快建立标准化、规范化、高效运转的租赁物与二手设备流通市场，支持建立融资租赁公司租赁资产登记流转平台，完善融资租赁资产退出机制，盘活存量租赁资产。支持设立融资租赁相关中介服务机构，加快发展为融资租赁公司服务的专业咨询、技术服务、评估鉴定、资产管理、资产处置等相关产业。（负责单位：市商务委、市发展改革委、北京证监局）

（四）完善公共服务

逐步建立统一、规范、全面的融资租赁业统计制度和评价指标体系，完善融资租赁统计方法，提高统计数据的准确性和及时性。（负责单位：市商务委、市统计局、人行营业管理部）依托企业信用信息系统等建立信息共享机制，加强统计信息交流。（负责单位：市商务委、市工商局、市经济信息化委）

四、保障措施

（一）加强融资租赁事中事后监管

加强行业风险防范，利用现场与非现场结合的监管手段，有效防范和处置融资租赁企业非法集资行为，强化对重点环节及融资租赁公司吸收存款、发放贷款等违法违规行为的监督，对违法违规融资租赁公司及时要求整改或进行处罚，加强风险监测、分析、预警和共享，切实防范区域性、系统性金融风险。（负责单位：市商务委、市金融局、市公安局、北京银监局、人行营业管理部）

建立企业报送信息异常名录和黑名单制度，加强融资租赁公司信息报送管理，要求融资租赁公司通过全国融资租赁企业管理信息系统及时、准确报送信息。加大监管信息公示力度，异常名录和黑名单信息及时汇总到北京市企业信用信息系统，并向社会公示。（负责单位：市商务委、市工商局）

（二）加大政策支持力度

1. 落实好《财政部 国家税务总局关于融资租赁合同有关印花税政策的通知》（财税〔2015〕144号）要求，促进融资租赁业健康发展，公平税负。支持融资租赁公司设立坏账准备金，符合国家规定的准备金允许在税前扣除。（负责单位：市财政局、市国税局、市地税局）

2. 在现行政策下，探索通过融资租赁方式获得农机的实际使用者可享受农机购置补贴。（负责单位：市农委、市财政局）鼓励保险机构开发融资租赁保险品种，扩大融资租赁出口信用保险规模和覆盖面。（负责单位：北京保监局、市商务委、市财政局）

3. 为鼓励企业采用融资租赁方式进行技术改造和设备购置提供公平的政策环境。加大政府采购支持力度，鼓励各级政府在提供公共服务、推进基础设施建设和运营中购买融资租赁服务。（负责单位：市财政局、市发展改革委、市商务委）鼓励探索通过风险补偿、奖励、贴息等政策工具，引导融资租赁公司加大对中小微企业的融资支持力度。（负责单位：市商务委、市经济信息化委、市财政局）

4. 支持符合条件的融资租赁总部公司按照《北京市人民政府关于鼓励跨国公司在京设立地区总部的若干规定》（京政发〔2009〕15号）、《北京市人民政府关于印发加快总部企业在京发展工作意见的通知》（京政发〔2013〕29号）及其相关实施细则的有关规定享受优惠、奖励政策。（负责单位：市商务委、市财政局）

（三）加强人才队伍建设

加强融资租赁从业人员职业能力建设，支持有条件的高校自主设置融资租赁相关专业。支持企业组织从业人员开展相关培训，采取措施提高从业人员综合素质，培养一批具有国际视野和专业能力的融资租赁人才。（负责单位：市商务委、市教委、市人力社保局）

（四）发挥行业协会自律作用

租赁行业协会要履行协调、维权、自律、服务职能，加强行业自我约束机制建设。鼓励行业协会积极开展行业培训、企业等级评定、理论研究、纠纷调解等活动。支持行业协会加强行业自律和依法维护行业权益，配合主管部门进行行业监督管理，维护公平有序的市场竞争环境。支持行业协会参与行业信用建设，开展标准化工作，建立健全行业自律机制。鼓励融资租赁公司加入行业协会，鼓励企业积极承担社会责任，大力提升行业的影响力。（负责单位：市商务委）

关于支持北京市外贸企业提升国际化经营能力的通知

京商务外运字〔2017〕22号

各区商务委、各有关企业：

为贯彻落实《国务院关于促进外贸回稳向好的若干意见》（国发〔2016〕27号）文件精神，根据《商务部 中国出口信用保险公司关于支持中小外贸企业提升国际化经营能力的通知》（商财函〔2016〕6号）、《商务部办公厅关于用好外经贸发展专项资金支持外贸中小企业开拓市场的通知》（商办财函〔2016〕733号）、市政府对《北京市外贸综合服务企业试点工作实施方案》的批复等相关要求，进一步完善外经贸发展专项资金政策，在中小企业及“双自主”企业国际市场开拓资金项目下增加信息管理、资信调查、保单融资三个支持方向，具体通知如下：

一、支持对象和申报条件

（一）中小外贸企业

1. 在北京市办理工商注册，依法取得进出口经营资格或依法办理对外贸易经营者备案登记的企业法人，上年度海关统计进出口额低于6500万美元；

2. 近三年在外经贸业务管理、财务管理、税收管理、外汇管理、海关管理等方面无违法、违规记录；

3. 具有从事国际市场开拓的专业人员，对开拓国际市场有明确的工作安排和市场开拓计划；

4. 未拖欠应缴还的财政性资金。

（二）“双自主”企业

拥有自主品牌和自主知识产权的“双自主”企业除满足外贸企业条件外还应符合下列条件之一：

1. 同时拥有国内及出口市场（含港、澳、台地区，下同）注册商标；

2. 同时拥有国内及出口市场专利（包括发明专利、实用新型专利和外观设计专利）；

商标及专利持有人原则上应为申请支持资金的企业或企业在国内的全资控股的母公司；

3. 国家相关部门认定的“中华老字号”企业。

（三）外贸综合服务企业

外贸综合服务企业是指具备对外贸易经营者资质，接受国内外客户委托，为客户提供报关报检、物流、退税、结算、融资、信用保险、保理、供应链管理等综合服务的企业。

支持对象为已纳入商务部外贸综合服务试点企业名单的北京企业及北京市认定的外贸综合服务示范企业。

二、支持方向、支持内容及支持标准

（一）提高经营管理信息化水平

支持外贸企业外贸软件（ERP）云服务平台与中国出口信用保险公司“信保通”系

统实现电子数据交换，系统对接过程发生的系统改造费用。

企业类型	支持内容	支持比例%	最高支持金额（万元）
外贸综合服务企业	系统改造费用	50	20
“双自主”企业			10
中小外贸企业			5

（二）提高经营管理科学决策水平

支持外贸企业购买获得财政部批准开展信用保险业务保险公司的海外企业标准资信报告、海外目标国家指定产品进口采购分析报告、海外采购商（供应商）名录报告、重点行业研究报告及重点国别风险分析报告所发生的费用。

企业类型	支持内容	支持比例%	最高支持金额（万元）
外贸综合服务企业	资信产品购买费用	50	30
“双自主”企业			15
中小外贸企业			10

（三）改善融资服务

支持外贸企业利用出口信用保险保单质押项下的贸易融资，对于贷款利息给予一定比例支持。

企业类型	支持内容	支持比例%	最高支持金额（万元）
外贸综合服务企业	保单融资贷款贴息	50	300
“双自主”企业			50
中小外贸企业			20

三、资金申请、审批及拨付程序

资金申报系统为外经贸发展专项资金网络管理系统（www. smeimdf. org）。

资金申请、审批及拨付程序参照《北京市财政局 北京市商务委员会关于印发北京市外经贸发展专项资金管理实施细则》的通知（京财企〔2015〕2277 号），附件 1 中小及双自主企业国际市场开拓相关规定执行。

四、文件生效

本通知自发布之日起生效，通知中相关事宜由北京市商务委员会、北京市财政局负责解释。

特此通知。

北京市商务委员会

北京市财政局

2017 年 7 月 17 日

（联系人：市商务委 外贸运行处　刘均环；联系电话：87211882）

关于印发《关于对双积分信用优良企业实施联合激励的若干措施》的通知

市服务业扩大开放办字〔2017〕8号

市有关单位、各区和各有关机构：

为深化开放型经济领域“放管服”改革，贯彻落实《国务院关于建立完善守信联合激励和失信联合惩戒制度加快推进社会诚信建设的指导意见》（国发〔2016〕33号）有关精神，探索对外商投资实行准入前国民待遇加负面清单管理后加强事中事后监管的有效途径，北京市以开展服务业扩大开放综合试点为契机，依托“开放北京”公共信息服务平台建立了重点服务领域信用监管系统，对外资企业和服务业重点领域企业实行“双积分”信用管理，通过对企业良好信用信息积正分、不良信用信息积负分，并依据积分情况将企业划分为“信用优良、正常经营、异常经营、重点监管”四个信用区间实施分类管理。

为进一步健全守信联合激励机制，强化对良好信用企业的正向激励，为北京市开放型经济发展创造更好条件，北京市商务委员会、北京市工商行政管理局、北京市国家税务局、北京市食品药品监督管理局、北京海关、北京出入境检验检疫局、中国人民银行营业管理部（国家外汇管理局北京外汇管理部）、中国银行业监督管理委员会北京监管局、中国国际贸易促进委员会北京市分会共同制定了《关于对双积分信用优良企业实施联合激励的若干措施》。现印发给你们，请认真贯彻执行。

特此通知。

北京市商务委员会
北京市工商行政管理局
北京市国家税务局
北京市食品药品监督管理局
北京海关
北京出入境检验检疫局
中国人民银行营业管理部
（国家外汇管理局北京外汇管理部）
中国银行业监督管理委员会北京监管局
中国国际贸易促进委员会北京市分会
2017年7月10日

关于对双积分信用优良企业实施联合激励的若干措施

为深化开放型经济领域“放管服”改革，贯彻落实《国务院关于建立完善守信联合激励和失信联合惩戒制度加快推进社会诚信建设的指导意见》（国发〔2016〕33号）有关精神，探索对外商投资实行准入前国民待遇加负面清单管理后加强事中事后监管的有效途径，北京市以开展服务业扩大开放综合试点为契机，依托“开放北京”公共信息服务平台建立了重点服务领域信用监管系统，对外资企业和服务业重点领域企业实行“双积分”信用管理。为切实健全守信联合激励机制，强化对良好信用企业的正向激励，北京市商务委员会、北京市工商行政管理局、北京市国家税务局、北京市食品药品监督管理局、北京海关、北京出入境检验检疫局、中国人民银行营业管理部（国家外汇管理局北京外汇管理部）、中国银行业监督管理委员会北京监管局、中国国际贸易促进委员会北京市分会（以下简称“实施联合激励各方”）对“双积分”信用优良企业实施联合激励达成一致意见并推出若干激励措施。

一、联合激励对象

“开放北京”公共信息服务平台重点服务领域信用监管系统覆盖全市外资企业（含港澳台）及科技服务、互联网和信息服务、文化教育服务、金融服务、商务和旅游服务、健康医疗服务六个服务业扩大开放重点领域全部内资企业（指以国有资产、集体资产、国内个人资产投资创办的企业）。“双积分”信用管理即依托“开放北京”公共信息服务平台重点服务领域信用监管系统，在对接北京市企业信用信息网归集的企业信用数据的基础上，允许企业自主填报资质、奖励等良好信用信息（工作人员后台进行核验），通过实施“双维积分”规则，采取对企业良好信用积正分，不良信用积负分，根据积分情况将企业划分为“信用优良、正常经营、异常经营、重点监管”四个信用区间实施分类管理。

联合激励的对象为信用优良区间内企业，即定期认定的、同时满足以下五个条件的企业：1. 符合下列情形之一，（1）近两年内无违法违规等不良信用记录且良好信用正向积分总和大于0分，（2）近两年内不良信用负向积分总和大于－2分（含－2分）且良好信用正向积分总和大于4分（含4分）；2. 近两年内至少具有一项地市级（含）以上政府部门授予的良好评级、荣誉类信息或一项全国评比达标表彰保留项目目录中针对企业的奖项；3. 上一年度资产负债率小于80%；4. 当前未被工商部门列入经营异常名录；5. 外资企业按期进行上一年度经营情况联合年报。

二、信息共享与联合激励的实施方式

实现“开放北京”公共信息服务平台重点服务领域信用监管系统与北京市企业信用信息网的数据自动交换，北京市企业信用信息网向“开放北京”公共信息服务平台提供企业资质、许可、荣誉、处罚等基础信息，“开放北京”公共信息服务平台向北京市企业信用信息网反馈“双积分”信用管理信息。实施联合激励各方通过对照定期形成的信用优良企业名单，并登录“开放北京”公共信息服务平台重点服务领域信用监管系统查看企业实时信用记录及积分情况，对信用优良区间内企业执行联合激励措施。

三、联合激励的动态管理

“开放北京”公共信息服务平台重点服务领域信用监管系统已归集全市34个政府部门、16个商会及行业协会的企业信用数据。信用信息的真实性由生成信息的单位负责。如相关部门、行业协会、企业发现信息的归集有误，请及时反馈北京市商务委员会。北京市商务委员会将对信息进行更正，系统将自动按照更正后的情况调整企业信用积分并重新划归信用区间。

四、激励措施及实施部门

（一）给予商务领域政策支持

1. 建立行政审批绿色通道，根据实际情况实施“容缺受理”等便利服务，对符合条件的行政相对人，部分申报材料（法律法规要求提供的材料除外）不齐备的，如行政相对人书面承诺在规定期限内提供，可先行受理，加快办理进度。

2. 在实施财政性资金项目安排时，将企业的信用状况作为参考条件，同等条件下优先考虑信用优良区间内企业。

3. 在日常检查、专项检查中优化检查频次。

实施部门：北京市商务委员会

（二）给予工商管理支持

4. 建立行政审批绿色通道，根据实际情况实施“容缺受理”等便利服务，部分申报材料（法律法规要求提供的材料除外）不齐备的，如行政相对人书面承诺在规定期限内提供，可先行受理，加快办理进度。

5. 加强有关法律法规方面的培训和宣传。

6. 调整市场监管的随机抽查比例。

实施部门：北京市工商行政管理局

（三）适用海关通关支持措施

7. 按照海关初步确定的应缴税款向海关提供足额税款担保的，可在确定进出口货物的商品归类、海关估价、原产地或者办结其他海关手续前先行办理验放手续（适用于海关高级认证企业）。

8. 适用较低进出口货物查验率（适用于海关一般认证、高级认证企业）。

9. 简化进出口货物单证审核（适用于海关一般认证、高级认证企业）。

10. 优先办理进出口货物通关手续（适用于海关一般认证、高级认证企业）。

11. 海关为企业设立协调员（适用于海关高级认证企业）。

12. 对从事加工贸易的企业，不实行银行保证金台账制度（适用于海关高级认证企业）。

13. 适用汇总征税管理措施（适用于海关一般认证、高级认证企业）。

14. 根据各自贸协定具体规定，适用原产地自主声明措施（适用于海关高级认证企业）。

实施部门：北京海关

（四）给予一定的出入境检验检疫管理支持

15. 优先享受业务受理便利化措施，对按规定应在报检环节提供的单据、资料等，经企业承诺，在不影响后续检验检疫工作的前提下，允许先接受申报，同时开展检验检疫工作，在货物放行前补齐即可。

16. 优先安排办理CCC免办手续。

17. 优先适用第三方采信的检验监管模式。

实施部门：北京出入境检验检疫局

（五）给予税收管理支持

18. 纳税信用A级纳税人可一次性领取3个月的增值税发票用量，需要调整增值税发票用量的，纳税人应按照《全国税务机关纳税服务规范》所列事项提供相关资料，资料齐全的，可即时办理。

19. 符合条件的信用优良区间内企业，其出口退（免）税企业分类管理可评定为一类，享受以下便利化措施：

（1）国税机关可为该类企业提供绿色办税通道（特约服务区），优先办理出口退税，并建立重点联系制度，及时解决企业有关出口退（免）税问题。

（2）国税机关受理该类企业申报的出口退（免）税之后，经审核符合规定的，在5个工作日内办结出口退（免）税手续。

（3）在出口退（免）税申报相关电子信息齐全并经预审通过后，即可进行正式申报，申报时不需要提供原始凭证，对应的原始凭证企业按规定留存备查。

20. 纳税信用A、B、C级纳税人取消增值税发票认证。

实施部门：北京市国家税务局

（六）金融部门授信融资参考

21. 引导北京市辖区内商业银行将相关信息作为授信融资的参考条件。

实施部门：北京市商务委员会、中国人民银行营业管理部、中国银行业监督管理委员会北京监管局

（七）给予外汇管理支持

22. 在外汇管理改革过程中，优先选择外汇业务合规好的信用优良区间内企业作为贸易投资便利化改革措施的先行先试对象。

实施部门：国家外汇管理局北京外汇管理部

（八）给予食品药品管理支持

23. 建立绿色通道，在办理食品药品生产经营审批事项时依照法律、法规和规章规定，根据实际情况提供便利服务。

实施部门：北京市食品药品监督管理局

（九）给予促进外贸投资支持

24. 在举办和组织企业参加经贸展览会、论坛、洽谈会时给予优先考虑。

实施部门：中国国际贸易促进委员会北京市分会

五、其他事宜

各部门应密切协作，积极落实联合激励措施，制定实施细则和操作流程，尽快实现企业信用信息推送、共享和信用优良企业联合激励，并定期向北京市商务委员会（北京市服务业扩大开放综合试点工作领导小组办公室）反馈联合激励结果。

各部门、各领域内相关法律法规修改或调整，与上述联合激励措施不一致的，以法律法规为准，对实施过程中出现的新问题，由北京市商务委员会（北京市服务业扩大开放综合试点工作领导小组办公室）和部门间另行协商明确。

鼓励市级各部门、各区参与联合激励，不断丰富激励措施。北京市商务委员会（北京市服务业扩大开放综合试点工作领导小组办公室）将秉持“开放、合作、共建”的原则，吸纳更多联合激励部门，持续拓展联合激励措施，健全完善诚信激励机制，努力为北京市开放型经济发展创造更好条件。

相关附件：

“开放北京”公共信息服务平台重点服务领域信用监管系统“双维积分”规则

附件

"开放北京"公共信息服务平台重点服务领域信用监管系统"双维积分"规则

积分类别	一级指标	序号	二级指标	积分分值
负向积分	失信及不良记录	1	严重失信记录（指被列入严重违法企业名单的或有严重违法记录的、被依法责令停业的、被吊销营业执照或许可证的、发生重特大食品安全等事故被依法追究责任的以及其他情形严重的违法行为）	−20
		2	被执行人（含失信被执行人）记录	−16
		3	出入境检验检疫信用管理严重失信企业	−5
		4	北京海关涉及走私行政处罚	−4
		5	对外投资合作和对外贸易领域不良信用记录/北京市安全生产监督管理局行政处罚	−3
		6	北京海关涉及知识产权及其他违规行政处罚/北京出入境检验检疫局一般程序行政处罚/北京市工商行政管理局行政处罚/北京市旅游委行政处罚/北京市文化执法总队行政处罚/北京市质量技术监督局行政处罚/北京市民政局行政处罚/北京市商务委员会行政处罚/北京市国家税务局行政处罚/北京市地方税务局行政处罚/北京市司法局行政处罚/北京市财政局行政处罚/北京市环境保护局行政处罚/北京市水务局行政处罚/出入境检验检疫信用管理D级企业	−2
		7	出入境检验检疫信用管理C级企业	−1
		8	（外资）企业设立变更未及时备案（属不良信用记录，作相关标记，暂不扣分）	0
正向积分	国内政府认可认定	9	海关高级认证企业信息（AEO）/年度纳税信用A级企业/国家级知识产权示范企业/知识产权优势企业/重合同守信用单位/出入境检验检疫信用管理AA级企业	5
		10	5A级旅行社/5A级景区/5星级饭店/三级特等医院	4
		11	北京市专利示范单位/出入境检验检疫信用管理A级企业/三级甲等医院/计算机信息系统集成资质认证信息（一级）	3

（续）

积分类别	一级指标	序号	二级指标	积分分值
		12	4A级旅行社/4A级景区/4星级饭店/三级乙等医院/能源管理体系认证证书/总部企业认定/节能减排企业/电子商务示范企业/软件企业认定＋软件产品登记（双软认证）信息/高新技术企业认定信息/技术先进型服务企业认定信息/科技研究开发机构认定信息	2
		13	三级丙等医院/二级甲等及以下医院/优质服务企业	1
	国家级及北京市协会奖励排名	14	中国汽车流通行业卓越贡献奖/中国企业500强/中国服务业企业500强	2
		15	中国汽车经销商集团百强排行榜等国家级及北京市协会有关排名	1
	经征询并入围的信用服务机构评级	16	AAA级	3
		17	AA级	2
		18	A级	1
	国际信用机构评级	19	国际三大评级机构（标准普尔、穆迪、惠誉）AAA级	3
		20	国际三大评级机构（标准普尔、穆迪、惠誉）AA级	2
		21	国际三大评级机构（标准普尔、穆迪、惠誉）A级	1
	国际组织认证资质	22	ISO14001：2004认证/ ASME－NA（国际核质量体系认证证书（核组装））/ ASME－NPT（国际核质量体系认证证书（核配件））/ ASME－NS（国际核质量体系认证证书（核支架））/ OHSAS（安全管理认证证书）	2
		23	OHSAS18000职业安全健康管理体系认证/ ISO9000质量管理体系认证/ ISO14000环境管理体系认证/ ISO 9001认证/ GB/T 9001：2008认证/ KOSHA（韩国安全管理认证证书）	1
	国际知名媒体排名	24	福布斯亚太地区最佳上市公司排名	2
		25	最佳雇主奖/企业支持环境保护投入	2
	社会责任贡献信息	26	企业社会责任外企榜单50强榜首/最佳CSR战略奖/最佳CSR传播奖/ CSR微博公益传播特别奖/扶贫大使奖/企业支持教育发展投入/企业社会捐赠/最佳社会关爱公益实践奖	1

（续）

积分类别	一级指标	序号	二级指标	积分分值
	许可资质类信息	27	北京市农村工作委员会/北京市商务委员会/北京市住房和城乡建设委员会/北京市城市管理委员会/北京市规划和国土资源委员会/北京市人力资源和社会保障局/北京市文化局/北京市环保局/北京市财政局/北京市公安局/北京市粮食局/北京市园林绿化局/北京市卫生和计划生育委员会/北京市经济和信息化委员会/北京市新闻出版广电局/北京市质量技术监督局/北京出入境检验检疫局/北京市安全生产监督管理局/北京市食品药品监督管理局/北京市工商行政管理局/北京市水务局/北京市旅游发展委员会/北京市统计局/北京市国家税务局/北京市体育局/北京市科学技术委员会许可资质信息	1
	其他补充信息	28	其他信用信息	1

说明：

1. 关于“双维积分”规则的研究建立

在对国家发展和改革委员会等国家有关部门、北京市工商行政管理局、北京海关等市级有关部门、北京商务中心区等功能区、天津自由贸易试验区、外资企业进行充分调研基础上，组建专项工作小组，研究建立了信用指标体系及积分规则。

为确保指标体系及积分规则合理性，先后两轮召开专家论证会，邀请国务院发展研究中心服务业领域专家、国家信息中心信用领域专家、商务部国际贸易经济合作研究院外资领域专家、北京市工商行政管理局、北京海关等监管部门专家及信用评级知名企业，对信用指标体系进行论证并对积分分值进行多轮调整赋分，最终形成现有指标体系和积分规则。

2. 关于“双积分”规则的动态调整

规则中正向积分主要来自于企业自主补充的良好信息。企业可登录“开放北京”公共信息服务平台重点服务领域信用监管系统，按照国内政府认定认可、国内协会奖励排名等类别自主填报良好信息，信息经审核后获取对应积分。随着企业填报的正向信息类别的扩充，将根据有关细项内容对指标体系框架进行动态微调。同时，随着企业填报正向信息的增多，将根据专家论证的情况，适时调整优良企业标准并另行对外发布，最大限度保证“双积分”规则的全面有效。

北京市商务委员会办公室

2017 年 7 月 24 日印发

关于做好2017年北京市对外投资合作专项资金项目申报工作的通知

京商务经字〔2017〕18号

各有关单位：

为充分发挥外经贸发展专项资金的引导作用，进一步支持我市企业积极开展对外投资合作业务，根据《商务部关于2017年外经贸发展专项资金有关工作的通知》（商财函〔2017〕314号），《北京市财政局 北京市商务委员会关于印发〈北京市外经贸发展专项资金管理实施细则〉的通知》（京财企〔2015〕2277号）的有关规定，现将2017年北京市对外投资合作专项资金项目申报工作通知如下：

一、申请的基本条件

（一）申请企业必须具备以下条件

1. 在我市依法注册，具有独立企业法人资格，已经取得市商务委或由市商务委报经商务部批准（核准或备案）开展对外投资合作业务的本市地方企业（对于资源回运企业根据国家有关规定在口岸城市或港口城市注册的，可不受注册地必须为我市的相关限制）；

2. 按照商务部、国家统计局《对外直接投资统计制度》、《对外承包工程业务统计制度》和《对外劳务合作业务统计制度》的规定按时报送统计资料；

3. 近五年来无严重违规违法行为，无恶意拖欠我市政府性资金行为；

4. 当年未获得相同性质的其它同级专项资金的支持；

5. 其他按规定应满足的条件。

（二）申请项目应具备以下条件

1. 经有关部门批准、登记或备案；

2. 在项目所在国（地区）依法注册、登记或备案，项目依法生效；

3. 项目金额标准：

境外投资：境外投资项目中方直接投资额不低于1000万美元或等值货币；重点支持项目的标准见附件2。

对外承包工程：对外承包工程项目合同额不低于500万美元或等值货币（设计、咨询类项目除外）。

对外劳务合作：对按商务部和北京市规定开展对外劳务人员适应性培训的企业，根据实际培训并派出人数进行补助。

4. 项目适用时间：

（1）申请贷款贴息的项目，项目合同和贷款合同在2016年1月1日至2016年12月31日期间正在执行并在此期间支付利息；

（2）申请前期费用直接补助的，项目须是2016年1月1日至2016年12月31日期间注册和执行的，在项目所在国注册（登记）、购买资源权证之前，或对外承包工程签订合同（协议）之前，为获得项目而发生的相关费用；

（3）申请一次性直接补助的境外投资项

目，新设（并购）境外企业须在2016年1月1日至2016年12月31日期间备案并设立；

（4）申请对外承包工程营业额直接补助的，项目须在2016年1月1日至2016年12月31日期间正在执行项目所发生的营业额；

（5）申请外派劳务人员直接补助的，项目须在2016年1月1日至2016年12月31日期间实际派出劳务人员；

（6）申请海外投资保险保费直接补助的，项目须为2016年1月1日至2016年12月31日期间签订投保协议并支付保费的项目；

（7）申请资源回运保费的直接补助，其项目合同（协议）在2016年1月1日至2016年12月31日期间正在执行，并在此期间运回权益内资源产品（以海关报关单为准）。

二、项目申报、审核和拨付程序

（一）项目申报

符合条件的企业需在“商务部外经贸发展专项资金管理系统”上统一进行项目申报，并按照《实施细则》要求提供书面申报材料（一式两份A4），同一单位申报境外投资、对外承包工程、对外劳务合作业务专项资金的材料必须分别装订；项目申报材料中须报送“项目申报书”和提供我驻项目所在国使馆“经商参处（室）意见”，如有外文须附加中文译本；申报材料中的具体数据要按资料要求的币种及单位填写，汇率按2016年12月31日汇率计算，并保留两位小数。

（二）项目审核

企业项目申报材料经市商务委初审后，交由第三方评审机构进行项目评审，在评审基础上确定予以支持的项目。

（三）资金拨付

市商务委根据审核结果和年度资金预算规模，及对外公示情况，按照“加权平均法”确定拨付金额，按国库集中支付程序办理资金拨付手续。项目单位收到专项资金后，需按国家相关规定进行账务处理，并接受市财政局、市商务委对专项资金使用的后期监管和绩效管理；各申报企业在收到专项资金30日内，向市商务委提交“绩效管理报告”。

三、相关要求

2017年北京对外投资合作专项资金支持的内容、方式及标准见此通知的附件2，符合申报条件的企业于2017年9月15日（星期五）12：00前，将申请材料（一式两份）报送市商务委外经处（北京市丰台区横道沟西街2号院6号楼417房间），并将“《北京市使用对外投资合作专项资金申请表》、《对外投资合作专项资金项目申报书》、《申报项目明细表》”电子版发送至外经处邮箱（wjc@bjcoc.gov.cn），逾期不予受理。

特此通知。

（联系人：李恩、袁渤、谢智虹（外经处）、张景云（财务处）；联系电话：87211761、87211767、87211766、87211638）

附件：

附件1：《北京市财政局、北京市商务委员会关于印发〈北京市外经贸发展专项资金管理实施细则〉的通知》（京财企〔2015〕2277号）

附件2：2017年北京市对外投资合作专项资金的支持内容、方式和标准明细表

附件3：2017年对外投资合作专项资金项目申报材料样表

附件 1

北京市财政局 北京市商务委员会关于印发《北京市外经贸发展专项资金管理实施细则》的通知

各有关单位：

为加强和规范北京市外经贸发展专项资金管理，完善外经贸促进政策，构建开放型经济新体制，培育国际经济合作竞争新优势，提高资金使用效益，根据《财政部、商务部外经贸发展专项资金管理办法》（财企［2014］36 号）、《财政部、商务部关于 2015 年度外经贸发展专项资金申报工作的通知》（财行［2015］216 号）、商务部办公厅《关于利用 2015 年度外经贸发展专项资金做好承接国际服务外包业务和技术出口有关工作的通知》（商办服贸函［2015］612 号），市财政局和市商务委联合制定了《北京市外经贸发展专项资金管理实施细则》。现将该细则印发给你们，请遵照执行。

特此通知。

附件：北京市外经贸发展专项资金管理实施细则

附件

北京市外经贸发展专项资金管理实施细则

第一章 总 则

第一条 为了加强和规范北京市外经贸发展专项资金管理，完善外经贸促进政策，构建开放型经济新体制，培育国际经济合作竞争新优势，提高资金使用效益，依据《财政部、商务部外经贸发展专项资金管理办法》（财企［2014］36 号）、《财政部、商务部关于 2015 年度外经贸发展专项资金申报工作的通知》（财行［2015］216 号）、商务部办公厅《关于利用 2015 年度外经贸发展专项资金做好承接国际服务外包业务和技术出口有关工作的通知》（商办服贸函［2015］612 号），结合北京市实际情况制定本实施细则。

第二条 北京市外经贸发展专项资金（以下简称“外经贸专项资金”）是指由中央财政和北京市政府安排的专项用于支持我市外经贸发展的财政性专项资金，资金来源包括：市财政预算安排的外经贸专项资金和中央财政预算下达我市的外经贸专项资金。

第三条 外经贸专项资金的使用和管理应符合我市经济发展规划和市政府确定的产业及区域发展政策，应当遵循突出重点、科学论证、公平公正、规范有效的原则，并符合以下要求：

（一）落实国家对外开放和宏观经济政策，有利于稳定和开拓国际市场，促进对外贸易平衡发展。

（二）履行中国在国际贸易投资协定中的义务，有利于建立互利共赢的国际经济合作机制。

（三）坚持贸易政策与产业政策协调，有利于推动转变外贸发展方式，促进开放型经济转型升级。

（四）发挥市场主体作用，促进扩大对外投资合作，有利于国际国内资源要素有序流动、优化配置。

第四条 外经贸专项资金由市财政局、市商务委共同管理。市财政局、市商务委分别履行下列管理职责：

（一）市财政局会同市商务委制定外经贸专项资金管理制度；市商务委会同市财政局制定具体业务管理制度。

（二）市商务委根据本市外经贸事业发展需要，建立有关重点项目库，提出外经贸专项资金的支持重点和年度预算建议；市财政局负责审核资金支持重点，编制年度外经贸专项资金预算。

（三）市商务委会同市财政局组织项目申报和评审，提出资金支持方案，对项目实施情况进行评价和监督，并建立信息管理系统，为项目库建设、项目申报、信息反馈、监督管理、绩效评价等工作提供技术手段；市财政局负责审核资金支持方案并拨付资金，会同市商务委对资金的使用情况进行监督检查和绩效评价。

第二章 资金支持内容

第五条 外经贸专项资金的使用范围包

括以下几方面：

（一）支持外经贸协调发展和结构调整。

1. 对进出口额低于6500万美元的企业及“双自主”企业提升国际化经营能力提供支持。包括：企业培训和外贸软件云服务等信息化建设、国际市场考察、宣传、推介及展览，境外专利申请、商标注册及资质认证，境外投议标等。其中优先支持面向拉美、非洲、中东、东欧、东南亚、中亚等新兴市场的拓展及“双自主”企业开拓国际市场活动。

2. 支持外贸转型升级、优化外贸结构。促进外贸产品创新、研发设计、品牌培育、标准制定，推动建立国际营销和服务网络，建设外贸信息调查服务体系，提升各类综合配套服务功能及贸易便利化水平，促进外贸创新发展，产品质量提升，培育竞争新优势。

（二）鼓励扩大先进设备和技术、关键零部件、国内紧缺的资源性产品进口。支持企业以一般贸易方式、边境贸易方式进口列入当年度国家发展改革委员会、财政部、商务部发布的《鼓励进口技术和产品目录》中的产品（不含旧品），或自非关联企业引进列入《鼓励进口技术和产品目录》中的技术。

（三）鼓励承接国际服务外包业务和技术出口。具体包括：

1. 承接国际服务外包业务。指我市企业与境外客户签订服务外包合同，向境外客户提供国际（离岸）外包服务并从境外取得收入的业务活动（业务范围详见附件）。重点支持：示范城市服务外包公共服务平台建设；承接国际服务外包业务企业取得国际通行的资质认证，建立和完善培训体系，开拓国际市场，加强品牌建设，提升研发创新水平，建立国际（离岸）接包中心和研发中心；培训机构（含大专院校）开展承接国际服务外包人才培训。

2. 技术出口。指我市企业通过贸易、投资或经济技术合作方式向境外实施的专利权转让、专利申请权转让、专利实施许可、专有技术转让或许可等技术转移，以及技术转让或许可合同项下提供的技术服务。不包括《中国禁止出口限制出口技术目录》（商务部、科技部令2008年第12号）所列的出口技术。重点支持具有国际竞争力、成熟的产业化技术出口及技术服务出口。

3. 鼓励和支持我市服务贸易快速发展。支持我市服务贸易企业、商协会、相关培训机构等积极开展服务贸易相关活动。支持承接国际服务外包业务，对境外设点项目、骨干服务外包企业租房、自建或购房补贴项目、离岸业务奖励项目、获得国家支持的人才培训项目、服务外包行业整体促进项目等给予支持；支持开展技术贸易、文化贸易等；支持服务贸易统计体系建设；支持服务外包、技术贸易、文化贸易等公共服务平台建设；支持服务贸易相关研究、培训等工作。

（四）引导有序开展对外投资合作业务。

1. 支持对外投资合作重点项目。鼓励根据国家有关重点规划，围绕铁路、电力、通信、工程机械、航天航空、钢铁、有色金属深加工、建材及化工生产线、汽车、船舶和海洋工程等优势产业，以及农业、林业等国家重点规划领域，开展互利共赢的对外投资合作。具体包括：

（1）境外投资，是指企业通过新设、并购等方式在境外设立非金融企业或取得既有非金融企业的所有权、控制权、经营管理权等权益的行为。

重点支持符合国家、北京市重点规划的投资合作项目及以人民币出资的境外投资项目。

（2）对外承包工程，是指企业承包境外建设工程项目，包括咨询、勘察、设计、监理、建造、采购、施工、安装、调试、运营、管理等活动。

重点支持在基础设施、基础产业及有利于改善当地民生等领域开展的附加值高、影响力大，具有品牌和技术标准优势的工程项目。

2. 支持改善对外劳务合作公共服务。对外劳务合作，是指企业组织劳务人员赴其他国家或地区为境外的企业或者机构工作的经营性活动。按照《对外劳务合作管理条例》和《商务部 外交部 公安部 工商总局关于印送对外劳务合作服务平台建设试运行办法的函》（商合函［2010］484号）的规定，支持外劳务合作公共服务平台建设，强化信息咨询、素质培训、权益保障、规范引导等服务功能，扩大服务辐射面。

3. 支持境外经济贸易合作区建设。对符合《商务部、财政部关于印发〈境外经济贸易合作区确认考核和年度考核管理办法〉的通知》（商合发［2015］296号）规定，通过商务部、财政部确认考核或年度考核的境外经济贸易合作区建设予以支持。

4. 开展企业走出去培训及平台建设。支持组织开展有针对性的“走出去”系列培训，建设企业走出去信息服务引导平台及风险防控平台，帮助企业切实提高走出去及国际化经营能力。

5. 对受主管部门委托的本市地方企业（单位）为促进我市开展对外投资合作业务为目的所开展的促进工作进行补助。

6. 其他纳入国家有关重点投资合作规划项目。

（五）支持促进商业会展业发展。

（六）支持企业参加境内外国际展览展示、交流推介、产业损害预警、投保信用保险；促进企业走出去、行业咨询培训、外经贸信息服务公共服务平台等为外经贸企业发展提供服务。

（七）改善外经贸发展环境及国家和北京市重点支持的外经贸发展领域。

第三章　资金的使用方式及标准

第六条　外经贸专项资金的使用方式主要为财政补助、贷款贴息及其他经中央部委、市政府确定或批准的方式。

第七条　对于中央采取项目法分配的资金按以下程序审核和下达：

市商务委会同市财政局将所属企业、单位报送的申请材料按照年度工作要求经初步审核后汇总上报商务部、财政部，由商务部会同财政部进行评审后，财政部将资金下达市财政局。市财政局收到财政部资金（或拨款文件）后，应及时将资金拨付市商务委，并由市商务委及时拨付至相关企业、单位。

第八条　对于中央采取因素法分配的资金以及市财政预算安排的外经贸专项资金按以下规定方式和标准使用。

本细则第五条（一）1对进出口额低于6500万美元的企业及“双自主”企业提升国际化经营能力提供支持的使用方式和标准详见附件1；

本细则第五条（三）1中央按因素法分配的示范城市服务外包公共服务平台建设项

目的使用方式和标准详见附件2；

本细则第五条（三）1中央按因素法分配的鼓励承接国际服务外包项目的使用方式和标准详见附件3；

本细则第五条（三）2中央按因素法分配的技术出口项目的使用方式和标准详见附件4；

本细则第五条（三）3鼓励和支持我市服务贸易快速发展所规定的使用方式和标准详见附件5；

本细则第五条（四）引导有序开展对外投资合作业务项目的使用方式和标准详见附件6；

本细则第五条（一）2中跨境电子商务项目的使用方式和标准详见年度通知。

第四章　申请审核及拨付

第九条　市财政局、市商务委根据本细则规定，结合年度外经贸工作重点、项目库及预算安排等，制定印发有关外经贸专项资金年度申报工作文件，明确年度资金支持重点、方向及有关具体要求。并在不改变外经贸专项资金规定使用范围内，将外经贸专项结余资金调整用于年度重点支持项目。

第十条　同一项目已享受政府相关专项资金支持的，不得重复申报。

第十一条　项目申报审核程序：

外经贸专项资金项目在“商务部外经贸发展专项资金管理系统”上统一申报。

项目申报原则上按照属地管理，由区县商务委初审后上报市商务委。各类资金支持方向中另有规定的，从其规定。

公共类项目、市政府确定的年度重点项目由市商务委直接进行项目审核。

经市商务委复审通过的项目，按照商务系统“四统一”的原则交由按规定委托的中介机构进行项目评审或资金审核。

第十二条　资金拨付

市财政局对审核通过的项目，按国库管理制度相关规定办理资金拨付手续。

第十三条　项目单位收到专项资金后，需按国家相关规定进行账务处理。

第十四条　市财政局、市商务委可根据资金管理工作需要，在外经贸专项资金中列支相关管理性支出，用于项目评审、监督检查等。提取比例不超过市级外贸资金总额的2%，并严格控制。

第五章　监督检查及绩效管理

第十五条　外经贸专项资金各类资金项目预算应有明确的绩效目标及考核指标，根据年度绩效目标的实现情况，确定下年度资金预算额度。

第十六条　外贸专项资金项目管理按照北京市商务发展资金项目管理制度的相关规定执行。市财政局、市商务委负责对专项资金的使用情况、项目执行情况进行监督和检查。检查可采取现场验收、委托中介机构进行项目评审等方式。各资金使用单位应自觉接受同级及上级财政、商务部门的监督检查，并接受同级及上级审计部门的审计检查。

第十七条　任何单位不得以任何形式截留、挪用专项资金。对提供假发票、假证明文件、假资质文件等虚假材料的单位，经查属实的，根据《财政违法行为处罚处分条例》（国务院令第427号）予以处理。

第六章　附　　则

第十八条　本细则由市财政局和市商务

委按照职责分工负责解释。

第十九条　本细则自印发之日起施行。《北京市商务委员会 北京市财政局关于落实北京市人民政府关于帮扶企业应对国际金融危机的若干措施的意见》（京商务计财字［2009］10号）、北京市财政局 北京市商务委员会关于印发《北京市外经贸发展专项资金管理实施细则》（京财企［2014］2494号）同时废止。

附件：1. 中小企业及“双自主”企业国际市场开拓
2. 服务外包公共服务平台
3. 承接国际服务外包项目
4. 技术出口项目
5. 服务外包市级配套
6. 对外投资合作

附件 1

中小企业及“双自主”企业国际市场开拓

申请条件

中小企业独立开拓国际市场活动及软件服务商免费为中小企业提供营销及业务流程一体化管理解决方案的项目为企业项目；事业单位或社会团体（以下简称“项目组织单位”）组织中小企业参加培训为团体项目。

（一）申请企业项目的中小企业应符合下列条件：

1. 在北京市办理工商注册，依法取得进出口经营资格或依法办理对外贸易经营者备案登记的企业法人，上年度海关统计进出口额低于 6500 万美元；

2. 近三年在外经贸业务管理、财务管理、税收管理、外汇管理、海关管理等方面无违法、违规记录；

3. 具有从事国际市场开拓的专业人员，对开拓国际市场有明确的工作安排和市场开拓计划；

4. 未拖欠应缴还的财政性资金。

（二）拥有自主品牌和自主知识产权的“双自主”企业应符合下列条件之一：

1. 同时拥有国内及出口市场（含港、澳、台地区，下同）注册商标；

2. 同时拥有国内及出口市场专利（包括发明专利、实用新型专利和外观设计专利）；

商标及专利持有人原则上应为申请支持资金的企业或企业在国内的全资控股的母公司；

3. 国家相关部门认定的“中华老字号”企业。

（三）申请企业项目的大型“双自主”企业应符合下列条件：

1. 符合上述“双自主”企业条件；

2. 在北京市办理工商注册，依法取得进出口经营资格或依法办理对外贸易经营者备案登记的企业法人，上年度海关统计进出口额高于 6500 万美元；

3. 近三年在外经贸业务管理、财务管理、税收管理、外汇管理、海关管理等方面无违法、违规记录；

4. 具有从事国际市场开拓的专业人员，对开拓国际市场有明确的工作安排和市场开拓计划；

5. 未拖欠应缴还的财政性资金。

（四）申请团体项目的项目组织单位应符合下列条件：

1. 具有组织中小企业培训资格；

2. 培训内容应以支持北京市中小企业开拓国际市场和提高国际竞争力为目的；

3. 未拖欠应缴还的财政性资金。

（五）申请外贸软件云服务平台建设的单位应符合下列条件：

1. 在北京市办理工商注册、具有相应资质的法人企业；

2. 近三年在业务管理、财务管理、税收管理等方面无违法、违规记录；

3. 具有开发、销售计算机网络应用软件，设计、制作、加工计算机网络产品并提供相关技术服务和咨询服务的专业人员；

4. 提供的服务内容包括但不限于进出口业务管理系统、资金管理系统、提供数据分析等。

支持方向

（一）企业项目

境外展览会；管理体系认证；产品认证；境外专利申请；国际市场宣传推介；外贸软件云服务等信息化建设；境外广告或商标注册；国际市场考察；境外投（议）标。

（二）团体项目

企业培训

支持重点

（一）优先支持企业境外参展、取得产品认证、境外商标注册及境外专利申请等活动；

（二）优先支持面向拉美、非洲、中东、东欧、东南亚和中亚等新兴国际市场及“一带一路”沿线国家的拓展；

（三）优先支持拥有自主品牌、自主知识产权的“双自主”企业开拓国际市场的活动。

资金管理及使用标准

市场开拓资金对于符合支持内容且支出大于1万元（含1万元）的项目予以支持。

支持比例一般为支持内容所需金额的50%，拓展面向拉美、非洲、中东、东欧、东南亚和中亚等新兴国际市场的支持比例可提高到70%。

每个企业项目支持金额最高不超过30万元人民币，外贸软件云服务平台建设项目支持金额最高不超过200万元。

每个企业当年累计获得市场开拓资金支持最多不超过100万元人民币（“双自主”企业及外贸软件云服务平台建设项目除外），

申请审批程序

申请审批程序包括资质注册申请、资质注册审核结果公示、项目计划申请、项目计划审核结果公示、资金拨付申请、原始发票及凭证审核、资金拨付审核结果公示和资金拨付8个环节。

（一）资质注册申请及审核结果公示

1. 上年度海关统计进出口额低于6500万美元的中小企业（以下简称“中小企业”）应在“外经贸发展专项资金网络管理系统”（http：//www.smeimdf.org，以下简称“专项资金管理系统”）上提交单位资质注册申请，并向所属具有初审资格的区县商务委提交资质注册所需资料，区县商务委将审核结果通过专项资金管理系统予以公示。

2. 项目组织单位、软件服务商及未经授权的区县商务委所属中小企业应在专项资金管理系统上提交单位资质注册申请，并向北京市商务委提交资质注册所需资料，北京市商务委将审核结果通过专项资金管理系统予以公示。

3. 各类“双自主”企业应在“北京市双自主企业国际市场开拓资金申报系统”（http：//bj.smeimdf.org，以下简称“双自主申报系统”）上提交单位资质注册申请，并向北京市商务委提交资质注册所需资料，北京市商务委将审核结果通过双自主申报系统予以公示。

（二）项目计划申请及审核结果公示

1. 资质注册审核通过的项目组织单位、软件服务商及中小企业（含上年度海关统计进出口额低于6500万美元的中小型“双自主”企业）、按照北京市商务委及北京市财政局通知要求，通过专项资金管理系统提交当前年度项目计划申请。

2. 资质注册审核通过的上年度海关统计进出口额高于6500万美元的大型“双自主”企业，按照北京市商务委及北京市财政局通知要求，通过双自主申报系统提交当前年度项目计划申请。

3. 北京市商务委会同北京市财政局在资金预算额度内，择优选择项目列入年度项目计划，将列入年度项目计划的项目分别通过专项资金管理系统及双自主申报系统予以公示，公示期为七天。

（三）资金拨付申请

列入年度项目计划的项目实施完成后，项目单位按照北京市商务委及北京市财政局通知要求，分别通过专项资金管理系统及双自主申报系统进行资金拨付申报。

具有初审资格的区县商务委受理属地中小企业提交的资金拨付书面申请资料。项目组织单位、软件服务商、未经授权的区县商务委所属中小企业及上年度海关统计进出口额高于6500万美元的大型“双自主”企业向北京市商务委提交资金拨付书面申请资料。

（四）资金拨付申请资料及原始发票与凭证审核

1. 具有初审资格的区县商务委对属地中小企业提交的资金拨付书面申请资料进行初审后报北京市商务委进行复审；北京市商务委对项目组织单位、软件服务商、未经授权的区县商务委所属中小企业及上年度海关统计进出口额高于6500万美元的大型“双自主”企业提交资金拨付书面申请资料进行审核。

2. 资金拨付书面申请材料审核通过的项目单位按照北京市财政局及北京市商务委通知要求，参加由北京市财政局聘请的会计师事务所对企业申报项目资料所对应的原始发票及凭证的审核，结果由北京市财政局和北京市商务委最终审定。

（五）资金拨付审核结果公示

通过资金拨付申请材料及原始发票与凭证审核的项目分别在专项资金管理系统及双自主申报系统上进行公示，公示期为七天。

支持进出口额低于6500万美元的企业及进出口额高于6500万美元的“双自主”企业提升国际化经营能力支持内容及标准

金额单位：元

序号	支持方向		最高支持比例（%）	最高限额（人民币）	备注
一	境外展览、会议	展位费	50或70	30000/每个展位	只支持展位费，不支持企业注册费和展位搭建费。
		大型展品回运费	50或70	100000	大型展品回运费只支持单位体积1立方米且重量1吨以上的展品回运费用。
		会议费或注册费	50或70	30000	支持企业参加境外电子信息、生物医药及文化创意等行业论坛、研讨、技术交流会发生的费用。
		Case study（案例分析）	50或70	50000	支持服务外包企业参加境外技术交流会议发生的费用。
二	管理体系认证	ISO9000系列质量管理体系标准认证、ISO14000系列环境管理体系标准认证、职业安全管理体系认证、卫生管理体系认证等管理体系认证	50	50000	1. 认证机构应经中国认证认可监督管理委员会批准（可通过 www. cnab. org. cn 进行查询）。 2. 企业须在认证结束并取得相应认证证书的当年提交资金拨付申请。 3. 不同的管理体系认证应分别申请。 4. 只支持企业初次认证费、不支持咨询费、培训费。
三	产品认证	开发能力成熟度模型集成（CMMI）认证、开发能力成熟度模型（CMM）认证、人力资源成熟度模型（PCMM）认证、信息安全管理认证、IT服务管理认证、服务提供商环境安全性认证	50	300000	1. 支持根据产品进口国的有关法规或合同要求进行的产品认证。 2. 产品认证机构应具有产品认证资格。 3. 产品认证须在认证结束并取得相应资质证书的年度申请资金支持。只支持认证费、认证过程中的检测费。 4. 不同的产品认证应分别申请。
		其他产品认证	50	300000	

（续）

<table>
<tr><th>序号</th><th colspan="2">支持方向</th><th>最高支持比例（%）</th><th>最高限额（人民币）</th><th>备注</th></tr>
<tr><td rowspan="3">四</td><td rowspan="3">境外专利申请</td><td>发明专利</td><td>50 或 70</td><td>50000</td><td rowspan="3">1. 专利申请项目是指中小企业通过巴黎公约或 PCT 专利合作条约（PATENT COOPERATION TREATY）成员国提出的专利申请。
2. 专利申请须在申请获得通过并取得专利证书的当年申请资金支持。
3. 只支持注册费，不支持支付境内中介机构的代理费。不同类别的专利项目应分别申请。每个专利最多支持在 5 个国家的申请。</td></tr>
<tr><td>实用新型专利</td><td>50 或 70</td><td>50000</td></tr>
<tr><td>外观设计专利</td><td>50 或 70</td><td>50000</td></tr>
<tr><td rowspan="2">五</td><td rowspan="2">国际市场宣传推介</td><td>宣传材料的翻译及制作</td><td>50</td><td>15000</td><td rowspan="2">1. 宣传材料至少具有一种外国文字或语音。
2. 宣传材料不少于 2000 份，宣传视频不少于 5 分钟。
3. 不支持产品外包装、说明书的制作费。
4. 宣传材料和宣传视频应分别申请。</td></tr>
<tr><td>宣传视频的翻译及制作</td><td>50</td><td>20000</td></tr>
<tr><td rowspan="2">六</td><td rowspan="2">外贸软件云服务等信息化建设</td><td>创建中小企业网站</td><td>50</td><td>50000</td><td rowspan="2">1. 信息化建设项目的实施，应有助于中小企业开拓国际市场。
2. 企业网站应具有较丰富的内容，至少有一种外国文字或语言，并定期更新。
3、外贸软件云服务平台建设申请者只能是软件服务商。支持费用主要包括服务平台建设维护费用、平台应用功能租用费用、云资源使用费用（包括云服务器及存储资源费用、带宽线路资源费用等）。上线的企业数量不少于 200 家，每家企业标准不超过 4000 元。
4. 企业网络营销活动是指企业在国内、国际有影响的互联网网站进行广告宣传、商品营销等活动。
5. 企业信息管理系统是指开发外贸业务单证管理、客户供应商管理、产品管理等外贸业务流程一体化的信息化管理项目。</td></tr>
<tr><td>外贸软件云服务平台建设</td><td>50</td><td>2000000</td></tr>
</table>

（续）

序号	支持方向		最高支持比例（%）	最高限额（人民币）	备注
		企业网络营销活动	50	50000	6. 为企业提供信息化建设活动的服务商，应是依法注册、具有相应资质的法人企业。 7. 创建企业网站和开发信息管理系统只支持一次性的建设开发费用，不支持后期维护、改版、升级等费用。不同的电子商务项目应分别申请。
		企业信息管理系统	50	50000	
七	境外广告或商标注册	境外广告	50 或 70	50000	1. 境外广告只支持面向境外客户的报刊、杂志广告。 2. 每个企业每种产品在一个国别（地区）只支持一次商标注册费用，应在取得注册证书的当年申请资金支持。 3. 报刊杂志广告需在样品中注明广告位置及相应中文翻译。
		境外商标注册	50 或 70	50000	
八	国际市场考察	交通费	50 或 70	无	1. 国际市场考察是指为全面了解和掌握国际市场商品销售情况、建立和完善销售渠道而对国际市场进行的商务考察或洽谈活动，包括参加在境外举办各类展会的 2 个人的费用，不包括在境外的各类学习、观光等活动。 2. 每个国际市场考察项目支持出访国家（地区）不超过 2 个、支持人数不超过 2 人。出访一个国家（地区）支持的天数不超过 6 天，出访两个国家（地区）支持天数不超过 8 天。 3. 交通费只支持国际航班的经济舱费用，临时购买的访问国城市间交通费用不予支持。生活补贴（包括住宿费和伙食费）按国家规定的访问国补助标准核算
		生活补助	50 或 70	无	

（续）

<table>
<tr><th>序号</th><th colspan="2">支持方向</th><th>最高支持比例（%）</th><th>最高限额（人民币）</th><th>备注</th></tr>
<tr><td rowspan="3">九</td><td rowspan="3">境外投（议）标</td><td>标书购置费</td><td>50 或 70</td><td>30000</td><td rowspan="3">1. 只支持未中标企业开展的境外投（议）标活动。
2. 境外投（议）标项目包括：成套设备和大型单机境外投（议）标、对外工程承包投（议）标和大宗商品采购投（议）标等。
3. 标书购置费指企业从项目发标方直接购买标书所支出的费用；项目设计费指企业委托专门设计研究机构进行设计所支出的费用。
4. 考察交通费与国际市场考察、洽谈项目中的交通费核算方法相同。
5. 境外投（议）标项目应在投（议）标工作结束的当年申请，同一个项目只能申请一次。</td></tr>
<tr><td>项目设计费</td><td>50 或 70</td><td>50000</td></tr>
<tr><td>境外市场考察交通费</td><td>50 或 70</td><td>无</td></tr>
<tr><td rowspan="2">十</td><td rowspan="2">企业培训
（团体项目）</td><td rowspan="2">培训会务费</td><td>50</td><td>40000
（50—99 家企业）</td><td rowspan="2">1. 企业培训项目只支持为提高北京地区中小企业国际竞争力，在本市组织的免费培训，参加的中小企业不少于 50 家。
2. 申请者只能是项目组织单位，支持费用主要包括培训资料费、场地租赁费等，人均标准一般不超过 200 元，资料费不得超过会务费的 10%，</td></tr>
<tr><td>50</td><td>50000
（100 家企业以上）</td></tr>
</table>

说明：按支持比例计算后的金额低于最高限额，以实际计算结果为准。

附件 2

服务外包公共服务平台

一、支持内容

服务外包公共服务平台用于支持示范城市建立服务外包公共技术服务、信息服务、公共培训服务、信息安全及知识产权体系、国际市场品牌推广、开展产业研究等平台所需的设备购置、系统和软件开发或购置、运营及维护费用。

服务外包公共服务平台面向全市服务外包平台项目，在建、新建项目支持资金不超过平台项目建设所需设备购置、软件开发或购置费用的50%，支持金额不超过200万元；已完成项目，支持资金不超过服务外包平台项目建设所需设备购置、软件开发或购置费用的40%，支持金额不超过200万元；运营及维护项目费用，按照年度实际发生费用的50%给予支持，支持金额不超过50万元，原则上运营及维护费用支持年限不超过三年。

二、申报条件

申报服务外包平台的项目主体，须符合以下条件：

（一）在京注册，具有独立的企业法人资格，且为服务外包平台项目的实际投资运营单位；

（二）服务的对象包括承接国际服务外包业务的企业及培训机构；

（三）具有一定数量与业务相适应的专业人员、管理人员，具备满足服务外包平台运营必要的场地、设备等；

（四）服务外包平台建设和运营的所有相关工作符合国家有关法律法规的要求。

每个项目实施主体在项目完成周期内原则上只能对一个服务外包平台项目提出资金资助申请。

三、申报材料

申请服务外包平台建设项目资助的，应提供如下材料：

（一）在建、新建服务外包平台项目

1.《北京市服务外包公共平台项目资助申请表》。

2.项目申请报告及资金使用承诺书，由法人签字并加盖公章。

3.项目可行性研究报告，包含项目设立背景和基本情况、国内外相关产业发展与市场情况说明、项目申报单位基本情况和已有工作基础、项目具体实施方案、预期达到的技术经济指标及效果、承担项目的可行性分析、项目进度安排与考核指标、经费预算和使用方案等。可行性研究报告需经法人签字、加盖公章，并将作为后续专家评审及项目验收的主要依据。

4.项目实施主体法律地位证明文件（营业执照副本复印件、税务登记证复印件、组织机构代码证复印件）以及上年度审计报告（加盖公章）。

5.服务外包平台设备购置、系统和软件开发或购置清单，已实施部分需提供付款凭证。

6.与项目申报有关的其他材料。

（二）已完成服务外包平台项目

1.《北京市服务外包公共平台项目资助

申请表》。

2. 项目申请报告及资金使用承诺书，由法人签字并加盖公章。

3. 项目完成验收报告，服务外包平台项目目前运行情况与服务企业情况等。

4. 项目实施主体法律地位证明文件（营业执照副本复印件、税务登记证复印件、组织机构代码证复印件）以及上年度审计报告（加盖公章）。

5. 完成项目的专项审计报告（含服务外包平台设备购置、系统和软件开发或购置清单及付款凭证）。

6. 与项目申报有关的其他材料。

（三）申请平台运营维护项目资金资助的，应提供如下材料：

1.《北京市服务外包公共平台项目资助申请表》。

2. 项目申请报告及资金使用承诺书，由法人签字并加盖公章。

3. 项目运行情况报告，包含项目申报单位基本情况、项目基本情况及运营情况、运营和维护费用明细、申请资金资助的金额、经注册会计师审计的项目上年度运营及维护费用支出审计报告等，项目运行情况报告需由法人签字并加盖公章。

4. 项目上年度运营及维护费用支出凭证复印件。

5. 项目实施主体法律地位证明文件（营业执照副本复印件、税务登记证复印件、组织机构代码证复印件）以及上年度审计报告（加盖公章）。

6. 与项目申报有关的其他材料。

四、申报流程

（一）项目申报单位将申报材料（一式两份）在规定的时间内提交至市商务委。

（二）市商务委会同市财政局对上报的申请材料进行评审，确定补助项目和补助金额。市商务委根据评审意见，报市财政局办理资金拨付手续。

（三）申请服务外包平台建设资金资助并列入资助项目范围的，在建、新建服务外包平台项目，由市财政局预拨补助金额的70%，项目完成并通过市商务委、市财政局组织的验收后，由市财政局拨付剩余资金；已建成服务外包平台项目，由市财政局根据补助金额予以拨付。

申请服务外包平台运营及维护费用资金资助并列入补助项目范围的，由市财政局根据补助金额予以拨付。

附件 3

承接国际服务外包项目

一、申请条件

申请企业、单位应当符合商务部、财政部《外经贸发展专项资金管理办法》(财企[2014] 36 号)第十一条所规定的基本条件,同时还应满足以下条件:

(一)企业应通过“服务外包业务管理和统计系统(fwwb. mofcom. gov. cn)”如实填报商务部、国家统计局印发的《服务外包统计报表制度》规定的报表。

(二)服务外包业务范围参见“服务外包业务分类表”。

(三)企业已与服务外包发包商签订的业务合同,以“服务外包业务管理和统计系统”核准的执行额为依据,且满足以下条件之一:

1. 上一年度提供服务外包业务额不低于 50 万美元,其中向境外最终客户提供服务外包业务额占本企业服务外包业务额 50%以上;

2. 上一年度提供服务外包业务额不低于 500 万美元,其中向境外最终客户提供服务外包业务额占本企业服务外包业务额 35%以上。

3. 企业具有服务外包承接能力及服务外包市场开拓和项目管理人员,大学(含大专,下同)毕业及以上学历员工占员工总数 70%以上。

4. 培训机构具有符合条件的场地、设施、专业教材和师资力量,并由北京市商务委员会和北京市教育委员会联合认定。

二、支持标准和方式

(一)对服务外包企业取得的以下认证及认证的系列维护、升级给予支持,每个企业不超过 5 个项目,并参照同类认证费用支出情况按照就低原则,给予每个项目不超过 50 万元的补助。包括:开发能力成熟度模型集成(CMMI)、开发能力成熟度模型(CMM)、人力资源成熟度模型(PCMM)、信息安全管理(ISO27001/BS7799)、IT 服务管理(ISO20000)、服务提供商环境安全性(SAS70)、国际实验动物评估和认可委员会认证(AAALAC)、优良实验室规范(GLP)、信息技术基础架构库认证(ITIL)、客户服务中心认证(COPC)、环球同业银行金融电讯协会认证(SWIFT)、质量管理体系要求(ISO9001)、业务持续性管理标准(BS25999)等相关认证。

(二)对服务外包企业新录用近 3 年内毕业的、大学以上学历(含大专,下同)员工从事服务外包工作,签订 1 年以上(含 1 年,下同)劳动合同的,且未申报过服务外包人才补助资金的,按照每人不超过 7000 元的标准给予企业补助。对被录用人员提前解除合同,并在原合同规定的 1 年期内,与其他服务外包企业或原企业签订新的劳动合同的及申报规定期以前就已入职的员工除外。

(三)对培训机构新培训从事服务外包业务、大学以上学历人员,通过服务外包业务专业知识和技能培训考核的,按照每人不超过 500 元的标准给予培训机构培训后补助。

（四）对在服务外包企业连续任职 3 年以上（含 3 年）员工进行在职能力培训，并取得以下认证的，给予不高于考试认证费用 50%的补助，每个企业当年支持金额不超过 100 万元。包括：国家计算机技术与软件专业技术中、高级专业资格（水平）、项目管理专业人士资格（PMP）、网络高级工程师、网络安全专家、解决方案开发专家、执业药师等相关认证。

（五）支持服务外包企业提升创新研发水平。对上一年度通过自主研发取得的专利、注册商标、软件著作权等给予注册费实际支出额不超过 50%的资金支持。其中，给予每个企业发明专利不超过 20 万元、国际专利不超过 20 万元、实用新型专利不超过 5 万元、外观设计专利不超过 5 万元、注册商标不超过 5 万元、软件著作权不超过 5 万元的补助。

三、填报材料

（一）申请承接国际服务外包业务资金补助的企业需提供以下基本材料：

1. 由企业法定代表人签字的《承接国际服务外包业务资金补助申请报告》，内容包括：企业基本情况，开展服务外包业务情况，申请项目执行或完成情况，近五年有无严重违法违规行为、是否拖欠应缴还的财政性资金等情况。

2. 企业营业执照复印件；

3. 经会计师事务所审计的上一年度财务会计报告复印件；

4. 上一年度服务外包业务专项审计报告原件；

5. 上一年度服务外包合同或协议的复印件；

6. “结汇转账贷方凭证”或“涉外收入申报单”的复印件；以人民币进行跨境结算的，须提交相关业务凭证复印件。

7. 由企业法定代表人签字的《承接国际服务外包业务资金补助申请承诺书》。

（二）根据申请项目的不同，申请承接国际服务外包业务资金补助的企业还需分别提供以下相关材料：

1. 申请国际资质认证补助的企业应向所在地商务主管部门提交以下材料：

（1）《北京市服务外包企业国际资质认证补助申请表》。

（2）国际资质认证证书复印件。

（3）与相关国际认证评估顾问公司签订的合同协议复印件。

（4）缴纳认证费用凭证的复印件，包括认证费用发票和相对应的银行出具的支付凭证。

（5）其他有关证明材料。

以上材料均需加盖企业公章。

2. 申请新录用人员补助的服务外包企业应向所在地商务主管部门提交以下材料：

（1）《北京市服务外包企业新录用人员补助申请表》。

（2）若当年新录用人员属于分公司的，需提供分公司营业执照复印件。

（3）当年新录用人员身份证明，大学以上学历证明，以及签订 1 年以上的《劳动合同》的复印件；企业在上一年度为新录用人员所缴纳的社会保险证明的复印件。

（4）其他有关证明材料。

以上材料均需加盖企业公章。

3. 申请服务外包人才培训后补助的培训机构应向所在地商务主管部门提交以下

材料：

（1）《北京市服务外包培训机构人才培训后补助申请表》。

（2）培训人员身份证明、大学以上学历证明。

（3）培训机构颁发被培训人员专业知识和技能培训考核合格证书，以及被培训人员缴费凭证的复印件。培训机构为学校的需提供《全国普通高等学校毕业生就业协议书》（协议三方为：培训学校、在我市“服务外包业务管理和统计系统”中登记的服务外包企业、毕业学生）复印件；其他培训机构需提供培训人员缴费证明、与在我市“服务外包业务管理和统计系统”中登记的服务外包企业签订1年以上的《劳动合同》的复印件（或培训人员为近三年在京大学毕业的，提供毕业证书复印件）

（4）经商务主管部门备案的培训机构的证明复印件。

（5）其他有关证明材料。

以上材料均需加盖单位公章。

4. 申请在职人员专业资格认证补助的服务外包企业向所在地商务主管部门提交以下材料：

（1）《北京市服务外包企业在职人员专业资格认证补助申请表》。

（2）申请人员身份证明，在企业连续任职满3年以上的任职证明（包括个人简历、任职情况等）、劳动合同，企业为申请人员在任职期间连续缴纳社会保险满3年（含3年）以上的证明复印件。

（3）参加相关专业资格考试的准考证、通过考试获得的证书复印件。

（4）报名考试费用凭证或银行付款凭证复印件。

（5）其他有关证明材料。

以上材料均需加盖企业公章。

5. 申请创新研发补助的企业向所在地商务主管部门提交以下材料：

（1）《北京市服务外包企业创新研发补助申请表》。

（2）企业所获得的专利证书、商标注册证书、软件著作权证书复印件。

（3）专利、商标、软件著作权等申请过程中的注册费用凭证复印件。

（4）其他有关证明材料。

以上材料均需加盖企业公章。

四、申报材料的上报与审核

（一）资金采取网上和书面相结合的申请方式，符合条件的企业、单位应在“服务外包及软件出口信息管理系统”（www.fwwb.gov.cn）网站上向市商务委和所在区县（开发区）商务主管部门同时填报申请材料（仅限人才补助类申报项目）。同时，将填报的纸质材料，按属地原则报所在区县（开发区）商务主管部门。

（二）有关区县（开发区）商务主管部门受理申请单位的电子和纸质材料，进行对照审核，形成审核记录，以电子和纸质两种方式上报市商务委。在审核企业提交的复印件材料时，需核对材料的原件。

（三）市商务委会同市财政局对上传的电子材料及上报的纸质材料进行逐项对照审核，确定支持企业名单及支持资金额度。

（四）按相关要求进行拨付，并将企业申请材料汇总后存档。

附件 4

技术出口贴息项目

一、贴息范围

技术出口贴息，是中央财政对企业出口技术以贴息的方式给予的支持，贴息支持的技术出口，是指我国境内企业通过贸易、投资或经济技术合作方式向境外实施的专利权转让、专利申请权转让、专利实施许可、专有技术转让或许可等技术转移，以及技术转让或许可合同项下提供的技术服务。不包括《中国禁止出口限制出口技术目录》（商务部、科技部令 2008 年第 12 号）所列的出口技术。重点支持具有国际竞争力、成熟的产业化技术出口及技术服务出口。

二、企业申请条件

申请企业、单位应当符合《财政部、商务部关于〈外经贸发展专项资金办法〉的通知》（财企［2014］36 号）第十一条所规定的基本条件及本通知的有关要求，同时还应满足以下条件：

（一）根据《中华人民共和国技术进出口管理条例》（中华人民共和国国务院令第 331 号），已在商务部“技术进出口信息管理系统”中登记上一年度实际出口额。

（二）出口的技术应当在上一年 1 月 1 日至 12 月 31 日期间取得银行出具的收汇凭证，且企业的技术出口收汇额在 50 万美元以上（含 50 万美元）。

三、支持标准和方式

对企业在上一年 1 月 1 日至 12 月 31 日期间取得收汇凭证的技术出口业务，以技术出口的收汇金额作为计算贴息的本金，按照不超过中国人民银行公布的上一年度最后一期 1 年期人民币贷款基准利率给予贴息支持。对同一企业的贴息总额最高不超过 800 万元人民币。服务外包企业开展的技术出口适用于以上技术出口贴息政策。

四、企业填报所需的申报材料

（一）法定代表人签字的贴息资金申请文件，内容包括：企业基本情况、出口技术概要、本企业近五年无严重违法违规行为，是否拖欠政府性资金、同一项目是否已申请或享受其他财政资金等，以及申报说明。

（二）《 ** 年企业技术出口贴息申请表》电子数据。

（三）由企业法定代表人签字的《技术出口贴息申请承诺书》。

（四）企业营业执照复印件。

（五）技术出口合同复印件。

（六）《技术出口合同登记证书》和《技术出口合同数据表》及《技术出口数据变更记录表》复印件。

（七）银行出具的收汇凭证复印件（收汇凭证以非美元作为计价币种的，应将出口额换算成美元，折算率使用国家外汇管理局公布的上一年第 12 期《各种货币对美元折算率表》汇率。

（八）涉外收入申报单复印件。

（九）涉及专利权转让的单位需提供著录项目变更手续合格通知书复印件；

（十）经会计师事务所审计的企业上一年度财务会计报告复印件。

以上材料均须加盖企业公章。

附件 5

服务外包市级配套

一、申报对象

（一）服务外包企业

本办法所指服务外包企业应满足下述条件：

1. 在我市行政区域内依法登记注册、具有独立法人资格，且实际工作场所及相应外包业务发生地在我市；

2. 与境外或境内企业签订中长期外包服务合同，向境外最终客户提供一项或多项信息技术外包、业务流程外包、知识流程外包等外包服务的企业，且在商务部“服务外包及软件出口信息管理系统”（http://www.fwwb.gov.cn）上进行日常业务申报，登记年服务外包业务额50万美元（含）以上，服务外包业务额以“服务外包及软件出口信息管理系统”统计为准；

服务外包业务的具体范围和类别参见附表。

3. 企业管理规范，财务管理制度和会计核算体系健全，近二年在财务、税收、外汇、海关、统计管理等方面未受到过严重行政处罚。

（二）骨干服务外包企业

指符合服务外包企业基本条件，满足服务外包业务年离岸外包业务额1500万美元（含）以上，且年增长率在20%以上。

（三）培训机构和实习实训基地

指经市商务委与市教委联合认定的北京服务外包培训机构和北京服务外包实习实训基地。

（四）服务外包示范区

指经市商务委认定的北京服务外包示范区。

（五）促进我市服务外包行业整体发展的企业或机构。

指受市商务委委托促进我市服务外包行业整体发展业务的企业或机构。

二、申报要求

（一）境外设点项目

1. 申报条件

（1）满足服务外包企业基本条件；

（2）有明确目标国际市场拓展计划；

（3）上年度在境外（含港澳台）设立合法分支机构或办事机构。

2. 支持标准

每个境外分支机构或办事机构支持30万元。采取分期拨付方式，首次申请拨付支持总额的50%，一年后上报运行情况报告，如经营正常拨付后续50%。

原则上一家企业申请境外分支机构或办事机构累计不超过三个。一家企业在同一国别或地区申请境外分支机构或办事机构累计不超过两个。

3. 报送材料

（1）境外设点补助申请表；

（2）投资主体法律地位文件（营业执照、涉外经营资质证明文件）；

（3）投资主体上年度审计报告；

（4）商务主管部门颁发的《企业境外投资证书》、《企业境外机构证书》复印件；

（5）境外注册文件、境外企业房产证明

或租房协议；

（6）外派人员护照、签证。

（二）骨干服务外包企业租房、自建或购房补贴项目

1. 申报条件

指符合服务外包企业基本条件，满足服务外包业务年离岸外包业务额 1500 万美元（含）以上，且年增长率在 20%以上。

2. 支持标准

关于租房补贴。租房补贴面积按企业离岸业务年收入测算出的有效面积核定。有效面积测算基准为每人每年 4 万美元产值、每人办公用建筑面积 10 平方米。如测算面积大于企业实际租房建筑面积，以实际租房建筑面积为补贴面积。补贴标准为不超过 20 元/每平方米/月标准，且企业租房费用应大于享受补贴费用，每家企业年补贴金额不超过 300 万元。

关于建房购房补贴。对自建或购买用于开展服务外包业务的办公用房，建筑面积超过 15000 平方米的，按照实际贷款上年度利息的 50%予以贴息。贴息年限不超过三年，累计贴息金额不超过 500 万元。

3. 报送材料

（1）骨干企业租房、购房、自建房补贴政策申请表；

（2）企业法律地位证明文件；

（3）企业上年度审计报告；

（4）骨干服务外包企业认定材料；

（5）企业上年度国际服务外包业务执行情况清单及收入凭证；

（6）申请租房补贴需提供：办公租房租赁协议、房租支付凭证及房屋产权证明；

（7）申请购房贷款贴息需提供：购房合同、银行贷款协议、银行贷款付息凭证；

（8）申请建房贷款贴息需提供：土地出让金凭证、建房贷款合同、银行贷款付息凭证。

（三）离岸业务奖励项目

1. 申报条件

（1）符合服务外包企业基本条件；

（2）企业离岸（出口）服务外包业务 1000 万美元以上，且较上年增长。

2. 支持标准

对离岸（出口）业务较上年增长超过 300 万美元的企业奖励金额不超过 50 万元；增长超过 500 万美元的企业，奖励金额不超过 100 万元；增长超过 1000 万美元的企业，奖励金额不超过 200 万元。

3. 报送材料

（1）离岸业务奖励申请表；

（2）企业法律地位证明文件；

（3）企业上年度审计报告；

（4）企业上年度离岸（出口）业务执行情况清单及相关凭证；

（5）企业本年度离岸（出口）业务执行情况清单及相关凭证。

（四）北京服务外包行业整体促进项目

1. 申报要求

北京服务外包相关协会或促进我市服务外包业务整体发展的企业牵头实施，以项目方式申报，经由市商务委和市财政局审定。

2. 报送材料

（1）年度项目计划和资金预算安排；

（2）申请项目可行性研究报告；

（3）专家评审报告。

（五）服务外包企业新录用人员配套支持项目

1. 申报条件

获得中央财政服务外包专项资金新录用

人员补助的服务外包企业。

2. 支持标准

对获得中央财政服务外包专项资金新录用人员补助的服务外包企业的在京从业人员，给予企业每人不超过2000元的配套支持。

3. 报送材料

（1）服务外包企业新录用人员补助申请表；

（2）企业法律地位证明文件；

（3）企业上年度审计报告；

（4）获中央财政服务外包专项资金新录用人员补助的人员（在京就业）名单；

（5）获中央财政服务外包专项资金新录用人员补助的人员在京社保证明或工资支付凭证。

（六）培训机构人才培训配套支持项目

1. 申报条件

获得中央财政服务外包专项资金人才培训后补助的培训机构。

2. 支持标准

对获得中央财政服务外包专项资金人才培训后补助的从业人员，根据市级配套资金预算安排情况比照承接国际服务外包项目（附件3）中央补助标准执行。

3. 报送材料

（1）培训机构人才培训配套资金申请表；

（2）获得中央财政服务外包专项资金人才培训后补助人员（在京就业）名单（含身份证号）；

（3）培训人员与在京服务外包企业签订的劳动合同或企业为培训人员在京缴纳社保证明（或工资支付凭证）。

（七）实习生经济补贴项目

1. 申报条件

与京内高校签订共建北京服务外包实习实训基地协议的服务外包企业。

2. 支持标准

对在实习实训基地内实习的在京高校学生，实习期在3个月以上，且由企业提供生活或实习补助的，给予企业每人每月不超过500元的实习补贴，补贴期不超过6个月。

3. 报送材料

（1）实习生经济补贴项目申请表；

（2）企业法律地位证明文件；

（3）企业上年度审计报告；

（4）校企合作协议；

（5）企业和实习生的实习协议书；

（6）实习登记表；

（7）实习学生学历证明或在学证明；

（8）实习学生名单（含身份证号）；

（9）实习生津贴发放凭证。

三、申报流程

（一）申报单位向所在区县（开发区，下同）商务部门提出申请并报送相关材料。

（二）各区县商务部门会同同级财政部门对申报材料初审后，联合上报市商务委和市财政局。

（三）市商务委和市财政局对申报项目审定，确定年度支持项目和支持金额。

附表：

服务外包业务分类表

业务类型分类	各业务类型一级细项	各业务类型二级细项
信息技术外包（ITO）	软件研发外包	软件研发及开发服务
		软件技术服务
		其他软件研发外包业务
	信息技术服务外包	集成电路和电子电路设计
		测试外包服务
		电子商务平台服务
		IT 咨询服务
		IT 解决方案
		其他信息服务外包业务
	运营和维护服务	信息系统运营和维护服务
		基础信息技术运营和维护服务
		其他运营和维护服务
业务流程外包（BPO）	内部管理外包服务	人力资源管理服务
		财务与会计管理服务
		其他内部管理外包服务
	业务运营外包服务	数据处理服务
		互联网营销推广服务
		客户服务
		专业业务外包服务
		其他业务运营外包服务
	供应链外包服务	供应链管理服务
		采购外包服务
		其他供应链管理服务
知识流程外包（KPO）	商务服务外包	知识产权外包服务
		数据分析服务
		管理咨询服务
		检验检测外包服务
		法律流程外包服务
		其他商务服务外包
	技术服务外包	工业设计外包
		工程技术外包
		其他技术服务外包
	研发服务外包	医药和生物技术研发外包
		动漫及网游设计研发外包
		其他研发服务外包

附件 6

对外投资合作

一、申请企业的基本条件

（一）在我市依法注册，具有独立企业法人资格，已经取得市商务委或由市商务委报经商务部批准（核准或备案）开展对外投资合作业务的本市地方企业；

（二）按照商务部、国家统计局《对外直接投资统计制度》、《对外承包工程业务统计制度》和《对外劳务合作业务统计制度》的规定按时报送统计资料；

（三）近五年来无严重违规违法行为，无恶意拖欠我市政府性资金行为；

（四）当年未获得相同性质的其它同级专项资金的支持。

（五）其他按规定应满足的条件。

申请合作资金项目应具备的基本条件

（一）申请贷款贴息项目应具备以下基本条件：

1. 申请贴息贷款为一年以上（含一年）中长期境内商业性金融机构贷款，贷款可从境内银行取得，也可由我国企业在境外设立的控股企业从我国银行在境外的分支机构取得；特许经营类对外承包工程项目的贷款可由境外项目公司从境内银行取得，也可从我国银行在境外的分支机构取得；

2. 贷款用于对外投资合作项目的建设及运营；

3. 每一项目申请贴息的贷款累计不超过中方投资总额或合同总额；

（二）申请合作资金补助的项目应具备以下基本条件：

1. 经市商务委或经市商务委报经商务部批准、登记或备案；

2. 已在项目所在国（地区）依法注册或办理合法手续，项目合同或合作协议生效；

3. 遵守所在国法律，注重环境保护，尊重当地风俗，履行社会责任；

4. 对外承包工程项目申请合作资金补助的应为申请企业直接中标项目，不含从其他对外承包工程企业获得的工程分包项目；项目合同总额大于 500 万美元（设计、咨询类项目除外）；以联营体形式承包工程的，企业承担项目情况按合同比例计算工程合同额；企业对外投资已履行完境内外全部手续；

5. 其他按规定应满足的条件。

二、支持标准

贷款贴息、补助额度的确定原则：

（一）用于支持对外投资合作项目的贷款贴息，不超过贷款实际支付利息。每个项目可获得累计不超过 3 年的贴息支持。

（二）用于支持企业境外投资的补助，按照以下原则确定补助额度：

1. 前期费用、资源回运运保费，结合年度重点工作给予一定比例的补助。

2. 境外投资项目在申报年度内实际出资额超过 2000 万美元的投资，给予额度不超过 100 万元人民币的一次性补助；符合第五条第四款的重点支持范围投资额 1000－2000 万美元的境外项目在申报年度内累计完成 80％以上的投资，给予额度不超过 50 万元人民币的一次性补助。

（三）对我市企业开展的对外承包工程项目按完成营业额进行补助。用于支持企业取得对外承包工程项目的补助，按照不超过项目申报期内已完成营业额的0.5%进行补助。

（四）外派劳务人员的适应性培训费用。对按商务部和北京市规定开展对外劳务人员适应性培训的企业，根据实际培训并派出人数，每人补助不超过500元人民币。

（五）对企业开展对外投资合作业务投保海外投资保险的保费，给予不超过申请企业实际支付费用50%的补助。对纳入统一投保平台的项目的保费补助，按统一投保的相关规定执行。

（六）企业（单位）建设支持本市企业“走出去”的公共信息服务平台，给予不超过申请企业（单位）实际支付费用50%的补助。

（七）对受主管部门委托的企业（单位）为促进我市企业开展对外投资合作业务而组织的培训及促进活动，按组织开展培训及促进活动实际发生的费用进行补助。

三、申请审核和拨付

对外投资合作资金的申请详见当年申报通知，需提供以下材料：

（一）申请贷款贴息提供如下材料：

1. 北京市使用对外投资合作专项资金申请表；

2. 申请报告。包括项目基本情况、项目贷款、项目预期收益情况分析和发展前景等；

3. 申请企业营业执照复印件；

4. 企业持有的有效的《企业境外投资证书》、《中华人民共和国对外承包工程资格证书》或《对外劳务合作经营资格证书》等证书复印件；

5. 境外企业或机构注册文件复印件或合作项目合同副本；

6. 申报单位承诺书；

7. 与承贷金融机构签订的贷款合同及合同项下的借据及利息结算清单复印件；

8. 申请企业近两年的年度审计报告；

9. 要求报送的其他材料。

（二）申请资金补助提供如下材料：

企业除提供上述（一）款中1至6项所列材料外，还需提供如下材料：

1. 以对外承包工程项目提出申请的，需提供项目有效中标的证明文件（中标通知书、正式签订的合同、使馆经商参处意见、商务部开具的对外承包工程投议标许可等材料复印件），以及申报期内完成营业额的情况说明材料；

2. 以对外投资提出申请的，需外汇核准文件和资金汇出证明（在当地或第三国融资、企业内部从第三国调动资金等方式的，可不提供外汇核准文件和资金汇出证明，但须提供相关证明）、项目所在国有关机构的验资证明、以设备等实物投资的须提供海关报关单复印件等证明项目已经实施的材料；

3. 以在保险机构投保为由提出申请的，需提供投保保单和保费发票等材料；

4. 受主管部门委托的企业（单位）为促进我市企业开展对外投资合作业务，组织开展的促进工作为由提出申请的，需提供促进活动已经开展的证明材料（开展促进活动文件、机票、合同及发票等）；

5. 以对外劳务人员适应性培训提出申请的，需提供培训的相关证明材料。

申报单位报送的材料凡与申请有关的外文资料，须同时报送中文译本，复印件须加盖单位公章，一式两份，按上述所列文件顺序列出申报文件目录并装订成册。

附件 2

2017年北京市对外投资合作专项资金的支持内容、方式和标准明细表

序号	支持内容	支持方向	支持重点	支持方式和标准													
				贷款贴息		前期费用的直接补助		境外投资的直接补助		对外承包工程的直接补助		外派劳务人员的直接补助		资源回运运保费的直接补助		海外投资保险保费的直接补助	
				支持内容	支持标准	支持内容	支持标准	支持内容	支持标准	支持内容	支持标准	支持内容	支持标准	支持内容	支持标准	支持内容	支持标准
1	境外投资	企业通过新设、并购等方式在境外设立非金融企业或取得既有非金融企业的所有权、控制权、经营管理权等权益的行为。	1. 在“一带一路”国家新设或并购企业，境内投资者拥有该境外企业50%（含）以上权益的境外投资，中方投资总额超过300万美元的；2. 涉及装备制造和国际产能合作（钢铁企业、水泥企业，平板玻璃生产企业，火力发电厂、水利发电厂、核能发电厂、风力发电厂、太阳能光伏电站、汽车生产）的境外投资，中方占有该境外企业10%以上权益，中方投资总额超过500万美元的；3. 涉及境外主要矿产资源开发（能源类矿产、金属矿产、非金属矿产）的境外投资，中方占有该境外企业10%以上权益，中方投资总额超过500万美元的；4. 能够带动北京市企业技术转型升级，填补我市企业在技术方面的空白的并购项目，中方占有该境外企业50%以上权益，中方投资总额超过500万美元的；5. 在境外设立研发中心、实验室及科技企业孵化器，中方占有该境外企业50%以上权益，中方投资总额超过100万美元的；6. 能够带动中华传统文化走出去，有利于传播优秀传统文化的境外投资，中方投资总额超过50万美元的；7. 在境外开展农业种植、畜禽养殖、奶业生产加工，农产品生产加工，参与海外农业技术示范项目和农业科技合作示范园区建设的境外投资，中方占有该境外企业50%以上权益，中方投资总额超过50万美元的。	一年以上（含一年）中长期境内商业性金融机构贷款，贷款可从境内银行取得，也可由我国企业在境外设立的控股企业从我国银行在境外的分支机构取得；特许经营类对外承包工程项目的贷款可由境外项目公司从境内银行取得，也可从我国银行在境外的分支机构取得；贷款用于对外投资合作项目的建设及运营；申报项目贷款额不超过《企业境外投资证书》备案的贷款额度和对外承包工程项目合同额；人民币贷款帖息率不超过中国人民银行公布执	用于支持对外投资合作项目的贷款贴息，不超过贷款实际支付利息的50%；每个项目可获得累计不超过3年的贷款贴息支持，每年度不超过1000万元人民币。	开展境外能源资源开发投资合作，在项目所在国注册（登记）、购买资源权证之前，或对外承包工程签订合同（协议）之前，为获得项目而发生的相关费用。具体包括以下内容：（1）法律、技术及商务咨询费。指委托具有相应资格的专业机构为项目提供法律、技术、商务和投融资咨询服务所发生的支出。（2）勘测、调查费。项目勘察费（不包括油气、矿产资源勘探费）、论证费和规划费；渔业资源探捕：购买探捕仪器设备费、代理费、船舶注册费。（3）项目可行性研究报告、安全评估报告编制费。指委托具有相应资格的专业机构编制项目	支持金额不超过实际发生金额的50%，不超过项目中方投资额或对外承包工程合同额的15%，一个项目只能享受一次支持，最高不超过100万元人民币，增资项目不予支持。	申请境外投资项目直接补助的须是经市商务委或经市商务委报经商务部备案或核准取得《企业境外投资证书》，已在项目所在国（地区）依法注册，已履行完境内外全部手续。	境外投资项目在申报年度内直接投资额超过2000万美元的投资，给予额度不超过100万元人民币的一次性补助；投资总额1000－2000万美元的境外项目在申报年度内累计完成80%以上的直接投资，给予额度不超过50万元人民币的一次性补助；除上述标准以外的境外投资项目，符合支持重点且在申报年度内累计中方直接投资完成中方投资额60%以上的，一般给予额度不超过50万元人民币的一次性直接补助。					我市企业开展境外能源资源开发，将其所获合作权益以内的产品运回国内，对从境外起运至国内口岸间的运保费给予补助；计算运保费的资源产品进口数量以海关统计数据为准；企业实施对外承包工程项目换回的，不超过与外方签署的开发投资合作协议合同总金额的资源产品运回国内，对从境外起运地至国内口岸间的运保费给予补助；享受补助的回运资源种类比照上述境外资源、能源开发合作项目执行。	企业申报资源回运运保费支持金额不超过实际支付费用的50%，一个项目当年补助额最高不超过2000万元人民币	对企业开展对外投资合作业务投保海外投资保险的保费进行补助。	给予不超过申请企业实际支付保险费用50%的补助，一个项目当年补助额最高不超过1000万元人民币。

（续）

序号	支持内容	支持方向	支持重点	支持方式和标准													
				贷款贴息		前期费用的直接补助		境外投资的直接补助		对外承包工程的直接补助		外派劳务人员的直接补助		资源回运运保费的直接补助		海外投资保险保费的直接补助	
				支持内容	支持标准	支持内容	支持标准	支持内容	支持标准	支持内容	支持标准	支持内容	支持标准	支持内容	支持标准	支持内容	支持标准
2	对外承包工程	企业承包境外建设工程项目，包括咨询、勘察、设计、监理、建造、采购、施工、安装、调试、运营、管理等活动。	在基础设施、基础产业及有利于改善当地民生等领域开展的附加值高、影响力大，具有品牌和技术标准优势的工程项目，以及设计、咨询类工程项目。	行的基准利率，实际利率低于基准利率的，不超过实际利率；外币贷款年贴息率不超过3%，实际利率低于3%的，不超过实际利率。		建议书、预可研报告、可行性研究报告和项目安全评估报告所发生的支出。（4）购买规范性文件和标书等资料费。购买项目（资源）勘察许可证、捕捞许可证、标书、技术资料、软件等所发生的支出。（5）规范性文件和标书等资料翻译费。指委托专业机构或人员翻译规范性文件和标书等资料所发生的费用。			开展对外承包工程业务，申请营业额补助的应为申请企业直接中标项目，不含从其他对外承包工程企业获得的工程分包项目；项目合同总额大于500万美元（设计、咨询类项目除外）；以联营体形式承包工程的，企业承担项目情况按合同比例计算工程合同额。	用于支持企业取得对外承包工程项目的补助，按照不超过项目申报期内已完成营业额的0.5%进行补助。							

（续）

<table>
<tr><th rowspan="3">序号</th><th rowspan="3">支持内容</th><th rowspan="3">支持方向</th><th rowspan="3">支持重点</th><th colspan="14">支持方式和标准</th></tr>
<tr><th colspan="2">贷款贴息</th><th colspan="2">前期费用的直接补助</th><th colspan="2">境外投资的直接补助</th><th colspan="2">对外承包工程的直接补助</th><th colspan="2">外派劳务人员的直接补助</th><th colspan="2">资源回运运保费的直接补助</th><th colspan="2">海外投资保险保费的直接补助</th></tr>
<tr><th>支持内容</th><th>支持标准</th><th>支持内容</th><th>支持标准</th><th>支持内容</th><th>支持标准</th><th>支持内容</th><th>支持标准</th><th>支持内容</th><th>支持标准</th><th>支持内容</th><th>支持标准</th><th>支持内容</th><th>支持标准</th></tr>
<tr><td>3</td><td>对外劳务合作</td><td>企业组织劳务人员赴其他国家或地区为境外的企业或者机构工作的经营性活动。</td><td>外派劳务人员户籍所在地为“京津冀”协同发展区域内或全国范围内“国家级贫困县”的。</td><td></td><td></td><td></td><td></td><td></td><td></td><td></td><td></td><td>对按商务部和北京市规定开展对外劳务人员适应性培训的企业进行直接补助；对外派劳务人员户籍所在地为“京津冀”协同发展区域内或全国范围内“国家级贫困县”的企业进行直接补助。</td><td>适应性培训每人补助不超过300元人民币；对派出人员户籍所在地为“京津冀”协同发展区域内或全国范围内“国家级贫困县”的，每人补助不超过500元人民币。</td><td></td><td></td><td></td><td></td></tr>
</table>

附件 3

表 1：

项目申报书

一、基本情况

（一）项目单位情况

（二）项目基本情况

1. 项目投资情况

2. 项目建设具体情况（项目建设完成数量、项目实施进度、项目完成质量情况）

二、项目组织情况

三、项目实施效果

（一）项目实施背景（企业实施该项目受益情况分析、企业对该项目需求分析等）

（二）项目实施的社会效益（务必结合项目本身实际情况进行量化的分析，便于后期考核）

（三）项目实施的经济效益（务必结合项目本身实际情况进行量化的分析，便于后期考核，切勿夸大数据）

表 2：

申报单位承诺书应包含的主要内容

一、了解合作资金管理制度并严格按照资金管理制度组织实施；

二、本次申报中提供的所有申报文件和资料真实有效，并承担相应法律责任；

三、接受有关部门及市商务委审计联席工作小组指派的审计机构和评估机构的监督、评估；

四、如违反资金管理制度或有违法违纪行为，将承担一切责任并如数退还资金；

五、法定代表人或负责人签字及单位公章。

表 3:

北京市使用对外投资合作专项资金申请表

1. 申请单位名称				2. 法定代表人姓名		
3. 联系人				4. 联系电话		
5. 开户银行名称				6. 银行账号		
7. 账户名称						
8. 申请专项资金支持的境外企业（机构），对外承包劳务项目	名称			批准证书、资格证书号或批准文件		
9. 贷款贴息申请						
贷款金融机构	贷款期限	贷款金额	贷款用途	本次申请贴息起止时间	支付利息额	专项资金贴息次数
10. 资金补助申请						
项目名称、合同额、申报期完成营业额（万美元）			申请补助的类型①	申请补助金额	专项资金补助次数	
11. 本次申请共计： 申请贴息项目　　　　个，申请贴息　　　　万元人民币； 申请资金补助项目　　　　个，申请补助金额　　　　万元人民币。 备注： 法定代表人（签字）：　　　　单位盖章： 申报日期：　　年　　月　　日						

填表须知：1. 申报单位按此表样制作、填写并打印报送；2. 申报单位银行账户信息若有变动，请及时报告；3. 资金单位为万元（人民币或外币）；4. 项目较多时，可将表中 8、9、10 栏按表中栏目式样另纸制表并加盖公章，作为本表附件，并在本表备注栏说明。本表相应栏目不再填写。

注释①：按《实施细则》第七条（二）至（六）项划分。填写时，分别对应以下简称：对外承包工程类、对外投资类、对外劳务类、保险费用类、促进工作类。

表 4:

驻外经济商务参赞处（室）意见

申报企业名称（盖章）：		
项目名称：		
项目所在国家、城市：		
项目是否正常运营：		
合作项目合同起止日期：		
是否为进入经确任的境外经贸合作区项目：		
经济商务参赞处（室）意见：		
参赞：　　　（签字）	经商处（室）盖章：	
日期：　　年　　月　　日		
经商处（室）联系人：		
电话：	传真：	电子邮件：

表 5—1：

外派劳务人员适应性培训审查明细表

申报企业名称：

序号	姓名	外派劳务人员（研修生）培训合格证编号	护照号	护照复印件	项目审查表	项目或雇主名称	出境期间	工作准证复印件	省级审核情况
上述内容审核完毕，共计______名人员符合条件。 主管负责人签字： （公章）									

注：1. 表内所列资料另行报送商务主管部门，无需装订入册。
2. 内地输港澳劳务人员持往来港澳通行证代替护照。
3. 外派海员持海员证代替护照，以出境证明代替“工作准证”
4. 对台渔渔船船员持《大陆居民往来台湾通行证》或《对台劳务人员登轮作业证》代替护照；持台湾“渔业署”颁发的《大陆地区渔船船员来台履行海峡两岸渔船船员劳务合作协议许可证》代替“工作准证”。

表 5—2：

外派劳务人员补助审查明细表（京津冀区域和国家级贫困县）

申报单位名称：

序号	姓名	外派劳务人员户籍所在地（省/市/县）	（研修生）培训合格证编号	护照号	身份证号	身份证复印件	护照复印件	项目审查表	项目或雇主名称	出境期间	工作准证复印件	省级审核情况
上述内容审核完毕，共计______名人员符合条件。 主管负责人签字： （公章）												

注：1. 表内所列资料另行报送商务主管部门，无需装订入册。

2. 内地输港澳劳务人员持往来港澳通行证代替护照。

3. 外派海员持海员证代替护照，以出境证明代替“工作准证”。

4. 对台渔渔船船员持《大陆居民往来台湾通行证》或《对台劳务人员登轮作业证》代替护照；持台湾“渔业署”颁发的《大陆地区渔船船员来台履行海峡两岸渔船船员劳务合作协议许可证》代替“工作准证”。

表 6：

申请贴息项目基本情况及 2016 年度银行贷款付息一览表

<table>
<tr><td colspan="2">申请企业名称</td><td colspan="4"></td></tr>
<tr><td colspan="2">借款企业名称</td><td colspan="4">（公章）</td></tr>
<tr><td colspan="2">项目名称</td><td colspan="2"></td><td>申报补贴类型</td><td></td></tr>
<tr><td colspan="2">项目总金额（万美元）</td><td colspan="2"></td><td>贷款银行</td><td></td></tr>
<tr><td colspan="2">中方投资金额（万美元）</td><td colspan="2"></td><td>贷款合同号</td><td></td></tr>
<tr><td colspan="2">境外企业名称</td><td colspan="2"></td><td>贷款金额（万元）</td><td></td></tr>
<tr><td colspan="2">境外企业注册登记时间</td><td colspan="2"></td><td>贷款起止时间</td><td></td></tr>
<tr><td colspan="2">项目有效期</td><td colspan="2"></td><td>贷款利率</td><td></td></tr>
<tr><td colspan="6">本项目已获得贷款贴息的年度：20　年、20　年、20　年</td></tr>
<tr><td rowspan="3">提款情况</td><td></td><td>提款时间</td><td>提款金额
（万元）</td><td>提款凭证（借款借据）
复印件页码</td><td>备注</td></tr>
<tr><td>第一次</td><td></td><td></td><td></td><td></td></tr>
<tr><td>…</td><td></td><td></td><td></td><td></td></tr>
<tr><td rowspan="3">还款情况</td><td></td><td>还款时间</td><td>还款金额
（万元）</td><td>还款凭证复印件页码</td><td>备注</td></tr>
<tr><td>第一次</td><td></td><td></td><td></td><td></td></tr>
<tr><td>…</td><td></td><td></td><td></td><td></td></tr>
<tr><td colspan="6">2016 年付息情况</td></tr>
<tr><td>付息时间</td><td>利息所属
期间</td><td>付息金额
（人民币元）</td><td colspan="2">付息凭证
复印件页码</td><td>备注</td></tr>
<tr><td></td><td></td><td></td><td colspan="2"></td><td></td></tr>
<tr><td></td><td></td><td></td><td colspan="2"></td><td></td></tr>
<tr><td colspan="2">合计</td><td></td><td colspan="2"></td><td></td></tr>
</table>

备注：1. 提款、还款情况和年度付息情况行数不够及多笔贷款情况可复印本表，但须加盖公司印章。

2. 境外企业投资额以境外企业批准证书上相应金额填，其他类项目以项目合同签订金额填列。

表 7：

银行贷款收息结算情况表

申请企业名称：　　　　　　　　　　　　　　　　　　　　　　　　　　金额单位：

利息清单序号	放贷银行	贷款合同号	贷款本金	贷款利率	贷款期间	申请贴息期间	贴息天数	本次贴息期间应支付利息	本次贴息期间已支付利息

备注：贴息期为2016年1月1日至12月31日；贴息天数为贷款期与贴息期的重合期间。

企业不存在欠息情况

放贷银行签章：　　　　日期：　　　　银行经办人签名：

企业存在欠息情况
（请注明欠息金额及欠款所属期间）

放贷银行签章：　　　　日期：　　　　银行经办人签名：

表 8：

本表由放贷银行填报，仅证明企业银行贷款及付息情况的真实性。

直接补助项目基本情况及费用支出情况明细表

申请企业名称：　　　　项目名称：　　　　项目总金额：　　　　万美元

境外企业名称：　　　　境外公司注册登记时间：　　　　中方投资额：　　　　万美元

序号	费用名称	费用金额人民币元	支付凭证				费用合同				费用发票				备注
			金额			页码	金额			页码	金额			页码	
			原币（×币种）	期末汇率	折合人民币		原币（×币种）	期末汇率	折合人民币		原币（×币种）	期末汇率	折合人民币		
合计		—	—		—		—		—		—		—		

备注：1. 支付凭证要求提供费用支付的银行单据，如果存在代付转付情况，需附各环节银行支付单据及相关说明。

2. 境外企业投资额以境外企业批准证书上相应金额填列，其他类项目以项目合同签订金额填列。

3. 原币（×币种）由申请企业填写。

4. 支付凭证、费用合同、费用发票金额不一致时，取最小值填入费用金额列。

表 9:

资源回运费用单据明细表—陆运项目

项目名称：　　　　　　　　　　　　　　　　编制单位：

项目期间：　　　　　权益数量：　　　　　　编制人：　　　　　日期：

序号	海关报关单		购货发票			提单项目			保险发票			保险单			运费发票		实际支付运费		实际支付保险费用	
	编号	数量（×）	数量（×）	单价（×币种）	总计（×币种）	号码	数量（×）	湿重（×）	数量（×）	单价（×币种）	金额（×币种）	运费（×币种）	保险总额（×币种）	保险费（×币种）	数量（×）	运费发票（×币种）	原币（×币种）	折合人民币	原币（×币种）	折合人民币
合计																				

备注：1. 实际以外币支付的运费及保险费按照年末汇率中间价折合成人民币金额，在合计栏中填列。如果是人民币支付直接填人民币金额。

2. 购货发票、提单项目、运费发票、保险费用发票中的数量单位未标注，由申请企业自行填写数量单位。一般木材回运数量单位填写立方米，渔业和矿业数量单位填写吨。由企业自行填列。

表 10：

资源回运费用单据明细表—海运项目

项目名称：　　　　　　　　　　　　　　编制单位：

项目期间：　　　　　权益产量：　　　　　编制人：　　　　　日期：

序号	海关报关单项目				购货发票项目			提单项目			运费发票				保险费用发票			实际支付运费		实际支付保险费用	
	编号	毛重（kg）	净重（kg）	数量（kg）	湿重（×）	干重（×）	总计金额（×币种）	号码	数量（×）	湿重（×）	提单号码	数量（×）	单价	运费（×币种）	提单号码	数量（×）	保费（×币种）	原币（×币种）	折合人民币	原币（×币种）	折合人民币
合计																					

备注：1. 实际以外币支付的运费及保险费按照年末汇率中间价折合成人民币金额，在合计栏中填列。如果是人民币支付直接填人民币金额。

2. 购货发票、提单项目、运费发票、保险费用发票中的数量单位未标注，由申请企业自行填写数量单位。一般木材回运数量单位填写立方米，渔业和矿业数量单位填写吨。由企业自行填列。

表 11：

资源回运费用单据明细表—渔业项目

项目名称：　　　　　　　　　　　　　　　　　　　　编制单位：

项目期间：　　　　　　　　权益产量：　　　　　　　　编制人：　　　　　　　　日期：

序号	海关报关单项目				运费发票			提单项目		实际支付运费	
	编号	毛重（kg）	净重（kg）	数量（kg）	提单号码	数量（吨）	运费（×币种）	号码	毛重（kg）	原币（×币种）	折合人民币
合计		—	—	—		—	—		—	—	—

备注：实际以外币支付的运费按照年末汇率中间价折合成人民币金额，在合计栏中填列。如果是人民币支付直接填人民币金额。

表 12：

对外投资合作专项资金到账确认函

北京市商务委员会：

北京市商务委员会：我单位已收到贵委拨付的 2017 年对外投资合作专项资金×××万元。我公司承诺将严格按照专项资金使用管理相关规定使用，不出现任何违法违规行为。具体信息确认如下：

申请企业名称			备注
申请项目名称			
资金到账金额			
到账日期			
企业联系人			
联系电话/手机			
申请企业法人或授权人签字		申请企业盖章	

表 13：

2017 年对外投资合作专项资金申报项目明细表

金额单位：万元人民币

序号	申请企业名称	项目名称	项目国别（地区）	项目业务类型	申请支持方式	境外投资中方投资额（万美元）	对外承包工程项目合同总金额（万美元）	对外投资合作专项资金申报金额	往年享受对外投资合作专项资金支持年度贴息起止时间	是否已享受其他专项资金情况	项目的社会经济效益
1	××××××公司										
2											
3											
4											
5											
说明	1. 项目业务类型包括：对外投资、对外承包工程、对外劳务合作；2. 项目支持方式包括：直接补助、贷款贴息；3. 往年享受对外投资合作专项资金支持年度：请注明往年该项目享受对外投资合作专项资金支持的年度；4. 项目的社会经济效益请注明该项目是否获取世界领先技术或重要资源，以及该项目是否形成重大国际影响等。										

关于开展2017年外经贸发展专项资金（进口贴息事项）申报工作的通知

京商务外运字〔2017〕26号

各有关单位：

根据财政部、商务部《外经贸发展专项资金管理办法》（财企〔2014〕36号，以下简称《资金办法》）及《商务部 财政部办公厅关于2017年度外经贸发展专项资金（进口贴息事项）申报工作的通知》（商办财函〔2017〕288号）的有关规定，为做好2017年度进口贴息项目申报工作，现将有关事项通知如下：

一、企业申请条件

（一）符合《资金办法》第十一条所规定的基本条件。

（二）以一般贸易方式、边境贸易方式进口列入国家发展改革委、财政部、商务部发布的《鼓励进口技术和产品目录（2016年版）》（以下简称《目录》）中的产品（不含旧品），或自非关联企业引进列入《目录》中的技术。

（三）进口产品的，申请进口贴息的企业应当是《进口货物报关单》上的收货单位；进口技术的，应当是《技术进口合同登记证书》上的技术使用单位。

（四）申请进口贴息的进口产品应当在2016年7月1日至2017年6月30日期间，已完成进口报关（以海关结关日期为准）；申请进口贴息的进口技术应当在2016年7月1日至2017年6月30日期间执行合同，并取得银行出具的付汇凭证。

（五）技术进口合同中不含违反《中华人民共和国技术进出口管理条例》（国务院令第331号）规定的条款。

（六）进口《目录》中“鼓励发展的重点行业”项下的设备，未列入《国内投资项目不予免税的进口商品目录（2012年调整）》（财政部、国家发展改革委、海关总署、国家税务总局公告2012年第83号）。

（七）符合以上条件的进口产品及技术进口总额不低于100万美元。

二、申报材料

（一）企业法定代表人签字的申请文件（见项目申报书），内容包括：企业基本情况、进口用途、预计可产生的效益、项目绩效目标（工作和完成情况）等。

（二）《2017年度外经贸发展专项资金（进口贴息事项）申报说明》（见表1—1）及电子数据。

（三）企业营业执照（复印件）。

（四）《2017年度外经贸发展专项资金（进口贴息事项）申请表》（见表1—2）及电子数据。

（五）进口产品订货合同或技术进口合同（复印件）。

（六）进口产品的，需提供《中华人民共和国海关进口货物报关单》（复印件）。

（七）进口技术的，需提供《技术进口合同登记证书》、《技术进口合同数据表》及银行出具的注明技术进口合同号的付汇凭证（复印件），技术使用单位与付汇单位不一致的，需提供双方的代理合同。

（八）进口“鼓励发展的重点行业”项下的设备，需提供《国家鼓励发展的内外资项目确认书》（含进口设备清单复印件）、《进出口货物征免税证明》（复印件）及《进口货物报关单》（复印件）。如因关税为零无法获得免税证明，可不提交免税证明，但应在申请报告中说明有关情况；属于《目录》第三部分“鼓励发展的重点行业”中“国家级工程（技术）研究中心、国家工程实验室、国家认定的企业技术中心、重点实验室、高新技术创业服务中心、新产品开发设计中心、科研中试基地、实验基地建设”的，申报时不需提交《国家鼓励发展的内外资项目确认书》，但需提交科技部、国家发展改革委等部门关于国家级研究中心的认定文件。

（九）重要装备有技术参数要求的，需提供列明商品技术参数的进口合同或产品说明书等相关证明材料。

（十）引进技术的应说明是否从关联企业引进，企业更名的应说明相关情况并附证明材料。

以上材料均需加盖企业公章。

三、工作进度和申报时间

1. 2017年8月9日项目申报培训；

2. 2017年8月10日至8月14日提交书面材料电子版材料（一式两份及电子版）；

3. 2017年8月18日核对原件。

四、递交材料地点

北京市丰台区横道沟西街2号院6号楼710室。

五、项目申报书（模板）

（一）企业基本情况

企业所属行业、职工人数、技术人员占比、年纳税额、产品名称、年进口情况、年出口情况、是否有双自主企业（自主品牌和自有产权，同时具有国内外商标或专利）；企业所属行业情况；近五年有无严重违法违规行为，有无拖欠应交还的财政性资金等情况；引进技术的应说明是否从关联企业引进；企业更名的应说明相关情况并附证明材料。

（二）项目基本情况

1. 项目投资情况（项目批复、备案情况，资金来源、采购方式、进度等）

2. 进口产品主要用途（自用、销售、研发、填补国内空白、消化吸收再创新、其他）

3. 项目实施效果

（1）项目实施的社会效益（务必结合项目本身实际情况进行量化的分析，便于后期考核）

（2）项目实施的经济效益（务必结合项目本身实际情况进行量化的分析，便于后期考核）

特此通知。

联系电话：外贸运行处 87211805

服务贸易处 87211751

相关附件：

附件1：贴息事项申请表

附件2：申报说明表

附表 1

2017年度外经贸发展专项资金（进口贴息事项）申报说明

<table>
<tr><td>申请企业名称</td><td colspan="3"></td></tr>
<tr><td>法定代表人姓名</td><td></td><td>企业注册地</td><td>省　　市</td></tr>
<tr><td>企业性质</td><td></td><td></td><td></td></tr>
<tr><td>通讯地址</td><td></td><td>邮政编码</td><td></td></tr>
<tr><td colspan="4">申请人郑重声明如下：
1. 申请人共上报申报文件资料________页；
2. 申请人依法注册，具有独立法人资格，并合法经营；
3. 申请人申报的所有文件、单证和资料是准确、真实、完整和有效的；
4. 申请人申报的所有复印件均与原件核对，完全一致；
5. 申请人承诺接受有关主管部门为审核本申请而进行的必要核查。

申请企业法定代表人或授权人：（签名）

申请企业盖章：

日期：　　　年　　月　　日</td></tr>
<tr><td>开户银行账户账号</td><td></td><td>开户银行账户户名</td><td></td></tr>
<tr><td>开户银行名称</td><td></td><td>开户行地址</td><td></td></tr>
<tr><td>企业联系人</td><td></td><td>联系电话</td><td></td></tr>
<tr><td>电子邮件</td><td></td><td>移动电话</td><td></td></tr>
<tr><td>联系传真</td><td></td><td></td><td></td></tr>
</table>

说明：

1. 申请企业法定代表人或授权人签名栏必须手签，使用名章无效；
2. 若由授权人签署，需提交由法定代表人手签并加盖公司印章的授权书原件；
3. 银行账户信息必须为公司账户，用于拨付贴息资金，务必正确填写；
4. 企业性质：国有、集体、民营、三资、研究院所、高校、其他。

附表 2

2017 年度外经贸发展专项资金（进口贴息事项）申请表

申请企业：

序号	海关报关单号（技术进口填合同号）	商品税号（技术进口不填）	商品名称/技术名称	商品技术参数（技术进口不填）	实际进口额（美元）	原产地	商品/技术在目录中的序号
总计							

中央部门（机构），省、自治区、直辖市、计划单列市商务厅（委、局）意见：

（盖章）

年 月 日

省、自治区、直辖市、计划单列市财政厅（局）意见：

（盖章）

年 月 日

填表要求：

1. 本表应按海关报关单列明的项目逐项填报，不得将相同商品合计填报。申报进口产品的，应在“海关报关单号”栏中准确填写 18 位海关报关单号。
2. 对进口产品有技术参数要求的，应在本表“商品技术参数”栏内，填写该产品对应的实际参数，并注明参数在所附材料中的页码。
3. 《进口货物报关单》或《付汇凭证》以非美元作为计价币种的，应将进口额折算成美元。折算率按照国家外汇管理局 2017 年 6 月底公布的《各种货币对美元折算率表》（国家外汇管理局网址：http：//www.safe.gov.cn ）计算。

企业联系人： 联系电话：

关于2017年度承接国际服务外包业务专项资金和服务外包公共服务平台项目申报工作的通知

京商务服贸字〔2017〕13号

各区、经济开发区商务主管部门、相关企业：

根据《商务部关于2017年度外经贸发展专项资金有关工作的通知》（商财函〔2017〕314号）精神，依据《北京市财政局、北京市商务委员会关于印发〈北京市外经贸发展专项资金管理实施细则〉的通知》（京财企〔2015〕2277号）的有关规定，现将2017年度我市承接国际服务外包业务专项资金和服务外包公共服务平台专项资金申报工作有关事项通知如下：

一、请各申报单位按照《2017年度承接国际服务外包业务专项资金申报指南》（附件1）要求准备申报材料。

二、请各申报单位按照《2017年度服务外包公共服务平台专项资金申报指南》（附件2）要求准备申报材料。

三、申报要求：

（一）各项目申报单位应确保申报材料真实、准确、完整。对于伪造相关材料，提供虚假发票和虚假材料的项目申报单位，取消其当年申报资格，且三年内不得申报专项资金支持。

（二）各初审单位应积极组织项目申报，切实做好指导与审核，严格把关，按照规定程序做好相关工作。

（三）项目申报单位原则上应将获得的专项资金列入“营业外收入”科目核算，相关法规另有规定的从其规定。获得专项资金支持的项目申报单位应积极配合相关监督检查、审计等工作。

联系人：许鑫、于新成

联系电话：87211755、87211757

传真：65252214

相关附件：

附件1：2017年度承接国际服务外包业务专项资金申报指南

附件2：2017年度服务外包公共服务平台专项资金申报指南

附件 1

2017 年度承接国际服务外包业务专项资金申报指南

一、申报条件

申请企业、单位应当符合商务部、财政部《外经贸发展专项资金管理办法》（财企[2014] 36 号）第十一条所规定的基本条件，同时还应满足以下条件：

（一）企业应通过“服务外包与软件出口信息管理系统”（www.fwwb.gov.cn）如实填报商务部、国家统计局印发的《服务外包统计报表制度》规定的报表。

（二）服务外包业务范围参见“服务外包业务分类表”。

（三）企业已与服务外包发包商签订的业务合同，以“服务外包业务管理和统计系统”核准的执行额为依据，且满足以下条件之一：

1. 2016 年度提供服务外包业务额不低于 50 万美元，其中向境外最终客户提供服务外包业务额占本企业服务外包业务额 50%以上；

2. 2016 年度提供服务外包业务额不低于 500 万美元，其中向境外最终客户提供服务外包业务额占本企业服务外包业务额 35%以上；

3. 2016 年度提供服务外包业务额不低于 1000 万美元，其中向境外最终客户提供服务外包业务额占本企业服务外包业务额 20%以上。

（四）企业具有服务外包承接能力及服务外包市场开拓和项目管理人员，大学（含大专，下同）毕业及以上学历员工占员工总数 50%以上。

（五）培训机构具有符合条件的场地、设施、专业教材和师资力量，并由北京市商务委员会和北京市教育委员会联合认定。

二、支持标准和方式

（一）对服务外包企业取得的以下认证及认证的系列维护、升级给予支持，每个企业不超过 5 个项目，并参照同类认证费用支出情况按照就低原则，给予每个项目不超过 50 万元的补助。包括：开发能力成熟度模型集成（CMMI）、开发能力成熟度模型（CMM）、人力资源成熟度模型（PCMM）、信息安全管理（ISO27001/BS7799）、IT 服务管理（ISO20000）、服务提供商环境安全性（SAS70）、国际实验动物评估和认可委员会认证（AAALAC）、优良实验室规范（GLP）、信息技术基础架构库认证（ITIL）、客户服务中心认证（COPC）、环球同业银行金融电讯协会认证（SWIFT）、质量管理体系要求（ISO9001）、业务持续性管理标准（BS25999）等相关认证。

（二）对服务外包企业 2016 年 1 月—12 月期间新录用的 2014—2016 年内毕业的、大学以上学历（含大专，下同）员工从事服务外包工作，签订 1 年以上（含 1 年，下同）劳动合同的，且未申报过服务外包人才补助资金的，按照每人不超过 7000 元的标准给予企业补助。对被录用人员提前解除合同，并在原合同规定的 1 年期内，与其他服务外包企业或原企业签订新的劳动合同的及申报规定期以前就已入职的员工除外。

（三）对培训机构新培训从事服务外包业务、大学以上学历人员，通过服务外包业务专业知识和技能培训考核的，按照每人不超过 500 元的标准给予培训机构培训后补助。

（四）对在服务外包企业连续任职 3 年以上（含 3 年）员工进行在职能力培训，并取得以下认证的，给予不高于考试认证费用 50%的补助，每个企业当年支持金额不超过 100 万元。包括：国家计算机技术与软件专业技术中、高级专业资格（水平）、项目管理专业人士资格（PMP）、网络高级工程师、网络安全专家、解决方案开发专家、执业药师等相关认证。

（五）支持服务外包企业提升创新研发水平。对 2016 年度通过自主研发取得的专利、注册商标、软件著作权等给予注册费实际支出额不超过 50%的资金支持。其中，给予每个企业发明专利不超过 20 万元、国际专利不超过 20 万元、实用新型专利不超过 5 万元、外观设计专利不超过 5 万元、注册商标不超过 5 万元、软件著作权不超过 5 万元的补助。

三、申报材料

（一）申请承接国际服务外包业务资金补助的企业需提供以下基本材料：

1. 由企业法定代表人签字的《承接国际服务外包业务资金补助申请报告》，内容包括：企业基本情况，开展服务外包业务情况，申请项目执行或完成情况（包括但不限于项目数量、项目投资、项目实施的经济效益及社会效益等），近五年有无严重违法违规行为、是否拖欠应缴还的财政性资金等情况。

2. 企业营业执照复印件；

3. 经会计师事务所审计的 2016 年度财务会计报告复印件；

4. 2016 年度服务外包业务专项审计报告原件；

5. 2016 年度服务外包合同或协议的复印件；

6. “结汇转账贷方凭证”或“涉外收入申报单”的复印件；以人民币进行跨境结算的，须提交相关业务凭证复印件；

7. 由企业法定代表人签字的《承接国际服务外包业务资金补助申请承诺书》。

（二）根据申请项目的不同，申请承接国际服务外包业务资金补助的企业还需分别提供以下相关材料：

1. 申请国际资质认证补助的企业应向所在地商务主管部门提交以下材料：

（1）《北京市服务外包企业国际资质认证补助申请表》；

（2）国际资质认证证书复印件；

（3）与相关国际认证评估顾问公司签订的合同协议复印件；

（4）缴纳认证费用凭证的复印件，包括认证费用发票和相对应的银行出具的支付凭证。

以上材料均需加盖企业公章。

2. 申请新录用人员补助的服务外包企业应向所在地商务主管部门提交以下材料：

（1）《北京市服务外包企业新录用人员补助申请表》；

（2）若 2016 年 1 月至 12 月期间新录用

人员属于分公司的，需提供分公司营业执照复印件；

（3）2016年1月至12月期间新录用人员身份证明，大学以上学历证明，以及签订1年以上的《劳动合同》的复印件；企业在2016年度为新录用人员所缴纳的社会保险证明（或个税证明）的复印件。

以上材料均需加盖企业公章。

3. 申请服务外包人才培训后补助的培训机构应向所在地商务主管部门提交以下材料：

（1）《北京市服务外包培训机构人才培训后补助申请表》；

（2）培训人员身份证明、大学以上学历证明；

（3）培训机构颁发被培训人员专业知识和技能培训考核合格证书，以及被培训人员缴费凭证的复印件。培训机构为学校的需提供《全国普通高等学校毕业生就业协议书》（协议三方为：培训学校、在我市“服务外包业务管理和统计系统”中登记的服务外包企业、毕业学生）复印件；其他培训机构需提供培训人员缴费证明、与在我市“服务外包业务管理和统计系统”中登记的服务外包企业签订1年以上的《劳动合同》的复印件（或培训人员为近三年在京大学毕业的，提供毕业证书复印件）；

（4）经商务主管部门备案的培训机构的证明复印件。

以上材料均需加盖单位公章。

4. 申请在职人员专业资格认证补助的服务外包企业向所在地商务主管部门提交以下材料：

（1）《北京市服务外包企业在职人员专业资格认证补助申请表》；

（2）申请人员身份证明，在企业连续任职满3年以上的任职证明（包括个人简历、任职情况等）、劳动合同，企业为申请人员在任职期间连续缴纳社会保险满3年（含3年）以上的证明复印件；

（3）参加相关专业资格考试的准考证、通过考试获得的证书复印件；

（4）报名考试费用凭证或银行付款凭证复印件。

以上材料均需加盖企业公章。

5. 申请创新研发补助的企业向所在地商务主管部门提交以下材料：

（1）《北京市服务外包企业创新研发补助申请表》；

（2）企业所获得的专利证书、商标注册证书、软件著作权证书复印件；

（3）专利、商标、软件著作权等申请过程中的注册费用凭证复印件。

以上材料均需加盖企业公章。

四、申报材料的上报与审核

（一）资金采取网上和书面相结合的申请方式，符合条件的申报单位应于2017年10月23日之前，在“服务外包与软件出口信息管理系统”（www.fwwb.gov.cn）网站上向市商务委和所在区（开发区）商务主管部门同时填报申请材料（在职人员专业资格认证补助、创新研发补助事项申请除外）。同时，将填报的纸质材料一式两份，按属地原则报所在区（开发区）商务主管部门。

（二）2017年11月3日之前，各区（开发区）商务主管部门对企业上报申请材料进行审核，形成审核记录，将纸质材料一式一份，并附相应电子材料上报市商务委。

（三）对上报材料进行审定，最终确定支持企业名单及支持资金额度。

（四）按相关要求进行拨付，并将企业申请材料汇总后存档。

五、有关要求

（一）申请材料中所需附表请登陆“服务外包与软件出口信息管理系统”(www.fwwb.gov.cn)下载。

（二）申报材料中需要法定代表人签字的地方，由法定代表人亲笔签字，使用人名章无效。如果授权签字，须附上授权委托书原件，写明授权的范围和权责，由授权人和被授权人同时签字后，加盖公司公章。

（三）申报材料请列明目录并按顺序装订，A4纸左侧胶装，标注页码，加盖骑缝章 。

附件2

2017年度服务外包公共服务平台专项资金申报指南

一、申报条件

申报服务外包平台的项目主体，须符合以下条件：

（一）在京注册，具有独立的企业法人资格，且为服务外包平台项目的实际投资运营单位；

（二）服务的对象包括承接国际服务外包业务的企业及培训机构；

（三）具有一定数量与业务相适应的专业人员、管理人员，具备满足服务外包平台运营必要的场地、设备等；

（四）服务外包平台建设和运营的所有相关工作符合国家有关法律法规的要求。

每个项目实施主体在项目完成周期内原则上只能对一个服务外包平台项目提出资金资助申请。

二、支持标准和方式

服务外包公共服务平台用于支持示范城市建立服务外包公共技术服务、信息服务、公共培训服务、信息安全及知识产权体系、国际市场品牌推广、开展产业研究等平台所需的设备购置、系统和软件开发或购置、运营及维护费用。

服务外包公共服务平台面向全市服务外包平台项目，在建、新建项目支持资金不超过平台项目建设所需设备购置、软件开发或购置费用的50%，支持金额不超过200万元；已完成项目，支持资金不超过服务外包平台项目建设所需设备购置、软件开发或购置费用的40%，支持金额不超过200万元；运营及维护项目费用，按照年度实际发生费用的50%给予支持，支持金额不超过50万元，原则上运营及维护费用支持年限不超过三年。

三、申报材料

申请服务外包平台建设项目资助的，应提供如下材料：

（一）在建、新建服务外包平台项目

1.《北京市服务外包公共平台项目资助申请表》。

2.项目申请报告及资金使用承诺书，由法人签字并加盖公章。

3.项目可行性研究报告，包含项目设立背景和基本情况、国内外相关产业发展与市场情况说明、项目申报单位基本情况和已有工作基础、项目具体实施方案、预期达到的技术经济指标及效果、承担项目的可行性分析、项目进度安排与考核指标、经费预算和使用方案等。可行性研究报告需经法人签字、加盖公章，并将作为后续专家评审及项目验收的主要依据。

4.项目实施主体法律地位证明文件（营业执照副本复印件、税务登记证复印件、组织机构代码证复印件）以及上年度审计报告（加盖公章）。

5. 服务外包平台设备购置、系统和软件开发或购置清单，已实施部分需提供付款凭证。

6. 与项目申报有关的其他材料。

（二）已完成服务外包平台项目

1.《北京市服务外包公共平台项目资助申请表》。

2. 项目申请报告及资金使用承诺书，由法人签字并加盖公章。

3. 项目完成验收报告，服务外包平台项目目前运行情况与服务企业情况等。

4. 项目实施主体法律地位证明文件（营业执照副本复印件、税务登记证复印件、组织机构代码证复印件）以及上年度审计报告（加盖公章）。

5. 完成项目的专项审计报告（含服务外包平台设备购置、系统和软件开发或购置清单及付款凭证）。

6. 与项目申报有关的其他材料。

（三）平台运营维护项目

1.《北京市服务外包公共平台项目资助申请表》。

2. 项目申请报告及资金使用承诺书，由法人签字并加盖公章。

3. 项目运行情况报告，包含项目申报单位基本情况、项目基本情况及运营情况、运营和维护费用明细、申请资金资助的金额、经注册会计师审计的项目上年度运营及维护费用支出审计报告等，项目运行情况报告需由法人签字并加盖公章。

4. 项目上年度运营及维护费用支出凭证复印件。

5. 项目实施主体法律地位证明文件（营业执照副本复印件、税务登记证复印件、组织机构代码证复印件）以及上年度审计报告（加盖公章）。

6. 与项目申报有关的其他材料。

四、申报流程

（一）项目申报单位将申报材料（一式两份）在 2017 年 9 月 29 日前提交至市商务委。

（二）市商务委会同市财政局对上报的申请材料进行评审，确定补助项目和补助金额。市商务委根据评审意见，报市财政局办理资金拨付手续。

（三）申请服务外包平台建设资金资助并列入资助项目范围的，在建、新建服务外包平台项目，由市财政局预拨补助金额的70%，项目完成并通过市商务委、市财政局组织的验收后，由市财政局拨付剩余资金；已建成服务外包平台项目，由市财政局根据补助金额予以拨付。

申请服务外包平台运营及维护费用资金资助并列入补助项目范围的，由市财政局根据补助金额予以拨付。

五、有关要求

（一）申请材料中所需附表请登陆“服务外包与软件出口信息管理系统”（www.fwwb.gov.cn）下载。

（二）申报材料中需要法定代表人签字的地方，由法定代表人亲笔签字，使用人名章无效。如果授权签字，须附上授权委托书原件，写明授权的范围和权责，由授权人和被授权人同时签字后，加盖公司公章。

（三）申报材料请列明目录并按顺序装订，A4 纸左侧胶装，标注页码，加盖骑缝章 。

关于印发《北京市商务领域不良信用记录名单管理办法（试行)》的通知

京商务秩字〔2017〕25号

各区商务委，委机关各处室、市服贸中心、委其他各直属单位，各相关单位：

《北京市商务领域不良信用记录名单管理办法（试行)》已经2017年市商务委第十八次主任办公会审议通过。现予印发，请认真贯彻落实。

特此通知。

（联系人：流通秩序处 康凯；联系电话：87211651)

北京市商务领域不良信用记录名单管理办法（试行)

第一条　为加快推进我市商务诚信建设，加大对失信行为的惩戒力度，提高商务领域经营者的诚信经营意识，规范市场秩序，优化营商环境，根据《北京市商务委员会关于建立完善信用联合奖惩制度加快推进诚信建设的实施意见》等文件精神，制定本办法。

第二条　本办法所称商务领域“不良信用记录名单”管理，是指市商务委机关各处室和各直属单位在履职过程中，将在本市行政区域范围内违反商务领域法律法规规章、规范性文件或在商务领域存在失信行为的法人经营主体列入“不良信用记录名单”，实施信用惩戒等措施的统称。

本办法所称不良信用行为分为一般不良信用行为、较重不良信用行为和严重不良信用行为。

第三条　经营主体一般不良信用行为包括：

（一）未按照商务领域法律法规规章、规范性文件的要求，在商务行业领域相关业务管理系统上填报企业监管信息，经督促仍未按要求填报的；

（二）在商务部门履行相应行政管理职能过程中，与商务部门签订承诺书、责任书、协议等约定，非因不可抗拒的客观因素影响而不履约且负有直接责任，经督促仍未按要求履约的；

（三）违反商务领域安全生产、特许经营等法律法规规章，受到一般数额罚款行政处罚的。

第四条　经营主体较重不良信用行为

包括：

（一）一年内发生3次以上（含3次）同类一般不良信用行为的；

（二）通过虚假、隐瞒等不正当手段取得商务部门行政许可资质、政策性资金及项目扶持、获得评优评先等表彰的；

（三）在商务部门的监管事项中，因严重失信问题被多人次投诉产生严重影响，经查证非因不可抗拒的客观因素造成而负有直接责任，不妥善处理的。

第五条　经营主体严重不良信用行为包括：

（一）存在违反商务领域法律法规规章的重大违法行为，受到责令停产停业、吊销许可证或者执照、较大数额罚款等行政处罚的；

（二）在商务领域行政许可、政策性资金及项目扶持、政策试点等工作中存在恶意欺骗等严重失信行为，造成严重不良后果的；

（三）违反商务领域法律法规规章，存在恶意拖欠货款或服务费、严重侵犯消费者权益等行为，造成较大规模以上群体性事件，严重破坏市场公平竞争秩序和社会正常秩序的；

（四）存在其他违法情况，应当作为严重不良信用行为的。

第六条　在经营主体纳入“不良信用记录名单”管理期间，依法对其实施以下信用惩戒措施：

（一）对存在“一般不良信用记录”的经营主体，商务部门在安排资金扶持、项目支持、评优评先、活动推介时审慎考虑。

（二）对存在“较重不良信用记录”的经营主体

1. 作为日常监督检查或者抽查的重点，并提高随机抽查比例和频次；

2. 从严审核行政许可审批项目；

3. 限制享受商务部门资金扶持、项目支持、评优评先和活动推介。

（三）对存在“严重不良信用记录”的经营主体，除采取本办法规定的对较重不良信用行为的惩戒措施外

1. 列为重点监管对象，行政处罚一律在自由裁量的标准范围内实施高限处罚；

2. 向社会公开失信信息；

3. 符合条件的纳入全市失信联合惩戒机制；

4. 应当采取的其他约束惩戒措施。

第七条　列入“不良信用记录名单”管理的基本程序：

（一）信息采集。按照“谁主管（执法）、谁列入、谁负责”的原则，委机关各处室、各直属单位（以下统称信息采集部门）在履职过程中，发现经营主体存在应列入“不良信用记录名单”管理行为的，应对经营主体进行核实、取证，记录基础信息，保存相关证据资料，经主管领导审批后作出列入决定，并通过《北京市商务领域不良信用记录报送表格》（见附件），将相关信息归集到流通秩序处汇总。

每条信息应包括经营主体名称、统一社会信用代码、列入理由、不良信用行为类别、作出列入决定日期、管理期限、列入单位等。

（二）信息告知。对拟列入“不良信用记录名单”管理的经营主体，信息采集部门应提前告知当事人（当事人失联的除外）拟列入“不良信用记录名单”管理的事实、理由和依据。当事人有异议的，应在收到告知

后7日内向信息采集部门进行陈述和申辩。当事人提出的事实、理由和证据成立的，信息采集部门应当采纳。

（三）信息公布。流通秩序处会同信息中心负责“不良信用记录名单”的管理维护，建立完善不良信用记录数据档案，确保名单的更新及时、准确、有效，并负责在名单信息更新后10个工作日内，在一定范围公布列入名单管理的相关信息。

（四）信息移出。信息采集单位发现列入“不良信用记录名单”存在错误的，应当自查实之日起7日内，经主管领导审批后，通报流通秩序处移出“不良信用记录名单”，解除惩戒措施。

已列入“不良信用记录名单”管理的经营主体，在列管期间积极整改并符合管理要求的，可向原信息采集部门申请提前解除惩戒措施，原信息采集部门经查证属实并报主管领导审批后，可以通报流通秩序处变更管理期限，提前解除惩戒措施。

第八条　“不良信用记录名单”形成后，经营主体对失信行为认定有异议的，可以向原信息采集部门提交异议申请进行申辩，也可以依法申请行政复议或者提起行政诉讼。原信息采集部门应当自收到异议申请之日起30日内予以回复并说明理由。申辩理由被采纳的，可依据当事人申辩的理由，按本办法规定的程序，变更管理期限或取消记录。

异议处理期间，不影响“不良信用记录名单”的公示与处理。

第九条　经营主体列入“不良信用记录名单”管理的期限，自作出列入决定之日起分别为1年和3年，经营主体存在一般不良信用行为或较重不良信用行为的，管理期限为1年；经营主体存在严重不良信用行为的，管理期限为3年。管理期限届满，相关惩戒措施即行终止，不良信用记录转为内部存档资料。

第十条　信息采集部门应当对信息的真实性负责，发现信息有遗漏、错误或者发生变更时，应当及时予以更正并通报流通秩序处。各相关部门工作人员在信息采集、发布等过程中存在滥用职权、玩忽职守、徇私舞弊等违法违规行为的，依法依规予以处理。

第十一条　各单位应高度重视“不良信用记录名单”管理工作，强化信用监管，指定专人负责信息采集和归集工作。在实际工作中，尤其是商务发展资金项目申报及审核工作中，应及时主动查询商务领域“不良信用记录名单”、“北京市企业信用信息网”和“北京市公共信用信息服务平台”等，全面掌握经营主体信用信息，做到科学决策，落实失信惩戒措施。

第十二条　各区商务部门可以参照本办法建立本行政区域内的“不良信用记录名单”，可以按照本办法规定的程序和要求，向市商务委归集报送相关不良信用信息。

第十三条　本规定由市商务委负责解释，自印发之日起施行。

相关附件：

附件：北京市商务领域不良信用记录报送表格

附件

北京市商务领域不良信用记录报送表格

经营主体名称	统一社会信用代码	列入理由	不良信用行为类别（一般、较重、严重）	作出列入决定日期（领导批准日期）	管理期限（1年、3年）	列入单位

填表人：　　　　　　　　　　　　电话：

第三部分

主　要　业　务

一、依法行政

法制建设

【概况】2017年，市商务委认真贯彻落实《法治政府建设实施纲要（2015－2020年）》《2017年推进法治政府建设工作要点》等文件精神，结合商务工作实际，扎实推进法制建设各项工作，在商务领域“放管服”改革取得新成效的同时，依法行政工作也取得了新进展。

持续推进“放管服”改革。落实“首席代表”制，将49项公共服务事项进驻市政务服务中心，同时将18个事项审批办理决定权授予首席代表。着力开展商务领域“减证便民”专项行动，取消行政审批中介服务5项，保留4项，全面梳理商务领域涉及群众办事的各类证明26项。全面梳理商务领域公共服务事项，梳理完成市商务委53项公共服务事项。扎实推动完成市商务委“放管服”改革重点任务分工，组织召开市商务委“放管服”改革专项部署会，针对涉及市商务委职责的27项任务，研提具体落实措施，并逐项落实到责任处室和单位。

全面推进依法行政工作。严把法律审核关，2017年共完成各类法律服务900余件次，其中各类协议、文件等法律审核430余件、重大法律问题会商50余次、政府信息公开60余件、各类法律咨询350余次。做好规范性文件备案与清理，完成12件行政规范性文件合法性审查及备案；对1949年至2016年期间市商务委以市政府或市政府办公厅名义印发的44件行政规范性文件进行清理；认真开展对由市商务委牵头起草的6部政府规章的清理工作；全面清理市商务委制发的107件行政规范性文件，其中宣布失效48件。依法妥善解决法律纠纷案件，认真落实重大法律案件会商机制，年内共办理市商务委各类疑难案件6件。注重依法行政制度建设，建立市商务委公平竞争审查机制。积极组织开展法制宣传教育，使“七五”普法宣传进校园、进社区。

（卓　娜）

【建立市商务委公平竞争审查机制】为贯彻落实《北京市人民政府关于在市场体系建设中建立公平竞争审查制度的实施意见》，营造公平竞争的市场环境，防止出台排除、限制竞争的政策措施，市商务委发布了《关于建立公平竞争审查机制有关事项的通知》。该通知的发布，表明市商务委公平竞争审查机制正式建立，明确了市商务委公平竞争审查的范围、方式、程序和责任等内容，确保市商务委制定出台的政策措施符合公平竞争审查制度要求。

（刘澜晶）

【举办2017年度全市商务系统依法行政培训会】8月14日至16日，市商务委举办了2017年度商务系统依法行政培训会。此次培训分为“理论专题”和“案卷评查”两个模块，有讲解、有案例、有互动，形式多样、内容丰富，受到参训人员一致好评。委机关各处室、部分直属单位、各区商务委约

100人分别参加了理论专题及案卷评查培训。

（刘澜晶）

【开展行政执法监督工作】2017年，市商务委开展清理行政执法主体和受委托执法组织工作，梳理并上报了市商务委、相关执法主体、受委托执法组织等信息。建立并向市政府法制办报送了《市商务委行政执法资格考试题库》，报送题库试题150道。组织市、区两级执法人员集中进行案卷评查工作，通过“行政处罚案卷评查讲解，案卷分组评查，案卷复查、互评、交流，案卷评查结果录入”等流程开展培训和案卷评查工作，评查全市一般行政处罚案卷50本。

（刘澜晶）

【开展对市政府规章的清理工作】市商务委对2016年12月31日前公布的、现行有效的北京市政府规章中市商务委为主责部门的规章进行清理。其中，建议保留《北京市盐业管理若干规定》《北京市商业零售经营单位安全生产规定》《北京市餐饮经营单位安全生产规定》《北京市商业零售经营单位促销活动管理规定》《北京市蔬菜零售网点建设管理办法》5部规章，同时建议对《北京市洗浴和美容美发经营场所管理若干规定》进行简易修订。

（卓　娜）

【做好对各类规范性文件的清理工作】市商务委对1949年至2016年期间以市政府、市政府办公厅名义印发的、涉及市商务委的行政规范性文件开展了为期8个月的清理工作，共清理文件44件，其中经市政府宣布失效21件。与此同时，市商务委还对2016年12月31日前以市商务委名义制发的各类行政规范性文件进行了清理，共清理文件107件，其中保留59件，宣布废止、失效48件。

（卓　娜）

【组织开展“职业教育宣传月”系列活动】4—6月，市商务委教育中心开展了以“育工匠精神，展职业风采”为主题的“职业教育宣传月”系列活动。学校组织“走出去、请进来”活动，让师生进社区、进社会参加志愿服务，引导学生践行社会主义核心价值观，培育和展示良好的职业素养；开放校园，请中学生和市民走进校园，了解专业知识、普及职业理念，请在校生家长走进课堂走进宿舍，体验孩子在校的学习和生活情况；开设职业教育体验班，举办职业礼仪大赛、专业技能大赛，营造“赶、学、比、超”的学习氛围，以赛促教、以赛促学、以赛促练。

（梅　焱、杨战雄）

【成功申报国家级服务业标准化试点项目】为巩固国家级服务业标准化试点成果，以优秀典型带动服务业标准化整体水平提升，促进服务业快速发展与提质增效，2017年5月，按照市质监局办公室《转发国家标准委办公室关于征集2017年度国家级服务业标准化试点项目的通知》（京质监办发〔2017〕12号）要求，经北京菜市口百货股份有限公司申请，市商务委与市质监局共同向国家标准化管理委员会推荐了“北京菜市口百货股份有限公司商贸服务标准化试点”项目，并于2017年年底正式获准实施。

（卓　娜）

【12312举报投诉受理工作圆满完成】2017年，北京市商务举报投诉中心围绕北京市商务工作大局，畅通受理渠道，坚持依法受理，推动案件办理，做好十九大期间商

务举报投诉受理工作，积极应对金钱豹投诉案件爆发。2017年，接收案件5638件，受理办结1834件，处理咨询建议362件，办结率100%。排名前五名为：预付卡4656件、外资企业76件、二手车报废补贴72件、食盐66件、家电补贴61件。

（余　丽）

商务执法

【概况】2017年，北京市商务执法监察大队深入学习贯彻习近平总书记一系列新思想、新理念，新战略，以市政府行政执法监督考评为牵引，以巩固全国商务综合行政执法试点新成果为主线，以开创首都商务行政执法新局面、打造全国商务行政执法新名片为目标，坚持依法行政，深入落实“放管服”要求，不断加强事中事后监管，稳中求进，实中求效，抓班子，带队伍，大队思想作风建设得到新加强，执法能力建设实现新提升，执法规范化建设取得新成效，执法领域实现新突破，全面建设再上新台阶。

全年共出动执法人员6879人次，检查（复查）单位2562家次。完成行政处罚955个（其中一般程序164个），人均处罚量达到20.80个，得100%分值。履行处罚职权50项，职权履行率为14.58%，比上一度增加0.5%，履职均衡度为78%，得100%分值。2017年4月，商务部综合执法试点考评小组对北京市商务综合执法试点工作进行了考核验收，北京市以118分的成绩被评定为“优秀”。

（郭明学）

【加大督查指导力度】2017年，开展“安全生产大检查”“一带一路高峰论坛”“十九大”“大排查大清理大整治”等专项督查活动，对16个区的安全生产属地监管责任落实情况进行督察，层层传导压力和责任，夯实属地政府安全生产监管责任，督促企业落实安全生产主体责任。2017年，16个区共办理安全生产一般程序案件62起，警示教育作用发挥明显，全年未发生重大安全生产事故。

（秦小方）

【维护首都食盐市场安全】国务院《盐业体制改革方案》正式颁布实施后，全国各地130余家食盐批发企业涌入北京食盐市场。市商务执法监察大队对准备进入北京食盐市场的企业了解情况，宣传政策法规和监管要求；对已经进入北京食盐市场的企业，逐一进行实地检查，掌握其销售模式、销量、销售方向、仓储地址、仓储量等基本情况，建立详细的台账；开展“夏季食盐专项整治”“冬季腌制盐专项整治”行动。全年共办理一般程序案件37件，没收盐产品3028.1kg，有效地净化了首都食盐市场。

（秦小方）

【加强商业特许经营行业监管】加大对行业影响大、示范引领作用明显的集团连锁企业的查处力度，全年共检查集团连锁企业15家，并对北京我爱我家房地产经纪有限公司、北京巨人环球教育科技有限公司作出行政处罚。规范备案企业，对2016年度备案的45家特许经营企业逐一进行排查，对其中18家未按规定年报的企业作出行政处罚。打击违法企业，对涉嫌从事违法经营的企业开展针对性的执法检查，全年共查处违法企业18家，并对有严重违法行为且屡教不改的企业加大处罚力度。

（秦小方）

二、商业流通规划与发展

规划建设

【概况】2017年，市商务委积极推动商品交易市场调整疏解，持续推进农产品流通体系建设，充分发挥规划引领作用，开展重点工作研究。

2017年，北京市租赁和商务服务业固定资产投资完成283.8亿元，同比增长119.6%；新建和规范提升蔬菜零售网点421个，市民可在全市蔬菜零售网点电子地图查询蔬菜零售网点信息；累计疏解提升市场241个、疏解物流中心55个，累计涉及从业人员约18.2万人、商户数4.5万户，涉及建筑面积约434万平方米，完成了天意、万通、永外城批发市场撤并升级和外迁。

市重点工程项目稳步推进。新发地农产品批发市场按照《新发地农产品批发市场转型升级和区域合作方案》启动升级改造，蔬菜交易楼项目已开工建设；北京鲜活农产品流通中心项目主体工程已封顶。

制定政策措施，完善商业设施布局，推进非首都功能疏解。会同相关部门发布《关于“疏解整治促提升”工作中完善便民商业设施若干问题的指导意见》《关于市政府固定资产投资补助商业便民服务设施项目的暂行规定》，出台了《北京市推进市场和物流中心疏解提升的指导意见》等配套政策，与京冀商务部门共同发布了《河北省承接地批发市场建设工作方案》《天津市承接地批发市场建设工作方案》，编制完成《北京市2018－2020年“疏解区域性专业市场”专项行动工作方案》。

商务领域的产业深度融合不断推进。与承德市政府联合推动物流托盘标准化试点、服务外包战略合作等10个京承合作项目落地，投资总金额超过30亿元。河北省累计签约引进北京商户25000余户，入驻12600户。

（丁　颖）

【加快推进菜篮子双核保障项目建设】新发地农产品批发市场蔬菜交易楼项目已开工建设；北京鲜活农产品流通中心项目主体工程完成封顶。

（丁　颖）

【深入推进规范化、连锁化蔬菜零售网点建设】2017年，完成新建和规范提升规范化蔬菜零售网点421个，超额完成全年新建和规范提升300个以上蔬菜零售网点任务。

（林英杰）

【发挥农产品流通产业发展基金作用】2017年，利用农产品流通产业发展基金完成对新发地批发市场、新发地生鲜网两项投资及中央物流园有限公司第二次增资，共投资1.2亿元，促进了北京市农产品批发市场升级改造及蔬菜零售终端的发展。

（林英杰）

【研究制定《关于“疏解整治促提升”工作中完善便民商业设施若干问题的指导意见》】会同市发展改革委、市规划国土委等七部门印发了《关于“疏解整治促提升”工作中完善便民商业设施若干问题的指导意见》，强调统筹市场疏解和便民服务保障，按照“升级为导向、‘建关’相结合”的原则区别对待便民商业网点，明确了便民商业设施配置标准和积极利用疏解腾退空间优先用于补充便民商业设施等举措。

（李洪臣）

【研究制定《关于市政府固定资产投资补助商业便民服务设施项目的暂行规定》】会同市发展改革委印发了《关于市政府固定资产投资补助商业便民服务设施项目的暂行规定》和项目申报通知，启动项目申报工作。2017年投资补助资金重点用于支持蔬菜零售网点（社区菜市场、社区菜店、生鲜超市、社区蔬菜［肉类］直通车）、早餐店、便利店、社区商业便民服务综合体等基本便民服务项目，全年支持项目103个，补助资金5660万元。

（李洪臣）

流通发展

【概况】2017年，北京市流通产业保持平稳较快发展，转型升级步伐逐步加快，现代化水平稳步提升。

连锁经营规模不断扩大，网点持续增加。据统计，2014－2016年，全市零售和餐饮连锁企业门店数年均增长5%，销售额年均增长7.2%。2017年，规模以上连锁企业达到250家，连锁零售、餐饮门店数达到13500个左右，同比增长7.1%，规模以上连锁企业销售额达到3400亿元左右，同比增长6.6%，连锁化率（规模以上连锁企业销售额占社零额比重）达到30.5%。

社区商业综合化、集约化发展态势明显。社区商业便民服务综合体、社区生鲜超市，以及线上线下、跨业态融合等生活性新业态、新模式快速发展。新建社区商业便民服务综合体20个，超额完成全年任务，全市累计建成56个，其中核心区38个，占总数的67%。截至2017年年底，全市“一刻钟社区服务圈”示范点建设累计达到1452个，覆盖2706个社区，覆盖率87.5%，惠及居民1569万。此外，有60余家老字号企业开展网上营销，300余家老字号门店通过美团等本地生活平台提供线上服务。

便利化、规范化程度有所提升。出台实施《进一步优化连锁便利店发展环境的工作方案》，营商环境持续优化，资本密集投入，新品牌不断涌现，连锁便利店快速发展。2017年，全市新增连锁便利店219个，累计达到1503个，数量较上年增加17%。

（邵　全）

【2017“成都造·中国行”北京站活动启动】4月17日，由成都市人民政府主办，市商务委支持的2017“成都造·中国行”北京站活动正式启动。欧盟有关国家驻华商务参赞、“成都造”企业负责人、相关行业协会、国际商协会，以及市商务委组织的大型超市、餐饮企业企业代表共200余人参加了启动仪式。

（邵　全）

【2017京交会北京老字号主题展圆满落幕】5月28日至6月1日，由市商务委主办的2017京交会北京老字号“记忆·传承”主题展在国家会议中心惊艳亮相。北京老字号展区占地面积370平方米，以“记忆·传承”为主题，突出“固本培元、匠心传承、开拓创新、世界共享”的发展理念。

（耿英贞）

【举办2017老字号餐饮发展论坛】5月30日，由市商务委主办，北京老字号协会、北京烹饪协会共同承办的2017老字号餐饮发展论坛在京交会上拉开帷幕。论坛以“坚守特色 传承经典”为主题，行业协会、相关企业等代表共同交流了老字号餐饮文化，探讨老字号餐饮固本传承、创新发展的现实路径。

（耿英贞）

【品牌商业助力副中心建设】6月15日，由市商务委和通州区政府共同主办的“品牌商业走进副中心”活动在通州区举行。市商务委组织百货、超市、餐饮、生活服务业等60余家品牌连锁商业企业参加了活动。通州区商务委与物美、中粮大悦城、北菜集团、金月时代签订了战略合作意向书，为参与通州商业建设的企业提供全方位服务。

（王翰阳）

【启动“放心肉菜示范超市”创建活动】7月11日，市食品药品安全委员会召开创建“放心肉菜示范超市”动员部署大会，市区两级食药监、商务、农业部门负责人及大型连锁超市负责人220余人参会。为加强肉菜等食用农产品质量安全管理，保障市民“菜篮子”安全，在市食安办的统一部署下，市商务委会同市食药监局、市农业局共同起草制定了《北京市创建放心肉菜示范超市工作方案（试行）》《北京市创建放心肉菜示范超市审评细则（试行）》《北京市创建放心肉菜示范超市评价与管理办法（试行）》，进一步明确了北京市开展示范创建活动的原则、目标和主要内容。

（魏新宇）

【举办2017“品牌连锁商业企业怀柔行”活动】9月8日，由市商务委和怀柔区政府共同主办的“品牌连锁商业企业怀柔行”活动成功举办。市商务委组织超市、餐饮、生活服务业等50余家品牌连锁商业企业参加了活动。

（王翰阳）

【市商务委流通发展处荣获北京市对口支援工作组织奖】9月11日，市委市政府召开“北京市对口支援工作表彰大会”，隆重表彰在北京市对口支援和经济合作工作中做出突出贡献的先进集体和先进个人。市商务委流通发展处等30个单位获得“北京市对口支援工作组织奖”。

（魏新宇）

【举办四川攀枝花芒果品牌发布推介会】9月12日，四川攀枝花芒果品牌发布推介会在京举办。此次攀枝花芒果的推介是全国行的首站，拟通过多站活动将中国“纬度最北、海拔最高、成熟最晚”的芒果主产区优质芒果以全新形象推向世界。北京市京客隆、超市发、家乐福、华冠、首航国力超市以及京东商城、中粮我买网、沱沱工社等电商企业参加了对接活动。

（张　爽）

【北京老字号亮相贝尔格莱德“北京日”活动】由北京市政府、贝尔格莱德市政府、中国驻塞尔维亚大使馆联合举办的贝尔格莱德“北京日”活动于当地时间9月16日至17日正式启动。10家北京老字号企业在贝尔格莱德市中心的卡拉梅格丹城堡集中亮相，吸引了众多贝尔格莱德市民参观体验，向世界展示了中国优秀的传统文化和技艺。

（耿英贞）

【京津冀三地商务部门联合举办实体零售创新转型高峰论坛】9月23日，2017京津冀实体零售创新转型高峰论坛在河北省石家庄市举行。高峰论坛邀请了京津冀三地商务部门领导、业内专家学者及实体零售企业代表，围绕“创新转型，融合发展”进行了主题研讨和交流。

（耿英贞）

【第21届中国（廊坊）农交会取得积极成果】9月25日，第21届中国（廊坊）农产品交易会召开，北京市30余家超市、蔬菜零售、餐饮企业，与来自河北承德、张家口、保定、廊坊、沧州等蔬菜生产区的近100家农业合作社、生产企业进行了对接。在京津冀三地政府和蔬菜产业联盟组织下，各企业负责人及生鲜部门领导亲自与农业合作社、生产企业的负责人进行面对面洽谈，取得积极成果。

（张　爽）

【王府井集团与首航国力公司签署战略合作协议】9月26日，北京王府井集团与北京首航国力商贸有限公司签署战略合作协议，王府井集团与首航国力超市将共同出资1亿元组建合资公司，以“王府井首航”为商业品牌，打造规范化、连锁化、品牌化的生鲜超市和社区购物中心。此次合作是以资本助推、跨界融合、开放合作、专业化运营的方式，为推动实体零售创新转型做出的积极探索。

（张　爽）

【组织参加“盛京特色食品（北京）展洽会”】11月16日，由沈阳市服务业委员会、沈阳市沈北新区人民政府主办的“盛京特色食品（北京）展洽会”在北京辽宁大厦辽宁厅举行。市商务委积极组织北京市连锁经营协会、老字号协会、餐饮行业协会、电子商务协会负责人，以及40余家大型超市、老字号、餐饮和电商企业参加展洽会，供销双方现场进行了深入对接和洽谈。

（魏新宇）

【举办北京对口支援合作地区特色产品商超推介会】12月14日，由市商务委和市支援合作办共同主办的2017北京市对口支援地区特色产品商超推介会在中国国际展览中心举行，50余家超市、农产品流通企业和电商平台与支援合作地区企业参加推介会和现场对接。

（魏新宇）

【《进一步优化连锁便利店发展环境的工作方案》出台】12月29日，经市政府同意，市商务委、市财政局、市工商局、市食品药品监管局四部门共同出台并联合印发了《关于进一步优化连锁便利店发展环境的工作方案》，结合北京市连锁便利店发展的现状和趋势，以问题为导向，突出改革创新，明确了进一步优化连锁便利店发展环境的指导思想和工作原则、总体目标和重点任务。

（耿英贞）

电子商务

【概况】2017年，北京市电子商务的快速发展，已成为首都经济增长的新引擎、产业升级的新动力、居民生活的新方式，在助力供给侧改革、推动线上线下融合、引领消费升级等方面发挥了重要作用。

电商企业集群发展。截至2017年年底，全市开展网上零售的限额以上批发零售企业共有481家，比上年新增100家，提高26.2%；电商渗透率为8%，较上年提高两个百分点。网上零售额亿元以上企业共80家，较上年增加4家，其中，千亿元以上1家，百亿至千亿元的5家，十亿至百亿元的15家，一亿至十亿元的59家，已形成龙头电商和骨干电商稳定增长，中小电商特色化、专业化快速发展的集群格局。

亿级、千亿级电子商务平台数量居全国之首。“互联网＋”与生活服务消费领域渗透融合，催生了新业态、新商业模式，并带动相关服务消费快速增长。2017年，全市规模以上法人单位所属电子商务交易平台共有589个，全年实现交易额合计4.69万亿元，同比增长20.3％。年交易额上亿元的电子商务平台有204个，其中，千亿元以上14个，百亿至千亿元的30个，十亿至百亿元的61个，一亿至十亿元的99个。

电子商务示范性位居全国前列。北京市是全国首批“国家电子商务示范城市”，近年来累计培育了5个国家级电子商务示范基地、11家市级跨境电子商务产业园；先后4批共65家次商务部电子商务示范企业，入选数量和涵盖电商品类均居全国首位。全市已有8家电子认证服务机构、57家第三方支付机构，其中跨境电子商务第三方支付试点机构10家，数量均居全国首位。

电子商务成为拉动经济增长的新引擎。2010年至2017年，北京市限额以上批发零售企业网上零售额由120亿元增至2371亿元，增长近19倍；占社零额的比重从2％增至20.5％；对社零额的贡献率由2011年的26.7％提高到2017年的40.9％。2017年，全市限额以上批发零售企业实现网上零售额2371.4亿元，同比增长10.9％；占社会消费品零售总额的比重达到20.5％，高于全国5.5个百分点；拉动全市社零额增长2.1个百分点，对全市社零额增量的贡献率达到40.9％。

跨境电商蓬勃快速发展。随着消费供给侧改革的深入及居民消费结构的升级，北京市跨境电子商务持续快速发展。2017年，全市跨境电商直购进口共验放申报清单307.45万票，同比增长246.06％；商品价值13.17亿元人民币，同比增长291.96％；汇总征税1.41亿元人民币，同比增长382.29％。跨境电商零售出口共验放申报清单3258.98万票，同比增长62.78％；商品3434.77万件，同比增长61.71％；价值5.55亿美元，同比增长108.65％。全市累计建成跨境电商直购体验店36家，较2016年的15家增加了21家。

服务支撑体系完善。一是信息化基础设施建设不断推进。北京市持续加强宽带网光纤化改造与4G无线带宽建设。2017年，全市具备光纤接入能力家庭累计超过1200万户，固定宽带家庭用户数累计约717.8万户，同比增长2.8％；4G基站累计达5.73万个，同比增长8.3％，已实现4G网络行政村全覆盖；移动宽带用户数达到2693万户，同比增长3.8％。二是物流服务体系不断完善。全市已新建和规范末端共同配送网点500余个，“最后一公里”物流服务不断完善；已投入应用6800余辆纯电动物流车辆，流通集约化、绿色化发展趋势凸显；跨境电商企业加快海外仓布局，目前已在全球建设海外仓70余个，国际物流服务体系不断拓展。三是互联网上市企业数量居全国首位。截至2017年年底，在102家互联网上市企业中，北京市企业占总数的40.2％，居全国第一，为电子商务发展提供了有效的技术和服务支撑。

电子商务成为服务居民生活消费的新方式。通过鼓励引导，从内贸到外贸各领域，都在进行电子商务化、线下到线上的转型升级，带动了大量的新服务、新业态发展，为居民生活带来了极大便利。比如针对旧房水电改造等传统行业，也可通过电商平台把需求和服务人员连接起来，提供上门服务。社区商业E中心初具规模，全市已建成400余家社区商业E中心，融合“现场体验、在线下单、便捷支付、末端配送”等功能于一体，带动“互联网＋生活性服务业”发展。

在国内率先应用电子发票。北京市始终坚持以创新的思路和方式推动电子商务发展，在电子商务领域率先试点应用电子发票，并将试点对象从电子商务企业扩大至大型零售、电信和金融保险等传统行业。目前，全市电子发票试点范围已覆盖电子商务、传统零售、餐饮、快递、电信及金融保险等领域4818家，累计开具11.2亿张，占全国电子发票总量近50％。

（卢慧玲）

【举办2017中国（北京）电子商务大会】2017年电子商务大会共吸引了来自新西兰、荷兰等驻华使馆代表，来自墨西哥、乌拉圭、巴拿马、蒙古、吉尔吉斯斯坦、黎巴嫩、尼泊尔等15个国家，商务部有关司局、全国近20个省市60余个商务主管部门、北京海关、北京国检局、北京市财政局等促进电子商务工作联席会议成员单位、国家电子商务示范基地、行业组织和知名电子商务企业代表累计近3000人次参加会议，大会期间参加论坛和展览的人数累计达万余人次。

（卢慧玲、刘扬阳）

【农村电商精准帮扶成效显著】2017年，市商务委会同北京市农村工作委员会印发了《加快推进本市农村电商精准帮扶实施方案》的通知，进一步发挥农村电商在引导规范性品牌化生产、拓宽农产品销售渠道、创新农产品流通方式方面的作用，带动农民致富增收。2017年，京东商城、苏宁、中粮我买网、国安社区和顺丰速运等19家电商企业与平谷区21家合作社5000余农户达成战略合作意向，带动全区大桃网上销量1740万斤、销售额1.5亿元，农民增收3700余万元。京东商城在全国100多个省、市、县级地方馆正式开馆，帮助832个国家级贫困县销售商品153亿元，平均季度复合增长率26.5％；农特产品线上销售覆盖136个三级品类283万种商品，累计帮助近10万个贫困地区家庭增收。

（刘扬阳）

【出台北京市电子商务“十三五”规划】市商务委会同市发改委、市经信委等部门，统筹谋划“十三五”期间推进北京市电子商务发展的思路、目标和重点工作，以市商务委名义出台了《北京市“十三五”时期电子商务发展规划》。

（宋志雷）

【印发《北京市进一步推进跨境电子商务发展的实施意见》】市商务委会同北京海关、北京国检局等20余个相关部门，深入研究探讨新形势下推进跨境电商发展的措施办法，以北京市人民政府办公厅名义印发了《北京市进一步推进跨境电子商务发展的实施意见》（京政办发〔2017〕24号）的通知，将培育一批“千百十亿”电商企业，提供跨境电商“一站式”综合服务，推动京津冀跨境电商协同发展。

（宋志雷）

【印发《北京市深入推进“互联网＋流通”行动方案》】市商务委会同相关部门研究起草了《北京市深入推进“互联网＋流通”行动方案》，提出北京市深入推进“互联网＋流通”行动方案7个方面22项具体任务，该方案已于12月以北京市人民政府办公厅名义印发。

（许　凯）

【举办“2017年跨境体验季活动”】组织北京市逾30家跨境电商平台及线下体验店开展线上线下联动促销，通过线上平台促销、线下举办主题日体验等方式，回拉境外消费、培育新的消费增长点。本次活动发布了“北京跨境电商消费体验季”电子地图，目前已收录64家跨境电商平台以及线下体验店，包含商家名称、店面图片、地址、特色产品等信息。

（宋志雷）

【举办“2018北京跨年促销节”活动】市商务委主办了全市大型跨年商业促销活动“2018北京跨年促销节”，活动历时两个多月，涵盖了元旦和春节两大节日，全市200多家企业积极参与，开展了线上线下全渠道、多业态联合让利促销，进一步打造了北京特色的跨年促销活动品牌，营造了全城联动促销的浓厚节日氛围，带动了品质消费和品牌消费新高潮。据统计，跨年促销节期间，多种形式的促销活动带动北京全城消费206亿元，较上年同期增长47%，部分业态客流量增长60%。一得阁、义聚成、吴裕泰、北京市珐琅厂等老字号企业表现尤佳。

（刘扬阳）

三、市场运行与管理

消费品市场

【概况】2017年，市商务委深入贯彻落实习总书记视察北京重要讲话精神，积极发挥消费对经济增长的基础性作用，主动创新总消费统计方法和促消费活动形式，促进首都消费市场保持平稳增长。

创新总消费统计方法。会同统计部门出台《北京市市场总消费统计办法（试行）》，在全国率先以总消费代替社会消费品零售总额（简称“社零额”）作为衡量消费水平的指标，开创“总消费”统计新纪元。全市实现市场总消费额23789亿元，同比增长8.5%。

率先步入服务消费主导时代。全市实现服务性消费12213.6亿元，同比增长11.8%，占总消费的51.3%，对总消费增长的贡献率接近七成；实现社零额11575.4亿元，同比增长5.2%。北京在全国率先步入服务消费主导时代。

餐饮收入创新高。全市实现餐饮收入1028.8亿元，同比增长7.7%，首次突破千亿元大关，增速创近五年来新高。

（万薇薇）

【开展主题促消费活动】2017年，延续开展新能源汽车促销节、节能产品促销节、餐饮促消费等以商品消费为主的主题促消费活动，并创新开展时尚消费月、老年消费月、妇女儿童消费月等融合服务消费内容的促消费项目。全年累计开展各类落地活动100余场，参与企业7000余家，覆盖4.7万余门店，同时依托报纸、电视等宣传媒介进行促消费活动宣传，活跃丰富了首都消费市场，取得了显著的社会和经济效益。

（彭　峰）

【餐饮行业健康发展】2017年，北京市餐饮行业健康发展。早餐工程支持新建或改造便民早餐网点167个，餐饮业服务品质全面提升。美食嘉年华、京菜美食文化节、国际西餐节等餐饮促消费活动吸引数百万人次消费者参与，拉动餐饮销售额超过40亿元。《北京市餐饮业经营规范（试行）》加大宣贯，建立品牌企业库，确定46家品牌餐饮为首批入库企业。

（李志鹏）

【节能减排促消费政策效果明显】2017年，市商务委重新征集了北京苏宁云商销售有限公司等21家定点销售企业。销售企业覆盖北京市16个区，涉及205家实体门店和3家线上零售企业，销售渠道包含百货店、超市、连锁店和网店等业态。据统计，21家定点企业当年共销售节能减排商品241万台，实现销售额86.98亿元，销售额同比增长19.77%。经测算，销售的节能产品节电约1.9亿度，折合标煤6.37万余吨，减排二氧化碳15.66万余吨；节水约12万吨，绿色消费节能成效显著。

（杨　凌）

【酒类流通管理】组织北京市糖酒食品类企业参加第96届、第97届全国糖酒商品交易会及中国贵州国际酒类博览会，助力企业开拓国内外市场，提高品牌知名度和影响力。参展企业签订合同金额达2800余万元，意向合同金额超过1亿元。监测并定期分析发布酒类市场信息，为政府部门决策提供参考依据。据市统计局统计，2017年北京市限额以上企业酒类商品销售额599.2亿元，同比增长6.6%。

（胡敬轩）

【推广境外旅客购物离境退税政策】北京市备案退税商店累计达到524家。实施退税商店鼓励政策，对上年度新增的99家退税商店给予每家1万元资金支持，共拨付鼓励资金99万元。以退税商店为重点内容，开展“商务服务业品牌促消费宣传项目”，大力宣传北京市商业优质、实惠、便捷、国际化消费氛围，吸引境外消费。2017年，全市开具《境外旅客购物离境退税申请单》4696份，退税商店销售额1.6亿元，退税额1483万元。

（彭　峰）

储备调控

【概况】2017年，市商务委以供给侧结构性改革思维，全力保障北京市生活必需品市场供应，服务重要会议和重大活动，推进完善肉菜流通追溯试点建设。

（一）生活必需品供应保障

2017年，北京市生活必需品市场供应基本稳定。粮油、肉蛋、蔬菜等主要生活必需品货源充足，储备到位，市场运行总体平稳。一是加强市场监测，做好分析预测，全年累计报送监测日报、周报、运行报告和供应信息274篇。二是巩固产销合作，保障货源供应。1月10日至3月20日，开展第七次春节蔬菜保供联合行动，在蔬菜日常供应量基础上累计增加蔬菜供应总量约18.04万吨，日均增加2614吨，保障了首都蔬菜市场供应稳定。三是完善政府储备，加强储备监管。完成2017—2019年度政府储备冻猪肉公开招标，重新确定了5家承储企业。会同保障中心开展生活必需品政府储备检查，确保储备商品数量到位、质量合格，确保政府储备储得住、管得好、调得出、用得上。

（二）成品油市场管理

全年完成审批业务和经营资格年检工作1100余件，报送监测报告64期。提高行政效率，审批时限压缩10个工作日。认真落实《清洁空气行动计划》，做好柴油车用尿素供应保障和京Ⅵ标准车用燃油供应保障工作。目前，全市700余座加油站供应柴油车用尿素，能够满足市场需求。

（三）完善肉菜流通追溯建设，扩大肉菜追溯覆盖范围

完成35家大型连锁超市291个门店肉菜追溯、3家批发市场及零售大厅追溯、5家生猪定点屠宰企业分割肉追溯、2个包装蔬菜企业追溯、2家直营直供企业蔬菜追溯。猪肉追溯节点数达到1778个，蔬菜追溯节点数达到2383个。继续加大“北京E追溯”宣传，引导消费者使用手机APP和微信公众号、现场查询机录入追溯码或扫描二维码（条形码）以及登录北京市肉菜追溯服务平台，实现多方式追溯查询。

（四）盐业体制改革

按照国家发展改革委和工信部的工作部署，制定了《北京市盐业体制改革实施方案》，开始对全国各省（市）、自治区跨区域经营食盐企业在京开展经营活动进行备案，有序地开展食盐体制改革工作。

（五）重要会议和重大活动供应服务保障

圆满完成市“两会”、全国“两会”、党的十八届六中全会、中央经济工作会议第十二届全国常委会第十四次至第十八次会议等15项重要会议供应服务保障任务。安全、优质、细致、周到的供应服务保障，受到了相关会议组织单位和领导的肯定和表扬。

（六）冬奥会餐饮业务口工作

有序推进北京2022年冬奥会和冬残奥会餐饮服务保障工作。进一步修改完善餐饮业务层面的基础规划和总体计划。开展冬奥会食品原材料供应和市场资源调研。按照“适度超前”工作原则，借鉴2008年奥运会等相关赛会和重大活动服务保障经验，着手准备北京冬奥会餐饮食品原材料供应企业遴选工作并积极开展部门对接。

（李轶鼎、刘 璇）

【圆满完成全国“两会”等重要会议的供应服务保障工作】圆满完成了十二届全国人大五次会议及全国政协十二届五次会议的食品供应和服务保障工作，安全、优质、优惠的供应服务和细致、周到的服务保障，受到了全国“两会”总务组的高度评价和表扬，并分别给市商务委发来感谢信，感谢多年来对大会服务保障工作的大力支持。

（邵 兵）

【高质量完成“一带一路”国际合作高峰论坛供应保障工作】2017年2月至5月，在中筹委和市服务保障工作领导小组的领导下，经过历时3个月的不懈努力，克服了保障时间长、保障地点多、保障标准高、保障强度大、保障距离远等困难，高质量、高标准地完成了供应保障任务，受到了市服务保障工作领导小组的表扬和感谢。

（邵 兵）

【完成中国共产党第十九次全国代表大会的供应保障工作】在市委、市政府领导下，组织食品供应保障企业，认真筹备，周到服务，出色完成了党的十九次全国代表大会的供应任务，受到大会秘书处总务组的表扬和感谢。

（邵 兵）

【有序开展食盐体制改革工作】按照国家发展改革委和工信部的工作部署，制定了《北京市盐业体制改革实施方案》，开始对全国各省（市）、自治区跨区域经营食盐企业在京开展经营活动进行备案，有序地开展食盐体制改革工作。

（邵 兵）

【完善肉菜流通追溯建设】贯彻落实《国务院办公厅关于加快推进重要产品追溯体系建设的意见》，按照《北京市加快推进重要产品追溯体系建设实施方案》要求，组织北京市重要产品追溯体系统一平台项目申报。完善肉菜流通追溯体系建设，扩大肉菜追溯覆盖范围。宣传“北京E追溯”，引导消费者使用微信公众号和手机APP移动查询系统，实现多方式追溯查询。

（侯学群）

【圆满完成防汛安全管理工作】6月1日至9月15日汛期期间，严格执行工作人员24小时值班制度，多次对防汛物资储备情况开展检查，高度重视承储企业自身防汛安全，积极组织开展防汛物资、应急物资投放演练，提高应急调拨处置水平，确保防汛物资“响应及时、供应顺畅”，圆满完成了汛期安全管理工作。

（庄 平）

【成品油、原油行政许可审批工作情况】2017年，审批成品油零售经营企业行政许可59件，初审成品油批发、仓储及原油经营资格行政许可事项14件。

（王云峰）

【成品油销售量增加】2017年，全市成品油表观销售量下降4.4%。其中，汽油增长3.5%，柴油下降18%。

（王云峰）

【落实《北京市2013—2017年清洁空气行动计划》】2017年，落实《北京市2013—2017年清洁空气行动计划》，出动检查人员620余人次，检查成品油经营企业210家次，全力保障京Ⅵ标准车用燃油市场供应。

（王云峰）

【保障成品油企业经营安全】在元旦、春节、两会、国庆及重要时期，会同市政市容委、市安监局、市公安内保局等部门开展联合执法检查工作，共检查成品油经营企业50余家次，出动检查人员110余人次。

（王云峰）

【做好京Ⅵ标准车用燃油供应保障工作】从2017年1月1日至2月28日，组织北京市成品油经营企业开展油品置换和标识更换工作。3月1日起，北京市全面供应京Ⅵ标准车用柴油。积极与本市主要成品油经营企业沟通联系，要求主要成品油经营企业加强油品调运，保持合理库存，确保油品供应充足。

（王云峰）

【开展第七次春节蔬菜保供联合行动】2017年1月10日至3月20日，市商务委会同市农委、中国蔬菜流通行业协会与天津、河北、山东、海南、广西等供京蔬菜主产区政府开展第七次春节蔬菜保供联合行动，保障了首都蔬菜市场供应稳定。活动期间，在蔬菜日常供应量基础上累计增加蔬菜供应总量约18.04万吨，日均增加2614吨，保障了首都蔬菜市场供应稳定。

（陈　泽）

【加强生活必需品市场监测工作】按照“准确监测、全面分析、科学预测、快速反应”原则，认真做好生活必需品市场监测，及时报送信息，并强化极端天气下生活必需品市场供应监测。全年累计报送监测日报、周报、运行报告和供应信息274篇。

（刘　璇）

【蔬菜上市总量增加】2017年，监测的7家批发市场蔬菜上市量达126.5亿公斤，日均3464.6万公斤，同比增长1.56%。

（刘　璇）

【生猪屠宰量增长】2017年，监测的9家定点屠宰企业生猪屠宰总量712.4万头，日均屠宰1.95万头，同比增加13.6%。

（刘　璇）

【牛羊肉交易量减少】2017年，监测的7家批发市场牛肉交易总量7323.7万公斤，日均交易量20.1万公斤，同比减少3.1%。羊肉交易总量6410.8万公斤，日均交易量17.6万公斤，同比减少1.1%。

（刘　璇）

【鸡蛋交易量减少】2017年，监测的7家批发市场鸡蛋交易总量25032.7万公斤，日均68.6万公斤，同比减少0.6%。

（刘　璇）

粮食流通

【概况】2017年，北京市粮食行业紧紧围绕习近平总书记两次视察北京重要讲话精神，全面落实市委市政府的各项工作部署，树立新发展理念，自觉服务中央和全市大局，进一步“抓粮源、稳市场、保供应、转方式、强监管、提服务”，全市粮食流通各项工作有序推进，首都粮食安全保障工作取得重大进展。

（孔 晶、梅 伟）

【粮油消费量连续第三年呈现下降态势】2017年，北京市城乡居民口粮、口油稳中趋减，饲料用粮大幅缩减，工业用粮基本持平。粮油供需总量基本平衡，粮油市场繁荣稳定，产销合作不断深化，粮油库存保持充裕。2017年，粮食消费513.7万吨，比上年减少22.1万吨，减幅4.1%。城乡居民口粮消费359.9万吨，比上年减少1.4万吨，减幅0.4%。饲料用粮119.1万吨，比上年减少20.6万吨，降幅14.7%。工业用粮33.5万吨，比上年增加0.1万吨，增幅0.3%。食用油消费量56.7万吨，比上年减少0.1万吨，下降0.2%。2017年，北京市粮食供给678.6万吨，较上年增长13.1%。其中，自产39.9万吨，市外购进631.2万吨，进口7.5万吨。

（惠春光）

【粮食市场运行平稳】2017年，十九大、重大节日、重要活动期间首都粮油市场货源充足、品种丰富、价格平稳。推进产销合作，外埠粮源基地达240个，一手粮源年收购量超过300万吨，入京粮源100多万吨，接近全市年粮食消费量的20%。全市粮油供应网点达到1万多家，实现便民服务社区全覆盖，粮食应急供应保障体系稳步发展。军粮供应保障有力，军民融合发展取得新进展。

（惠春光、张瑞忠）

【有序推进储备粮轮换】2017年，利用市储备粮轮换机制调节市场粮食供求和价格，共举办13次交易会，市储备原粮累计轮出60.13万吨，轮入57.2万吨，粮食供应充足。

（刘 钰）

【地方储备粮管理严格规范】2017年，开展市储备粮质量抽查工作，抽查市储备粮23万吨，市储备粮储存品质宜存率100%。强化绿色、生态储粮技术研究和应用，年免用化学药剂储粮比例达到70%以上。

（孔令文）

【完善粮食应急供应保障机制】全市共认定供应网点810个，储运企业48家，配送中心28家，应急加工企业25家，日处理水稻、小麦、精炼油脂能力1.5万吨。

（惠春光）

【加快粮食流通布局调整】推动五环内粮食仓储业有序退出，研究副中心粮食流通产业发展方向，有效推动副中心、城郊区粮食流通工作的协调互通。加快推动“中国好粮油”工程，引导优质粮油产品进京，构建符合首都城市发展的新型粮油便民服务体系步伐加快。

（王红伍）

【粮食行业发展取得新进展】国有粮食企业改革稳步推进，多元市场主体积极发展，粮油仓储、加工业陆续向粮食优质产区转移。北京市与中储粮、中粮等中央企业的区域战略合作进一步深化。全市粮食行业抓住机遇、发挥优势，国有粮食企业连续16年保持盈利，盈利水平居全国粮食系统前列。2017年，京粮集团实现销售收入335.9亿元。

（张俊杰）

【推进京津冀协调发展】京津冀粮食行业协同发展局长联席会议制度进一步完善，粮食应急、信息共享、联合执法等相关机制逐步建立，三地粮食企业深度合作，京冀粮油食品产业一体化发展形成新格局。继续巩固在粮食批发交易市场、粮食市场信息、粮食应急及军粮供应保障、执法检查及案件查处等方面的合作。

（王德奇、惠春光）

【京津冀产业合作取得实效】“京粮集团”“冀粮集团”油脂合作取得实质性进展。“京粮集团”按照国家级粮食物流园区的水准，推进黄骅港、天津港等物流节点建设。其中，新拟建的黄骅港粮食仓储物流基地占地628亩，仓容33.3万吨，建筑面积7.8万平方米，投资估算3.5亿元，预计2018年建成投入使用。

（张俊杰、惠春光）

【落实“粮安工程”建设规划】有效衔接国家规划，沿“一环两港三线”优化物流节点布局，构建粮源采购、储备物流、加工生产、市场网络四大体系，环京4小时粮食物流圈建设取得实效。粮食城市保供产业集聚加快，重点建设集成品粮储备、加工、物流、研发、检验、应急保障于一体的粮油应急保障中心，保障首都城市运行的粮食流通重要物流节点和通道逐步建成。

（王红伍）

【粮食流通基础设施建设成效明显】按照“国家发改委、国家粮食局2014－2015年粮食仓储设施第一批（400亿斤）建设计划”要求，全年新建高大平房仓、糙米仓、低温成品仓24栋，建设总规模31.33万吨，累计完成投资2.48亿元，占项目总投资的81%，粮食仓储现代化实力显著增强。拨付粮食仓储设施维修资金1040.38万元，拨补中央资金2517万元，切实提高储备实力，促进粮库智能化升级改造，充分发挥财政资金的杠杆作用。

（王红伍）

【粮食流通服务保障功能提升】结合社区商业零售体系建设规划，粮食便民服务体系取得新发展。实施“互联网＋粮食”行动计划，粮库智能化、管理数字化、调控信息化、交易网络化持续推进，粮食电子商务稳步发展。营商环境建设工程加快推进，粮油消费市场逐步规范，有效保障各类粮食经营者公平交易。

（王红伍）

【强化质量安全管理责任】按照“属地管理，谁出库谁负责”的原则，严把出库粮食质量关。开展重金属元素、真菌毒素和农药残留等卫生指标检测，粮食质量安全检验监测体系建设继续推进，及时准确掌握北京地区粮食卫生状况，粮食质量安全风险进一步降低。

（王红伍、蒙少华）

【提高粮食宣传服务水平】积极开展世界粮食日、爱粮节粮宣传周、“放心粮油宣传日”、科技周等主题活动，评选北京市首届“爱粮节粮之星”。积极开展粮食行业专业技能人才培训和鉴定工作。退耕还林累计供应补助粮1.9万吨，惠及1437个村13.3万户退耕农户，郊区转储玉米5.85万吨，切实保障首都农民根本利益。

（张瑞琪、惠春光）

【全面推进依法治粮工作】完善行政权力清单动态调整机制，权力清单和责任清单制度严格落实。推进粮食安全市区长责任制考核工作，市区两级粮食安全主体责任全面落实。合并军粮供应站资格和军粮代供点资格审批，优化粮食收购资格审批流程，简化市储备粮轮换手续，丰富粮食交易报名和结算方式，营造良好营商环境。

（孔　晶、高光亮）

【严格规范市场监管】严格“一规定两守则”各项要求，安全储粮和安全生产责任落到实处。积极开展粮食库存检查，深化事中事后监管，增加中央储备粮、国家临时存储粮和国家一次性储备粮等中央事权粮的检查，2017年全市共开展粮食流通检查1053次，出动检查人员3053人次，检查企业1250个。开展“双随机”检查216次，同比增幅60%，社会化涉粮企业检查覆盖面持续扩大。全面开展“粮食安全隐患大排查快整治严执法”集中行动。

（石红兵）

流通秩序

【概况】2017年，按照北京市商务工作部署，流通秩序规范工作以维护和谐稳定、公平竞争的法治化营商环境为重点，加强市场秩序规范管理，推进商务诚信建设，开展商业服务业服务技能大赛活动，提升商业服务业整体服务水平，各项工作取得了积极成效。

（一）维护和谐稳定、公平竞争的法治化营商环境

持续推进2017年度反恐协防和综治维稳工作，出台相关政策文件，强化商业零售经营单位刀具和“低慢小”航空器销售管控工作，组织开展重大节日、敏感时期商务领域反恐维稳联合检查，全年检查繁华商圈、特色商业街内企业1800余家，发现并督促整改隐患问题380起。同时圆满完成2017年度综治归口考核和二级考核工作。

全力推进商业零售企业诚信促销，防范购物返券、限时限量等违规行为，提升促销活动报告效率，加强促销活动事中、事后监管；2017年，全市商务部门共出动检查人员1121多人次，检查商业企业175家，现场纠正不规范促销行为11件，营造了和谐有序的消费环境。

牵头工商等部门开展预付卡联合整治，出台相关实施细则，加强备案管理，对全市164家备案企业、36家未填报业务经营情况企业进行信息公示，截至2017年年底，全市品牌发卡企业21家，集团发卡企业23家，规模发卡企业120家；全年共审核预付卡备案材料、季度业务经营报表512份，涉及预收资金余额97.2亿元，其中银行资金存管129家，存管资金11.6亿元，人保财险保证保险35家，保险额11.7亿元。

（二）加强商务领域信用体系建设，推动服务业品质提升

推进商务领域信用体系建设，制定实施《北京市商务委员会关于建立完善信用联合奖惩制度加快诚信建设的实施意见》和《北京市商务领域不良信用记录名单管理办法（试行）》，积极推进守信激励和失信联合惩戒机制建设，完善行政许可和行政处罚信息公示归集等工作。2017年共公示归集800余条信用信息。

开展诚信兴商宣传月暨信用消费进万家主题日活动，制作并发放信用消费宣传片和消费手册，引导商业企业推出信用消费产品，鼓励更多消费者参与信用消费。京东金融、苏宁易购等12家参与企业实现信用消费额持续增长。2017年信用消费额达861.5亿元，同比增长70.5%。其中活动月期间信用消费额达179.6亿元，同比增长59.8%，很大程度上刺激了消费增长，正成为新的经济增长点。

组织开展2017年北京市商业服务业技能大赛活动，全市12个行业3万余家企业

门店30余万人踊跃报名参与，共设置了茶艺师、美发师、美容师、中式烹调师、育婴员等18个竞赛项目活动，开展了916场技能培训、岗位练兵、技能比武、经验交流和各级竞赛活动，评选出180名优秀技能人才，518名参赛选手取得国家职业资格证书，18个单位荣获优秀组织奖，为推动首都生活性服务业品质提升做出了积极贡献。

（三）规范行业管理，促进行业持续健康发展

开展交易场所“回头看”清理整顿行动，对违规交易场所进行约谈、整顿和停业。积极发挥北京华商储备商品交易所和中国棉花交易市场增强政府平抑物价和稳定市场的能力，全年收储和投放食糖、肉类、棉花62万吨，成为国家宏观调商品现货市场的重要平台。2017年，北京市8家正常运行的商品现货市场累计交易额1014.6亿元，同比上升26.7%。

加强药品流通行业管理，监测12家批发企业和16家零售企业销售进度，开展调研和数据分析统计工作，2017年全市共有药品经营企业5872家。其中，批发企业255家；连锁企业93家，连锁门店1914家；单体零售门店3610家。全市91家药品流通直报企业实现销售总额2920.6亿元、主营业务收入2539.5亿元、主营业务利润303.4亿元，同比增长9.6%、9.8%和20.3%，有效促进了社零额的增长。

做好商务领域社会组织服务管理工作。开展社会组织涉企经营性服务性收费清理，对涉企收费情况进行公示，行业协会商会涉企收费不断规范。社会组织党的组织和党的工作“两个覆盖”不断扩大，28家行业协会成立了党组织，13家不具备建立党组织条件的行业协会商会指派了党建工作指导员。行业协会商会脱钩试点工作稳步推进，第二批20家协会脱钩工作基本完成。指导6家协会完成换届选举工作，新成立1家，注销1家。

（郑　林、康　凯、谢凤珍）

【举办技能大赛活动总结汇报会】2017年12月13日，市商务委、市人社局、市总工会、市妇联联合召开“北京市第七届商业服务业技能大赛总结汇报会”。北京市副市长程红出席会议并讲话，并为18个竞赛项目的冠军选手颁奖，市商务委闫立刚主任为荣获大赛活动优秀组织奖的单位代表颁奖。

（王　勇）

【预付卡专项整治情况】牵头工商、公安、教育、交通、文化、旅游等部门，开展预付卡专项整治。期间利用各种渠道进行法规宣传和风险提示，提高市民的自我保护意识。本市报纸、广播、电视、微信、微博、宣传栏等对消费者进行教育引导256次，涉及8352人次。专项整治期间共检查企业2679家，出动执法人员2651人次，责令整改55家，行政处罚407家，处罚金额35.16万元，线索移交22起，案件移交1起。

（刘　伟）

【开展信用消费进万家活动】9月28日，市商务委会同商务部秩序司、相关金融机构、商业企业组织开展了全国诚信兴商宣传月暨信用消费进万家主题日活动启动仪式，市委宣传部、市发改委等11个委办局和16个区商务委相关负责人参加。国际商报、上海证券报、法治晚报、财经新闻、中国质量报、搜狐网等34家媒体参与启动仪式，并通过电视台、互联网、报刊等媒体宣传报道了北京市诚信兴商和信用消费主题日

活动内容。

（刘 伟）

【金钱豹跑路引发消费维权】为积极应对金钱豹餐饮企业跑路事件，市商务委沟通协调商务部、中国消费者协会、上海商务委、市公安局、海淀法院等部门，引导消费者通过法律渠道解决维权纠纷。2017年，东城、海淀、朝阳区法院共受理115起金钱豹预付卡消费侵权案件，东城区法院依据餐饮业服务合同对3起消费侵权案件进行判决，判决结果为“解除消费合同，预付卡剩余钱款退还消费者”。

（刘 伟）

【北京市药品流通工作会议召开】3月1日，2017年北京市药品流通行业工作会议召开，行业协会和药品流通企业代表共约130人参加了会议。会上介绍了北京市2016年药品流通行业工作的基本情况，分析了本市药品流通行业发展面临的新形势，并对2017年药品流通工作提出相关要求，要求企业开展品牌建设，努力打造品牌企业、药店，提升行业服务能力。

（齐国清）

【开展商业保理试点工作】组织石景山、海淀、顺义、怀柔、密云区商务部门完善保理业务监管制度，防范企业违规经营，2017年新设立商业保理公司12家，共为120多家中小企业融资35亿元。其中北京中技商业保理有限公司联合蔚邦商业保理（上海）有限公司，成功发行规模总额9亿元的商业保理资产证券化产品，也是全国商业保理行业首单联合资产证券化产品。

（刘 伟）

【开展商品现货市场清理整治工作】市商务委会同金融、证监、工商、律师事务所、会计师事务所开展了为期3个月的交易场所清理整治，对全市20家商品现货市场进行“回头看”现场检查，对石油、棉花、红木等交易场所存在的问题进行约谈，督促整改违规问题。

（刘 伟）

【防范商务领域非法集资】市商务委协调推进商业领域打击非法集资工作，联合区县商务委、市商务执法监察大队对全市典当、融资租赁企业进行重复性风险排查，靠前防范了商业企业非法集资风险。2017年共现场检查商业企业256家，未发现商业企业中存在非法集资问题。

（刘 伟）

【协调处理“夺命抽屉柜”事件】媒体报道宜家销售“夺命抽屉柜”事件后，引起市领导高度重视，经市商务委协调，宜家总部召开媒体沟通会，降低社会不良影响。对“夺命抽屉柜”的销售、使用和退回事项进行明确声明，先后向会员和消费者共发送安全提示短信174万条，微信314万条，提示消费者上墙固定抽屉柜的重要性，同时为消费者推出了相关服务举措，以确保产品使用安全。

（刘 伟）

【依法规范零售商供应商公平交易】市商务委积极发挥商务部门统筹协调作用，加强与发改、公安、工商等部门的沟通协作，依法规范零售商供应商公平公正交易。2017年通过12345举报投诉平台共接受咨询电话10余次，处理举报投诉4起，协调解决供应商货款70万元。

（孙景东）

【流通领域节能降耗情况】鼓励商业流通领域开展节能减排、绿色低碳节能项目改造，引导企业合理使用新能源、新产品、新技术。2017 年，共支持本市 5 家企业开展节能项目改造，补贴财政资金 791.2 万元，带动企业投资 1978.2 万元，企业年节电总量约 306.5 万度。

（孙景东）

【商务领域节能标准制定情况】加快完善商场超市节能减排标准化体系建设，落实《北京市推进节能低碳和循环经济标准化工作实施方案（2015－2022 年）》要求，编制《商场超市碳排放管理规范》和《绿色商场超市评价要求》两项地方标准，现已提交市质监局审批。

（孙景东）

【推进绿色商场创建】鼓励零售企业销售绿色节能环保产品。北京万达广场商业管理有限公司（石景山万达广场）、北京凯德嘉茂太阳宫房地产经营管理有限公司（太阳宫店）、北京翠微大厦股份有限公司（翠微路店）、北京京客隆商业集团股份有限公司（酒仙桥店）被商务部评为绿色商场。

（孙景东）

市场秩序协调

【概况】在全国打击侵权假冒工作领导小组办公室的指导下，认真履行市打击侵权假冒工作领导小组办公室职责，突出统筹协调、强化重点领域治理、推进区域协作、完善体制机制建设，抓好工作落实，全力营造首都良好的营商环境，全市打击侵权假冒工作取得显著成效。北京市商务委员会市场秩序协调处因工作成绩突出，被评为“全国打击侵权假冒工作先进集体”。

2017 年，全市行政执法部门侵权假冒立案 4525 件，同比下降 5.2%，结案 4332 件，同比增长 3%，涉案金额 9455 万元，同比增长 22.2%，捣毁窝点 182 个，同比增长 61.1%，移送司法机关涉嫌犯罪案件 112 件，同比增长 89.8%；公安机关破获涉假犯罪案件 698 起，同比下降 3.7%，涉案价值 33.58 亿元，同比增长 260.7%；检察机关依法批捕案件 317 件 435 人，同比分别增长 105.8% 和 133.9%，起诉案件 420 件 529 人，同比分别增长 11.7% 和 19.4%；审判机关共受理案件 402 件，同比增长 9.2%，审结 403 件，同比增长 5.2%，判决 513 人，同比增长 10.3%。

（一）专项治理持续开展

互联网领域侵权假冒行为治理取得阶段性成果。市工商局联合 12 部门制定《北京市落实 2017 年网络市场监管专项行动实施方案》；食药监部门联合公安机关开展“净网”专项行动，破获各类食品药品案件 155 件；质监部门办理电商产品违法案件 73 件；文化执法部门积极开展打击网络侵权盗版专项治理“剑网”行动，办理涉及知识产权行政处罚案件 107 件；知识产权部门组织相关企业，成立北京电子商务领域知识产权（专利）保护联盟，打造政府、企业、协会互赢共管新模式。

农村和城乡接合部市场治理深入推进。农业部门印发《2017 年全市农业系统农资打假专项治理行动实施方案》。开展种子、制种基地及农资市场检查，出动执法人员 2.5 万余人次，检查生产企业 1.1 万家次；工商部门开展农资市场整治工作，检查农资经营主体 9549 家次，取缔无证无照经营 70 户，立案查处 102 件；质监部门开展农资打假“质检利剑”行动，出动执法人员 490 人次，检查农资企业 164 家次。

中国制造海外形象维护“清风”行动持续推进。印发《北京市2017年度“清风”行动实施计划》，以净化生产源头、治理重点专业市场、强化出口环节监管、规范跨境电子商务、加强国际交流合作为重点开展专项整治；北京海关立案15件，扣留涉嫌侵权货物15批次2.1万余件；工商部门办结商标侵权及假冒伪劣商品涉外案件182件，罚款302万元。

（二）重大活动期间市场经营秩序良好

及时总结重大活动保障经验，制定印发《重大活动打击侵权假冒工作保障方案》，形成重大活动保障的长效机制。“一带一路”国际合作高峰论坛和“十九大”期间，市领导小组副组长带队，组织工商、质监、知识产权、文化执法等相关成员单位对东城区红桥、百荣市场、朝阳区秀水街市场、潘家园市场、海淀区海龙大厦、鼎好大厦等重点市场，以及会场和代表驻地周边等13个重点区域和重点市场开展集中检查和暗访16次。

（三）打击侵权假冒工作影响力进一步扩大

举办“2017中国反侵权假冒经验交流北京行暨保护知识产权、打击侵权假冒成果展示活动”，在全国率先以会议交流和展览展示相结合的形式开展宣传和经验交流。组织京东商城、阿里巴巴、小米科技、奇虎360、纳恩博、全聚德、同仁堂、内联升、王致和、庆丰10家互联网及老字号企业展示企业打击侵权假冒方面的成功案例；联合市知识产权局组织相关企业参加由国家知识产权局和英国知识产权局共同主办的“2017年英中知识产权研讨会”，宣传北京市打击侵权假冒工作的做法和经验，与英国知识产权局、英中商会等政府部门和行业组织探讨建立企业海外维权互助合作机制。全年采集打击侵权假冒信息838条，择优上报信息162条，被全国打击侵权假冒工作简报采用3条，制作北京市打击侵权假冒工作专报13期。撰写年度报告，并被评为《2017中国反侵权假冒年度报告》“优秀稿件奖”。

（四）区域合作、两法衔接和信息公开不断深化

积极落实《京津冀晋蒙五省（区、市）打击侵权假冒区域协作共同指引》，结合大气治理工作，牵头制定《2017京津冀晋蒙打击假劣车用燃油专项行动方案》，会同津冀两地工商、质监、环保、商务等部门首次组成联合检查组，三地五部门50多人对天津市蓟州区环城加油站、河北省三河市李旗庄加油站、北京市通州区白庙加油站进行了车用燃油情况联合执法检查。

开展北京市打击侵权假冒“两法衔接”涉案物品检验检测、鉴定、保管、处理情况调研；及时向打击侵权假冒中央信息平台推送数据，与中央平台完全对接，按月推送数据。2017年，北京市打击侵权假冒“两法衔接”信息共享系统采集案件信息4705件；打击侵权假冒行政处罚案件信息公开工作连续第四年列入北京市政府政务公开工作要点，9家行政执法部门主动公开案件信息3109件。

（赵旗舟、李　春）

【连续五年对各区打击侵权假冒工作进行考核】按照首都综治办《关于组织开展对2016年度各区和有关单位综治工作情况进行考核的通知》要求，市打击侵权假冒工作领导小组办公室组织14家市级部门对全市16个区进行2016年工作考核。这是北京市连续第五年对各区打击侵权假冒工作进行考

核，考核结果计入各区社会治安综合治理（平安建设）工作考核成绩。该项工作受到全国打击侵权假冒工作考核组的肯定。

（韩建中）

【举办2017中国反侵权假冒经验交流北京行活动】4月25日，市打击侵权假冒工作领导小组办公室与中国产学研合作促进会反侵权假冒创新战略联盟共同主办“2017中国反侵权假冒经验交流北京行暨保护知识产权、打击侵权假冒成果展示活动”。相关政府部门围绕打击侵权假冒工作的新形势新特点及相关政策进行解读，世界知识产权组织代表、学界专家就国内外专业组织在反侵权假冒领域开展的工作进行了主题演讲；京东商城、阿里巴巴、全聚德、同仁堂等10家企业展示了企业打击侵权假冒方面的成功案例。全国打击侵权假冒工作领导小组办公室、公安部、海关总署、国家质检总局、国家新闻出版广电总局、国家知识产权局、最高人民法院，市工商局以及河北省、陕西省、重庆市打击侵权假冒工作领导小组办公室，世界知识产权组织、中国防伪行业协会等国内外行业组织、企业负责人及各界专家学者等200余人参加活动。

（韩建中）

【开展“一带一路”国际合作高峰论坛期间打击侵权假冒集中检查】“一带一路”国际合作高峰论坛期间，市打击侵权假冒工作领导小组办公室组织市级相关成员单位分别牵头对东城、西城、海淀、怀柔、丰台和秀水市场、红桥市场等重点区域、重点市场开展集中检查。市打击侵权假冒工作领导小组副组长、市商务委主任闫立刚带队，组织工商、质监、知识产权、文化执法、城管执法及朝阳区相关部门对秀水街市场开展侵权假冒集中检查；市打击侵权假冒领导小组办公室主任、市商务委委员王洪存带队赴东城区红桥市场；市知识产权局副局长潘新胜带队赴朝阳区城环城国际汽配城；市工商局牵头对秀水街市场、“三点三市场”、潘家园市场，以及周边眼镜城，市质监局牵头对天意、万通，市文化执法总队牵头对海淀区中关村海龙、科贸、鼎好等市场分别进行检查。

（张成成）

【联合组织打击假劣车用燃油执法行动】根据《2017年京津冀晋蒙打击假劣车用燃油专项行动方案》，11月9日，市打击侵权假冒工作领导小组办公室与天津市、河北省打击侵权假冒领导小组办公室一起，会同工商、质监、环保、商务等部门组成联合检查组，对天津市蓟州区中石化环城加油站、河北省三河市中石化李旗庄加油站、北京市通州区宋庄镇白庙加油站车用燃油情况开展联合执法检查。三地有关部门共50余人参加了本次联合执法行动，并按照各自职责分工进行了认真细致的检查，现场检查未发现问题。通过本次联合执法检查，三地跨部门、跨地区执法协作的意识得到进一步强化，三地配合协作执法能力也得到了实地检验。

（张成成、刘　猛）

【连续三年获“《中国反侵权假冒年度报告》优秀稿件奖”】9月1日，中国打击侵权假冒工作领导小组办公室主编的《2017中国反侵权假冒年度报告》在中国商务出版社出版，市打击侵权假冒工作领导小组办公室获“《2017中国反侵权假冒年度报告》优秀稿件奖”，这是连续第三年获此奖项。《中国反侵权假冒年度报告》2015年首次发行，主要内容为总结回顾上一年度中央、各省（区、市）和相关行业协会在打击侵权假冒领域的有效做法和经验。内容涵盖行政执法部门、公检法等司法机关打击侵权假冒工作情况，行业组织开展行业自律情况，以及新出台的相关法律法规以及侵权假冒典型案例等。

（张成成）

安全生产

【概况】2017年度，商务行业安全生产工作坚持稳中求进工作总基调，着力强化安全生产责任，加大隐患排查治理力度，深入推进标准化建设，全面预防控制事故风险，圆满完成了“一带一路”国际合作高峰论坛和党的十九大等重大政治活动、重要节日的安全保障任务。出动检查21000余人次，检查企业8000余家次，督促整改隐患、问题3100余项。市商务委被市政府评为“安全生产先进单位”，被市安委会评为“安全生产工作先进单位”“安全生产管理创新单位”。

（宋　军、陈玉全）

【开展安全生产月活动】6月，市商务委在全市商务行业组织开展了以“全面落实企业安全生产主体责任”为主题的“安全生产月”活动，先后举办了安全生产大课堂活动、安全生产联合执法、汛期行业安全生产消隐行动、安全生产普法教育、人员密集场安全生产大检查、防火防灾应急演练以及区级商务部门安全生产工作专项督查等活动。活动期间，在本领域发放宣传材料80000余张，开展各类安全生产集中培训400余次，培训人数近50000人次；市区商务部门出动执法检查人员1400余人次，检查经营单位500余家，发现并消防各类安全隐患150余个，立案处罚2起。

（宋　军、陈玉全）

【开展消防安全责任制培训】6月30日，市商务委组织召开消防安全责任制专题培训会议。各区商务部门、市商务执法监察大队主管领导和科室负责人、部分专职安全员，各商业零售和餐饮连锁集团安全生产负责人共计180余人参加了培训。

（宋　军、陈玉全）

【开展安全生产监管工作培训】8月25日，市商务委举办了全市商务行业安全生产监管工作培训暨行业安全生产大检查再动员再部署工作会。各区商务部门、市商务执法监察大队主管领导和科室负责人，部分安全生产专职安全员，各商业零售和餐饮连锁集团安全生产负责人共计130余人参加了培训。

（宋　军、陈玉全）

【开展联合执法检查】5月9日，市商务委会同市区两级安监、消防、商务等部门对部分重点经营单位开展了安全生产联合执法检查。各部门重点围绕企业生产和消防安全对经营单位进行了“清单式”的检查，进一步加强了商务行业风险防控，全面消除各类安全隐患，为“一带一路”国际合作高峰论坛期间营造了安全、稳定、有序的商务消费环境。市商务委充分发挥联合执法叠加效能，2017年共组织各类联合执法检查6次。

（宋　军、陈玉全）

【开展企业送安工程】积极开展商务行业安全生产标准化达标创建，组织中介服务机构为商业服务业企业提供安全生产技术支撑。通过示范先行、典型引路、以点带面的方式，推动北京市3000多家重点商业零售和餐饮经营单位安全生产达标，达标率超过80%。在餐饮行业大力推行安全生产责任保险，已投保企业超过10000家，建立起了责任保险与安全生产工作结合互补的良性机制。引导各区商务委充分发挥安全生产中介服务机构作用，加强安全检查、隐患排查和宣传教育等工作，为企业安全风险防控预警和行业安全监管提供决策依据，形成了政企联动工作格局。

（宋　军、陈玉全）

【推进安全生产工作机制建设】2017年，市商务委与市公安局消防局经过深入调查，反复座谈磋商，针对商务行业人员密集的特点，共同研究制定了火灾事故隐患信息共享、联合执法检查和联合约谈警示三项工作机制。按照相关工作机制要求，2017年，市商务委、市公安局消防局先后两次组织集中约谈警示教育，对120多家企业160多名店长及部分连锁企业安全生产负责人进行了消防安全集中约谈。

（宋　军、陈玉全）

【做好重点时期安全保障】2017年，市商务委做好全市重要节日和重大活动期间安全保障工作。元旦、春节、“五一”、国庆等节日期间，组织开展节日安全生产、规范促销检查督查。全市商务部门以繁华商业街区、城乡接合部、地下空间和大型综合楼宇内经营单位为重点，督促经营单位落实安全生产主体责任，做好安全生产、应急演练和事故防范工作，营造节日期间“安全、稳定、祥和”的商务运行环境。全国“两会”、十九大、“一带一路”国际合作高峰论坛期间，全市商务部门发扬连续作战作风，对会场和代表驻地周边500米范围内重点经营单位开展检查排查。市、区两级商务部门，充分发挥“互联网+”安全作用，利用安全微信平台，对每日检查发现的问题及隐患整改情况，进行及时通气、通报，实现信息互通，完成隐患整改的闭环管理。

（宋　军、陈玉全）

【开展火灾隐患专项治理】2017年，市商务委加强对安全生产专项整治工作的组织领导，先后组织开展了烟花爆竹安全管理、预防煤气中毒、火灾隐患可燃物清理等专项行动，突出以首都机场、西郊机场、城市副中心为核心辐射周边，以天安门、中南海为核心辐射至整个政治中心区等重点区域重点单位进行安全隐患排查清理整治。对大排查大清理大整治中发现的问题坚决采取“零容忍”，能立即整改的问题不过夜，不能立即整改的要建立台账，采取专人盯防，直至隐患彻底消除。经过市区两级商务部门的努力，大检查取得了阶段性成果。

（宋　军、陈玉全）

【推进安全生产责任保险】2017年，市商务委指导各区商务部门将“安责险”和隐患治理、应急处置、事故处理等工作有机融合，使企业多头收益、全面提高，保障餐饮行业安全稳定。全市新增“安责险”投保企业13346家，其中餐饮经营单位投保12939家，逐步在全市餐饮行业建立起责任保险与安全生产工作相结合的良性互动机制。

（宋　军、陈玉全）

【推进标准化达标创建工作】2017年，市、区商务部门继续深入推进标准化达标创建工作，将经营单位安全生产责任制、安全管理规章制度和应急预案等文件资料进一步规范。市商务委转发《安全生产标准化企业期满复评工作指导意见的通知》，并对期满复评工作提出明确要求。各区商务部门指导企业开展三级标准化工作，深化“一企业一标准”“一岗位一清单”，提升企业本质安全管理水平。全市2500余家商业零售和餐饮经营单位达到安全生产标准化水平。

（宋　军、陈玉全）

四、生活服务业和特殊流通行业

生活服务业

【概况】 2017年，继续牵头贯彻落实《北京市提高生活性服务业品质行动计划》，全面推进生活性服务业的“规范化、连锁化、便利化、品牌化、特色化”发展取得明显成效。

基本便民商业服务功能社区覆盖率和网点连锁化率不断提高，进一步便利了市民生活。2017年，组织全市共建设提升蔬菜零售、家政服务等各类便民商业网点1210个（新建873个、规范提升337个），超额完成市政府为民办实事工程建设提升1000个网点的年度任务目标，其中292个（24.1%）是疏解整治促提升补建网点；城六区基本便民商业服务功能实现社区全覆盖，全市达到87.4%；全市基本便民商业网点连锁化率达到34.9%，较上年度提升5.5个百分点，其中城六区网点连锁化率达到43.2%，较上年度提升8.2个百分点。

形成一批新模式、新业态，满足了市民的多样化消费需求。一是支持建设了50余家“大而全”的社区商业便民服务综合体，集成社区零售、餐饮、家政、修理等多种便民服务，全面满足居民的基本生活需求。二是支持建设了200余家“小而精”的社区商业“E中心”，依托实体店面，应用“互联网＋”覆盖居民日常购物和服务消费，融合“现场体验、在线下单、便捷支付、末端配送”等功能于一体。三是固定网点搭载，增加服务功能。鼓励支持一批规范化连锁网点搭载早餐、快递、收衣等便民服务功能。四是鼓励发展“互联网＋生活性服务业”新模式。涌现出了一批线上线下融合发展的大型连锁生鲜超市、洗衣、家政、再生资源回收等新模式。

在全国率先初步建立生活性服务业标准、规范体系，不断提高服务质量。在2016年率先全国初步建立蔬菜零售等11个行业（业态）的标准规范体系的基础上，2017年以“贯彻实施”为重点，继续开展生活性服务业标准规范宣传贯彻工作，引导企业规范经营，不断提高服务质量，并将其作为促进生活性服务业规范化发展的一项基础性工作长期坚持组织开展。

（胡　滨）

【开展示范街区创建工作】 以“便民、利民、惠民”为目标，全市15个街区积极开展生活性服务业示范街区的创建。经过评审、验收、公示，顺义区中粮祥云小镇成为北京市首个生活性服务业示范街区。

（胡　滨）

【发布《北京生活性服务业品牌连锁企业资源库（2017年）》】 对2016年入选企业进行动态调整和完善，2017年入选253家企业，涉及蔬菜零售、便利店、家政等17个行业（业态），约占全市生活性服务业网点总数的20%左右。

（安玉新）

【出台《关于进一步促进和规范家政服

务业发展的实施意见》】联合12部门印发实施了《关于进一步促进和规范家政服务业发展的实施意见》（京商务交字〔2017〕245号），鼓励家政服务业模式创新、进一步完善家政服务政策支持体系、建立健全家政服务行业监督管理体系和家政服务诚信服务体系。

（王　璇）

【开展家政“春节保供”行动】为保障2017年春节期间家政服务市场供应平稳，指导北京家政服务协会和96156社区服务平台组织58家在京连锁品牌家政企业开展春节家政服务市场保供行动，动员万名家政服务员错峰返乡或进京保障春节家政服务市场，累计服务市民100余万人次。

（王　璇）

【支持完成岗位技能培训3万人次】以“以奖代补”形式支持17家培训实施主体完成了3万人次的生活性服务业岗位技能培训工作。

（王　璇）

特殊流通行业

【概况】做好典当、拍卖、内资融资租赁等行业的行政审批、日常监管和风险排查工作。截至2017年年底，北京市取得《拍卖经营批准证书》的工商登记企业741家，典当企业361家、典当分支机构134家，内资融资租赁试点企业26家。规范引导拍卖行业发展，加强行业宣传，组织开展2017北京典当拍卖季活动。以“使命 责任 担当——新机遇 新消费 新经济”为主题，共举办三场专场拍卖、三场典当品展销、四场专题讲座和四场综合类活动，引导典当、拍卖行业直面挑战、抓住机遇、创新经营，同时吸引公众对拍卖行业的关注和参与。加强汽车流通行业管理，促进行业稳步发展。截至2017年年底，全市报废汽车回收拆解企业7家、备案二手车交易市场12家。2017年，全市12家二手车交易市场交易量约70.6万辆，7家报废汽车回收拆解企业拆解量约17.4万辆。

（王　璇）

【新增拍卖企业119家】2017年，完成新设企业从事拍卖业务许可审批119件。截至2017年年底，全市在工商部门注册登记并取得《拍卖经营批准证书》的企业741家。

（王　璇）

【396家拍卖企业通过年度核查】根据《中华人民共和国拍卖法》、商务部《拍卖管理办法》的有关规定，对拍卖企业2016年度经营资质、经营情况、拍卖人员情况及企业变更事项等进行了核查，共有396家拍卖企业通过了核查。

（王　璇）

【举办2017北京典当拍卖季】2017北京典当拍卖季活动于2017年10月至12月集中开展宣传活动，吸引全国30余省市的典当、拍卖企业参与其中，带动全行业实现交易额2.38亿元，已逐渐成为促进首都文化消费的新品牌、新名片。

（王　璇）

【知识产权拍卖首次进入北京国际服务贸易交易会】2017年，首次在服交会期间举办知识产权拍卖暨融资对接活动，成为2017年服交会的创新亮点之一，借助线上线下相结合的拍卖新形式实现总成交额3.349亿元，推动了知识产权权利人与市场对接。

（王　璇）

【新增典当企业及分支机构19家】 2017年，北京市新增典当企业14家、典当分支机构5家。截至2017年年底，取得《典当经营许可证》企业361家、分支机构134家。

（魏 拓、孟祥伟）

【典当总额同比增长12.5%】 2017年，北京典当企业达到361家、典当行分支机构134家、从业人员4457人。全市典当总额545.3亿元，同比下降12.2%；典当余额105.3亿元，同比增长5.4%；利润总额3.4亿元，同比下降2.9%；应交税金1.0亿元，同比下降23.1%，发挥了面向小微企业和居民的融资服务功能。

（魏 拓、孟祥伟）

【开展典当企业年度核查】 开展北京市典当企业及外省分支机构2016年度核查。341家典当企业和外省分支机构评为A类企业，17家典当企业评为B类企业，9家典当企业被收回《典当经营许可证》。

（魏 拓、孟祥伟）

【出台《关于加快融资租赁业发展的实施意见》】 市商务委联合12部门印发实施了《关于加快融资租赁业发展的实施意见》（京商务交字〔2017〕121号），明确了积极培育市场主体、支持有条件的行政区域设立融资（金融）租赁聚集区、鼓励出台区域性支持融资（金融）租赁公司发展的相关配套政策、支持天竺综保区开展飞机租赁等业务和加快培育一批骨干企业。

（安玉新）

【内资融资租赁企业投放额175.42亿元】 2017年，26家试点融资租赁企业投放额175.42亿元，利润总额0.52亿元，缴纳税收3.77亿元。

（安玉新）

【淘汰老旧机动车49.6万辆】 2017年，积极配合相关部门推进北京市老旧机动车淘汰更新工作，共淘汰老旧机动车49.6万辆，完成任务总量的165%。

（魏 拓、曹 民）

【回收报废汽车量持续增长】 2017年，北京市7家报废汽车回收拆解企业拆解报废汽车总量17.4万辆，同比增长2%。

（魏 拓、曹 民）

【开展报废汽车回收拆解企业专项检查】 会同行业协会对全市7家报废汽车回收拆解企业进行了检查，并针对行业中存在的问题研究对策措施，跟踪督促企业抓好整改，进一步规范了报废汽车回收拆解秩序。

（魏 拓、曹 民）

五、物流业

【概况】2017年，北京市物流行业供给侧结构改革步伐加快，降本增效稳步推进，发展稳中有进，物流效率、集约化程度不断提高，物流专业化、规模化、集约化水平显著提升，绿色化发展趋势日益凸显，为保障首都城市运转提供了有力支撑。

加强规划对接，推动区域物流合作。为贯彻落实《京津冀协同发展规划纲要》要求，紧扣京津冀地区新功能定位，坚持以协同促进供给侧改革，以发展提升首都服务保障水平，着力构建与区域协同发展相融合、与满足城乡居民鲜活农产品需求相配套的环首都1小时鲜活农产品流通圈，市商务委会同天津市商务委员会、河北省商务厅共同起草了《环首都1小时鲜活农产品流通圈规划》。

推动物流标准化试点，着力提升城市配送水平。继续开展物流标准化试点工作，新增20家标准化试点企业，新增物流标准化试点项目已全部完成验收。完成项目建设企业为42家，拨付支持金额7849.79万元，试点企业物流效率大幅提升、成本明显降低。试点企业库内运输设备、人工效率提高超过50%，货物周转效率、盘点准确率、仓库空间利用率均大幅提高，货物破损率明显降低。由于搬运次数减少，装卸人员成本降低50%以上。

落实清洁空气行动计划，推动构建绿色物流体系。贯彻落实《北京市2013－2017清洁空气行动计划》，稳步推进电动物流车示范运营工作。经过公开征集、专家评审、公示等程序，确定了6家电动物流车运营试点企业，全年共完成推广纯电动物流车880辆，累计超过1500辆。

进一步完善城市物流配送网络，提升末端配送服务水平。以服务城乡建设和市民生活需求为重点，稳步推进城市共同配送网络建设，积极优化城市物流末端配送网点布局，着力解决社区“最后一公里”配送难问题。截至2017年12月，新建或规范末端配送网点100个，累计超过500个。

（余　博）

【开展物流标准化试点】2017年4月，市商务委开展了2017年物流标准化试点企业和项目的征集申报，经过项目征集、专家论证、公示、公告等环节，新增物流标准化试点企业20家，新增物流标准化试点项目全部完成验收。北京市是第一批物流标准化试点城市（北京、上海、广州）中唯一连续三年获得中央财政资金支持的城市。

（余　博）

【开展2017年北京市电动物流车运营试点企业征集】2017年10月27日，按照《北京市2013－2017清洁空气行动计划》工作要求，推进电动物流车的推广使用，指导北京物流协会公开征集2017年北京电动物流车运营试点企业。

（余　博）

【新增2家5A级物流企业】2017年，

中国物流与采购联合会发布第23、第24批A级物流企业名单，全市年内新增5A级物流企业2家、4A级物流企业6家。截至第24批，北京共有A级物流企业92家，其中5A级物流企业31家，4A级企业31家。

（余　博）

【新增国际货运代理企业备案62家】 2017年，共完成国际货运代理经营资格备案62个，变更208个，办理国际货代经营资格注销9个。

（余　博）

六、对外贸易

货物贸易

【概况】2017年，据北京海关统计，北京实现货物贸易进出口总额2.19万亿元，同比增长17.5%，高出全国平均增幅3.3个百分点。其中，出口额3962.5亿元，同比增长15.5%，高出全国平均增幅4.7个百分点；进口额1.8万亿元，同比增长18.0%。进出口、出口分别完成全年目标任务的115.3%和113.8%，进口是上年的1.18倍。

主要进出口商品大幅增长。主要出口商品成品油、船舶和农产品分别增长31.8%、57.1%和28.5%；主要进口商品原油、农产品、天然气、铁矿砂分别增长37.4%、9.4%、42.5%、42.7%。消费品进口358.6亿美元，同比增长4.8%。其中，汽车、医药品、农产品分别占消费品进口的65.5%、10.7%和10.1%。外贸结构更加优化合理。“双自主”企业出口占比达到20.8%，比上年末提高2.5个百分点；一般贸易出口占比59.7%，比上年末提高8.2个百分点；新业态新模式快速发展，跨境电商和外贸综合服务企业出口占比达到2.7%，与“一带一路”沿线国家贸易快速增长。北京与“一带一路”沿线国家双边贸易额1258.2亿美元，同比增长28.5%，高于全市平均增幅13.9个百分点，占全市进出口总额的38.9%。其中，出口252.6亿美元，同比增长20.6%，占出口总额的43.2%；进口1005.6亿美元，同比增长30.7%，高于全市平均水平15.6个百分点，占进口总额的37.9%。央企进出口拉动作用明显。央企进出口同比增长21.4%，高于全市6.8个百分点，占比65.4%，比上年提高3.6个百分点。其中进口1800.7亿美元，占进口总额的67.9%，比上年提高3.6个百分点；出口318.0亿美元，同比增长20.9%，高于全市8.4个百分点，占出口总额的54.4%，比上年提高4.0个百分点。

（汪云云）

【外经贸担保服务平台助力外贸综合服务企业发展】为进一步促进外贸提质增效，担保服务平台不断创新融资模式，大力支持外贸综合服务企业发展。2017年年初，针对小笨鸟服务客户众多、融资额度不足等问题，担保服务平台提供了1000万元无抵押纯信用流动资金贷款担保，有效缓解了资金周转困难，为企业扩大服务范围、提升服务质量，提供了资金保障。

（汪云云）

【北京首次实现外贸三项指标连续2个月累计增幅均优于全国】2017年一季度，北京市实现货物贸易进出口额760.6亿美元，同比增长25.9%，高于全国平均水平10.9个百分点。其中，出口额123.9亿美元，增长9.9%，高于全国平均水平1.7个百分点；进口额636.8亿美元，增长29.6%，高于全国平均水平5.6个百分点。

自2010年以来，北京市首次实现连续2个月累计进出口、出口和进口增幅均高于全国平均水平。

（汪云云）

【认定首批外贸综合服务示范企业】为加快推进外贸新模式新业态发展，贯彻落实《北京市外贸综合服务企业试点工作实施方案》，北京市推进外贸综合服务企业发展工作小组办公室组织开展了首批示范企业认定工作，授予中建材国际贸易有限公司、航天长城贸易有限公司、北京宜贸兴国际贸易有限公司、北京尚易通企业管理服务有限公司、北京金隅商贸有限公司和北京汇百天地国际贸易有限公司6家企业“北京市外贸综合服务示范企业”称号。

（张竞天）

【举办2017年京津冀机电进出口企业交流培训会】为促进京津冀三地外贸领域协同发展，6月30日，市商务委会同天津市、河北省商务部门在京联合举办“2017年京津冀机电进出口企业交流培训会”，邀请中国机电产品进出口商会、北京海关、北京出入境检验检疫局、航天智造科技发展有限公司、天津自贸区管委会、河北保定白沟新城经济社会发展局等单位就当前机电产品对外贸易形势及发展机遇、海关通关一体化改革和信用管理、机电产品出入境检验检疫相关政策规定、基于工业互联网的智能制造服务、天津自贸实验区建设实践、白沟市场采购贸易方式试点政策等内容进行解读和培训。

（钟　源）

【“政保贷”融资服务平台破解外经贸企业融资难题】为进一步缓解外经贸企业融资难、融资贵问题，2017年以来，市商务委牵头大力优化“政保贷”融资服务平台功能。一是推出系列产品，不断提高企业融资额度，降低准入门槛，满足不同类型企业不同发展阶段的融资需求；二是扩大银行参与范围，由一家参与扩展到五家银行参与，为企业提供更优质的服务；三是配套出台融资贴息政策，加大对“双自主”和外贸综合服务等重点企业担保费优惠力度，调整担保费收取方式等，进一步降低企业融资成本。2017年，“政保贷”融资服务平台已为16家企业提供融资贷款2102.9万美元。

（汪云云）

【开展机电产品国际招标投标“双随机一公开”执法检查】为落实“放管服”改革工作，加强机电产品国际招标投标事中事后监管，按照商务部工作部署，市商务委开展了2017年度“双随机一公开”执法检查工作。此次检查共随机抽取检查人员44人次，对随机抽取的14个招标机构和16个招标项目进行检查，检查结果未发现招标机构和招标项目存在违法违规问题，超额完成全年工作任务。

（钟　源）

【短期出口信用保险企业覆盖面居全国前列】2017年，北京市短期出口信用险覆盖企业7495家，其中，享受统一投保短期出口信用险政策的企业7222家，全市出口信用保险企业覆盖面84%，居全国前列。2017年，短期出口信用保险支持北京市贸易出口243.6亿美元，同比增长14.5%，支持一般贸易出口的比重由2013年的19.5%提高到27%，出口拉动作用明显。

（刘均环）

【北京市企业获国家外经贸发展资金（进口贴息）继续破亿元】2017年，北京市共有40家企事业单位获国家鼓励进口先进技术设备贴息资金1.13亿元人民币，涉及进口先进技术设备7.12亿美元。自2008年国家实施鼓励进口先进技术设备政策以来，北京市524家次企业累计获得进口贴息资金6.288亿元人民币，涉及先进技术设备及关键零部件进口34.4亿美元。

（安　琪）

贸易管理

【农产品进口关税配额企业情况】2017年，北京市羊毛、毛条进口关税配额企业6家；食糖农产品进口关税配额企业1家。

（谢　江）

【原油、燃料油非国营贸易进口企业情况】2017年，原油燃料油非国营贸易进口企业23家。

（谢　江）

【出口配额、出口资质管理的出口企业情况】2017年，北京共有铁合金出口资质企业13家；甘草出口配额招标中标企业4家；供港活牛出口配额企业1家。

（谢　江）

【取消滑石块（粉）等5种商品出口配额管理】取消滑石块（粉）、镁砂、锑及锑制品、锡及锡制品、钼及钼制品等5种商品出口配额。其中，滑石块（粉）、镁砂原为出口配额招标管理的货物。

（谢　江）

【继续暂停对润滑油、润滑脂和润滑油基础油一般贸易出口的国营贸易管理】根据商务部、海关总署2016年第86号公告，继续暂停对润滑油（27101991）、润滑脂（27101992）和润滑油基础油（27101993）一般贸易出口的国营贸易管理，实行出口许可证管理。企业凭货物出口合同申领出口许可证，海关凭出口许可证验放。其他贸易方式下出口管理仍按商务部、发展改革委、海关总署2008年第30号公告执行。

（谢　江）

【办理各类货物进出口许可证51060件】2017年，市商务委为北京市进出口企业办理各类货物进出口许可证51060件。其中，农产品进口关税配额证签发61件；货物自动进口许可管理44554件；授权范围内出口许可证签发4486件；易制毒化学品进出口审批（核）209件；两用物项和技术出口许可证1750。

（谢　江）

机电产品进出口

【首都国际机场口岸整车进口较为平稳】2017年，北京首都机场整车进口口岸共进口整车223辆，进口货值1.90亿元人民币，实现进口环节总税收2.10亿元人民币。

（钟　源）

贸易促进

【概况】2017年，市商务委立足北京“四个中心”发展定位，着力促进展览业创新发展，引导内外贸易融合发展，进一步推进北京市开放型经济平台建设，培育内外贸发展新动能，畅通经贸交易渠道，创新经贸交易方式，促进全市贸易促进工作落实。全年办理新备案外贸经营企业4581家；核发外国人来华邀请函3586份；2016年4月份起取消省级商务部门审批的在京举办的对外经济技术展会的审批；办理台商到祖国大陆参展备案20件；严格执行相关文件要求，除各部门保留的（省级以下）展会活动13

项，2017年新增加京交会1项展会项目。

（赵　晶）

【促进展览业创新发展】认真贯彻落实《国务院关于进一步促进展览业改革发展的若干意见》，全面调研北京市展览业发展情况、主要特点、存在的问题，召开了展览场馆、展览企业，中央企业、市属企业和民营企业及行业协会等26个单位42人次参加的专题座谈会。两次组织专家论证，结合展览业发展实际，联合市发展改革委、市公安局、市财政局、市规划国土委、市旅游委、市统计局、市知识产权局、市贸促会等部门共同印发了《关于进一步促进展览业创新发展的实施意见》，从北京展览业发展思路、发展目标、发展布局、发展内容、发展主体、发展方式、发展环境、发展措施等方面谋划了未来北京展览业品牌化、专业化、国际化、信息化的发展蓝图。

（赵　晶）

【广交会情况】第121届广交会展位总数1221个，累计成交1.93亿美元。主要成交商品为轻工产品、机电商品和纺织服装，成交国家和地区主要分布于欧盟、美国和中东地区。第122届广交会北京交易团参展企业218家，展位总数1204个。累计意向成交额达1.94亿美元，同比增长0.5%，已实现连续四届平稳增长。

（赵　晶）

【参加境内外展会情况】2017年，组织137家企业参加“2017年印度国际医院及医疗设备展览会”“2017西班牙巴塞罗那世界移动通信大会暨展览会”等25个境外展会，76%的展会涉及“高精尖”领域，36%的展会在“一带一路”沿线国家举办。北京参展企业共签订1374份合同及意向合同，合同及意向合同金额达到8.8亿元，发放宣传资料3.2万份。境外展会参展企业涵盖智能制造、电子信息、生物科技、文化创意等相关行业领域；成交产品以“科技创新”为主要特征，涵盖麻醉机、3D热转印设备、光端机、工业收发器、智能手机等。组织101家次企业参加“第4届中国—俄罗斯博览会”“2017南亚东南亚国家商品展暨投资贸易洽谈会”“第14届中国—东盟博览会”等11个境内重点展会，搭建北京展示区，宣传北京整体商务形象。

（赵　晶）

【进口商品购物节情况】2017年11月，在北京市朝阳区工三商场组织“2017北京进口商品购物节”活动。活动为期11天，受到了广大消费者的欢迎，累计实现现场零售额107万元；同时搭建了展商和采购商的有效对接平台，促成参展进口商对新西兰奶粉、德国啤酒、希腊橄榄油及俄罗斯伏特加等商品的采购，吸引“元吉优品”“北京楚森国际”等公司洽谈入驻北京平谷口岸。

（赵　晶）

【开展外贸培训情况】针对外贸企业的实际需要，围绕外贸实务、外贸会计、政策法规三个方面继续开展外贸培训工作，委托北京进出口企业协会组织开展多种培训，开展各类专题讲座36期，受众企业2302家次，培训外贸专业人员3343人次。

（赵　晶）

【推进北京国际经贸发展服务中心建设】起草《境外北京国际经贸发展服务中心评估办法》《境外北京国际经贸发展服务中心平台项目资金使用方式和标准》，为境外服务中心发展提供制度保障。遴选境外组织机构，合作建立遍布亚、欧、美、非四大洲的境外服务中心，涉及商业咨询、投资促进、地产租赁、文化交流、物流服务、工业园区等多个领域。组织企业参加曼谷中心举办的2017年东盟（曼谷）中国进出口商品博览会，莫斯科中心组织北京企业参加2017俄罗斯时尚成衣博览会（CPM）并入驻“中国馆”。会同驻非洲的3家境外服务中心，召开对非洲进出口交流合作会议，推动北京商品走进非洲。马德里中心、伦敦中心分别在马德里、伦敦与市商务委出访代表团举行座谈会。会同伦敦中心在北京共同举办“伙伴的力量、共同营商”——中国与英国、北京与伦敦、丰台与纽汉商务论坛。组织伯尔尼中心及俄罗斯俄华战略合作协会分别与北控集团、怀柔科学城、怀柔影视基地对接，针对在怀柔科学城建立瑞士科技创新产业园、医学科学孵化基地院士工作站、共用医疗设施等项目进行初步合作洽谈。

（赵　晶）

【完善北京国际经贸合作网络信息服务平台建设】建立内部数据更新机制，明确数据更新时间、更新周期，确保数据及时、有效。强化平台共建，优化完善平台设计，加强与市发展改革委、市侨办及中信保等单位的沟通联系，完成9家共建单位的数据分析、数据库建设、图面展示等工作。完成平台门户主界面、国别集中展示、项目撮合及投资合作等17个子功能模块的优化设计工作。加强平台宣传推广，印制平台简介，制作平台宣传视频资料、京交会展览展板，开通北京经贸通平台微信公众号。

（赵　晶）

【举办多种形式活动促进经贸交流】深度参与中国（北京）国际服务贸易交易会，举办论坛交流活动，强化交易洽谈，意向签约61.4亿美元，约占京交会意向签约额721.8亿美元的8.5%。提高展会的国际化水平，共组织来自28个国家地区以及3个联合国组织等境外代表100余人参加会议，参会国别数约占京交会国别（96个）的27%。组织“2017国际创意经济（北京）论坛”“2017世界地理标志（原产地）产品品牌分销服务会议”“2017‘一带一路’中国俄罗斯城市合作论坛”3场国际会议。组织“走进大使馆”等系列经贸促进活动，加强与外国驻华使馆、有关商协会、企业的交流合作，协助巴基斯坦使馆、俄罗斯使馆、卡塔尔使馆、意大利使馆举办9场重点项目推介洽谈会，会同波兰驻华使馆、波兰滨海省驻华办事处举办“认识波兰暨滨海省经贸投资推介洽谈会”，联合主办中国（国际）孕婴童行业发展论坛，搭建企业开拓国际市场的桥梁。

（赵　晶）

服务贸易

【概况】2017年，全市实现服务贸易进出口额9688亿元，占全国进出口总额的20.6%，同比增长10.1%，完成预期10%左右目标，其中出口额2953.2亿元，同比增长23.4%，进口额6734.8亿元，同比增长5.1%。旅行、运输、建筑等传统服务贸易仍保持进出口额前三位，分别占进出口总额的32.9%、22.1%和8.5%；电信计算机和信息、专业管理和咨询、保险、金融和知识产权使用费等新兴服务出口额占全市服务出口总额的62.7%。以美元计价，2017年，全市实现服务贸易进出口额1434.3亿美元，同比增长8.4%，其中出口额437.2亿美元，同比增长21.6%，进口额997.1亿美元，同比增长3.5％。离岸服务外包在疏解中不断提升，结构不断优化，2017年合同执行金额达45.65亿美元；技术贸易实现平稳发展，全年技术贸易合同金额73.23亿美元，其中，技术进口合同金额27.77亿美元，技术出口合同金额45.46亿美元。

（张华雨）

【文化服务贸易增长迅速】2017年，全市文化贸易进出口额51.24亿美元，同比增长9.2％，其中出口额22.14亿美元，同比增长14％，进口额29.09亿美元，同比增长5.8％。从具体分类看，北京市核心文化服务（广告、电影音像）进出口额30.4亿美元，同比增长12.8％，其中，出口额16.3亿美元，同比增长23.5％，进口额14.1亿美元，同比增长2.5％；核心文化产品进出口额20.82亿美元，同比增长4.3％，其中文化产品出口额5.83亿美元，同比下降6.2％，文化产品进口额14.99亿美元，同比增长9.1％。

（李 倩）

【印发《北京市服务贸易竞争力提升工程实施方案》】2017年，以市政府办公厅的名义正式印发《北京市服务贸易竞争力提升工程实施方案》，这是“十三五”时期全市开展服务贸易工作的指导性文件。该方案立足全市服务贸易资源优势，提出在继续巩固旅游、运输、建筑等传统服务贸易优势基础上，完成积极培育技术、文化、中医药、金融等新兴服务贸易优势，逐步完善服务贸易发展模式，加快建设特色服务贸易功能区，培育多层次的服务贸易市场主体，打造一批具有较强国际竞争力的服务品牌等五个方面共14项具体任务，推动落实好财税、金融、贸易便利化、协调机制等9项政策和保障措施。

（张华雨、李 倩）

【举办北京馆和北京主题日活动】2017年北京国际服务贸易交易会继续举办北京馆北京日活动。北京馆通过“扩大开放、贸易转型、服务升级”三个版块，利用静态展板、拼接和触控显示屏等形式充分展示“北京服务”发展情况。扩大开放版块充分展示北京服务业扩大开放综合试点两周年来形成的58项开放创新举措，及国内首创新业态、新模式等；贸易转型版块主要展示服务贸易典型案例及服务贸易特色示范基地建设情况；服务升级版块主要展示生活性服务业品质提升、服务消费、服务创新等方面取得的成就。来自商务部、北京市政府及相关委办局、各区和商务服务企业代表300多人参加了活动。北京主题日活动以“创新发展·聚势共赢”为主题，通过主题推介、专家访谈等环节，集中展示了服务业扩大开放试点两周年成果，并对未来服务贸易发展进行了深入探讨，受到一致好评。来自22个国家的近40名外国嘉宾出席并参加主题日活动。

（许 鑫、李家旭）

【开展服务贸易重点联系企业监测工作】为了建立北京市服务贸易重点联系企业监测制度，及时掌握服务贸易发展动态，为加快推动服务贸易发展提供依据，2017年，市商务委联合各区、各服务贸易示范基地开展了服务贸易企业运行情况调查工作。在调研的基础上各区挖掘、推荐服务贸易重点企业，并启动市区两级服务贸易重点联系企业监测制度工作。同时，根据商务部开展全国服务贸易重点企业直报监测工作通知要求，组织全市近200家重点联系企业以及各区商务部门培训会。全市服务贸易重点企业监测直报工作运行平稳，已有200余家企业在直报系统中报送数据。

（李　倩、郑　勇）

【完成国家文化出口重点企业和重点项目申报工作】根据商务部办公厅、中宣部办公厅、财政部办公厅、文化部办公厅、新闻出版广电总局办公厅《关于组织申报2017—2018年度国家文化出口重点企业和重点项目的通知》（商办服贸函〔2017〕137号）要求，会同北京市委宣传部、市财政局、市文化局、市新闻出版广电局，共同组织在京注册的74家文化出口企业申报2017—2018年度国家文化出口重点企业和重点项目。经初审、商务部及财政部等部门的终审、公示后，核定全市69家企业、36个项目分别入选商务部等5部委评选的2017—2018年度国家文化出口重点企业和重点项目，数量均在全国排名第一。同时，有17家市属企业和7家央属企业获得文化服务出口奖励资金。

（李　倩、郑　勇）

【举办京津冀服务外包高峰论坛】2017年8月，京津冀服务外包协同发展论坛在河北省唐山市南湖国际会展中心举行。本届论坛由河北省商务厅、北京市商务委、天津市商务委和唐山市人民政府共同主办，以“融合发展、创新提升”为主题，主要围绕楼宇经济与虚拟园区、综合服务平台及服务外包产业集聚、会展经济与城市服务业结构转型等内容进行了交流，同时还举办了项目洽谈、会展服务业展示、服务外包虚拟产业园参观等活动。京津冀三地市县商务主管部门、园区代表及企业代表共计800余人参加了论坛。全市服务外包、商务服务及会展类企业70余家参会。京津冀三地服务外包协会现场签订了筹备京津冀服务外包产业联盟协议书。

（于新成、许　鑫）

【出台支持会计服务贸易发展资金政策】会计服务是北京市新兴服务贸易的重要组成部分，其出口额约占全国会计服务出口的1/3强，优势地位明显。为更好地鼓励全市会计师事务所积极探索国际化发展，提高会计服务国际竞争力，2017年，结合全市会计师事务所国际化发展的实际情况，北京市财政局联合市商务委对北京地区会计师事务所拓展国际市场、提升国际影响力出台资金鼓励政策。这是针对服务贸易行业众多、形式复杂等特点首次对单项服务贸易类别推出的支持其国际化发展的政策，也是探索出台支持全市服务贸易特别是新兴服务贸易发展的一项创新举措。

（李　倩、郑　勇）

京交会

【概况】2017年5月28日至6月1日，2017北京国际服务贸易交易会在北京成功举办。本届交易会以促进服务业和服务贸易开放、创新、融合发展为主题，积极对接“一带一路”国际合作高峰论坛丰硕成果，聚焦科学技术服务、互联网和信息服务、文化教育服务等六大重点服务领域，设置30个专题板块，举办5万平方米展览展示，85场论坛会议和洽谈交易活动，来自96个国家和地区的7.2万人次客商参展参会，为深化国际服务贸易合作，助力“一带一路”建设，推动服务业扩大开放，提升北京文化中心、国际交往中心、科技创新中心功能发挥了积极作用。

推动"一带一路"服务贸易新发展。本届交易会吸引了33个"一带一路"沿线国家地区客商参展参会，23个"一带一路"境外国家和地区办展办会，展示推介了"一带一路"各国服务优势领域、项目及投资环境，促进了"一带一路"服务贸易合作发展。举办了"一带一路"经贸合作大会、"一带一路"中国俄罗斯城市合作论坛等10余场会议活动，探讨了"一带一路"服务贸易发展新机遇。中东欧16国相关文化机构参加第二届中国—中东欧国家文化创意产业论坛，现场达成了11项文化合作协议。

国际化水平大幅提升。来自96个国家和地区的客商参展参会，63家境外机构、42个境外国家和地区办展办会，比2016年第四届京交会增加8个，其中18个国家首次办展办会。世界贸易组织、经济合作与发展组织等7个主要国际经济组织和机构继续参会，马其顿、巴基斯坦、罗马尼亚等12位境外副部级以上嘉宾出席相关专题活动；爱尔兰、立陶宛、巴哈马、坦桑尼亚等近30位驻华大使、参赞参加国别主题推介活动。

国内各方参与度高。国内26个省区市、9个服务贸易创新发展试点地区组团参展参会，"北京市服务业扩大开放综合试点示范区"专题展区和国内服务贸易创新发展试点地区展，分享了中国服务业扩大开放和服务贸易创新发展的经验与成果；四川、陕西等举办5场省区市专题推介活动。北京市8个委办局及5个区承办了电子商务等10个专题及展览展示，举办了18场会议洽谈活动，同仁堂、全聚德、张一元、东来顺等20多家北京知名老字号企业首次组团参展。

品牌化效应凸显。科技创新、文化创新一直是京交会的两个重要品牌板块。本次科技创新专题吸引了7个国家20余家科技企业参展，现场推出信息技术等6个领域120个新技术项目。故事驱动大会已连续五次参加交易会，其组织来自英国等国家的版权类知名企业开展了50余场次洽谈活动，力促国际版权交易。2017海外华侨华人中医药论坛吸引了40余名海外华侨参会，北京与巴塞罗那达成中医合作意向，将在巴塞罗那建立欧盟首个中医诊疗中心，在欧洲开出首张中医处方，为中医国际化发展注入新活力。

行业引领作用突出。本届交易会共发布20余项行业标准及发展报告。中国体育场馆协会发布了国内首个电竞场馆建设标准，中医药专题发布了《中医基本名词术语中匈英对照国际标准》。会展服务、电子商务等专题发布了领域内白皮书、紫皮书、蓝皮书等。此外，本届交易会继续开展服务示范案例遴选活动，选出来自IBM、腾讯等企业的5类40个服务示范案例，在会期进行了集中展示和发布。

洽谈交易成效显著。本届交易会共达成241个合作项目，意向签约额721.8亿美元。其中，国际签约项目55个，意向签约额137.3亿美元，占总意向签约额的近1/5；北京以外其他省区市达成意向签约项目99个，意向签约额150.3亿美元，占总意向签约额的1/5强。

（卢　娜）

【2017北京国际服务贸易交易会开幕主旨论坛召开】5月28日上午，2017北京国际服务贸易交易会开幕主旨论坛在国家会议中心召开。本次主旨论坛以"开放 创新 融合"为主题，聚焦服务业扩大开放，深化服务领域国际合作，促进服务贸易全球化、自

由化、便利化。北京市副市长程红主持，市委常委、秘书长、常务副市长张工出席并发表主旨演讲。商务部副部长房爱卿、亚洲基础设施投资银行行长金立群、经济合作与发展组织副秘书长玛丽·基维涅米、世界贸易组织服务贸易及投资司司长哈米德·马姆杜、联合国贸易和发展会议特派代表米娜·玛莎耶基、国际贸易中心市场发展司司长艾查·布耶及跨国企业代表分别发表演讲，全面解读服务贸易在全球价值链中的重要地位，认为“一带一路”倡议将为全球服务业和服务贸易发展带来新机遇。北京市领导、商务部领导、国际组织及国际行业协会负责人和代表、驻华大使、港澳台侨代表、各省区市代表、参展参会企业代表、媒体等700多人出席。

（杨　舟）

【开创服务贸易展示新方式】本届交易会首次引入知识产权线上线下拍卖交易活动，促成了包括国际影视播映权等31件知识产权及奥运文化遗产特许商品的拍卖交易，还为内蒙古等3个国家级贫困县进行了慈善拍卖，利用京交会的交易平台助力精准扶贫；首次引进中国电竞场馆联赛城市总决赛活动，吸引了来自全国近百支战队参赛；文化创新专题推出3D动画、全息成像光影剧场等最新数控技术应用成果，尽显科技创新带来的互动新体验；以“记忆·传承”为主题的北京老字号展区，汇集了同仁堂等20余家老字号企业，现场技艺表演有效传播了老字号传统技艺的韵味和魅力。

（张之梅）

【北京8个委办局及5个区深度参与本届交易会】北京市相关委办局及有关区深度参与2017北京国际服务贸易交易会，市商务委、市文资办、市中医管理局、市体育局等8个委办局，朝阳区、顺义区、海淀区、西城区、东城区5个区共同承办了电子商务、北京老字号、文化创新、中医药服务、体育服务等10个专题及服务业扩大开放示范区展览展示，举办了2017中国（北京）电子商务大会、2017老字号餐饮传承发展论坛、中医药海外发展研讨会、国际体育服务贸易发展大会等18场会议洽谈活动，取得了丰硕成果。“北京馆”及朝阳区、顺义区两个服务业扩大开放示范区专题展览展示及“北京主题日”活动，向境内外客商分享了北京市服务业扩大开放综合试点经验与成果。

（王超然）

【2017北京国际服务贸易交易会受广泛关注】本届交易会得到与会嘉宾的高度评价。经济合作与发展组织副秘书长玛丽·基维涅米认为“2017北京国际服务贸易交易会为相关各方提供了一个探讨服务贸易合作发展的重要平台，经合组织非常乐意与京交会开展长期合作”；世界贸易中心协会副总裁王迅表示“本届交易会在深度和广度上都有质的提升”；特斯拉中国区总裁朱晓彤认为“在京交会平台上，特斯拉正式签约将中国区总部落户北京，今年参会将使特斯拉更好地融入中国的发展”；马其顿境外投资部部长、外交部副部长对会议活动效果深表满意，表示明年将继续组团参加第五届京交会。自2017年1月1日到6月1日，本届交易会共吸引247家境内外媒体参与报道，形成原创报道948篇，新闻转载3519篇，原创微博话题340条，微信公众号原创报道432篇，微博粉丝数20.8万人，微信关注人数2.9万人。

（徐亦捷）

公平贸易及世贸

【概况】2017年，市商务委紧紧围绕首都城市战略定位，积极指导企业应对国外贸易摩擦，推进北京市货物贸易风险预警体系建设，开展贸易政策合规工作，公平贸易工作取得进一步成效。

贸易摩擦应对机制逐步成熟。充分发挥地方商务部门在“四体联动”机制中的作用，加快调动与整合北京市优势资源，有效配合商务部加大对重大典型案件的分类指导和跟踪服务。通过部市联动、实地核查等形式，先后对遭受美国337调查、“双反”调查的涉案企业进行专业服务，指导企业主动利用规则，努力开拓国际市场。

预警机制建设稳步推进。加强“走出去”风险防控和权益保障机制建设，主动向企业提供海外贸易风险培训服务，有效提升企业应对贸易摩擦的意识和能力。一方面，运用“互联网+”的工作方式，整合线上线下资源优势，推出贸易风险监测报告和贸易摩擦动态，服务商务领域供给侧改革和各级领导决策。另一方面，配合商务部预警监测工作，不断加强与有关部门以及行业协会、研究机构的协调合作，开展产业安全预警监测分析，及时发现影响产业安全的趋势性、苗头性问题。

贸易政策合规工作扎实有效。根据国务院和商务部贸易政策合规工作部署，市商务委积极建立完善工作机制，研究制定符合首都实际的政策文件，召开全市宣贯大会进行政策解读，现场发放了《北京市贸易政策合规工作手册》，为提高本市各级政府的国际贸易规则意识，服务构建首都开放型经济新体制打下了良好基础。

（梅　焱）

【北京出口产品遭遇的贸易救济调查下降24.5%】2017年，共有21个国家（地区）对华启动77起贸易救济调查（仅指原审调查，以下同），比上年减少44起，降幅为36.4%。北京市出口产品遭遇贸易救济调查共计37起（反倾销23起、反补贴9起、保障措施5起），比上年的49起减少12起，降幅为24.5%

（梅　焱、杨战雄）

【美国对北京出口产品发起贸易救济调查数居发达国家之首】2017年，美国、欧盟、日本、澳大利亚4个发达经济体对北京出口产品发起22起贸易救济调查，占比近六成。其中，美国发起的案件数居各国之首，达到16起，占同期北京出口产品遭遇贸易救济调查总数的43.2%，同比大幅增长128.6%。

（梅　焱、杨战雄）

【2017全市贸易政策合规工作宣贯会成功举办】6月28日，市商务委举办了2017全市贸易政策合规工作宣贯会，对《北京市贸易政策合规工作暂行规定》进行了政策解读，现场发放了《北京市贸易政策合规工作手册，并邀请专家对相关内容进行授课，为下一步做好贸易政策合规工作奠定了基础。本市16区人民政府、25个市政府委办局有关工作负责人共50余人参加了本次宣贯会。

（梅　焱、杨战雄）

【WTO与国际贸易壁垒形势培训会成功举办】12月6日，市商务委与京津冀三地贸促会联合举办了WTO与国际贸易壁垒形势培训会。会议以我国面临的贸易壁垒形势及其应对、国际技术性贸易措施发展现状及建议以及国际技术性贸易壁垒纠纷应对为主题，受到三地外向型企业、老字号企业、电子商务企业等的积极关注，对帮助企业有效应对当前日益复杂的全球贸易保护主义新趋势、新挑战，减少技术性贸易壁垒带来的不利影响，推动企业“走出去”健康发展具有重要的促进及指导作用。

（梅 焱、杨战雄）

【技术性贸易措施成为企业出口所面临的主要障碍】WTO 网站数据显示，2009—2017 年，WTO 成员提交的装备制造业领域的 TBT 通报合计 1508 项，占同期 TBT 通报总量的 11.0%，位列各行业之首。以欧盟、美国、日本为代表的发达经济体设置了诸多针对装备制造业的技术性贸易壁垒，而且这一趋势正在向发展中经济体蔓延，从而对中国装备制造业的进出口以及“走出去”带来严重影响。

（梅 焱、杨战雄）

七、口岸通关

【概况】 2017年，北京口岸运行良好，通关客货保持平稳增长，出入境人员2474.8万人次，增长1.8%；海关监管进出口货物7570万吨，增长28.9%；海关征收税款净入库税额693.5亿元，增长13.6%。

其中，北京首都国际机场旅客吞吐量9578.6万人次，增长1.5%。其中进出境旅客达2470万人次，同比增长1.8%，占首都国际机场吞吐量的25.8%。72小时过境免签旅客27678人次，同比增长5.2%。首都机场空运口岸监管进出口货物7441万吨，增长29.4%。

（文　涛、董星君）

【推进新机场口岸非现场设施工程项目建设】 完成口岸非现场设施项目的立项审批、开工手续、招投标、方案设计等工作，新机场口岸非现场设施项目的七个地块的四个地块已经明确，其中边检综合办公楼、海关国检综合办公楼和国检口岸疾控中心已于2017年9月开工建设，预计2019年4月底完工，与新机场主体工程同步启用。

（谭　峰）

【北京国际贸易“单一窗口”建设取得阶段性成果】 2017年9月28日，完成北京电子口岸升级改造暨中国（北京）国际贸易单一窗口终验并正式上线运行，涉及海关、国检、边检、商务、国税、外管、工商、质监等部门以及津冀电子口岸数据信息，包括货物进出口申报、运输工具申报、资质办理等21个应用系统，初步实现国际贸易“单一窗口”的一点接入、一次申报、一站式服务的基本功能。同时，依托北京电子口岸暨国际贸易“单一窗口”建设成果，完成了“单一窗口”二期建设顶层设计和项目申报书，已通过北京市经信委项目立项审批并向财政申请经费预算。积极参与标准版试点工作，截至2017年年底已实现国口办要求的业务量30%覆盖率目标。

（何　剑）

【推动京津冀144小时过境免签政策落地实施】 为助力京津冀协同发展，北京口岸办牵头推进京津冀144小时过境免签政策实施，经公安部验收，于2017年12月28日正式启动实施京津冀144小时过境免签政策，并于当日召开新政策新闻发布会，宣布在北京首都国际机场、铁路西客站或天津滨海国际机场、天津国际邮轮母港或河北石家庄国际机场口岸、秦皇岛海港口岸，对奥地利等53个国家持有效国际旅行证件和144小时内确定日期、座位前往第三国（地区）联程客票的外国人，实行过境免办签证政策。该政策实施是落实党中央“一带一路”倡议和京津冀协同发展战略的重要实践，符合北京市城市总体规划和北京国际交往中心的战略定位，对加快发展旅游业，促进商务及会奖旅游、入境消费等方面将发挥重要作用。

（董星君）

【“一带一路”国际合作高峰论坛服务保障工作圆满完成】 北京口岸办牵头成立“一

带一路”国际合作高峰论坛抵离迎送部，于5月16日圆满完成论坛服务保障工作。累计接待外国国家领导人抵京专机19批次，共19个国家领导人，接待VIP贵宾及正常通道抵京代表392批次858人，涉及185个国家、地区和国际组织；累计接待外国国家领导人离京专机21批次，共21个国家领导人，接待VIP贵宾及正常通道离京代表共249批次606人，涉及116个国家、地区和国际组织。圆满完成了“一带一路”国际合作高峰论坛首都机场抵离迎送任务。

（董星君）

【国际刑警组织第86届全体大会服务保障工作圆满完成】国际刑警组织第86届全体大会于2017年9月26日至29日在北京召开。北京口岸办牵头成立抵离迎送部，共迎送VIP贵宾及正常通道抵离京代表401批1274名。其中，专包机6批次，VIP贵宾210批842人，正常通道代表185批432人，涉及158个国家和地区，以及国际刑警组织负责人和相关国际机构代表，圆满完成了此次抵离迎送任务。

（董星君）

【第22届国际检察官联合会服务保障工作圆满完成】第22届国际检察官联合会年会于9月11日至14日在京举行。市政府口岸办积极做好参会外宾在首都机场的抵离迎送服务保障工作，组织相关单位召开机场抵离迎送工作协调会，圆满完成来自98个国家和地区920余人次的首都机场抵离迎送工作。

（董星君）

【“亚信”非政府论坛第二次会议保障工作圆满完成】亚信非政府论坛第二次会议于6月28日、29日在京召开，市口岸办牵头成立的抵离迎送部在市服务保障领导小组的统一指挥下，共保障参会嘉宾126批次188人，圆满完成了本次会议的首都机场抵离迎送任务，进一步服务北京国际交往中心的职能定位。

（董星君）

【第七届北京国际电影节保障工作圆满完成】第七届北京国际电影节于2017年4月16日至23日在北京举办，并举行“天坛奖”评奖、开幕式、闭幕式暨“天坛奖”颁奖典礼等七大主题活动和众多相关活动。北京口岸办牵头做好电影节境内外嘉宾的机场抵离服务工作，进一步服务北京文化中心的职能定位。

（董星君）

【推进北京西站铁路口岸正式开放工程验收】在前期西站口岸正式开放工程预验收基础上，积极就工程验收工作开展协调。督促铁路对工程预验收中联检单位反馈的问题进行分析梳理，促使加快工程验收进程。积极与国检联系，反复商讨解决难点问题的替代方案，争取联检单位尽早入驻办公。2017年12月初，北京西站铁路口岸正式开放改造工程完成正式验收。

（荀丽亚）

【促进丰台口岸转型升级、规范发展】进一步发挥丰台货运口岸“一带一路”口岸支点作用，促进丰台口岸转型发展，着手研究探索丰台口岸建设中高档车整车进口特色口岸的可行性。2017年组织口岸运营单位和联检单位赴成都、重庆铁路口岸开展调研，了解郑州汽车整车进口口岸建设运营情况，拓宽口岸发展新思路；组织丰台货运口岸运营主体北京外运陆公司、吉林省长久实业集团有限公司就丰台口岸转型开展整车进口业务及双方合作进行洽谈对接。

（荀丽亚）

【推进平谷特色口岸功能发展】 1—12月份，平谷口岸完成外贸集装箱运量19183标箱。从天津港转到平谷口岸通关的进口肉类及肉类产品共计295.8吨。进口6架皮拉图斯PC-6/B2-H4多用途飞机；实现了首票中欧班列运输货物进境，发挥了内陆港的衔接纽带功能和服务辐射作用。9月马坊物流基地被确定为北京市服务业扩大开放综合试点示范园区。

（徐立涛）

【扎实推进通州口岸建设】 通州口岸建设项目总占地846亩，建设用地593亩，总建筑面积63.7万平方米，包括一块多功能用地和四块物流用地，预计项目总投资40亿元，拉动社会投资30亿元。项目全部建成后，将成为北方地区最大的内陆口岸。两块物流地块（15、19）已于2015年完成招拍挂手续，现已实现开工建设。多功能地块（14）于2017年5月12日投入资金6.2亿元完成招拍挂手续。该地块将建设通州口岸海关、国检、跨境电商、国际货物运输代理公司等业务用房，满足通州口岸相关业务开展，提供一站式进出口业务全程服务。截至2017年12月，通州口岸建设项目已完成投资182714万元。

（徐立涛）

八、利用外资

外资发展

【概况】 2017年，在全球跨国投资总体趋缓、引资竞争日趋激烈的形势下，北京市抓住服务业扩大开放综合试点重要契机，积极推进放宽准入限制，着力改善营商环境，深化外商投资“放管服”改革，加强事中事后全周期监管，外资发展工作取得显著成效。

引资规模增长超八成，位列全国第一。新设立外商投资企业1309家，同比增长22.0%；实际利用外资243.3亿美元，位列全国第一，同比增长86.7%，超额完成全年引资目标，实现连续16年增长。

服务业入资增长近九成，服务业扩大开放重点领域引资快速增长。服务业新引进外资项目1246个，占全市的95.2%；实际入资232亿美元，增长88.3%，占全市的95.4%。其中，科学技术、互联网和信息、商务和旅游服务领域引资分别增长28.9%、10.6倍和68.7%，带动服务业扩大开放六大重点领域引资增长2.6倍，占全市比重由上年的38.6%提高到73.5%。

生活性服务业企业快速增长，助推提升市民生活品质。新设医院管理、健康管理、教育咨询、零售餐饮等生活性服务业外资企业162家，增长52.8%，占全市的12.4%，助推本市生活性服务品质提升。

高端功能性机构加速聚集，引资质量进一步提升。新认定跨国公司地区总部8家，超过2016年认定的总量，累计认定169家。紧扣全国科技创新中心建设，大力引进境外高端研发资源，苹果、特斯拉、默沙东等一批有国际影响力的跨国公司研发中心落户北京。

资本与“互联网+”、生物技术加快融合，引领创新发展新动能。互联网和信息领域新设企业133家，增长14.7%；实际入资131.8亿美元，增长超过10倍。新设立未来购、新婚宝、哈哈乐等3家电子商务公司，首驱科技等一批智能交通项目、迈迪安等24家生物科技公司抢占创新前沿，积聚创新发展新动能。

利用服务扩大开放契机，开拓外资发展新领域。国内首家外资控股飞机维修合资公司（法荷航集团）、国内第一家外资银行卡清算机构（VISA）、首家外商投资文化融资租赁公司、首家中美合资科技银行（浦发硅谷银行北京分行）等在京落户。吸引美国环球影城合作演出经纪公司龙之传奇在京设立外商独资演出经纪机构，新西兰知名动画制作商Huhu公司、创新创业孵化平台——北京代尔夫特智能科技研究院、新兴工业4.0产业创业投资基金及其外资管理公司——国泰恒富投资管理有限公司在京落户。

发挥首都优势，引进外资发展服务经济、知识经济和绿色经济。支持外资设立消费金融公司、汽车金融公司、金融租赁公司等非银行金融机构，推动丝路国际等7家融资租赁公司入驻；吸引八极广告、风行品牌管理、科议会议管理等商务服务企业，新世艺等知识产权服务企业，澳源泰科环保、中船英赫新能源等绿色服务企业落户。

（蒙 洁）

【部分外资企业盈利能力较强】根据2017年北京市外商投资企业联合年报数据，营业收入1亿元以上企业1691家，占全市的11.6%，营业收入43710.2亿元，占全市的97.4%；利润总额1亿元以上企业389家，占全市的2.7%，利润总额4145.5亿元，占5728家盈利企业的91.3%。

（崔晶雪）

【外商投资以独资方式为主】根据2017年北京市外商投资企业联合年报数据，10851家外商独资企业实际投资1424.5亿美元，占全部实际外资的七成以上。

（崔晶雪）

【外资主要投向四大行业】根据2017年北京市外商投资企业联合年报数据，外资主要投向信息传输、计算机服务和软件业、租赁和商务服务业、金融业及房地产业四大领域，其企业数和实际外资分别占全市的44.1%和59.6%。

（崔晶雪）

【率先行动开展全市各区营商环境评估】认真落实习近平总书记关于“北京等特大城市要率先加大营商环境改革力度”的指示精神，根据市委、市政府《关于率先行动改革优化营商环境实施方案》及其具体政策清单，落实市政府关于研究《进一步优化本市营商环境工作方案》等有关工作的会议纪要的要求，市商务委联合市统计局，借鉴世界银行等国内外营商环境评价指标体系，在广泛调查研究和座谈论证基础上，梳理外资、外贸领域企业反映营商环境存在的突出问题，坚持问题导向，从国际化、市场化、法治化、便利性和基础性五个方面，研究制定53个指标组成的各区营商环境评价指标体系，上报市政府审定通过，并率先行动开展各区营商环境第三方评价工作。

（马俊杰）

【研究制定《北京市人民政府关于扩大对外开放提高利用外资水平的意见》】贯彻《国务院关于扩大对外开放积极利用外资若干措施的通知》（国发〔2017〕5号）和《国务院关于促进外资增长若干措施的通知》（国发〔2017〕39号）文件精神，召开市政府相关职能部门、企业、专家、商协会座谈交流会，广泛听取意见建议，按照构建“高精尖”经济结构和“突出对外开放、优化营商环境”的原则，研究制定了《北京市人民政府关于扩大对外开放提高利用外资水平的意见》（京政发〔2018〕12号）（以下简称《意见》）。《意见》包括总体要求和五个方面共17条具体措施，将对北京市外资工作发挥政策促进和引领作用。

（霍志杰）

【组织开展“服务业扩大开放”和“物流转型升级”主题境外宣传推介活动】6月25日至7月4日，组织平谷马坊物流基地和北京物流协会相关人员组成小规模经贸团组赴澳大利亚、新西兰、日本开展了以“投资北京 服务业扩大开放”和物流转型升级为主题的系列投资促进活动。开展了6场专场活动，通过系列推介、座谈研讨，增进了外方对北京市的了解，澳新日三国相关政府部门、商协会、企业均表示希望与北京市建立长期投资贸易合作关系，共创双赢。外方普遍认为北京市开展服务业扩大开放综合试点蕴藏着诸多合作机会。

（霍志杰）

【组团参加 2017 厦洽会并举办推介会】 9月18日，市商务委会同北京市投资促进局，组织顺义、昌平和海淀区政府参加“2017 厦门国际贸易投资洽谈会”，并举办“北京市深化服务业扩大开放综合试点专题推介暨咨询洽谈活动”，围绕北京市深化服务业扩大开放综合试点，发布符合首都城市战略定位的“高精尖”项目，介绍北京市放宽市场准入、构建开放型经济新体制、营造稳定公平透明可预期的营商环境方面的最新动态和成果，深入解读国务院最近批复的新一轮深化试点开放的具体措施。

（霍志杰）

【举办第二十一届京港洽谈会】 第二十一届北京·香港经济合作研讨洽谈会于11月28日至29日在香港成功举办。本届京港会以“创新引领、要素互通、开放发展、共创繁荣”为主题，共举办各种活动15项，包括4项重要活动、9项专题活动和2项其他活动，合作交流内容丰富、双向投资特点突出、活动安排针对性强，取得了显著成效。本届京港会共发布京港双向投资项目276个，投资信息157个，一对一洽谈项目312个，促成24个京港双向投资重大项目签约，签约金额108.2亿美元。筹备期间，促成千万美元以上港资注册大项目107个，合同外资56.5亿美元。会议期间，来自京港两地政府机构和主办单位、香港工商界、在港知名商协会，以及央企、跨国公司、大型民企和民间投资企业等1.2万人次参会，共洽谈咨询3970余人次。

（王爱丽）

【推进外资企业厂务公开民主管理】 根据北京市厂务公开协调小组及成员单位职责（京厂开发〔2012〕5号），指导北京市外商投资企业协会推进外商投资企业推行厂务公开民主管理工作；参与对全市厂务公开民主管理的组织协调、调查研究、监督检查、经验总结、评比表彰等。协助召开2017年第一次厂务公开协调小组办公室会议，通报了2016年市厂务公开工作的开展情况、厂务公开专项资金使用情况以及2017年市厂务公开工作要点。

（王爱丽）

外资管理

【外商投资管理体制改革取得突破性进展】 沿用30多年的“逐案审批制”改为“备案+有限审批制”，企业只需通过网络在线填报相关备案信息及备案材料即可办理，备案时限从原来的审批20个工作日缩短到3个工作日以内。据统计，外资企业设立与变更备案管理办法实施以来，有95%以上的外资企业设立与变更事项由审批改为备案，大大提高了企业办事的便捷性。截至2017年年底，北京市共完成外商投资企业备案事项8594件。

（侯明迪、张　岩）

【服务业扩大开放措施试点取得阶段性成果】 国务院两次批复北京市服务业扩大开放综合试点开放措施共21项，涉及科学技术、互联网和信息、文化教育、金融、商务与旅游、健康医疗等6个重点服务领域的12个重点行业。目前，第一批开放措施已有包括外资飞机维修、演出经纪、出境游、外商投资征信机构和独资医院等企业落地。第二批开放措施，也得到了企业的积极响应。开放措施提升了北京构建开放型经济的形象，促进了投资贸易的机制体制改革，为国家服务业进一步扩大开放积累了经验。

（张　岩、陈　廓）

【正式启动外商投资企业设立商务备案与工商登记一窗受理】 4月19日，北京市“外商投资企业设立商务备案与工商登记一窗受理”正式启动实施，此项改革是商务和工商部门通过整合外商投资企业设立中商务部门备案需要填报的信息和工商部门登记需要报送的材料，形成需企业报送的一张电子表格，外商投资企业通过网上填报，一次性完成商务备案和工商登记的改革措施。北京市作为省直辖市层面推出这项改革措施，目前属全国首创，并经国务院发文在全国推广。实施后，一是简化了企业办理流程，由企业跑路转为政府部门之间数据跑路；二是节约企业商务成本，提高办事效率，企业在商务备案环节减少重复填报事项达45%。截至2017年年底，已有299家外商投资企业通过“一窗受理”办理了企业的登记和备案。

（张 岩、张 毅）

【建立外商投资企业登记备案联动系统】 2017年1月1日，市商务委与市工商局联合建设的外资企业登记备案联动系统正式上线试运行。工商部门通过联动系统每天将全市新设及变更外资企业登记信息推送至商务部门，商务部门第一时间动态掌握全市外资企业登记变化情况，定期将工商登记及商务备案数据进行比对，并向各区商务部门自动分发，支持各区及时督促辖区内未备案外资企业及时备案。截至2017年年底，工商部门已通过该系统向市商务委推送外商投资企业设立与变更登记信息9171条，其中新设企业879条，变更信息8292条。2017年的备案监督检查工作，对已经在工商进行了登记，而未在市商务委办理备案的外资企业，列为监督检查的必查对象，确保备案事项的严肃性。

（仝国卿、张 毅）

九、对外经济合作

【概况】2017年，北京市对外经济合作以加快推动实施“走出去”战略，“一带一路”和京津冀协同发展国家战略为指导，大力推动本市企业对外经济合作各项工作深入开展，服务首都城市战略定位，服务开放型经济发展。

境外投资保持良好增长态势。2017年，北京市新增非金融类直接投资61.02亿美元，投资金额同比下降60.65%，非理性投资得到有效遏制。企业赴境外寻求新技术、新产品、新理念合作的意愿日趋强烈，境外投资质量和效益不断提高，科技、信息、制造领域境外投资快速发展。投资主要集中于亚洲，对拉丁美洲和非洲等欠发达地区投资稳步增长。海外并购进军全球产业价值链“高精尖”领域步伐加快，技术、服务、品牌“走出去”发展迅猛。对“一带一路”沿线国家投资平稳增长，投资主要集中于制造业、商务服务业、建筑业等行业。

对外承包工程业务保持平稳发展。2017年，北京市对外承包工程完成营业额40.29亿美元，同比增长61.42%，新签合同额90.6亿美元，同比增长76.2%。亚非地区仍是北京市对外承包工程业务的主战场。非洲市场整体基建投资不振，且经济结构单一，受石油等大宗商品价格的下滑影响，出现工程款支付延迟和已签约项目难以顺利开工和实施等问题。对外承包工程业务涉及8个行业，其中完成营业额前三位分别是房屋建设类、交通运输建设类、水利建设类。

对外劳务合作保持规范有序发展。2017年，境外劳务人员实际收入总额1.61亿美元，派出各类劳务人员18452人；年末在外各类劳务人员24588人。

（李恒青）

【推进对外经济合作网络平台建设】北京国际经贸合作网络信息服务平台总体建设全面铺开，已完成从上线试运行到全面建设发展的新阶段，逐步整合了区商务部门、中介组织、金融与保险等机构信息资源，进一步完善充实了平台内容，为企业抱团出海、海外互助、优化国内国际营商环境服务作出贡献。

（郭红雨）

【规范外派劳务市场秩序】为进一步贯彻落实《商务部办公厅关于开展规范外派劳务市场秩序专项行动的通知》精神，帮助北京市开展对外承包工程和劳务合作业务的企业规范劳务外派流程，提高风险防控意识和能力，2017年7月19日，北京市商务委组织召开了“北京市规范外派劳务市场秩序专项行动部署会暨劳务外派业务培训会”。对《商务部办公厅关于开展规范外派劳务市场秩序专项行动的通知》进行了认真的解读；对北京市开展规范外派务市场秩序专项行动从工作原则目标、系统检查范围、组织实施安排等各方面进行了工作部署；就双随机行政执法的工作要求及检查程序进行了宣讲介绍；公布了2016年北京市商务行政执法的相关情况；相关企业进行了经验交流。北京市辖区内对外劳务合作企业和开展业务的对外承包工程企业近60家单位80多人参加了此次培训会议。

（袁　渤）

【“一带一路”沿线国家对外承包工程项目增多】2017年，北京市企业在“一带一路”沿线29个国家开展了对外承包工程业务，完成营业额20.88亿美元，新签合同额52.6亿美元，其中5000万美元以上对外承包工程项目共15个。

（李　恩）

【取消对外承包工程资格审批，对外承包工程项目备案实行分级分类管理】2017年，根据《国务院关于修改和废止部分行政法规的决定》（国务院第676号令），商务部令2017年第3号《关于废止和修改部分规章的决定》，取消对外承包工程资格审批。根据《国务院关于取消一批行政许可事项的决定》（国发〔2017〕46号），对外承包工程项目投（议）核准取消，商务部下发了《关于做好对外承包工程项目备案管理的通知》（商合函〔2017〕455号）；2017年12月1日起，对外承包工程项目备案实施分级分类管理，地方企业和中央企业下属单位的境外工程项目备案由企业注册地省级商务主管部门负责，特定项目办理由商务部统一负责。

（李　恩）

十、商务服务

【概况】2017年，市商务委突出商务服务业综合、搭建平台、拓展空间、创新发展的总体工作思路，协调促进规模以上租赁与商务服务业营业收入增长，持续开展“商务服务业企业走进集聚区（商务楼宇）共谋发展”系列活动，组建北京商务服务中心，促进商务服务业向高端化、国际化、品牌化、和专业化发展。

租赁和商务服务业已成为拉动首都经济增长的重要力量。租赁和商务服务业实现生产总值1965.5亿元，较上年增长3.2%，占地区生产总值的7%；实际利用外资额229595万美元，较上年增长90.7%。全市规模以上商务服务业企业4047家，实现营业收入9000.2亿元，同比增长9.1%；从业人员92.9万人，同比增长4.3%。

商务服务业高端化水平不断提升。2017年，规模以上高端商务服务业企业快速成长，法律服务营业收入142.7亿元，同比增长16.0%；咨询与调查营业收入1283.1亿元，同比增长15.9%；人力资源服务营业收入785.1亿元，同比增长19.4%；安全保护服务165.7亿元，同比增长20.8%。

（林丛军、曾　青）

【北京商务服务业首次以整体形象亮相2017北京国际服务贸易交易会】在2017北京国际服务贸易交易会上成功举办发展论坛和展览、洽谈活动，300多家企业参会参展，达成合作意向金额110多亿元。

（林丛军、曾　青）

【升级改造商务楼宇和商务服务业聚集区】2017年，持续推进北京市主题商务楼宇和商务服务业聚集区公共服务平台建设，高端国际要素聚集和商务服务业专业服务水平、高端服务能力得到提升。全年完成15座主题商务楼宇（商务服务业集聚区）公共服务平台升级改造工作，并对其中11个项目给予资金支持。

（林丛军、朱忠文、许凤伟、曾　青）

【开展“商务服务业企业走进集聚区（商务楼宇）共谋发展”系列活动】持续开展“商务服务业企业走进集聚区（商务楼宇）共谋发展”系列活动，探索搭建企业优势互补、合作双赢发展服务平台的新路径。全年开展4次“走进集聚区”系列活动，达成20多项合作意向。

（林丛军、许凤伟、曾　青）

【组建北京商务服务中心】充分发挥各行业协会、中介服务机构和企业作用，引导商务服务业企业创业发展、创新服务。2017年全市组建12个高端商务服务中心，在美国和中国香港地区各组建1个北京高端商务服务中心，并在2017北京国际服务贸易交易会商务服务业发展论坛上正式授牌营运。

（林丛军、许凤伟、曾　青）

【组织商务服务业企业参与京津冀协同发展】2017年，组织31家商务楼宇和集聚区企业及4个合作项目，参加8月底召开的京津冀服务外包协同发展论坛。围绕京津冀区域产业园区发展趋势和核心驱动力等主题，协调指导北京楼宇联盟与相关机构、企业共同举办 2017 中国产业地产新驱动力峰会·京津冀论坛。

（林丛军、许凤伟、曾 青）

【建立健全商务服务业重点企业运行监测和公共服务体系】2017 年，北京商务服务业运行监测与公共服务平台有重点企业 317 家，参与报数的用户共计 119 家，其中会员单位 33 家、会展场馆 2 家、会展企业 11 家、集聚区 9 家、楼宇用户 64 家。

（林丛军、曾 青）

十一、总部经济

【概况】2017 年，总部企业资产总计 130.1 万亿元，占全市规模以上企业比重 84.3%；营业收入总计 10.1 万亿元，占全市规模以上企业比重 65.5%；利润总计 2.6 万亿元，占全市规模以上企业比重 85.1%；从业人员 319.5 万人，占全市规模以上企业比重 40.3%。总部企业实现一般公共预算收入 1924.3 亿元，同比增长 1.7%，高于全市 0.9 个百分点，占全市比重达到 35.4%。

（张德全、杜大琳）

【总部企业量增质优】新认定跨国公司地区总部 8 家（超过前两年之和），集中分布在科技、信息等现代服务业，拉动在京投资 4.2 亿美元；培育挖掘 57 家新备案总部企业，45.6%是高新技术企业；56 家企业入围世界 500 强，继续领跑全球城市世界 500 强之首；在中国 500 强企业中，北京市拥有 103 家，占总榜数量超过 1/5。

（殷惠龙、张　莉）

【"放管服"改革取得新进展】认真落实"放管服"改革工作的有关要求，优化改进外国非企业经济组织在京设立常驻代表机构行政审批、跨国公司在京地区总部认定和跨国公司在京地区总部外籍人员申请居留许可确认等行政服务工作。贯彻落实新实施的《中华人民共和国境外非政府组织境内活动管理法》，积极做好境外非政府组织设立代表机构及开展活动的服务管理，协调解决政策适用问题。32 家商务领域的境外非政府组织代表机构落户北京，居国内城市前列。

（殷惠龙）

【北京总部经济国际高峰论坛亮点纷呈】5 月 31 日，"2017 北京总部经济国际高峰论坛"作为北京国际服务贸易交易会重要板块隆重举行。来自总部企业、跨国公司地区总部、国际经济组织等单位近 200 名中外嘉宾参加论坛。论坛以"新机遇 新思路 新动能——总部经济助力供给侧结构性改革"为主题，呈现出层次性高、权威性强、主题鲜明、国际化程度高四个亮点。

（张德全）

【功能区环境进一步优化】支持"三城一区"总部经济公共服务平台建设项目，累计服务总部企业近 100 家。通过项目建设，为总部企业提供科技、商务、公共等综合服务，使总部经济功能区服务设施更加完善，投资环境更加安全、便捷、舒适，办公环境进一步优化，园区（楼宇）满意度较高。

（张炳词、杜大琳）

【举办北京总部企业家"喜迎十九大"健步走活动】9 月 23 日，在顺义鲜花港成功举办了以"走进顺义，走出健康"为主题的顺鑫杯 2017 北京总部企业家"喜迎十九大"健步走活动。吸引了 150 余家在京总部企业、跨国公司地区总部以及部分国际经济组织驻京机构和总部经济功能区等单位负责人 500 余人参加。

（张　莉）

十二、服务业扩大开放

【概况】2017年北京市服务业扩大开放综合试点工作取得显著成效。推动新一轮深化试点方案获得国务院批复，部署试点任务落实；设立4个示范区＋12个示范园区的试点布局，强化政策集成；加强任务督察督办和政策宣传解读，试点工作有序推进。2015年5月国务院批复的总体方案确定的三年期141项试点任务已实施91％，2017年6月批复的深化试点方案确定的85项任务落地过半。形成了“10项业态创新＋8项体制机制创新”为代表的58项全国首创或效果最优的开放创新举措，其中外资企业设立备案登记“单一窗口、单一表格”、工商登记全程电子化等已由国务院及有关国家部委决定在全国推广，探索出一种与自由贸易试验区不同的，覆盖全市域、聚焦服务业六大领域的产业开放模式，有力促进了北京服务业和服务贸易创新发展。2017年，北京市服务业增加值占GDP比重达80.6％；全市实际利用外资243.3亿美元，增长86.7％，其中服务业利用外资占比达95.7％；实现服务贸易进出口总额9688亿元，占全国的20.6％，稳居全国第二。

（刘梅英、赵　珲）

【北京市深化服务业扩大开放综合试点工作方案正式获得国务院批复】2017年6月25日，国务院正式批复《深化改革推进北京市服务业扩大开放综合试点工作方案》，标志着北京市服务业扩大开放综合试点进入打造升级版的全新阶段。深化试点紧紧围绕首都城市战略定位、京津冀协同发展战略、构建开放型经济新体制，坚持开放与改革相互促进，通过推出一批开放改革试点措施，进行更深层次、更广范围探索。

（刘梅英、赵　珲）

【国务院新闻办公室举行深化北京市服务业扩大开放综合试点新闻发布会】2017年7月27日，国务院新闻办公室举行北京市服务业扩大开放综合试点新闻发布会，商务部副部长王受文和北京市副市长程红出席发布会，介绍试点成效及深化试点安排并回答记者提问。

（赵文捷）

【召开深化北京市服务业扩大开放综合试点工作动员部署大会】2017年8月16日，市委市政府与商务部联合召开深化服务业扩大开放综合试点工作动员部署大会。市委书记蔡奇、商务部部长钟山出席并讲话，市委副书记、代市长陈吉宁主持大会，程红副市长进行了工作部署。

（赵　珲）

【召开深化服务业扩大开放综合试点外媒通气会】2017年9月21日，北京市服务业扩大开放综合试点领导小组办公室、市政府新闻办联合召开深化服务业扩大开放综合试点外媒通气会。

（赵文捷）

【召开深化北京市服务业扩大开放综合试点驻华使馆和商协会政策推介会】2017年9月27日，北京市召开深化试点驻华使馆及商协会政策推介会，向 27 个驻华使馆有关使节、17 个驻京商协会和非政府组织驻京代表处代表进行了政策解读和互动交流，加强境外人士对试点的深入了解，扩大试点的海外知晓度。

（赵文捷）

【服务业扩大开放综合试点深化方案开放措施涉及的法规规章调整到位】为推进北京市服务业扩大开放综合试点向纵深推进，国务院于 2017 年 12 月 10 日印发《关于在北京市暂时调整有关行政审批和准入特别管理措施的决定》（国发〔2017〕55 号），决定自公布之日起至 2018 年 5 月 5 日，在北京市暂时调整有关行政审批和准入特别管理措施，为推进本市重点领域扩大开放提供坚实的法治保障。调整的内容包括《营业性演出管理条例》《娱乐场所管理条例》《中华人民共和国外资银行管理条例》《外商投资民用航空业规定》《外商投资产业指导目录》中有关行政审批和资质要求、股比限制、经营范围限制等准入特别管理措施。

（于风君、张　曼）

【首批体制机制创新实践案例向全国推广】北京市服务业扩大开放综合试点两年多来，形成了一批体制机制创新案例，其中，外商投资企业“全周期”管理机制、协同互认的离境退税模式、“1＋X”服务业监管服务平台模式、“直通车”国际引才引智模式 4 个实践案例，经征得 16 个国家部委同意，已由商务部向全国印发推广，供各地在深化改革、扩大开放过程中借鉴。

（于风君、张　曼）

【全国首家外商控股飞机维修公司进入运营阶段】2017 年 2 月 27 日，北京通航法荷航飞机航线维修有限责任公司在京揭牌，标志着全国第一个外方控股的飞机维修项目正式进入运营阶段。

（朱　静）

【印发《关于全面放开养老服务市场进一步促进养老服务业发展的实施意见》】2017 年 3 月 2 日，正式印发《关于全面放开养老服务市场进一步促进养老服务业发展的实施意见》，进一步引导外资投向康复护理、老年护理等保健服务领域。

（朱　静）

【首家外商独资演出经纪企业正式落户】2017 年 3 月 8 日，北京市首家外商独资演出经纪企业“龙之传奇（北京）国际艺术有限公司”正式落户天竺综合保税区文化保税园，标志着“在本市所选择的文化娱乐业聚集的特定区域内，允许设立外商独资演出经纪机构，在北京市市域范围内提供服务”试点措施落地。

（赵　珲）

【发布服务业扩大开放综合试点第四阶段（2017 年上半年）试点措施清单】2017 年 3 月 20 日，市综合试点工作领导小组办公室印发第四阶段试点措施清单，共推出 21 项试点措施。第四阶段试点措施清单的发布，标志着实现对《北京市服务业扩大开放综合试点实施方案》141 项任务实现了全覆盖。

（朱　静）

【正式启动北京市服务业扩大开放综合试点示范区外籍人才出入境改革“新十条”】2017 年 5 月 2 日，朝阳区、顺义区两个外国人出入境服务大厅正式揭牌，标志着公安部批复北京市服务业扩大开放综合试点示范区（朝阳区、顺义区）10 项出入境政策措施正式启动实施。

（赵文捷）

【国内首家相互制寿险信美人寿相互保险社正式开业】2017年5月26日，国内首家相互制寿险信美人寿相互保险社在北京正式开业并签发了首批保单。这一全新组织形式的保险机构的设立，标志着试点“积极鼓励保险机构创新业务品种”取得新突破。

（朱　静）

【北京市首家民营银行中关村银行获批开业】2017年6月6日，北京银监局批复同意北京中关村银行开业，标志着北京市首家民营银行正式落地，这是服务业扩大开放综合试点创新金融服务方式的一项重要举措，将为科技创新型企业提供更多金融服务保障。

（朱　静）

【9个部门对“双积分”信用优良企业联合推出24项激励措施】2017年7月24日，市商务、工商、海关、国检、食药、国税、外汇、银监、贸促9个部门联合印发《关于对双积分信用优良企业实施联合激励的若干措施》。通过实行企业良好信用积正分、不良信用积负分，依据积分情况对企业进行分类管理，对信用优良企业实施联合激励，引导企业诚信经营、规范发展。

（朱　静）

【海关总署、北京市政府签署《海关总署北京市人民政府合作备忘录》】2017年9月1日，海关总署和北京市签署《海关总署北京市人民政府合作备忘录》，海关总署将和北京市围绕落实京津冀协同发展战略及首都“四个中心”城市战略定位，支持北京市服务业扩大开放综合试点工作。

（朱　静）

【推出首批服务业扩大开放综合试点示范园区、示范单位、示范项目、示范团队】2017年9月29日，为贯落实市委书记蔡奇在全市深化服务业扩大开放综合试点工作动员部署大会上提出的“着力打造一批可视性强的示范园区、示范项目、示范团队，形成点面结合的试点格局”要求，市综合试点工作领导小组办公室在深化试点现场会上推出首批试点示范园区、示范单位、示范项目、示范团队。

（朱　静）

【北京首单跨境电商进口网购保税业务启动试运行】2017年10月31日，天竺综保区跨境电商网购保税政策开展实货试单，24件澳大利亚进口葡萄酒已经到达首都机场，相关企业已完成海关、国检跨境电商系统备案工作，进行申报操作。

（朱　静）

【全国首家独立法人直销银行落户朝阳区】2017年11月18日，国务院批准的全国首家独立法人直销银行百信银行正式在朝阳区开业。直销银行是一种新型运作模式的直销银行，客户主要通过电脑、电子邮件、手机、电话等远程渠道获取银行产品和服务。因没有网点经营费用和管理费用，直销银行可以为客户提供更有竞争力的存贷款价格及更低的手续费率。

（朱　静）

【举办北京市服务业扩大开放综合试点暨第五届京交会推介会】2017年11月29日，“开放升级 先机共享”——北京市服务业扩大开放综合试点暨第五届京交会推介会在香港地区成功举办。本次活动是第二十一届北京·香港经济合作研讨洽谈会的重要专场推介活动，来自京港两地的200多名商协会和企业代表参加了会议。

（赵文捷）

【市公安局下放办理外国人相关业务权限至朝阳、顺义外国人出入境服务大厅】2017年12月11日，朝阳、顺义公安分局外国人出入境服务大厅可网上预约全市外国人工作、学习、团聚、私人事务4类居留许可业务，以及特殊贡献、投资、任职、家庭团聚全部4类外国人永久居留申请及换补发外国人永久居留身份证业务。

（赵文捷）

【京津冀实施外国人144小时过境免签政策】2017年12月28日，在北京首都国际机场、铁路西客站或天津滨海国际机场、天津国际邮轮母港或河北石家庄国际机场、秦皇岛海港等六个口岸，对53个国家持有效国际旅行证件和144小时内确定日期、座位前往第三国（地区）联程客票的外国人，实行过境免办签证政策。

（朱　静）

【全面实施外贸领域“多证合一”】2017年12月28日，北京在全市范围全面实施外贸领域“多证合一”。减少企业提交相关申请材料30余份，减少重复提交各类登记备案事项130余项，大大缩减了外资企业从市场准入到投入运营的时间。

（赵　珲）

【正式启动北京市服务业外籍人才申请在华永久居留积分评估申报工作】2017年12月29日，北京市服务业扩大开放综合试点领导小组办公室启动2017年度北京市服务业扩大开放综合试点示范区外籍人才申请在华永久居留积分评估申报工作。

（赵文捷）

十三、商务领域社团组织

截至2017年年底，由市商务委作为业务主管单位的社团组织53家。按照市社团登记管理部门的分类统计，学术性社团3家（北京国际经济贸易学会、北京商业经济学会、北京市商业文化研究会），联合性社团6家（北京市商务服务业联合会、北京市商业联合会、北京外企海外联谊会、北京服务贸易协会、北京老字号协会、北京国际生态经济协会），专业性社团9家（北京国际商会、北京市国际技术贸易协会、北京国际经济技术合作协会、北京服务外包企业协会、北京中外企业人力资源协会、北京市商业企业管理协会、北京市供销合作经济组织协会、北京市对外经济贸易会计学会、北京品牌协会），民办非企业单位1家（北京京商流通战略研究院），行业性社团34家（除上述4类以外的社团组织）。1家社团组织变更了业务主管单位，1家社团组织办理了注销手续，4家社团组织因长期未开展工作由市登记管理机关予以行政撤销。

2017年，按期完成了由市商务委作为业务主管单位的社团组织年度检查的初审工作；指导6家社团组织完成了换届工作；按照全市统一要求，组织26家行业协会商会开展了与行政机关脱钩工作。

（谢凤珍）

北京市商务领域社团名录

序号	单位名称	会长	秘书长	联系电话	传真	单位地址	邮编
1	北京国际商会	熊九玲	林　彬	88070442/0303	68061030	西城区南礼士路头条3号	100045
2	北京国际会议展览业协会	刘　洋	张学山	88070431/0324	68061030	西城区南礼士路头条3号	100045
3	北京国际经济贸易学会	张　钢		88070425	68014008	西城区南礼士路头条3号	100045
4	北京市国际技术贸易协会	林云生	张　涛	82825690 82826079		海淀区东北旺西路8号中关村软件园1号楼信息中心C座一层	100731
5	北京市国际货运代理行业协会	李建华	王泰山	64621398/99	64615507	朝阳区亮马桥路44号海昌大厦209室	100016
6	北京国际经济技术合作协会	马铁山	王晓兰	63927887	63927830	西城区广莲路1号建工大厦1201室	100055
7	北京国际经济贸易发展协会	王大路	谭成海	87211326	87211326	丰台区芳星园三区16—17号楼207室	100078
8	北京市对外经济贸易会计学会	徐小溪	赵京娥	65280245	65280245	丰台区芳群园四区21号楼450室	100078
9	北京服务贸易协会	李露霞	杨丽君	88070414	88070414	西城区南礼士路头条3号南楼325室	100045
10	北京服务外包企业协会	钟明博	李　劲	82825690—1820	82825690—1073	海淀区东北旺西路8号中关村软件园1号楼信息中心C座一层	100094
11	北京市进出口企业协会	索德金	尹　军	84289882/9001	84289902	朝阳区和平里小黄庄北街2号C座	100013
12	北京国际贸易与投资促进会	汪国武	孙　飞	53668630		朝阳区建国路89号3号楼509室	
13	北京中外企人力资源协会	谢克海	贾庆森	57041996	57041998	朝阳区西大望路15号外企大厦B座1906室	100022
14	北京国际生态经济协会	郝吉明	李军洋	64046170—61	64026180	东城区建国门内大街18号恒基中心第3办公楼913室	100005
15	北京市商务服务业联合会	刘建华	曹　磊	52656250		石景山区石景山路22号万商大厦1916	
16	北京市商业企业管理协会	孟卫东	施燕青	64070692	64010352	东城区魏家胡同20号	100007
17	北京焙烤食品糖制品协会	黄　利	刘俊欣	63265499	63265499	宣武区广安门外广华轩6号楼	100052
18	北京市餐饮行业协会	汤庆顺	贺保贵	66035722	66039210	东城区安定门外大街183号京宝花园M201室	100050

（续）

序号	单位名称	会长	秘书长	联系电话	传真	单位地址	邮编
19	北京市茶业协会	白文祥	付光丽	68337903 68339188	68337903	西城区北礼士路甲 98 号阜成大厦 A 座 4 层 421 号	100037
20	北京典当行业协会	杨 永	翟林苹	84544366	84544368	东城区安德路甲 61 号 2 号楼 5 层 B1—528 室	100050
21	北京电子商务协会	丁同欣	石志红	63435415	51814650	西城区莲花池东路丙 1 号 312 室	100045
22	北京市豆制品协会	季 凯	陈克仁	63521149	63521149	丰台区桥南马场 138 号	100071
23	北京蜂产品协会	杨寒冰	赵增莲	67869258	67869021	北京经济技术开发区同济中路 7 号兴盛工业园 3 栋	100176
24	北京市供销合作经济组织协会	任 军	刘甫强	63520898	63520898	朝阳区小营北路 11 号和泰大厦 7 层 710 室	100101
25	北京市化工商业协会	肖 钢	刘志刚	87612660 67603818	87612660	丰台区永外宋家庄顺八条 1 号	100078
26	北京家政服务协会	庞大春	徐化愚	63432818/5414	63432818	西城区莲花池东路丙 1 号	100006
27	北京老字号协会	刘小虹	仵文贞	66023478 62370448	62002277	西城区西绒线胡同 51 号北门四川饭店内	100029
28	北京礼品流通协会	郑康淳	谢 辉	64529406		朝阳区林萃桥北 200 米路东	100101
29	北京市连锁经营协会	李燕川	刘雁红	82111213	82125291	海淀区昆明湖南路 11 号院 1 号楼等 3 幢 3 号 2 层 0009 号	100951
30	北京美发美容行业协会	陈桂钦	杨京云	63188435	63188437	西城区珠市口西大街 120 号太丰惠中大厦 1137 室	100050
31	北京农业生产资料协会	崔长青	李 涛	83828509	83828769	丰台区西四环南路 30 号院 8—1 供销农资大厦 12 层	100161
32	北京品牌协会	孟卫东	夏 明	58260938	58260938	朝阳区朝阳公园西里南区 6 号楼副楼 503 室	100125
33	北京拍卖行业协会	甘学军	姚光锋	68334469	68337868	西城区北礼士路甲 98 号阜成大厦 B 座 305 室	100083
34	北京肉类食品协会	司京成	刘金英	63266413/26	63324813/ 26	宣武区广安门外广华轩 6 号楼	100055
35	北京市商业联合会	于学忠	丁淑芬	63435418/22/29	51814665 63435416	西城区莲花池东路丙 1 号	100045
36	北京商业经济学会	王成荣	韩凝春	85932083	65128343	东城区礼士胡同 41 号	100010
37	北京市商业服装行业协会	陈普照	朱名华	65136644 63032991	65123749	东城区东交民巷 28 号	100051
38	北京市商业文化研究会	张连登	王成荣	85932083	89532213	东城区礼士胡同 41 号	100010

（续）

序号	单位名称	会长	秘书长	联系电话	传真	单位地址	邮编
39	北京市石油流通行业协会	陈立国	王顺增	85835928	85836509	朝阳区十里堡1号恒泰大厦七层7002－7006室	100054
40	北京市摄影行业协会	朱秀英	向诚	66039982	66039982	西城区大酱坊胡同甲26号	100032
41	北京市调味品协会	杜吉信	陈尤太	63863799	63863799	西城区北礼士路8号	100044
42	北京文化用品行业协会	张　军	田秀丽	67226062	87297093	崇文区永外东革新里42号	100077
43	北京物流协会	王国丰	林友来	63435426/9	63435428	西城区莲花池东路丙1号	100045
44	北京西餐业协会	魏　青	许　萌	64810615	64810615	海淀区羊坊店路18号光耀东方广场S座505室（西客站北广场东北角）	100038
45	北京市洗染行业协会	潘福增	高云丽	63972756	63972756	丰台区莲花池西里20号宝辰洗衣厂四楼	100073
46	北京市眼镜行业协会	邢荣栋	赵宏序	67059782	67059782	东城区天坛路57号院内东楼4层401	100062
47	北京市印章行业协会	王汉平	文　节	62072107	62072107	西城区新明胡同2号楼	100088
48	北京孕婴童用品行业协会	邓正学	范培宏	84602486	84440576	朝阳区曙光西里甲6号院8号楼时间国际708室	100028
49	北京市租赁行业协会	张巨光	王　梅	67150700	67150700	东城区法华南里26号404室	100061
50	北京京商流通战略研究院	赖　阳		65230718	65594609	东城区礼士胡同41号	100010
51	北京健身器材流通协会	已停止协会工作					
52	北京外企海外联谊会						
53	北京国际投资促进会	正在办理注销					

第四部分

海关、检验检疫

北京海关

基本职能

北京海关是海关总署直属的正局级海关，依据中华人民共和国海关法和其他有关法律、法规，负责监管北京关区进出境运输工具、货物、行李物品、邮递物品和其他物品，征收关税和其他税费，查缉走私，编制海关统计和办理其他海关业务。

内设机构

缉私局、办公室（内设副处级海关总署新闻办公室北京工作站）、法规处、关税处、监管通关处（行邮监管处）、加工贸易监管处、综合统计处、稽查处（企业管理处）、技术处、财务处、关务保障处、人事处、教育处、督察内审处。

内部工作机构

机关党委（思想政治工作办公室、政治部办公室）、监察室、离退休干部办公室。

隶属海关

首都机场海关、中关村海关、北京经济技术开发区海关、天竺海关、北京西站海关（筹）（驻车站办事处）。

派驻机构

现场业务一处、现场业务二处、现场业务三处（海关总署北京印刷品音像制品监控办公室）、驻朝阳办事处、驻平谷办事处、驻邮局办事处、驻顺义办事处。

海关总署外脑机构

海关总署北京加工贸易单耗管理办公室、进出口商品归类办公室。

事业单位

后勤管理中心、中国电子口岸数据中心北京分中心。

群众组织

机关工会。

其他机构

海关总署税收征管中心（京津）、北京海关风险防控中心、海关总署风险防控中心（北京）筹备处。

人员编制

北京海关共有人员1739名（其中从事海关业务人员1516名，从事缉私业务人员223名）。

工作概况

2017年，北京海关深入学习贯彻党的十九大精神，坚持以习近平新时代中国特色社会主义思想武装头脑、统领工作，认真贯彻北京市委市政府和海关总署党组的部署和要求，努力把握国情、市情，把北京海关工作放在首都经济社会发展大局中去审视、思考和把握，努力推动北京海关各项工作迈上新台阶。全年共实现税收入库693.5亿元，审核进出口报关单177.6万份，监管进出口商品总值5010.6亿元；验放进出境旅客人员2447.5万人次；监管进出境邮递物品6646万件，监管进出境快件4008.5万件。2017年9月1日，海关总署署长于广洲、党组书记倪岳峰与北京市委书记蔡奇进行了会谈，署市领导签署了新一轮《海关总署北京市人民政府合作备忘录》，标志着署市合作迈上了新台阶。北京海关全力推动备忘录内容的落实，制定分工方案，确保四大类36项具体任务年内全部落地，为首都加快构建高精尖经济结构、疏解非首都功能发挥了有力的推动作用。2017年，北京地区实现进出口货物贸易2.2万亿元，同比增长17.5%，进出口增速高于全国整体水平3.4个百分点。北京海关工作得到了北京市委、市政府领导和地区广大进出口企业的充分肯定。

（杨　帆）

【深化北京市服务业扩大开放综合试点17项任务全部落地】《深化北京市服务业扩大开放综合试点任务清单》共有14项任务由北京海关主办，3项任务由北京海关协办。北京海关积极对接深化试点方案，充分发挥职能作用，加大政策支持力度，确保海关各项支持措施得到进一步巩固和深化。年内，北京海关与中关村科技园区管理委员会联合举办“集成电路设计企业全产业链保税监管模式”海关政策宣讲会。截至2017年年底，共设立4本加工贸易手册，备案金额114.6万美元，产品增值率达203.8%，通关效率平均提高了20%以上。“海关减免税科研设备开放共享模式”的参与覆盖面进一步扩大，截至2017年年底，共有13所在京高校、21家中科院研究所和中国信息通信研究院参与试点工作，审核通过减免税共享设备950台。各参与开放共享的成员单位因避免设备重复购置节约资金成效显著，平台共享效应明显。“中关村生命科学联合创新服务中心通关服务”质量不断提升，实现生物材料进出口通关即来即审，快报快放。截至2017年年底，中关村联合创新（北京）生物科技有限公司公共型保税仓库共入库生物材料28.4万套，实验室仪器设备128台，入库金额1505万美元，出库金额1382.23万美元，为北京乃至京津冀地区生物医药研发提供了专业高效的保障服务。上述三项支持措施被商务部、北京市政府列为具有突破性、创新性、效果显著的案例上报国务院。

（杨　帆）

【推动北京国际贸易“单一窗口”平台实现与国家标准版无缝对接】积极配合市口岸办推动北京国际贸易“单一窗口”平台建设工作。2017年7月，北京地区首票国际贸易“单一窗口”报关单成功申报，2017年12月，北京国际贸易“单一窗口”平台实现与国家标准版的无缝对接，在企业前端“零改造”的前提下，报关单和舱单业务顺利实现导入模式下报关单据的传输申报。截至2017年年底，“单一窗口”报关业务覆盖率已升至52.37%。

（杨　帆）

【在首都国际机场口岸开展“跨部门一次性联合检查”试点】主动联系检验检疫和边检部门，共同努力完善“跨部门一次性联合检查”联合工作机制。2017年11月，“跨部门一次性联合检查”在首都国际机场口岸开展试点。截至2017年年底，北京海关与口岸联检部门共开展联合检查194次。

（杨　帆）

【着力提升北京地区贸易便利化水平】采取一系列切实措施，坚决落实国务院关于“将货物通关压缩三分之一”的部署，截至2017年12月，北京口岸的海关进出口货物平均通关时间已较2016年分别压缩了58.97%和67.35%，工作成效明显。通关无纸化改革进展情况良好，2017年共审核通关无纸化报关单169.1万票，占全部报关单的95.3%。在货运监管、常规稽查全面实行“双随机、一公开”的基础上，进一步在加工贸易及保税监管领域推广试运行，取得良好效果。

（杨　帆）

【助推跨境电子商务网购保税进口模式成功在京落地】积极助推天竺综合保税区和亦庄保税物流中心（B型）开展跨境电商网购保税备货业务。11月1日，北京地区跨境电商网购保税进口通关模式正式启动运行，首票24件澳大利亚葡萄酒以“保税跨境贸易电子商务A”（代码1239）监管方式顺利进入天竺综保区。11月16日，亦庄保税物流中心（B型）以同样监管方式入区一批新西兰枕头。北京地区跨境电子商务的进口通关模式成功升级为“网购保税进口”+“直购进口”的双车道。年内，北京地区跨境电商既有进出口业务也取得了快速发展，直购进口模式验放货值13.2亿元，同比增长292%。零售出口模式验放货值5.6亿美元，同比增长108.7%。

（杨　帆）

【“银关融”担保模式获得广泛好评】2017年，针对中小微企业在汇总征税担保、通关税款类担保业务中，信贷难、融资成本高、申请周期长等难题，北京海关联合银行、担保公司推出了“银关融”担保模式。该模式下企业向银行申请保函时不再提供高额保证金，改为担保公司以其授信为企业向银行申请税款保函服务，有效化解银行担保风险，简化保函申请手续，提高企业通关速度。

（杨　帆）

【汇总征税改革推广范围进一步拓宽】将汇总征税企业适用范围扩大至除“失信企业”外的所有海关注册登记企业。2017年共受理汇总征税报关单6.5万票，增长3.8倍，征收税款51亿元，同比增长3.5倍。

（杨　帆）

【地区认证企业数量不断提升】大力推动落实海关企业信用管理制度，积极开展在京注册企业信用培育，积极组织各类海关企业信用管理和通关政策宣讲，并通过12360海关服务热线、“互联网+海关”关企合作平台等方式，协调解决通关事务，促进认证企业享受各项通关便捷措施。对天竺综保区企业开展归类预审核及规范申报服务试点工作，与区内企业建立起长期合作机制，引导企业如实申报、依法纳税、守法自律。截至2017年年底，北京关区共有高级认证企业173家，一般认证企业785家。

（杨　帆）

【协同多部门落实失信企业联合惩戒】积极参与北京市社会信用体系建设。开展联合激励和联合惩戒工作，与市经信委、市商务委等部门签订了安全生产、食品药品等6个领域联合惩戒备忘录。与国税、工商、商务等部门协调配合，落实联合惩戒措施，截至2017年年底，共处置各单位发来联合惩戒企业信息40条，按规定下调企业信用等级2家。

（杨　帆）

【配合实施“多证合一”商事制度改革】 2017年12月，北京海关企业注册“多证合一”平台正式上线运行，海关进出口货物收发货人的注册登记正式纳入北京市外贸领域“十五证合一”改革，成为北京市深化商事制度改革的一项重要举措。企业入网审核时间大幅缩短，实现了“惠民、惠企、惠政”的三方共赢。

（杨　帆）

【新增复制推广3项自贸区海关监管创新制度】 认真梳理上海自贸试验区海关监管创新制度的适用条件和业务标准，将天竺综合保税区作为主要阵地，积极推进自贸试验区海关监管创新制度的复制推广工作。在前期已成功复制推广17项创新制度的基础上，于2017年内推动仓储企业联网监管、“先进区、后报关”和仓储货物按状态分类监管3项创新制度成功落地，促进融资租赁、保税展示交易、委内加工等监管创新制度得到进一步推广应用，使更多有需求的企业充分享受制度创新带来的改革红利。截至2017年年底，除受政策适用范围限制、客观因素制约及企业需求等因素影响的5项制度尚未推广外，自贸试验区其余20项海关监管创新制度已全部成功复制落地，受到相关企业的广泛好评。

（杨　帆）

【推动文化、会展及旅游产业发展】 依托天竺综保区的政策功能优势，不断完善回流文物及艺术品“区内存储＋区内外展拍”监管模式，保税艺术品通关流程智能化监管水平进一步提高。为北京国际汽车展、图书展以及“京交会”等重点大型展会提供优质通关服务，全年共办理展览会备案194个，监管进出境展览品总价值45.4亿美元。配合北京市落实京津冀144小时过境免签政策，继续做好境外旅客购物离境退税海关验核及切换使用国家税务总局退税系统等工作，全年共验核离境退税商品总金额约1.2亿元。

（杨　帆）

【查获走私犯罪案件实现历史性突破】 深入开展打击走私“国门利剑2017”联合专项行动，集中优势的警力查办大案要案。“4·12”打击冻品走私专项行动成功收网；打击“洋垃圾”走私“蓝天”行动取得重要突破；查办走私象牙等濒危动物制品案件15起，同比增长2倍；4起一级挂牌督办案件顺利移送起诉。全年共查获走私犯罪案件41起，同比增长64%；案值16.4亿元，同比增长61%；涉嫌偷逃税额2.1亿元，同比增长38%，成绩显著。

（杨　帆）

【查扣侵权货物案值同比增长100%】 全面落实中美、中俄海关知识产权联合执法行动，深入开展出口知识产权优势企业知识产权保护“龙腾”专项行动，进一步加大知识产权海关保护工作力度。全年共查扣侵权嫌疑货物2.2万余件，案值191万元，同比增长100%。

（杨　帆）

【统计分析职能有效发挥】 密切关注外贸运行态势，不断优化海关统计口径，提高统计分析质量，及时撰写辅助分析报告。全年共向上级部门报送统计分析文章145篇次，其中50余篇被上级机关采用，5篇获中央领导重要批示；向北京市政府报送统计专报12期。

（杨　帆）

**【12360服务热线受理业务咨询6万余

条】深化12360服务热线品牌，继续通过12360服务热线、互联网咨询等方式向广大进出口企业和社会公众提供及时、准确的通关咨询服务，充分发挥北京海关12360政务微博的平台作用，拓宽海关与社会的沟通渠道。年内共受理业务咨询65834条，热线电话直接答复量65196条，即时答复率为99%。

（杨　帆）

2017年北京海关主要业务情况一览表

序　号	项　目	数　额	比2016年同期增减
1	监管进出口商品总值（亿元）	5010.6	－4.57％
2	监管进出口货运量（万吨）	7696.4	28.42％
3	验放出入境旅客人员（万人次）	2447.5	4.53％
4	监管印刷品、音像制品（万件）	1744	27.63％
	监管进出口快件（万件）	4008.5	21.78％
5	结处刑事案件（起）	27	12.50％
	案值（万元）	83443.7	511.34％
6	结处行政案件（起）	965	－3.50％
	案值（万元）	28617.8	－51.45％
7	征税入库总金额（亿元）	693.5	13.61％
	其中：关税税款（亿元）	127.34	8.74％
	代征税款（亿元）	566.19	14.78％
8	审批减免税总货值（亿美元）	120.46	－17％
	审批减免税总金额（亿元）	141.69	－26％
9	设立加工贸易电子手册总金额（不含E账册，亿美元）	25.49	11.7％

（杨　帆）

2017年北京地区进出口总值一览表

项　目	价值（万亿元人民币）	比2016年增减
进出口总值	2.19	17.5％
出口总值	0.39	15.5％
进口总值	1.8	18.0％
出口差额（＋ 出大于进；－ 进大于出）	－1.41	19.5％

（杨　帆）

名　录

单位名称：北京海关　　电　话：85736789
党组书记、关长：高玉潮　　传　真：85736080
通讯地址：北京市朝阳区光华路甲10号　　网　址：beijing.customs.gov.cn
邮政编码：100026

（杨　帆）

北京出入境检验检疫局

基本职能

中华人民共和国北京出入境检验检疫局（以下简称“北京检验检疫局”）是国家质量监督检验检疫总局设在北京并授权依法管理北京地区出入境检验检疫工作的行政执法机关和涉外经济监督部门。

机构概况

北京检验检疫局机关内设17个处室及3个派驻纪检组，主要业务处室有：通关业务处、卫生检疫监管处、动植物检疫监管处、食品安全监管处、检验监管处、认证监管处。根据工作需要分别设立了首都机场出入境检验检疫局、丰台出入境检验检疫局、北京经济技术开发区出入境检验检疫局、顺义出入境检验检疫局、通州出入境检验检疫局、海淀出入境检验检疫局、北京西站出入境检验检疫局、北京朝阳出入境检验检疫局、平谷办事处、天竺综合保税区办事处、中关村办事处、国际邮件及展品检验检疫办事处、特种检疫办事处。下属有检验检疫技术中心、国际旅行卫生保健中心、机关服务中心、动物隔离场、北京出入境检验检疫协会等技术检测和服务单位，配合行政执法的需要，形成了全方位的出入境检验检疫监督管理体系。

业务工作

【概况】截至12月31日，北京检验检疫局共检验检疫出入境货物16.76万批次，同比减少9.55%；货值123.48亿美元，同比减少9.40%。其中出境2.10万批次，同比增加37.63%；货值9.52亿美元，同比增加3.97%。入境14.67万批次，同比减少13.78%；货值113.96亿美元，同比减少10.36%。查出不合格进出口货物3727批次，同比减少15.45%；货值1.07亿美元，同比减少15.03%。其中不合格进口货物3710批次，同比减少15.49%；货值1.07亿美元，同比减少15.11%。不合格出口货物17批次，同比减少5.56%；货值47万美元，同比增加5.81%。

共查验出入境人员2728.30万人次，出入境航空器13.43万架次，出入境国际列车366车次，查验入境集装箱5.47万标箱。签发各种原产地证书5.41万份，累计为北京地区出口企业减免进口国关税1.01亿美元。

（唐茜茜）

【做好重大活动保障工作】年内，北京检验检疫局完成党的十九大、“一带一路”国际合作高峰论坛、国际刑警大会、朝觐包机等一系列重大活动保障工作。在十九大召开前，先后进行3次核与生物突发事件应急处置演练，对食品安全、出入境疫病疫情防控等重点环节进行专项督查。在“一带一路”国际合作高峰论坛期间，以“制度先行、演练到位、保障得力、宣传高效”为关键，抓实例、抓实物、抓事件，构建起协调顺畅、运转高效的三级联动响应机制。先后进行90余次近1700人次参加的应急处置演练和桌面推演，保障航空器540架次，给予礼遇4083人次，监管航空煤油2万吨，处置核生化有害因子监测预警事件28起，顺利完成“一带一路”国际合作高峰论坛检验检疫保障任务。

（唐茜茜）

【强化传染病疫情防控立体化防线建设】 北京检验检疫局全年共检验检疫出入境人员2728.3万人次，检出各种传染病病例511例，同比提高14.8%。2017年，在全国口岸范围内首次检出新型肠出血性大肠杆菌和艰难梭菌病例，首次发现入境旅客携带人蚤；妥善应对航空口岸首次输入性诺如病毒聚集性疫情。在北京口岸首次发现因阿米巴原虫引发的腹泻病例；首次发现一例严重精神病病例并顺利实施了监护出境；成功处置美国航班发现活鼠、集装箱内查获活鼠等病媒生物突发事件；圆满完成出国朝觐人员卫生检疫工作。探索特殊物品入境监测管理新模式，采用红外低温探测技术对旅客携带物进行查验，新型多功能一体机可实现人员体温和随身携带物同时监测。全年共截获低温保存物品1404例，禁止携带物27360批次。

（唐茜茜）

【加强口岸动植物风险防控】 年内，北京检验检疫局优化检验检疫监管流程，尝试开展进境植物及其产品检测项目的风险评估。严格落实“绿蕾3”专项行动工作方案，全年共截获动植物疫病疫情1443种次，其中截获植物有害生物122种1437种次，截获检疫性有害生物10种620种次，截获的检疫性有害生物种次数较上年增长160.5%；检出动物疫病6种7批次，检出不合格动物142批次，扑杀阳性动物3批261头（只）。全年共截获禁止携带进境物3.97万批次，从邮寄物中截获禁止邮寄进境物3100批次。2017年，在全国口岸范围内首次截获树蛙、墨西哥巨人红膝、仙人掌粉蚧等外来物种8种次，并首次在北京口岸进口龙虾、黑蟹中检出白斑病阳性。

（唐茜茜）

【保障进出口消费品安全】 年内，检出进口不合格货物3710批、货值1.07亿美元；出口不合格货物17批、货值47万美元。2017年共对北京市场进行了6次专项督察，开展国门安全风险隐患排查和专项整治行动。妥善应对“日本辐射食品”“巧克力矿物油”“鸡蛋氟虫腈”等事件。促使阿斯顿·马丁公司对缺陷汽车全球召回，成为首例由我国发起的豪华汽车缺陷召回。对质量安全追溯体系进行升级，覆盖食品、医疗器械和免予办理强制性产品等9大类4660种。

（唐茜茜）

【提升检验检疫贸易便利化水平】 实现无纸化通关，企业现场报检人数减少一半以上，工作量减少2/3以上。对出入境货物实施报检受理、查验检验和签证放行一体化，在空间和时间上给予企业更多的自主选择权，已有98%以上符合“一体化”条件的报检批实现了“一地施检”。与河北、天津检验检疫局签署《通武廊地区检验检疫服务京津冀协同发展区域合作备忘录》。对电商企业和直邮货物采用企业诚信、货物分类和风险评级相结合的管理方式，降低诚信企业和低风险电商货物查验比例。简化北京地区CCC免办审批环节，试行进口备件CCC免办审批新模式。实行北京地区食品、化妆品样品入境免于抽检等便利措施。打造“e检”平台，整合各业务流程，不断提升服务首都发展的能力。

（唐茜茜）

【推动北京市服务业扩大开放】新拟定了支持北京市服务业扩大开放综合试点17条措施，北京检验检疫局入选“北京市服务业扩大开放综合试点示范单位”。全面简化进境科研生物材料审批手续，取消一级风险生物材料的实验室资格证书等要求，降低菌毒种等一级风险产品的证明材料级别，实施进境生物材料检疫审批、安全声明和一般报检材料无纸化。推进新一轮进境生物材料检验检疫改革，对无特定病原体（SPF）鼠隔离期由30天缩至14天。推进中关村生物医药国检试验区建设，对特殊物品、动物源性生物材料入境制定了18条试点政策，进一步扩大低风险特殊物品“智能审批”覆盖范围，创新科研用高风险特殊物品样本风险评估模式，开拓基因检测用血液等人体样本入境监管模式。南北平台分别进行了基因检测样品全流程监管的测试并取得成功。提升质量安全示范水平，北京出口汽车质量安全示范区通过国家级示范区的续延复审。推进北京经济技术开发区集成电路质量安全示范区建设，创建房山葡萄酒出口食品农产品质量安全示范区。

（唐茜茜）

2017年北京地区部分出入境法检商品质量情况一览表

项目		检验批次	批次合格率（%）	合格率比上年增减（%）
总计	出境	20997	99.92	0.04
	入境	146625	97.47	0.05
出境	动物及产品	2077	100.00	0.04
	植物及产品	2247	100.00	0.00
	食品及化妆品	6019	99.97	0.02
	纺织品	8	100.00	0.00
	轻工品	822	100.00	0.00
	矿产品	142	100.00	0.00
	金属及制品	50	100.00	1.40
	化工品	631	98.42	−0.38
	机电产品	201	99.00	−0.26
	特殊物品	9444	99.97	−0.03
	其他货物	10	100.00	0.00
入境	动物及产品	17329	98.94	0.15
	植物及产品	9506	98.94	1.15
	食品及化妆品	21732	91.35	−0.64
	纺织品	9887	96.85	1.50
	轻工品	7314	98.14	−0.43
	矿产品	308	99.68	0.55
	金属及制品	1398	99.43	0.60
	化工品	14897	99.18	−0.24
	机电产品	64308	98.42	−0.10
	特殊物品	15702	99.60	−0.04
	其他货物	1877	99.15	0.20

（唐茜茜）

名录

单位名称：北京出入境检验检疫局
局　　长：刘德平
通讯地址：北京市朝阳区甜水园街6号
邮政编码：100026
电　　话：58619900
传　　真：58619014
网　　址：www.bjciq.gov.cn
电子信箱：fazhi@bjciq.gov.cn

（唐茜茜）

第五部分

开发区、区商务

北京经济技术开发区

概 况

2017年，开发区实现地区生产总值1365.2亿元，同比增长12.2%。进出口总额完成170.9亿美元，同比增长8.7%；进口完成117.9亿美元，同比增长9.5%；出口完成53亿美元，同比增长7.1%。

（张真芳）

对外经贸

【进出口总额情况】2017年，开发区完成进出口额170.9亿美元。其中完成出口总额53亿美元，完成进口总额117.9亿美元。

（张真芳）

【完善出口型企业金融政策】搭建中信保与区内出口企业合作平台，设立中信保服务网点，鼓励企业投保，提高企业应对国际贸易风险能力。为京东方显示和京东方光电提供约3.1亿美元的出口信用保险，50家年出口额300万美元以下的企业获得免费出口收汇风险保障。

（张真芳）

【建设集成电路质量安全示范区】深化与北京出入境检验检疫局合作，建设集成电路质量安全示范区。实现区内企业进口零部件厂区内共检、检疫费用减免减半等优惠政策。示范区建设已覆盖中芯国际、威讯、北方微电子、耐威、豪威等8家集成电路产业的上下游企业。

（张真芳）

【落实服务业扩大开放相关任务】按照市委市政府工作要求，开发区制定了《深化改革推进北京市服务业扩大开放综合试点工作方案》，成立服务业扩大开放工作小组，发展和改革局（商务局）牵头，统筹协调18个部门落实任务清单中10个方面85项试点任务。到年底，开发区已落实该方案7个方面35项任务。

（张真芳）

商业安全

【加强商业安全生产】进一步加大企业安全生产监管、管理和市场秩序整治力度。通过完善制度、建立机制、检查抽查、督促整改等方法确保了安全。

（张真芳）

【完善安全生产管理长效机制】有效依托基层力量，与荣华街道、博兴街道建立商务联合检查合作机制。与城管分局、消防支队、食药监局等部门建立联合通报制度，强化部门联动，确保隐患整治跟踪落实。建立信息报送、应急联系、每日会商、重点客户协调机制，实现多方互动沟通。

（张真芳）

【积极开展安全生产检查工作】通过日常检查、专项检查、联合检查等多种形式开展安全生产检查工作，完成餐饮、零售企业反恐检查、国务院安委办督导检查、大排查大清理大整治专项行动、北京市督察组督查等检查和迎检工作，实现商超餐饮企业检查率100%、隐患整改率100%和案件移送率100%的目标任务。

（张真芳）

【圆满完成重大活动、节假日等安全保障工作】圆满完成“一带一路”高峰论坛、党的十九大、世界机器人大会、中国设计节、春节等安全保障工作，丰富了重大活动保障经验。

（张真芳）

名　录

单位名称：北京经济技术开发区商务局

局　　长：刘　力

地　　址：北京经济技术开发区荣华中路15号

邮　　编：100176

电　　话：67888172

传　　真：67881476

网　　址：www.bda.gov.cn

（张真芳）

北京天竺综合保税区

概　　况

北京天竺综合保税区（Beijing Tianzhu Free Trade Zone，以下简称“天竺综保区”）于2008年7月23日由国务院批复设立。2009年7月28日，一期通过海关总署等国家十部委联合验收，正式封关围网运营。天竺综保区是全国首家空港型综合保税区，是北京市三个国家级经济功能区之一。天竺综保区总规划面积为5.944平方公里，依照功能划分为口岸操作区和保税功能区。

北京天竺综合保税区集口岸通关、保税物流、出口加工等功能于一体，享有“保税、免税、退税”政策，并优化整合了国内不同海关特殊监管区域的政策优势，是北京目前唯一的海关特殊监管区域。

北京天竺综合保税区是完善北京城市功能、提升“四个服务”水平的战略性基础设施，是扩大对外开放、提升外向型经济发展水平的重要平台，也是北京融入全球经济一体化的崭新窗口。

2017年，天竺综保区保税功能区实现进出口总值389.0亿元。入区企业实现营业收入228.2亿元；完成属地税收12.5亿元；完成固定资产投资额10.3亿元；截至12月末，入区企业共353家，企业资产总计549.2亿元，从业人员2.2万人。天竺综保区口岸操作区实现进出口总值5401.4亿元，占北京口岸总量的86%；处理国际快件1500万件，查验跨境电商个人直邮业务量298万票；进口整车173辆，货值1.1亿元。

（孙　林）

功能政策

（一）税收政策

园区企业基建物资、进口机器设备、自用办公用品免征进口关税和进口环节税；进口货物入区保税；国内货物入区视同出口实行出口退税；区内货物销往国内可选择按对应进口料件或按货物实际状态征税；区内企业之间货物可以自由流转，交易免征增值税、消费税。

（二）外汇政策

与境外之间进出的货物，不实行进出口配额、许可证件管理。区内保税存储货物不设存储期限。区内加工企业不实行银行保证金台账管理。进出境货物不办理外汇核销手续，进出区货物可用外币或人民币结算。

（三）便利化监管措施

海关、国检、税务等部门施行了一系列便利化监管措施，主要包括先入区后报关、分送集报、7×24小时通关、一次检验分批核销、货物分类监管、委内加工、增值税一般纳税人试点等，提高了进出口通关效率，并支持企业统筹开展保税和非保税业务，尽得政策便利。

（四）地方配套政策

一是鼓励总部企业入区发展。对于注册在天竺综保区且符合相关条件的总部型企业可给予最高金额1000万元人民币的多项资金扶持，并在办理外国人居留许可、外国人就业证、外国专家证、购房用车、子女入托入学等方面给予便利。二是进行税收贡献奖励。对于注册在天竺综保区的企业最高按照当年区域税收贡献的70%给予扶持；对企业管理团队按照企业当年区域税收贡献的6%予以扶持；对企业自建购买租赁生产办公用房给予补贴支持。三是制定了产业配套政策。按照医药贸易、文化贸易、融资租赁、科技贸易、跨境电商等不同产业运营特点，有针对性地制定了专门配套扶持政策，为相关企业发展营造与国际接轨、在国内领先的政策环境。

（孙　林）

投资环境

地理位置优越。天竺综保区位于北京东北方向，与首都机场实现无缝对接，距离市中心35公里，距天津港160公里，往来北京城区、天津港口、环渤海地区顺畅便捷，交通路网发达，具有得天独厚的区位优势。

区港一体化。天竺综保区与首都国际机场口岸无缝对接，真正实现了区港一体化。北京海关创新推行“先入区后报关”的“直通式分拨”模式；北京国检局突破性地开展进口货物“集中报检、集中查验、分批核销、后续监管”的查验模式；货物通关时间缩短至2～6小时，最快只需30分钟，通关速度在全国海关特殊监管区域中首屈一指。

“一站式”服务。天竺综保区“一站式”服务大厅本着提升服务效率和服务水平，优化办事流程和政务环境的原则，为投资经营企业提供一站式、全方位服务。

（孙　林）

招商引资

2017年，天竺综保区批复入区企业59家，注册资本总额18.95亿元，计划投资总额75.15亿元，注册资本1000万元以上企业35家，外资（合资）企业5家，重点入区项目12个，涉及总规划建筑面积约82.46万平方米，总投资38.67亿元。

（孙　林）

【跨境电商网购保税实货试运行】与物美、林德帕希姆等2家区内优质跨境电商企业合作，分别在管庄和前门北京坊开设了5000平方米的进口商品直营中心和600多平方米的德国商品展示店，园区内形成了线上销售＋线下展示的线上线下融合发展的创新业务发展模式。

（孙　林）

【航空产业发展取得新进展】引进了国内首家外资控股的飞机维修合资公司通航法荷航；获批“北京市融资（金融）租赁聚集区”，信远租赁成为首家入驻园区的内资融资租赁公司；与建信租赁、东航租赁、中航（北京）租赁3家公司就飞机引进签署合作备忘录。

（孙　林）

【文化领域取得创新发展成果】紧抓北京市服务业扩大开放有利契机，天竺综保区在两轮226项市级试点任务中承担了16项任务，在综示区两轮74项任务中承担了42项任务，先后引进首家外商独资演出经纪机构龙之传奇、全球顶尖动漫制作企业虎虎，实现了全国首单文化无形资产融资租赁等新业态新模式，在文化领域实现了一批创新发展成果。

（孙　林）

【举办中国（北京）首届跨境融资租赁暨飞机租赁论坛】2017年7月5日，中国（北京）首届跨境融资租赁暨飞机租赁论坛在顺义区举行。天竺综保区管委会与国航股份、东航租赁、中联航等公司签署合作协议，依托天竺综保区功能平台开展飞机租赁业务；服交会上，管委会携“一带一路”国际生活方式文化展示园项目、中澳商业产业园项目、南非国家体验馆项目等进行签约，预计投资金额88亿元；文博会上，管委会携中国—阿根廷文化贸易合作平台项目、中俄国际演出合作项目、中国廉政文化影视产业中心项目等进行签约，金额达92亿元；京港洽谈会系列活动上，管委会与中国电子商务协会、香港跨境电子商务协会签署合作协议，将在跨境电商方面展开深入合作，与晨鸣（香港）有限公司签署合作协议，争取项目落地发展。

（孙　林）

名　录

单位名称：北京天竺综合保税区管理委员会（北京市政府正局级派出机构）

主　　任：高　朋

常务副主任：宋建明

副 主 任：李燕凌

　　　　　杭金亮

地　　址：北京市顺义区金航中路1号院2号楼

电　　话：69478686

传　　真：69478566

邮　　编：101300

网　　址：http：//www.bjftz.gov.cn/

（孙　林）

东城区

概　　况

东城区商务委员会（简称区商务委）是主管辖区国内外经济贸易和对外经济合作的工作部门。内设办公室、人事科、规划发展科、社区商业科、流通管理科、外经外贸科、商务服务科、外资管理科、市场监管科、粮食酒类管理科10个科室。编制42人，实有40人，其中公务员39人，公勤人员1人。

2017年，围绕“疏解整治促提升”工作，着力疏解商品交易市场，提升生活性服务业品质，优化商务行业发展环境。疏解商户1701户，涉及从业人员7869人，超额完成年度疏解工作任务。超额完成生活性服务业网点建设目标责任书任务，实现社区商业便民服务综合体街道全覆盖，制定《东城区关于“疏解整治促提升”“百街千巷”环境整治工作中完善便民商业设施若干问题的指导意见》《北京市东城区生活性服务业设施规划》。举办年货购物季、美食体验季、金秋购物季等促销活动，全区实现社会消费品零售总额增长5%，高出市级增长任务0.3个百分点；服务消费增长8.5%，高出市级指标0.7个百分点。完成139家企业三级达标复评及创建任务，基本实现安全生产标准化创建全覆盖。兑现2017年度东城区总部企业奖励补助资金868.31万元；1211家企业通过外商投资企业年度经营信息联合报告。

（孙　婧）

商业流通

【举办年货购物季】 1月19日至25日，举办主题为“金鸡鸣春 吉庆新年”的年货购物季，包括“金鸡报晓福满城”“老字号经典·辞旧迎新喜相逢”“娱乐大赢家·鸡年吉到有惊喜”等线上线下主题促销活动。16家商场和购物中心、6家老字号企业、7个特色街区和以及50余家黑龙江、内蒙古等地区的名优特品牌参加。

（孙　婧）

【举办美食体验季】 6月13日至7月31日，举办主题为“东城美食 固本传承”美食体验季活动。活动以弘扬老字号美食、老字号品牌为宗旨，整合区内各商圈美食资源，组织评选出东城100道有代表性的美食美点、10种口味最受欢迎的粽子，举办寻找东城老字号传承人及优秀制作人、制作东城老字号寻宝图等活动，为市民提供丰富的消费体验。

（孙　婧）

【举办金秋购物季】 9月20日至10月31日，举办主题为“乐购东城 畅想优惠”的金秋购物季。各商家推出打折促销等传统优惠活动，结合店庆、国庆、电影等主题策划文化活动，实现购物与文化相结合。9家商场、3家购物中心和10家老字号企业参加。

（孙　婧）

【非首都功能商户疏解工作情况】 全年，东城区完成6家台账内、3家台账外的市场疏解升级工作。其中，永外城文化用品市场、广德普惠菜市场、李村菜市场实现整体关停。疏解商户1701户，涉及从业人员7869人，超额完成年度疏解工作任务。

（孙 婧）

【老字号进科技园区】7月20日，“行商北京”——老字号·知名企业走进科技园区系列巡展活动在东城区中关村雍和航星科技园启航。活动由市、区商务委共同指导，区商联会和北京飞扬天成文化传媒有限公司共同主办，30余家东城区老字号企业、商务服务业企业参展。

（孙 婧）

【生活性服务业品质提升】全年新建或规范提升各类便民商业网点103个。其中，蔬菜零售网点38个，便民商业网点连锁化率提升7.97个百分点，超额完成目标责任书建设任务；社区商业便民服务综合体建设实现街道全覆盖；推荐驻区品牌连锁企业53家入选北京市生活性服务业品牌连锁企业资源库（2017年度）。

（孙 婧）

【加强行业监管】全年出动检查人员2992人次，检查企业1392家次。实施行政处罚104起，受理“12312”商务举报投诉56件。以天安门、中南海为核心，对整个政治中心区的沿街餐饮、商业零售经营单位，开展商务行业安全隐患大排查、大清理、大整治专项行动，重点排查整治无购物出口、中英文双语应急广播设置、排油烟管道清理和安全生产例会制度等方面的安全隐患，并配合其他部门排查电梯、燃气、消防额安全隐患。完成139家三级达标复评及创建任务，基本实现安全生产标准化创建全覆盖。

（孙 婧）

【“双打”工作情况】全年，东城区各行政执法部门出动执法人员32401人次，检查经营主体15936家次，查办侵权假冒类案件580起，罚没款项416余万元；法院知识产权庭共受理各类侵犯知识产权及不正当竞争案件1903件，公安机关立案侦办制售伪劣商品犯罪案件9起，刑事拘留犯罪嫌疑人6人，采取逮捕强制措施4人。

（孙 婧）

【典当行业情况】全区现有经批准设立的典当法人单位42家，分支机构13家，从业人员1446人。全行业资产总额30.8亿元，全年典当总额231.6亿元，上缴税金3383.5万元。

（孙 婧）

【企业集中办公区】崇文商务大厦企业集中办公区全年续签企业394家，清理、清退企业36家。至2017年年底，有注册资本140亿元，贡献税收约6.5亿元。

（孙 婧）

【主办第五届京交会版权交易板块】5月28日至6月1日，东城区主办第五届京交会的版权交易板块，展览展示东城区在文化产权交易、互联网版权保护、知识产权保护、文化传承、创新和走出去等方面的工作和成果。组织企业参加老字号展览展示、北京馆日等活动，支持北文中心举办“文投汇、文投环球、艺术银行、北文信用”项目推介会。大会期间，发放票证750张，收集和发布需求项目14个，收集和发布签约项目17个，报送信息8篇，发放材料600份，现场接待咨询53人次，新闻报道8篇（含电台专访1次）。

（孙 婧）

对外经贸

【概况】东城区对外经贸工作由区商务委主管。2017 年，东城区新设外商投资企业 51 家，其中合资 9 家，独资 42 家；实现合同利用外资 5.68 亿美元，同比下降 59.6%；实现实际利用外资 5.82 亿美元，同比增长 15.7%。全年外贸进出口额 1012.4 亿元，同比增长 11.5%，完成全年指标的 109%。其中，出口额 201.3 亿元，同比增长 19.2%，完成全年指标的 118%。进口额 811.1 亿元，同比增长 9.8%。

（孙　婧）

【扶持外贸企业】办理对外贸易经营者备案登记 234 件，其中，新注册企业备案 38 件，变更 187 件，注销 9 件。做好服务外包及软件进出口合同登记工作，18 家企业登记的 138 笔已执行合同审批通过，涉及合同执行金额 3.7 亿美元。先后帮助 94 家企业申请包括中小企业国际市场开拓资金、外贸稳增长出口奖励、出口信用保险、技术产品出口贴息、服务外包配套资金等奖励资金共计 4200 万元。

（孙　婧）

【培育外贸新业态】培育东城区外贸综合服务示范企业，推进外贸新业态发展。推荐北京汇百天地国际贸易有限公司申报外贸综合服务企业，获“北京市外贸综合服务示范企业”称号，是北京市首批 6 家“外综服”企业之一。

（孙　婧）

【宣传推介企业】组织倍利可轻工进出口有限公司、中纺国际服装有限公司、中关村世纪科贸有限公司、中国医药保健品有限公司、北京泰克仪器有限公司、中国航空技术国际控股有限公司等 6 家企业参加第 121 届中国进出口商品交易会，意向成交额约 500 万美元，成交地区和国家主要分布于欧盟、美国和中东地区。

（孙　婧）

名　录

单位名称：北京市东城区商务委员会
党组书记、主任：王万青
地　　址：北京市东城区永定门内东街中里 13 号楼
邮　　编：100050
电　　话：67079106
传　　真：67142224

（孙　婧）

西城区

概　况

2017年，西城区商务委深入贯彻落实党的十八大和中央经济工作会议精神，以习近平总书记对北京工作的重要批示和两次视察北京重要讲话精神为统领，紧密围绕首都核心区中心工作，紧扣“十三五”规划实施、疏解整治促提升、调结构稳增长、构建“高精尖”经济结构四条主线，扎实推进“疏功能、转方式、补短板、提品质、稳增长、惠民生、保安全”各项工作，增强发展动力，保持稳中有进，圆满完成了全年各项工作任务，区域商务发展稳中提质。全年实现社会消费品零售总额1013.9亿元，首破千亿，同比增长4.7%。新批外商投资企业40家，吸收合同外资额120.26亿美元，实际利用外资116.07亿美元；实现进出口总额720亿美元，占全市进出口总额的22.2%，继续位居北京市第二。完成18个市场的疏解提升任务，新建和提升改造百姓生活服务中心7个，新建和规范提升各类生活性服务业网点70个，规范化、品牌化、连锁化网点比例提高到69%。

（马　岩）

商业服务业

【举办中华老字号“互联网+”博览会】 1月21日至2月11日，中华老字号“互联网+”博览会暨中华老字号时尚创意大赛成果展成功举办。此次活动是由西城区商务委员会、中华老字号工作委员会联合举办，西城区文化委和北京华方文化有限公司协办，北京泰禾嘉润文化传播有限公司承办的集中华老字号文化、中华老字号时尚创意大赛成果展、非遗文化展览、二维码网上订购及现场体验为一体的综合性活动。展场面积约1100平方米，参加活动品牌企业100余家，各类展品400余件，西城区著名老字号12家企业有80件产品参加。

（邵自军、赵杰平）

【举办2017北京西单时尚节】 7月19日至9月18日，西城区商业联合会、西单商会联合主办“2017北京西单时尚节”。以“时尚、文化、品质、生活”为核心，围绕“品味经典，感受时尚”的主题，组办了“潮酷时尚”“时尚研讨会”“时尚美食”三大版块十余项主题活动，并举办了新闻发布会、开幕式、闭幕式等三场主会场专题活动，推广范围涵盖全区19家大型综合商场、重点老字号企业及120余家餐饮企业。全区商品销售额达到256.1亿元，同比上升6.9%，其中西单地区重点商场增幅达到7.89%；餐饮企业刷卡营业额达到2000万元，同比增长13%；参加时尚美食评选的40家餐饮商户营业额1.1亿元，同比增长22.76%；42家重点餐饮企业实现营业额3.2亿元，同比增长3%。活动期间除西单地区公共大屏幕、道旗、围挡宣传外，利用平面媒体、网络媒体、电视媒体追踪报道宣传，微博微信共发图文46篇，阅读量达9.2万；新华社、千龙网各大平台发布各类信息200余频次，阅读量达600万，传播覆盖总人数超过千万人次。西单GO微信平台开发制作“时尚地图”和“美食地图”两款界面，以电子地图的形式发布商家的促销信息；全程跟踪报道各专场、主题活动，及时对时尚节活动宣传造势，取得了良好的效果。

（邵自军、杜　颖）

【举办2017北京西城电子商务节】 11月20日至12月20日，西城区商业联合会主办“e时代i西城——2017年北京西城电子商务促进会暨系列活动”，在“e时代i西城”主旨基础上提出本届“新时代·广融合·降密度·立高端”的主题，引导传统企业融合线上线下经营模式，实现跨界合作，有效降低区域商业密度，提升商业经营品质，实现合作共赢。启动仪式上，主办方为第二批“西城区电子商务诚信经营承诺企业”授牌，推动西城区电子商务经营企业诚信承诺活动的深入开展；区域5家优质跨境电商企业、老字号企业、第三方支付企业、社区生活性电商平台，签署了战略合作协议，推动企业间的跨界融合。活动期间还举办了商业发展电商专题讲座，主办方邀请行业前沿专家、学者做客讲坛，为企业讲授在零售业快速发展、智能化不断提升的新时代，如何以大数据、人工智能等信息技术为依托，加快线上服务、线下体验深度融合，引导企业提升商业品质，创新服务消费模式，把握格局、开拓思路。

（邵自军、杜　颖）

【8家行业协会商会与区商务委脱钩】 2017年，按照区行业协会商会与行政机关脱钩联合工作组办公室工作部署，区商务委组织区商联会、区饮食行业协会、西单商会等8家行业协会商会开展脱钩工作。委托中泽永诚会计师事务所对8家行业协会商会就人、财、物、资产及办公用房等方面进行资产清查，严格落实“五规范、五分离”，至年底，区商联会等7家行业协会商会与区商务委脱钩，变更为无主管。区家居产业协会完成注销。

（邵自军、柴卫红）

【完成成品油变更初审及年检初审】 2017年，完成辖区成品油经营批准证书变更初审工作。完成辖区17家加油站年检初审。

（邵自军、赵杰平）

【完成拍卖企业变更、新设立初审及年度核查初审】 2017年，完成辖区北京钰融拍卖有限公司等7家拍卖企业变更拍卖经营批准证书及新设立北京金网易购科技发展有限公司等4家拍卖行初审工作。完成辖区37家拍卖企业年度核查初审。

（邵自军、赵杰平）

【完成年度社会粮油供需平衡调查】 2017年，圆满完成“2017年度社会粮油供需平衡调查”。此次统计包括100家规模以上餐饮企业和110户居民。数据显示，2017年全区居民口粮消费折合原粮为157990吨，比上年增长11.62%，相当于西城区城镇居民人均月消费口粮10.79公斤。居民粮食消费依然以大米、面粉为主，折合原粮消费小麦和稻谷分别为73322吨和69784吨，分别占粮食消费总量的46.41%和44.17%。与上年相比，西城区居民的面粉销量占比有所增加，而大米的占比有所下降。2017年其他杂粮的消费总共占比接近10%（比上年数值少约5%），其中大豆及杂粮的消费量分别为5734吨和9150吨，分别占粮食消费总量的3.63%和5.8%。同等情况下餐饮企业食用油消费量比居民家庭高出23%。

（邵自军、赵杰平）

【典当行业发展情况】2017 年，西城区典当企业累计达 58 家，其中典当行 39 家，分支机构 19 家。全区典当行业资产总额达 16.91 亿元，同比增长 6.7%。全区 39 家典当企业本部年末典当余额 12.4 亿元，同比增长 15.65%；全年典当总额 41.26 亿元，同比增长 7.2%。其中，房地产典当 23.9 亿元，同比增长 9.9%；动产典当 13.23 亿元，同比增长 2.5%；财产权利典当 4.12 亿元，同比增长 7.8%。业务结构保持稳定。

（邵自军、史　倩）

【生活性服务业品质提升】2017 年，推进《西城区生活性服务业三年行动计划》深入实施并完美收官，逐步探索形成生活性服务业发展的“西城模式”，即“三五八”体系。“三”即构建社区三级商业网络（五分钟可达的社区专业店、十分钟可达的百姓生活服务中心、十五分钟可达的综合型社区购物中心）。“五”即品质提升“五化”标准（便利化、规范化、品牌化、连锁化、集约化）。“八”即推进八项基本生活性服务业业态升级（菜篮子、早餐、便利店、美发美容、洗衣洗染、家政服务、末端配送、修理）。大力开展生活性服务业网点引进、淘汰、规范、提升综合行动，规范化、品牌化、连锁化服务品质大幅提升。激发市场主体作用，着力引进国内外品牌连锁生活性服务业企业，推动社区连锁经营；发挥协会作用，在各街道广泛开展“生活性服务业进社区”“菜篮子联合会爱心菜送温暖”等品牌活动，越来越多的优质服务网点深入社区服务居民。

（戚秀艳）

【便民网点建设情况】2017 年，新增金瀛、西黄城根、金牛利民等百姓生活服务中心 7 个，近三年累计建成百姓生活服务中心 30 个，实现按照居住区每平方公里至少形成一个百姓生活服务中心的目标；261 个社区实现商业便民服务八项基本功能全覆盖。2017 年新建和规范提升蔬菜零售、早餐、便利店等各类便民商业网点 70 个，超额完成年度任务目标。

（戚秀艳）

【民意立项工作情况】按照全区“民生工作民意立项”工作机制，在建设百姓生活服务中心、便民菜店等重点生活性服务业项目过程中，通过居民议事会等形式，征集居民需求，听取群众意见，如德胜街道新北社区菜店，由街道回租房屋，引进多个品牌连锁企业，由居民议事投票选出最中意的服务商，建设社区便民菜店，实现家门口的菜站居民自己说了算。通过居民“点菜”建设生活性服务业网点，更好地解决了便民网点“建什么”“在哪建”“谁来建”等问题，从而引进合民意、接地气的服务业态和企业。

（戚秀艳）

【积极开展市场疏解提升行动】2017 年，全区积极开展疏解整治促提升专项行动，完成 18 个市场的疏解提升任务，总计疏解建筑面积 15.53 万平方米，涉及摊位数 9755 个，涉及从业人员 27716 人。至此，动批地区 12 个市场的疏解任务已 100%完成。其中，区商务委完成了负责的 13 个商市场的疏解提升，累计疏解建筑面积 15357 平方米，疏解商户 1346 户，涉及从业人员 2162 人。

（戚秀艳）

【加强“双打”工作】2017 年，区“双打”工作领导小组召开打击侵犯知识产权和制售假冒伪劣商品工作会，加大日常检查力度，各重要节日和会议期间进行重点检查，开展一系列专项检查活动，联合执法成员单位，查办侵权假冒案件立案216件。其中，行政执法部门立案188件；公安机关立案16件，抓获嫌疑人14人；检察机关批捕6件；起诉案件7件。办结216件。

（张晓燕）

【加强重点期间安全保障】2017年，区商务委在全国“两会”、“一带一路”高峰论坛、党的十九大等重要政治活动，及“春节”“五一”“平安夜”等节假日期间，开展商务行业安全生产、反恐防暴等工作动员部署并进行执法检查，督促企业进行隐患排查整改，期间未发生安保事故。

（马　前）

【开展综合执法检查】2017年，共检查单位数1094家，执法出动次数972次，执法人数2103人次。其中，零售单位229家，发现一般性隐患89处；餐饮单位594家，发现一般性隐患370处；均已整改。其他检查共121家。各类行政处罚案件共计103件。

（马　前）

【开展安全生产月活动】区商务委在6月“安全生产月”中开展各项活动10余项。参与了全区安全生产宣传咨询日活动；组织重点企业和联组单位负责人近100人，进行安全生产知识业务培训；组织开展多科目应急演练观摩。要求行业企业内部进行安全警示教育、全员岗位安全培训、安全生产隐患自查及各种宣教活动。

（马　前）

【加强开展安全生产标准化达标评审】2017年，区商务委开展行业企业安全生产标准化建设。对100余家企业进行专业培训。2017年商务行业有18家企业完成三级初评达标，46家企业完成三级复评达标。配合市、区安监局对2016年标准化三级达标企业进行抽样核查。

（马　前）

【推广企业安责险情况】区商务委开展企业安全生产责任保险投保推广工作。对360余家企业负责人进行安责险专业培训宣传，重点对餐饮企业进行督促推广，2017年规模以上30%企业已投保安责险。

（马　前）

【加强商务部门专职安全员队伍建设】2017年，区安监局按照行业部门安全生产专职安全员队伍建设规范年管理方案对区商务委安全生产专职安全员队伍进行综合考核，获955分，名列行业部门安全生产专职安全员队伍第三名。

（马　前）

对外经济贸易

【外商投资情况】2017年，新批外商投资企业40家，同比增长60%；合同外资额120.26亿美元，同比增长7323.77%；实际利用外资116.07亿美元，同比增长2203.91%。

（章建平、郝家莹）

【进出口总额全市排名第二】2017年，进出口总额720亿美元，同比增长9.2%，占全市进出口总额22.2%。其中，出口额103.4亿美元，同比增长43.9%，占全市出口额的17.7%；进口额616.5亿美元，同比增长4.9%，占全市进口总额的23.2%。各项指标均位列北京市第二。

（徐　聪　郭文志）

【受理对外贸易经营者备案登记】2017年，共审查完成经营者备案344家，同比增长21.9%，其中新设98家，同比下降26.3%，变更246家，同比增长65.1%

（徐　聪　郭文志）

【支持商务服务业主题示范升级改造项目】2017年，北京英蓝置业有限公司升级改造项目，通过了北京市商务委员会验收，获得英蓝国际金融中心商务楼宇升级改造项目资金支持200万元人民币。

（徐　聪、张贯中）

【服务外包和软件出口业务情况】2017年，办理服务外包合同登记1330件，其中新增合同114件，执行合同1073件，变更合同143件。服务外包接包合同签约金额4422.75万美元，同比增长306.68%，服务外包接包合同执行金额5713.72万美元，同比增长10.6%。

（徐　聪、赫庆欣）

【积极参加京交会】5月28日至6月1日，2017北京国际服务贸易交易会（简称京交会）在北京举办。西城区组织参加了京交会北京馆日活动、电子商务大会展览展示版块活动和北京老字号展览展示相关活动，并承办了电子商务大会展览展示版块之“互联网+生活性服务业”专题，展区面积108平方米。

（章建平、郝家莹）

【举办“2017两展一节”】6月16日至19日，由中国茶叶流通协会与北京西城区人民政府、贵州省遵义市人民政府共同主办的“2017北京国际茶业展、2017北京马连道国际茶文化展、2017遵义茶文化节”（简称“两展一节”）在京成功举办。“两展一节”期间，于北京展览馆和北京马连道举办活动56场次。

（章建平、郝家莹）

【参加第22届澳门MIF展】10月19日至21日，西城区政府团随北京市代表团出席第22届澳门MIF开幕式，参加“2017北京 澳门合作伙伴行动”启动仪式、签约仪式及系列活动；并负责承办特设展区“北京‘老字号’及‘非遗’项目展销、展示”专题工作。

（章建平、郝家莹）

名　　录

单位名称：北京市西城区商务委员会
党组书记、主任：袁　利
地　　址：北京市西城区北滨河路9号
邮　　编：100055
电　　话：83509379
传　　真：68012342

（马　岩）

朝阳区

概　况

朝阳区商务委员会是负责本区内外贸易、对外经济合作和现代服务业发展的区政府工作部门，挂北京市朝阳区人民政府口岸办公室（简称区口岸办）牌子。2017年，朝阳区商务委员会坚持稳中求进工作总基调，深化服务业扩大开放，优化外资营商环境，巩固提升国际经贸枢纽功能，有序疏解非首都核心功能，推动消费市场转型升级，提高生活性服务业品质，着力构建高精尖经济结构，商务工作质量效益稳步提升。2017年，实际利用外资58.6亿美元，进出口总额9796.1亿元，跨国公司地区总部累计116家，实现社会消费品零售总额2762.3亿元，新建（改造）便民服务网点166个。

（马伟超）

【社会消费品零售总额情况】2017年，通过培育体验消费，组织品牌特色活动，促进电子商务发展，提升时尚消费品质，扩大服务消费规模，带动消费市场升级，促进区域消费稳步增长。朝阳区全年累计实现社会消费品零售总额2762.3亿元，同比增长4.1%，占全市的比重为23.9%，总量稳居全市首位。

（马伟超）

【有序推进非首都功能疏解】2017年，共疏解商品交易市场37家。其中，市级任务14家，涉及建筑面积12万平方米，摊位数3252个，影响从业人员1.6万人。区级任务23家，涉及建筑面积11.9万平方米，摊位数4474个，影响从业人员2.6万人。

（马伟超）

【促进电子商务发展】2017年，着力加大对重点电商企业的引进和走访力度，先后走访了美团等多家电子商务企业，推荐尚品百姿等4家电商企业申报了2017年第一批商业发展项目。指导宝贝格子、小狗电器申报了商务部电子商务示范企业。做好中粮我买网、蜜芽网等重点企业的培育工作，鼓励电商企业线上线下融合发展。2017年，网上零售额达到479.9亿元。

（马伟超）

【提升生活性服务业品质】2017年，累计新建或规范提升社区商业网点166个（其中蔬菜零售网点70个）。以蔬菜零售、便利店（超市）、早餐、家政服务等8项基本服务业态为重点，完成“朝阳生活地图-蔬菜地图”等4类社区网点的摸底、核查和图上标注工作。编制完成《朝阳区促进生活性服务业发展引导资金管理办法》，设立朝阳区促进生活性服务业发展引导资金4000万元，引导支持各类项目建设主体，加快补足商业便民服务设施短板。建立品牌企业资源库，推进品牌企业进社区。引导国安社区、邻里家、全时等便利店企业，北菜集团、盒马鲜生等生鲜类企业连锁发展社区网点。大力发展社区商业电子商务。创新发展“互联网＋生鲜、餐饮、洗染、家政”等新型业态业种，引导推动荣昌e袋洗、便利蜂等生活性服务业电商企业，实现物流配送、生鲜水果、洗染等便民服务线上线下整合。

（马伟超）

【利用外资情况】2017 年，新设立外商投资企业 631 家，同比增长 25%；实际使用外资 58.8 亿美元，同比下降 21.1%。服务业扩大开放领域引资成效显著，服务业实际入资 58.6 亿美元，占全区实际使用外资的 99.7%，其中，文化教育服务、互联网和信息服务、商务和旅游服务分别增长 137.9%、136.7%和 113.6%，带动服务业扩大开放六大重点领域整体较同期增长 48.3%。

（马伟超）

【优化外资营商环境】2017 年，全面推行“4S”服务机制。提出“微笑（Smile）、真诚（Sincere）、标准（Standard）、快速（Speed）”的“4S”政务服务理念，从企业的角度出发，以微笑服务贯穿始终，通过标准化的服务体系，规范外资受理程序、内容及形象，同时通过快速审核办理、快速咨询解答、快速情况反馈三方面工作提升外资行政服务效能。

（马伟超）

【完成京交会承办工作】完成 2017 中国（北京）国际服务贸易交易会（简称京交会）的服务业扩大开放成果展览展示板块工作。展览展示以“开放、创新、融合、示范”为主题，按照“聚焦重点领域，构建具有朝阳特色的服务业扩大开放新格局”的主线，重点展陈朝阳区在六大领域推进服务业转型升级、实现高水平开放发展的新成效；重点结合总部经济发展的优势和亮点，综合展示朝阳区在北京市服务业扩大开放过程中的示范引领作用，组织了 16 项签约活动，实现签约额 1219 亿元人民币，占签约总额的 24.5%。

（马伟超）

【深化服务业扩大开放】2017 年，朝阳区全力推动北京市服务业扩大开放综合试点示范区建设。年内，召开示范区工作联席会议 5 次和专题调度会 5 次，区委常委会、区委深改组、区长办公会多次听取工作汇报。制定《朝阳区落实〈深化改革推进北京市服务业扩大开放综合试点工作方案〉实施方案》。借助 2017 京交会、CBD 创新发展年会、京港洽谈会、中欧企业家峰会等重大活动，举办服务业扩大开放试点示范区建设专题展览并进行专题推介。形成了多个全国领先、北京首创的可复制、可推广的经验，主要包括服务业 17 种新业态在朝阳落地，形成了 10 项体制机制创新成果，并推出两批共 53 个典型示范点。扩大政策扶持范围，在原有扶持商务服务、金融、科技信息等领域基础上，增加中医药领域及典型示范点的支持。2017 年年底，首轮试点措施原需两年完成的 81 项重点任务，用一年多时间已提前全部完成。同时，在落实新一轮深化改革任务中，54 项重点任务已完成超九成，其中朝阳区的创新任务 12 项，已 100%完成。

（马伟超）

【促进商务服务业发展】2017 年，加快构建“高精尖”产业结构，优化商务服务业结构层次，提升聚集发展水平。一是加大政策落实力度，修订完善产业政策。2017 年产业资金支持项目达 115 个。二是提升商务楼宇品质，加强市级政策落实力度，推进商务楼宇升级改造。全年推荐 15 家商务楼宇作为北京市商务服务业主题示范楼宇示范项目，3 家已于年内获评并获得市级资金扶持。2017 年 1—11 月，朝阳区规模以上商务服务业实现收入 3828.3 亿元，同比增长 9.2%。

（马伟超）

【两行业稳增长情况】2017 年，朝阳区批发和零售业、租赁和商务服务业共形成区级收入164.2亿元，同比增长12.8%，完成全年任务（154.6亿元）的106.2%，占全区（全区508.2亿元，同比增长6.5%）的比重达到32.3%。其中，批发和零售业实现区级收入85.5亿元，同比增长26.2%；租赁和商务服务业实现区级收入78.7亿元，同比增长1.1%。两行业保持良好增长态势，为全区经济发展提供了有力支撑。

（马伟超）

【外贸进出口情况】2017年，朝阳区累计完成进出口总额9796.1亿元，同比增长25.8%，占全市总量的44.7%。其中，进口完成8838.3亿元，同比增长30.3%，占全市总量的49.2%；出口完成957.7亿元，同比下降4.7%，占全市总量的24.2%。三项指标均稳居全市首位。

（马伟超）

【开展国际经贸交流】2017年，积极搭建国际经贸平台。结合“一带一路”倡议实施，积极开展经贸洽谈活动，于2月支持雅宝路组织16家企业赴俄罗斯参加CPM展，推动中国服装品牌走出去；同月支持绿色经济协会赴巴基斯坦进行“中巴经济走廊”商务访问，为企业走出去搭建桥梁；5月，朝阳区政府与中欧企业家峰会组委会签署战略合作协议，朝阳区商务委员会于6月中旬组团参加在英国伦敦举办的“2017中欧企业家峰会”，为推进与中欧企业家峰会组委会的务实合作，协助其于9月中旬在朝阳区华贸中心落户，并于11月21日在朝阳区举办了中欧企业家峰会朝阳论坛，为企业搭建经贸交流平台，助力企业迈向国际市场；9月6日，成功举办2017中加经济贸易洽谈会，共有中加政府部门、专家学者、企业代表150余人参加。

（马伟超）

【朝阳区商务委获评“2016年度出口信用保险工作先进单位”】朝阳区商务委员会积极开展信用保险工作促出口，被北京市商务委员会授予“2016年度出口信用保险工作先进单位”称号。2017年，加强了与中国出口信用保险公司的沟通联系，深入了解出口信用保险、政保贷等相关政策；针对出口企业需求，主动做好服务工作；开展“彩虹计划”培训，邀请中信保公司为企业讲解政策、投保、理赔等实务操作知识；深入研究政策，探索区级配套政策。通过多种措施，有力促进了朝阳区外贸出口工作，实现了“稳中有进”。

（马伟超）

【推动总部经济发展】2017年，积极引入高精尖总部企业，加速提升总部经济能级。落实北京市相关总部政策，为驻区总部企业做好相关服务保障工作，大力引进具有投融资、结算、研发等功能的跨国公司地区总部，促进总部经济实体化发展。新引进特斯拉新能源等20余家总部企业；在存量总部企业聚集程度高的优势基础上，进一步提升总部经济能级。新认定中国惠普有限公司、苹果（研发）北京有限公司等5家跨国公司地区总部，跨国公司地区总部累计116家，约占全市的七成。

（马伟超）

名 录

单位名称：北京市朝阳区商务委员会
党组书记、主任：邵建云
地　　址：北京市朝阳区日坛北街33号。
邮　　编：100020
电　　话：65099185
传　　真：65094325

（马伟超）

海淀区

概　况

北京市海淀区商务委员会原名北京市海淀区商务局，2004年7月由原区商委和区外经委合并组建，2009年更为现名，是区政府主管本区国内外贸易和对外经济合作的工作部门，内设7个科室，下设规范管理事业单位1个（商务综合执法监督检查所）。作为区政府负责内外贸工作的行政主管部门，主要负责贸易促进、商业服务业行业管理、社区商业建设、商务综合执法等内贸工作，以及利用外资、对外经济合作、对外贸易、服务外包产业发展等对外经贸工作；负责指导并促进内外贸领域行业协会等社会中介组织的发展等。

2017年，海淀区商务委积极围绕区域功能定位和疏解非首都核心功能建设要求，主动适应和引领新常态，在商务领域攻坚克难，主动作为，瘦身健体，提质增效，惠及民生，依法行政，不断提升区域商业品质，优化商务环境，顺利完成了年度各项任务

（李　哲）

商业服务业

【市场消费总额及社会消费品零售总额完成情况】 2017年，海淀区市场总消费达到6269.7亿元，同比增长11.1%，占全市比重超过1/4（26.4%），实现总量和贡献率全市“双第一”。其中，服务性消费3960.1亿元，同比增长15.5%，高出年度增长任务指标2.6个百分点，占全市比重将近1/3（32.4%）；社会消费品零售总额2309.6亿元，同比增长4.4%，占全市比重达到1/5（19.96%）。海淀区完成进出口总额2108.7亿元，同比增长12.6%，占全市的9.6%；完成出口724.6亿元，同比增长27.4%，占全市的18.3%。

（李　哲）

【市场整治提升】 2017年，市折子任务全区计划整治提升市场7家，9月底已提前全部完成；区折子方面，全区计划整治提升市场23家，已全部完成，涉及摊位2907个，从业人员10033人。2014年至今，全区累计完成整治提升市场241家，涉及摊位数约3.2万个，从业人员约16.1万人，累计拨付财政补助奖励资金2.8亿元。另外，拟定了《2018—2020年市场整治提升工作计划》，为明年工作开好局打下坚实基础。

（李　哲）

【生活性服务业品质提升】 一是确保民生保障不断档、不缺位。在关停清退市场、整治开墙打洞和拆除违建周边之外，新建和改造蔬菜零售网点40个，累计在关停市场周边新建和改造蔬菜零售网点达到176个；已完成100个生活性服务业网点的规范建设工作，其中菜篮子网点50个，末端物流网点50个。引导超市发、首农、物美、便利蜂等品牌连锁企业加大在海淀区布点力度，商业网点连锁化率达到33.9%，完成全年提升2.5个百分点的目标，实现菜篮子、便民早餐等七项基础便民服务的社区全覆盖。二是市场供应与民生保障基础性作用凸显。

组织辖区零售企业成立“蔬菜联采联盟”，搭建联采平台，与周边7个地市近400余万亩基地建立合作关系，以“安全、平价、可追溯”为目标，不断提升菜篮子供应品质，已连续三年组织开展“蔬菜保供应 平价惠民生”活动，取得良好效果；依托海淀区科技创新大区的资源优势，创新工作思路，在对全区菜篮子、早餐、洗染等6类规范便民商业网点的地址、经营情况、从业人员构成等信息细致梳理摸排基础上，在全市率先制作推出海淀区便民商业网点电子地图，不断更新升级，完善服务功能，打造全民参与、全民监督的良好氛围。

（李 哲）

【“放管服”改革推进】精简行政审批及备案事项5项，全面清理行政审批中介服务事项，取消了酒类经营者备案、汽车品牌经销商备案、二手车评估鉴定机构审批等事项，外资审批和外国投资者并购境内企业由审批改为备案，企业申报材料减少50%，办理时限缩短3～5天。以上改革进一步减轻了企业负担，缩减了企业窗口办理时间，切实做到了让数据多跑路，企业少跑腿。

（李 哲）

对外经济贸易

【概况】2017年，海淀区新批外商投资企业282家，吸收合同外资101.89亿美元，实际利用外资24.91亿美元，同比增长31.97%；完成进出口总额2108.7亿元，同比增长12.6%，占北京市的9.6%，超出全年计划任务198.7亿元；完成出口724.6亿元，同比增长27.4%，占北京市的18.3%，超出全年124.6亿元。

（李 哲）

【落实服务业扩大开放】出台《海淀区创建北京市服务业扩大开放综合试点示范区工作方案》，聚焦中关村科学城，重点推动科技服务、互联网和信息服务、金融服务、文化教育服务等领域，贸易投资自由化、便利化措施落地。全面落实北京市服务业扩大开放综合试点工作，五个项目被列为全市示范。其中，全国首家由银行发起的创客中心和全国首款居家养老失能护理互助保险均落地海淀，成为北京市服务业扩大开放综合试点工作两年来的重要成效。

（李 哲）

【全面落实外贸稳增长措施】全面落实国家和北京市各项外贸稳增长政策措施，及时帮助企业申请兑现出口奖励，减轻企业资金压力；全年受理外贸企业资金申请项目3000余个，共申请市级资金1.08亿元，拨付区级奖励资金1998万元。根据海淀区服务区域企业的区、街镇工作机制和外贸稳增长联席会议机制，全年联系走访重点企业150余家，积极促进外贸稳增长，1家企业被认定为全国外贸综合服务企业（全国仅4家），全年完成进出口总额2108.7亿元，其中出口724.6亿元，外贸回稳向好基础更加坚实。

（李 哲）

【服务贸易情况】2017年，完成服务外包及软件合同备案登记证书制发4200余份；举办第五届软件与信息服务国际企业对接会，实现了服务外包企业与行业用户的对接，并直接促成项目落地，推动企业以技术换取订单，实现双赢。目前，海淀区具有规模以上服务贸易企业近1500家，形成了中关村软件园、中关村东升科技园等六大服务贸易示范基地。

（李 哲）

【总部经济工作情况】2017年，积极对接47家央企总部，梳理央企投资、合作项目90个，促进央企项目在海淀落地；申请拨付2017年总部企业奖励资金3514.42万元；现有总部企业1052家，跨国公司地区总部14家，总部企业引领作用日益凸显。

（李　哲）

【类金融管理情况】2017年，全面梳理全区类金融企业管理规范，借鉴自贸区等地的先进经验，进一步优化审批手续和流程，全年新增4家典当企业和1家商业保理企业。进一步加强行业监管，开展非法集资专项检查，同时，结合商务委安全生产"一岗双责"工作，全年累计检查典当企业100余家次。

（李　哲）

名　录

单位名称：北京市海淀区商务委员会
党组书记、主任：王　澎
地　　址：北京市海淀区四季青路6号招商大厦
邮　　编：100195
电　　话：88496768
传　　真：88496790
网　　址：hdsww.bjhd.gov.cn

（李　哲）

丰台区

概　　况

2017年，丰台区商务委员会以调结构、稳增长、补短板、惠民生为主线，着力促功能疏解、着力促品质提升、着力促消费增长、着力促外向开放、着力促行业规范，各项工作取得了较好进展。全年实现社会消费品零售总额1135.2亿元，总量居全市第三位，同比增长5.6%。从规模来看，限额以上实现855.5亿元，增长4.6%；限额以下实现279.7亿元，增长8.6%。

（牛格非）

商业流通

【规划政策编制情况】制定出台丰台区农村集体产权市场及仓储物流设施疏解资金补助办法（暂行），加速推进农村集体产权市场及仓储物流设施疏解。制定丰台区加快蔬菜零售网络建设工作方案，推动蔬菜零售网络加快建设，方便居民生活。

（张会利）

【调整疏解非首都功能】2017年，完成30家市场调整疏解工作，涉及建筑面积41万平方米；调整疏解7家仓储物流设施，涉及占地面积14.14万平方米。

（张会利、牛格非）

【生活服务业品质提升】2017年，新建或规范便民服务网点127家，其中便利店（超市）17家、家政1家、美容美发6家、蔬菜零售50家、早餐24家、末端配送29家。生活性服务业网点连锁化率提升8.2个百分点，达到37.2%，8项基本便民服务社区覆盖率达到100%，群众获得感不断增强。构建区、街乡镇、社区村三级促进生活性服务业品质提升的工作体系，开展便民商业服务网点调查，建立基本便民服务网点台账，制作丰台区便民商业服务网点导引图，并上线运行。开展丰台区生活性服务业标准宣贯工作，组织6次标准宣贯大会，涉及11个行业653家企业1511人次。召开丰台区生活服务业创新发展推进会，营造发展氛围。

（李　蕊）

【大型商业项目建设情况】2017年，花乡奥特莱斯、时代life购物中心、西铁营万达等3家大型综合商业设施新开业，总面积23万平方米。新开业商业设施均为购物中心，进一步提升了丰台区商业品质，优化了区域商业结构。

（张会利）

【积极开展促消费活动】开展北京城里过大年促销、“第三届迎新春过大年互联网+美食节”、第二届六合夜市在丰台、中国京菜走进社区、第八届丰台购物嘉年华等品牌促消费活动，培育消费新兴热点，引领时尚消费生活方式。

（李　蕊）

【电子商务发展情况】推进国家电子商务示范基地建设，开展电子商务产业发展情况调研。培育云谷电商等电子商务特色楼宇，值得买在消费决策平台中稳居市场份额第一，涌现出仁和药房网等一批拉动增长的电子商务企业，全年网上零售额达到64.1亿元，同比增长915.1%。组织区内20余家企业参加第五届京交会电商大会，宣传“e+城市生活乐园”发展理念，展示“互联网+都市生活”发展特色。

（杨　磊）

【积极采取措施保障粮食安全】认真落实粮食安全区长责任制，建立起基本覆盖的粮油应急供应网络及顺畅高效的粮食应急供给机制，建立粮食应急供应网点79个，4950万元粮食风险基金足额及时到位。粮食流通管理水平明显提升，加强粮食市场信息监测，粮油品牌建设成效显著，基本实现粮油经营布局全区覆盖。粮食消费市场秩序安全平稳，建立粮食消费市场联合监管制度，健全粮食质量安全保障体系。

（李　蕊）

【加强行业管理】2017年，完成30家典当、33家拍卖企业年审材料上报。新增拍卖企业12家，变更10家，1家注销；典当企业8家变更，1家注销，接受相关咨询600余人次。完成70家加油站年检初审上报、3家加油站暂停歇业上报、3家证书变更。完善对蔬菜等生活必需品市场供应及价格监测，增加零售终端供应量，启动联合保供行动，落实产销合作协议，保障市场供应。开展肉菜追溯体系建设，全年完成494家，累计完成700余家，实现重点商超、餐饮、菜市场“来源可追溯、去向可查证、责任可追究”。

（李　蕊）

【加强行业监管】全年商务安全生产检查828家，出动执法人员4968人次，发现问题240余起，均已现场整改，约谈50家。开展商业预付卡、家政服务、促销、美容美发、食盐等专项执法，检查1460家，90家简易处罚，8家一般处罚。组织双打联合检查6次，上报双打信息66篇。市级网站采用24篇，全国简报采用4篇。

（李　蕊、李学兵）

对外经贸

【利用外资情况】2017年，全区新设外商投资企业27家，比上年同期增长17.4%。新增合同外资3677万美元，同比下降93.3%；实际利用外资10263万美元，同比下降1.5%。

（张　萍）

【对外贸易情况】2017年，全区进出口总额实现1037.7亿元人民币，同比增长26.6%，其中进口总额788.8亿元人民币，同比增长25.7%；出口总额248.9亿元人民币，同比增长29.6%。

（张　萍）

【发展扶持外向型经济】积极落实国家及北京市外贸稳增长措施，协助55家外贸企业获得出口奖励874万元，188个国际市场开拓项目获得补助资金548万元，1家外贸企业获得技术出口贴息资金110万元。不断壮大外贸企业规模，新增外贸经营权企业266家。

（张　萍）

【服务业扩大开放情况】制定丰台区落实北京市深化服务业扩大开放综合试点任务清单。丽泽金融商务区和北京华语联合出版有限责任公司入选首批北京市服务业扩大开放综合试点示范点，首都商务新区、城市候机楼、外商在国数基地投资音像制品制作项目入围重点培育项目。

（张　萍）

名　录

单位名称：北京市丰台区商务委员会
党组书记、主任：郭晓一
地　　址：北京市丰台区东安街三条6号
邮　　编：100071
电　　话：63838670
传　　真：63838670

（牛格非）

石景山区

概　况

2017年，石景山区规模以上商业零售和餐饮店铺达到112家，其中商业零售店铺48家，餐饮店铺64家，总面积46.4万平方米。打造品牌特色活动，繁荣活跃消费市场。组织开展第八届京西消费节活动，整合商业服务业资源，汇聚石景山区各大知名商业服务业企业，涵盖商业、金融、冰雪、旅游等众多特色活动，共同打造区内活动多点位、线上线下齐联动的消费盛宴，展现石景山区生活性服务业品质提升成果，提升京西商圈在全市范围的品牌影响力，有效促进和推动京西地区社会购买力的提升，促进石景山区消费市场相互融合竞相发展，构建消费增长多点支撑的新格局。

深入推进国家电子商务示范基地建设。发挥电子商务产业集聚效应，以应用创新与产业融合为特色，突出全区打造电子商务应用创新区的发展优势和示范效应。于2017年年底，圆满通过商务部组织的国家电子商务示范基地评估工作。出台石景山区电子商务新政策，将服务型电商纳入享受政策扶持范围，优化电子商务发展环境。积极参加京交会北京馆展览和系列主题活动，展示石景山区国家服务业综合改革试点区发展成果，组织区内龙头企业参加京交会项目集中签约仪式。

深化商业保理试点建设。成功举办首届（2017）中国应收账款融资合作洽谈会，来自商业保理专委会会员单位、全国各地的商业保理企业、金融机构、第三方服务机构、行业组织、大学和研究机构的400余名行业专家和企业代表参会，极大地提升了石景山区商业保理行业知名度及影响力。成功引进上海摩山商业保理、深圳市前海一方商业保理、光大集团等优质企业在石景山区设立保理公司，石景山区商业保理试点规模逐渐扩大，企业结构不断优化。出台促进商业保理行业发展支持政策，培育扶持一批龙头型商业保理企业在石景山区做大做强。落实商业保理“4＋1”监管机制，防范金融风险，推动石景山区商业保理行业规范有序发展。

坚持引进来和走出去并重，深入推进服务业扩大开放综合试点，不断提高利用外资的规模和水平，适应供给侧改革要求，努力优化外贸发展结构，稳定外贸进出口增长，全力构建开放型经济新格局。年内，石景山区外资规模稳步增长，结构进一步优化，质量显著提升，对石景山区全面深度转型、高端绿色发展发挥了积极的推动作用。外贸出口结构加速优化，出口类型由以货物出口为主逐渐拓展为货物出口为主，技术贸易、服务外包、对外文化贸易等多元化发展。货物出口产品由传统工业产品逐渐扩展到高新技术产品、纺织品、食品等领域。但受工业转型、工业生产出口周期和钢材出口下滑等多重因素影响，外贸进出口出现下滑。

（郝　响、张　焰）

商业贸易

【概况】石景山区商务委员会是负责本

区内外贸易和对外经济合作的区政府工作部门。2017年，石景山区商务委在区委、区政府的正确领导下，坚持党建统领，贯彻落实十九大精神，紧紧围绕“全面深度转型、高端绿色发展”战略，围绕“两个生态”建设、市区折子工程和绩效考核任务，牢固树立“四个意识”，撸起袖子加油干，加快疏功能、提品质、稳增长，谋发展、促开放、保安全，努力构建石景山区商务工作新格局。

2017年，石景山区消费领域累计实现社会消费品零售总额303.4亿元，同比增长5.6%，增速位居城六区首位。服务性消费累计实现243.9亿元，同比增长7.5%。

围绕“四个中心”建设，有条不紊推进市场疏解，大力推动“疏解整治促提升”工作。2017年，完成疏解商品交易市场11家，疏解建筑总面积9.64万平方米，影响人口2881人，影响商户1245户。其中，计划内疏解市场9家，疏解建筑总面积4.03万平方米，影响人口2011人，影响商户1075户，是城六区首个完成疏解任务的区县，疏解进度位居全市前列。

拆补结合织密网点，实现蔬菜零售网络全区覆盖。重点布局关停市场周边蔬菜零售网点，对于短期内不具备网点建设条件的社区，临时性补充蔬菜直通车，努力实现蔬菜零售网点与拆除市场周边无缝对接。2017年，全区共有蔬菜零售网点164家，与市场疏解前相比，增加了蔬菜网点104个，网点总量提升了76%。

确立双百创建标准，规范提升商业便民网点品质。随着“疏解整治促提升”专项行动的深入，区商务委积极推动“双百创建”工作，制定“双百创建”方案，统一建设标准、统一经营规范、统一形象标识，计划利用两年时间，新建、补建、提升100家规范化蔬菜零售网点（2017年年底完成70家）和100家社区便民服务网点（2017年年底完成50家），相互搭载、互为补充，探索社区商业全方位、高端化搭载式的生活性服务业品质提升新思路。

调整丰富业态结构，促进商业领域供给侧改革。积极推动传统商业企业线上线下融合发展，例如，探索物美超市与多点新鲜深度融合，创新自助下单结算的“自由购”模式；永辉超市（鲁谷店）引入集生鲜销售、加工于一体的自有超级物种品牌店铺；石景山万达广场推出工业主题特色街区；当代商城鼎城店增设健身、生鲜超市业态等，促进商业领域供给侧改革，丰富业态结构，拓展服务事项，从供给端提升服务水平，实现提质增效。

加强企业培育扶持，深化商业保理试点建设。优化政策环境，出台《石景山区促进高端商务服务产业发展暂行办法》，完善类金融产业政策体系。成功举办首届（2017）中国应收账款融资洽谈会，吸引社会各界了解石景山、投资石景山、创业石景山。

优化企业发展环境，推动国家电子商务示范基地建设。扩大政策扶持范围，出台石景山区电子商务新政策。将服务型电商纳入享受政策扶持范围，优化电子商务发展环境，促进电商产业集聚。组织石景山区重点电商企业参加2017中国（北京）电子商务大会，提升本区企业影响力。引导企业树立品牌形象，指导瑞克博云成功申报商务部国家电子商务示范企业称号。

加强政策宣传引导，促进总部经济稳步发展。贯彻落实北京市和石景山区配套政策措施，引导本区总部企业积极申报北京市总部企业奖励政策，为企业争取资金支持

1057.46万元。有效引导京能电力、京西景荣、实兴腾飞、易华录、恒昌集团等企业发展壮大，物美、天山新材料升级为全国总部，切实增强全区总部经济实力。

（郝　响、张　焰）

【商品交易市场疏解】“建机制、出政策、保功能、树品牌、重提升、广宣传、促协同、防反弹”，区商务委按照市、区两级“疏解整治促提升”十大专项行动工作要求，以提升居民获得感为目标，坚持“疏解提升并举，拆补相结合”的理念，持续深入推进商品交易市场疏解工作。2017年，共疏解商品交易市场11家，疏解建筑总面积9.64万平方米，疏解进度位于城六区首位。以疏解促转型，宏润嘉和菜市场完成“社区生活服务中心”升级，实现了市场调整疏解和自身产业转型升级的双重目标。

（张　然、董　华）

【蔬菜零售网络建设】2017年，区商务委通过“一拆一补”、拆补结合，重点加大对疏解市场周边的正规化蔬菜网点布局。对于不具备网点建设条件及市场拆除后短期内不能补充的社区，以蔬菜直通车方式及时补充，实现蔬菜零售网点与拆除市场周边无缝对接。截至年底，共有各类蔬菜零售网点164家，基本形成了覆盖全区151个社区的“一刻钟”蔬菜零售服务网络。

（张　然、王子丹）

【生活性服务业品质提升】按照《北京市提高生活性服务品质行动计划》总体部署，落实区政府关于《石景山区人民政府2017年生活性服务业品质提升目标责任书》，区商务委以“便民、利民、惠民”为出发点和落脚点，全面推动全区生活性服务业发展。截至年底，全区共有超市（便利店）、蔬菜零售、家政服务等8项便民服务网点达到1032个，全区生活性服务业实现8项基本便民服务全覆盖，连锁店占总店面数比率达26.9%，较2016年年底提升2.6个百分点。

（张　然、滕小宇）

【开展“双百创建”工作】2017年，区商务委深入贯彻区委区政府“六个一批”建设要求，坚持“保障先行”“拆补结合”，以便民、利民、惠民为出发点和落脚点，按照北京市生活性服务业行业标准相关要求，开展蔬菜零售网点和生活性服务网点“双百创建”工作，推动蔬菜示范店建设。探索社区商业全方位、高端化搭载式的生活性服务业品质提升新思路，不断深化“3＋N”蔬菜零售网络体系建设。年内，通过市场化运作、挖掘国有资源载体、新建小区配套、现有业态转型等方式，新建、补建、提升蔬菜零售网点70个，生活性服务业网点50个。

（张　然、王子丹）

【创新“互联网＋”工作模式】以创建具有石景山区特色的“老街坊”邻里商业品牌为抓手，积极利用互联网、大数据等推动生活性服务业业态创新、管理创新和服务创新。推动物美超市与多点新鲜深度融合，永辉超市正式上线永辉生活，管家帮、爱侬等开发建设家政综合服务平台，充分利用现代移动互联网技术，进一步拓展传统线下实体商业的便民服务渠道，满足新兴消费新需求，弥补关停网点，推动服务功能社区全覆盖工作。

（张　然、滕小宇）

【促消费保增长】2017年，石景山区推动传统商业企业线上线下融合发展，物美超市与多点新鲜深度融合，创新自助下单结算的“自由购”模式；发力供给端，积极引导企业探索主题化、特色化运营模式，永辉超市引入集生鲜销售、加工于一体的超级物种品牌店铺，石景山万达广场推出工业主题特色街区；组织开展第八届京西消费节活动，汇聚石景山区各大知名商业服务业企业，共同打造区内活动多点位、线上线下齐联动的消费盛宴，展现石景山区生活性服务业品质提升成果。促进石景山区实现总消费547.3亿元，同比增长6.4%。其中，商品性消费（社会消费品零售总额）实现303.4亿元，同比增长5.6%；服务性消费实现243.9亿元，同比增长7.5%。

（刘　颖）

【举办2017京西消费节】组织开展2017京西消费节活动，整合商业服务业资源，汇聚石景山区各大知名商业服务业企业，涵盖商业、金融、冰雪、旅游等众多特色活动，共同打造区内活动多点位、线上线下齐联动的消费盛宴，展现石景山区生活性服务业品质提升成果，提升京西商圈在全市范围的品牌影响力，有效促进和推动京西地区社会购买力的提升，促进石景山区消费市场相互融合竞相发展，构建消费增长多点支撑的新格局。

（刘　颖）

【完成粮油平衡调查】3月，完成2016年度石景山区粮油供需平衡调查，共调查城镇居民60户、粮食经营企业5家、餐饮企业及单位食堂50家，基本掌握了全区2016年粮油产品供给量、需求量、库存量等基础性数据，形成《2016年度石景山区粮油供需平衡调查报告》，为进一步提升石景山区物资保障水平及应急响应能力提供了依据。

（张　弋）

【首届（2017）中国应收账款融资合作洽谈会在北京市石景山区顺利召开】2017年9月11日，首届（2017）中国应收账款融资合作洽谈会在石景山区华北宾馆盛大开幕。本届洽谈会由石景山区人民政府支持，中国服务贸易协会商业保理专委会主办，石景山区商业联合会协办。会议主题是“应收账款融资助力实体经济”，会议形式主要包括开幕式、主题演讲、交流洽谈、发布仪式等活动。来自商业保理专委会会员单位、全国各地的商业保理企业、金融机构、第三方服务机构、行业组织、大学和研究机构的400余名行业专家和企业代表参会。

（刘　斌、丁　玲）

【完成典当企业年审】2017年6月，石景山区全面完成2016年度北京市典当企业年审工作，16家典当企业通过审核。2017年全区典当总额累计270619.5万元，同比增长13.2%，典当余额32937.4万元，同比下降1%，主营业务收入实现5052.78万元，同比下降14.3%。业务范围涵盖动产质押、房地产抵押、财产权利质押等。

（刘　斌、丁　玲）

【拍卖企业年审】2017年6月，石景山区全面完成2016年度北京市拍卖企业年审工作，其中有5家拍卖企业通过审核，分别为北京宏达三晶拍卖有限公司、北京鼎兴天和国际拍卖有限公司、北京瀚海圣墨国际拍卖有限公司、爱拍得拍卖有限公司和东煜经典（北京）拍卖有限公司。

（刘　斌、丁　玲）

【持续强化行业监管及企业主体责任，全面保障商务行业安全稳定发展】2017年，区商务委坚持“三个必须”的原则，加大行业安全生产监督检查和教育培训力度，督导企业严格落实主体责任，及时消除各类安全隐患，有效防范和坚决遏制各类安全事故发生，圆满完成了“一带一路”高峰论坛、党的十九大等重要时期的安全服务保障任务。

全年共召开全区商务行业安全生产会议4次，制发红头文件25件，各类通知、提示60余件，开展行业企业各类安全培训9场次，累计培训人员1200余人次，发放宣传资料6000余份。组织第三方机构为企业进行“一对一”全员培训296场次，累计培训企业210家次，培训人员9398人次。累计出动检查人员2052人次，检查督导商务行业企业939家次，排查各类安全隐患2243处，已全部完成整改，对存在问题较多的41家次企业进行了传唤和指导。按照“政府推动、企业实施、中介帮扶”的原则，推进14家行业企业完成“一企业一标准、一岗位一清单”编制工作；发挥保险的社会管理和风险防控功能，促进企业安全生产主体责任的落实，完成32家企业安责险投保；通过政府购买服务方式，聘请专业机构开展“一对一”服务，全年共开展现场指导218家次，排查治理各类安全隐患1235项。

（王建博）

【开展安全隐患“大排查大清理大整治”专项行动】按照市、区安全隐患“三大行动”工作部署，区商务委于2017年11月19日至2018年2月14日，在全区商务行业集中开展安全隐患“大排查大清理大整治”专项行动，及时排查和消除各类安全隐患，有效防范和坚决遏制各类安全事故发生。“三大行动”期间，区商务委领导带队检查21次（其中主管区领导带队检查4次），企业安全生产调研16次，召开主任办公会专题部署隐患排查整治工作6次，召开全委安全检查部署会6次，组织行业安全隐患治理暨集中警示教育大会3次，宣传教育培训5场次。“三大行动”期间，区商务委共出动执法检查人员991人次，检查商业经营单位436家次，排查整治各类安全隐患723处，对存在问题较多的12家企业进行了传唤和指导。其中，检查美容美发经营单位35家次，家电维修经营单位12家次，其他规模以下商业经营单位139家次，排查治理各类安全隐患300余处。对市级隐患台账的119家上账企业进行隐患排查治理，消除台账隐患228处。

（王建博）

【推进执法体制改革，强化行业监管依法行政】按照中央、北京市开展商务综合行政执法体制改革工作要求，区商务委于2016年起推进执法体制改革，申请安全科加挂商务执法科牌子，增加行政编制一名。2017年，区商务委继续梳理行政执法职能，完善执法平台建设。启动与区法制办、检察院等部门的联动机制，深入推进行政执法与刑事司法衔接工作。开展美容美发行业、家政服务业、家电维修业专项行政执法行动，2017年，区商务委完成行政检查数547次，人均182.33次，2016年检查量为156次，检查量相对值完成350.64％；完成行政处罚量86件，其中一般程序1件，简易程序85件，人均行政处罚量28.67件，处罚量相对值完成135.38％；触发职权数量为7个，职权总数量为217个，职权履行率为3.23％；职权履行均衡度为85.71％。

（王建博）

对外经济

【概况】2017年，外资企业在石景山区总体投资额达12.6亿美元，同比增长3.2％，其中合同外资7.4亿美元，同比增长1.4％；实现实际利用外资2.6亿美元，同比增长70％，利用外资规模位列首位的是信息传输、计算机服务和软件业，占比为91.6％。年内，完成外贸进出口总额40亿元人民币，同比下降 24.8%，其中出口总额 20.7 亿元人民币，同比下降 24.4%，进口总额 19.3 亿元人民币，同比下降 25.2%。

（刘　珊、王凯蒂）

【外贸进出口结构情况】 2017 年，全区共有对外贸易经营者备案企业 1177 家，其中 2017 年实际涉及进出口业务的企业 387 家（含有出口业务的 215 家，有进口业务的 217 家），出口商品仍以钢材及工业产品为主，出口国包括波兰、埃及、印度、突尼斯、土耳其、马来西亚、韩国、越南等。

（刘　珊、王凯蒂）

【外资结构情况】 截至 2017 年年底，全区开业外商投资企业 327 家。按企业生产方式划分，生产型企业 39 家，非生产型企业 288 家；按合作方式划分，独资企业 236 家，合资企业 84 家，合作企业 3 家，股份制合资企业 1 家，投资性公司 3 家，累计投资总额 60.2 亿美元，其中合同外资 29.4 亿美元，企业平均投资规模 1841 万美元。

（刘　珊、王凯蒂）

【外资来源情况】 2017 年，全区外商投资主要来源于全球 31 个国家和地区。其中，企业数量最多的为香港地区，共设立“三资”企业 182 家，投资额为 50.2 亿美元；美国位列第二，共设立“三资”企业 20 家，投资额为 2189 万美元；台湾地区位列第三，共设立“三资”企业 19 家，投资额为 2080.6 万美元；三个国家和地区的投资企业数分别占全区外资企业总数的 55.7%、6.1%和 5.8%。

（刘　珊、王凯蒂）

【新增外资规模情况】 2017 年，新设及并购外商投资企业 23 家，其中新设 20 家，并购 3 家，吸纳投资额 5.2 亿美元，同比增长 617.1%，合同外资 4.7 亿美元，同比上涨 468.7%，平均投资规模 2263 万美元。其中，1000 万美元以上的企业 6 家，吸纳投资额 5 亿美元，合同外资 4.6 亿美元，占全部新批合同外资的 97.9%。开业外商投资企业增资 23 项，吸纳投资额 7.8 亿美元，同比下降 37.9%，合同外资 2.7 亿美元，同比下降 60.1%。

（刘　珊、王凯蒂）

【新批外资结构情况】 2017 年新批“三资”企业中，从企业类型上分，独资企业 16 家，合同外资额 4.7 亿美元，平均投资规模 2927.6 万美元；合资企业 7 家，合同外资额 526.5 万美元，平均投资规模 75.2 万美元。从产业结构上分，投资涉及的主要行业有技术推广、计算机服务、商业销售、房地产开发、工程设计策划等。其中，技术推广、计算机服务类企业占新批及并购企业的 78.3%。

（刘　珊、王凯蒂）

【新批外资大项目情况】 2017 年，石景山区新批外商投资企业在规模和结构上不断提升和优化，首次新增了房地产开发经营类的外商投资企业。新批的 2 家房地产开发企业投资额及合同外资均为 2.2 亿美元，总计 4.4 亿美元，占新批合同外资的 93.6%。

（刘　珊、王凯蒂）

【开展外资联合年报工作】 区商务委于 2017 年 3 月至 6 月组织开展了外商投资企业年度投资经营信息联合报告工作。石景山区 269 家外商投资企业参加了联合年报，占应报企业的 95.4%。

（刘　珊、王凯蒂）

【开展外资备案监督检查】 2017 年下半年，首次开展外商投资企业设立及变更备案监督检查工作，共抽查企业 8 家，其中书面检查 2 家，现场检查 3 家，3 家无法取得联系。通过检查，督促1家未备案企业完成整改，顺利完成2017年外商投资企业设立及变更备案监督检查工作。

（刘　珊、王凯蒂）

【落实服务业扩大开放试点工作】深入落实服务业扩大开放，各项工作稳步推进。一是形成一批示范项目。北京保险产业园、北京“侨梦苑”荣获北京市服务业扩大开放首批示范园区。“海外院士专家北京工作站”落户石景山区。新首钢地区成为首都国际人才社区首批四个试点之一。北京阿尔山金融科技有限公司利用“区块链”技术研发的监管系统率先在全市进行推广，荣获北京市服务业扩大开放示范项目。二是持续推进“放管服”改革。石景山区颁发全市首张区级“多证合一、一照一码”营业执照；建成全市首个区级企业信用监管服务平台；国家工商总局商标局石景山商标注册窗口正式对外受理业务；全面落实外资企业商务备案与工商登记“单一窗口、单一表格”受理改革，区域营商环境不断优化。三是推出新一轮试点措施。进一步印发《石景山区深化改革推进服务业扩大开放工作方案》（石政办发〔2017〕46号）及配套政策，聚焦重点领域、示范园区和改革创新，推出深化推进服务业扩大开放的39项任务措施。

（刘　珊、王子丹）

【亮相京交会】2017年5月28日至6月1日，2017中国（北京）国际服务贸易交易会（简称京交会）在北京国际会议中心盛大举行。在京交会“北京主题日”活动上，石景山区投促局与北京尚博地投资顾问有限公司、小红唇公司与韩国珂曼公司、易宝支付有限公司与北京保盛易行航空服务有限公司等项目现场签约，实现服务贸易签约额5.7亿元。在为期5天的活动中，区商务委联合区相关委办局及首钢公司等相关企业，从区域发展战略、重点产业项目、电子商务等服务领域多层面，通过展览展示、论坛演讲、主题推介、项目签约等多形式，全面展示了石景山区的发展成果。

（刘　珊、王凯蒂、王子丹）

名　　录

单位名称：北京市石景山区商务委员会
党组书记、主任：宋世媛
地　　址：北京市石景山区石景山路18号
邮　　编：100043
电　　话：68607227

（郝　响、张　焰）

门头沟区

概　况

2017年，在门头沟区委、区政府领导下，全区商务紧紧围绕加快建设宜居宜业宜游现代化生态新区战略任务，紧抓稳增长、疏功能、促发展、惠民生工作主线，积极落实疏解整治促提升工作任务，稳步推进生活性服务业品质提升，扎实开展行业促消费，全力做好党的“十九”大安保维稳，较好地完成了全年各项任务，商务运行保持平稳，行业发展稳中提质。消费市场稳步增长，2017年全区累计实现零售额65.9亿元，较上年同期增加4.2亿元，同比增长6.8%。外贸发展呈现企稳态势，2017年全区实现进出口24亿元，同比增长26.1%；出口12.4亿元，同比增长16.2%。利用外资稳步增长，2017年，全区新设立外商投资企业10家，实际利用外资额2490万美元，合同外资额7453万美元。顺利推进粮食区长责任制考核工作，制定了《北京市门头沟区2017年度粮食安全区长责任制目标任务分解表》，圆满完成市粮食安全区长责任制考核抽查工作。保障行业安全稳定，相继开展商务行业安全生产大检查、消防安全“大排查大整治大宣传大培训”等专项行动，及时消除各种安全隐患。

（石蕾蕾）

商业流通

【申报优质服务商店】 1月，组织区内规模以上零售企业申报北京市“优质服务商店”，北京京客隆首超商业有限公司门头沟新桥店、黑山店，同仁堂善和医药、国泰百货、灵之秀5家企业获此殊荣。

（石蕾蕾）

【东坡味道走进门头沟活动】 1月7日，组织区内企业参加“东坡味道走进门头沟”新春大拜年活动，其中沱沱公社、顺天府等5家企业与眉山千禾味业、李记集团等企业签订合作框架协议。

（石蕾蕾）

【京城里过大年活动】 1月中旬，组织区内11家企业参与“2017北京城里过大年活动”，拉开全年促销活动序幕。

（石蕾蕾）

【拍卖年检工作】 4月，组织区内拍卖企业开展2016年度拍卖年检工作。完成对2家拍卖企业的年审初检；经检查，2家拍卖企业没有非法集资现象。完成1家拍卖企业的设立。

（石蕾蕾）

【加油站年检等工作】 4月底，完成2016年度加油站年审工作。全区12座加油站均按要求完成了2016年度年检、第六阶段油品更换、加油站油罐情况摸底、油量销售统计、柴油车用尿素加注摸底及存储台账建立等工作。

（石蕾蕾）

【典当年检等工作】 5月，组织区内典当企业开展2016年度典当年检工作。完成对9家典当企业的年审初检；经检查，9家典当企业没有非法集资等违法现象。完成对

1家典当企业分公司注销终止工作。

（石蕾蕾）

【参加市级行业技能培训】 6月13日，组织区内晨光饭店、今天假日、百年食府等餐饮企业参加“第七届北京市商业服务业服务技能大赛”餐厅服务项目理论知识和实际操作的培训，提高行业技能水平，增强行业从业人员素质。

（石蕾蕾）

【保障生活必需品应急物资供应】 6月19日，斋堂镇沿河口村出现山洪，区商务委紧急调运食品、饮用水等应急物资。7月6日，门头沟区深山区大雨，区商务委迅速启动应急预案，紧急调运2家企业的4辆应急车辆，在2家生活必需品企业组织应急方便食品，分别运送到清水镇和雁翅镇。

（石蕾蕾）

【举办餐厅服务行业技能大赛】 7月13日，举办北京市第七届商业服务业服务技能大赛初赛暨门头沟区餐厅服务技能比赛，晨光饭店、大鸭梨门头沟店、北斗星酒店和今天假日4家企业的9位选手晋级复赛，参加第七届商业服务业服务技能大赛（餐厅服务）市级复赛。

（石蕾蕾）

【举办餐饮技能大赛】 11月9日，举办了主题为“创意新食尚”的2017年餐饮技能大赛，区内13家规模以上餐饮企业的30余位厨师参加了本次比赛。

（石蕾蕾）

【完成直销企业网点确认及核查】 12月，完成了直销企业（资生生物、美乐家、缘草堂、明弘科贸）在区内新设的4个直销网点确认3次、核查2次。

（石蕾蕾）

【推进生活性服务业品质提升工作】 2017年，完成新建或规范提升各类商业便民网点28个，其中蔬菜零售网点9个；连锁化率达到25.8%，比2016年年底提高了3.2%；蔬菜零售、便利店、早餐等基本便民服务在社区覆盖率达到60.5%。

（石蕾蕾）

【“疏解整治促提升”专项行动】 2017年，完成疏解提升农副产品市场2家。提前完成好望菜市场的转型升级的年度任务和北京坡头新村农副产品市场中心关停拆除工作，累计疏解商户数137户，疏解从业人员105人。

（石蕾蕾）

【加大商业专项资金扶持力度】 完成2017年度商业专项资金申报工作，申报项目3个；申报固定资产投资补助商业便民服务设施项目3个，其中2个项目获得市级资金107.9万元支持。

（石蕾蕾）

安全检查

【做好宣传培训工作】 3月5日全市安全生产培训日、6月16日全国安全生产月宣传日、12月4日法治宣传日期间，围绕商务行业“两个安全生产规定”，结合全年各阶段安全生产活动，通过上街宣传、悬挂横幅、下发通知等形式，营造了浓厚的安全生产氛围。

（石蕾蕾）

【扎实做好行业安全工作】 2017年，全面推进安全生产标准化建设，安全执法检查共出动892余人次，检查规模以上商业企业、餐饮企业345余家（次）。发现安全隐患682处，全部整改完毕。

（石蕾蕾）

【加强全区商务执法检查工作】 2017

年，共做出行政处罚60起，其中美容美发领域执法做出简易处罚案件33起，家电维修服务业执法检查做出简易行政处罚案件27起。

（石蕾蕾）

粮食供应

【有序开展退耕还林补助粮食发放工作】2017年，及时为退耕户发放补助粮食。退耕还林验收合格面积3.35万亩，累计涉及9个镇263个村8085个退耕农户，共计发放特一粉461.849吨，特等大米659.198吨。

（石蕾蕾）

外资外贸

【总部经济工作情况】5月5日，组织开展“门头沟区总部企业、中介组织奖励补助申报工作培训会”。

（石蕾蕾）

【开展外资企业联合年报工作】4月至6月，组织72家外资企业开展2017年门头沟区外商投资企业联合年报工作，申报率为102.9%

（石蕾蕾）

【参展参会工作情况】5月28日至6月1日，参加2017中国（北京）国际服务贸易交易会。

（石蕾蕾）

【落实北京市服务业扩大开放工作】9月29日，江泰保险经纪股份有限公司B2B跨境电子商务优投平台项目授牌确定为首批北京市服务业扩大开放综合试点示范项目。

（石蕾蕾）

【开展外资企业备案监督检查工作】10月31日，通过商务部外商投资综合管理信息系统按不低于3%的比例随机抽取3家企业。经检查，备案情况良好，未发现违反《外商投资企业设立及变更备案管理暂行办法（修订）》行为。

（石蕾蕾）

【外资企业备案工作情况】2017年，受理外商投资企业设立及变更备案申请62件，出具设立备案回执10件，变更备案回执51件。

（石蕾蕾）

【总部企业奖励补助工作情况】2017年，北京光环新网科技股份有限公司获2017年总部企业和跨国公司地区总部奖励补助资金32.20万元。

（石蕾蕾）

名　录

单位名称：北京市门头沟区商务委员会
党组书记、主任：王立宇
地　　址：北京市门头沟区双峪路39—1
电　　话：69842571
邮　　编：102300

（石蕾蕾）

房山区

概　　况

2017年，房山区商务委员会坚持稳中求进总基调，坚定不移贯彻新发展理念，突出抓好稳增长、疏功能、调结构、惠民生、保安全等重点工作，不断推动商务发展提质增效，全年实现社会消费品零售总额267.4亿元，同比增长7.6%，增速位列全市第二；实际利用外资大幅增长，实现1.84亿美元，同比增长352%；外贸进出口总额较快增长，完成7.31亿美元，同比增长7.6%。全区商务工作总体实现稳中有进的良好发展态势。

商业流通

【社会消费品零售总额保持较快增长】2017年，房山区实现社会消费品零售总额267.4亿元，同比增长7.6%，增速高于全市2.4个百分点。在城市发展新区中，增速排名第二位，总量排名第五位。

（毛　敏）

【生活性服务业品质提升工作成效显著】2017年，新建及规范商业便民网点85个。其中，便利店（超市）14个、早餐网点10个、蔬菜网点13个、洗染网点13个、美容美发店9家、家政服务1家、末端配送网点25个。截至2017年，房山区共有连锁化便民网点666个，连锁化率达到39.6%。全区145个社区商业网点总数已达到1682个，88个社区实现了七项商业便民基本服务功能全覆盖，覆盖率达到60.69%。

（毛　敏）

【两家商业企业摘得2016年度北京商业十大品牌奖项】2月，在2017北京商业品牌大会暨2016年度（第十二届）北京十大商业品牌评选活动中，房山区首创奥特莱斯再次荣获2016年度北京十大商业品牌，华冠商业荣获2016年度北京商业创新品牌。

（毛　敏）

【三家商业街区列入北京市第二批生活性服务业示范街区创建名单】4月，房山区三家商业街区列入北京市第二批生活性服务业示范街区创建名单，分别是拱辰街道宜春里示范街区、周口店镇黄山店新村示范街区和张坊镇张坊村东城门外大街示范街区。

（毛　敏）

【北京华冠商业科技发展有限公司入围“2016年中国连锁百强”】5月，由中国连锁经营协会（CCFA）发布的“2016年中国连锁百强”企业榜单中，北京华冠商业科技发展有限公司成功入围，位列第77位。

（毛　敏）

【退耕还林补助粮供应工作全部完成】6月，房山区2017年退耕还林补助粮供应工作全部完成。本次工作于3月20日正式启动，共涉及15个乡镇440个自然村22894户农户。完成退耕面积79160.6亩，供应面粉2770.6吨，完成全年供应任务的100%。

（毛　敏）

【三家商业企业被评为全国诚信兴商双优示范单位】6月，在中国商业联合会发布的2016年全国诚信兴商双优示范单位名单中，房山区有3家商业企业再次入围，分别是北京华冠商业经营股份有限公司、北京首创奥特莱斯房山置业有限公司和北京新时代冠华商场。

（毛　敏）

【《房山区2017年落实粮食安全区长责任制工作实施方案》正式发布】《房山区2017年落实粮食安全区长责任制工作实施方案》明确了落实粮食安全区长责任制的总体目标与主要任务，细化了各有关单位的责任分工，为进一步完善粮食流通管理体系，提高市场调控能力提供了有效保障。

（毛　敏）

【《关于进一步提升生活性服务业品质的实施意见》正式发布】《关于进一步提升生活性服务业品质的实施意见》进一步明确了工作目标与主要任务，强化了保障措施，为加快实现生活性服务业品质提升提供了有力保障。

（毛敏）

【《房山区推进连锁便民服务网点发展实施方案》正式发布】《房山区推进连锁便民服务网点发展实施方案》着眼于提高全区便民服务网点连锁化水平，通过新建和规范网点、加快社区便民服务功能建设、鼓励品牌连锁进农村等措施，进一步促进房山区连锁经营发展，提高连锁品牌的市场集中度。

（毛　敏）

【商品交易市场疏解与提升工作进展顺利】2017年，房山区完成10家商品交易市场的疏解与提升，其中疏解2家，升级改造8家，涉及建筑面积7.03万平方米。

（毛　敏）

【商业和服务业燃煤设施取缔工作顺利完成】2017年，房山区完成对595家商业和服务业企业的733台经营性燃煤设施取缔工作，共涉及17个乡镇。

（毛　敏）

【商务行业安全保障工作情况】2017年，房山区商务委在安全生产、食品安全、零售促销、成品油、生活服务业等领域开展了执法检查工作。全年共出动执法人员4575人次，检查各类经营单位1339家次，指导企业整改各类安全生产隐患3255处，办理各类行政处罚案件166件。

（毛　敏）

对外经贸

【外贸进出口情况】2017年，房山区完成外贸进出口总额7.31亿美元，同比增长7.6%。其中，完成出口额2.63亿美元，同比下降0.5%；完成进口额4.68亿美元，同比增长12.8%。

（毛　敏）

【房山区实际利用外资创历史新高】2017年，全区实际利用外资1.84亿美元，完成全年1000万美元的任务，并创下历史新高。

（毛　敏）

名　录

单位名称：北京市房山区商务委员会（粮食局）

党组书记、主任、粮食局局长：

豆宝才（2017年2月免）

高海军（2017年2月任）

地　　址：北京市房山区长阳镇昊天北大街38号

邮　　编：102445

电　　话：81312935、81312937

传　　真：81312958

（毛　敏）

通州区

概　　况

2017年，通州区商务委员会紧抓京津冀协同发展和北京城市副中心建设这一千载难逢的历史机遇，突出“调结构、稳增长、惠民生”的工作主线，坚持内贸、外贸双轮驱动，以“优布局、补短板、疏低端、提品质”为抓手，积极构建“高精尖”商务产业体系，强化商务功能，提升消费品质，优化市场环境，全力惠及民生，圆满完成了各项工作任务。

（畅绍丽）

商业流通

【社会消费品零售总额增速位列全市第一】2017年，通州区社会消费品零售总额每月增速连续保持全市第一，全年实现419.1亿元，同比增长8%，高于全市2.8个百分点。

（畅绍丽）

【服务业扩大开放试点政策落地通州】依托北京城市副中心平台优势，积极营造服务业扩大开放营商环境，成功争取北京市服务业扩大开放综合试点落地。吸引外资，推动服务业在科技信息、金融服务、商务旅游、文化教育、医疗健康等领域开放创新发展，推动高端服务业快速发展，促进通州区经济转型升级，为北京市服务业扩大开放提供经验。

（畅绍丽）

【清理物流企业159家】按照通州区“蓝天保卫战”总体要求，以“严禁新增，全面取缔无证照，规范物流基地内企业”为工作目标，统筹调动各部门和属地积极开展工作。通过反复摸排，多次沟通协调，采取台账式管理方式，圆满完成了2017年度物流企业疏解工作。2017年，共清理物流企业159家，整改快递企业24家。

（畅绍丽）

【市场调整疏解工作情况】2017年，计划重点推进通顺明珠建材城、京东北关汽车配件市场、八里桥小商品城、瑞隆生活消费品市场鑫来汇分市场的疏解和梨园李老公庄服装市场的清退转型工作，共涉及市场5家，商户953户，从业人员2060人。实际全年共疏解市场11家，疏解商户共1821户，疏解从业人员5265人。

（畅绍丽）

【规范提升城区18家社区菜市场（农贸市场）】起草《关于城区范围内社区菜市场（农贸市场）规范提升工作的方案》，并组织相关单位对城区18家菜市场进行集中培训，督促属地推进企业开展自查工作。2次组织联合检查，对市场经营中的各项问题进行当场处理，并列出问题清单，要求属地负责，督促市场按期处理。

（畅绍丽）

【生活性服务业网点建设提升工作】2017年，通过分类管理方式，落实生活性服务业品质提升工作。探索招标模式，完成35家蔬菜零售网点建设工作；采取项目征集模式，推进早餐示范工程建设；全年累计完成70家便民网点的建设和改造提升，覆盖率达60%以上。

（畅绍丽）

【典当、拍卖企业核查实现全覆盖】2017年，完成了2016年度通州区典当企业年审工作，24家典当企业和1家外省市分支机构全部评定为A类。完成了2017年度通州区拍卖企业核查工作，参加核查的10家企业全部通过。

（畅绍丽）

【落实粮食安全区长责任制】切实加强粮食行业管理，建立粮食收购资格全流程网上审批系统平台，实现粮食收购资格全流程网上审批。启动粮食收购许可证重新办理工作，进行换证培训活动。开展了粮油仓储单位备案、国有粮油仓储物流设施备案和储粮熏蒸作业备案三大项行政备案工作。

（畅绍丽）

【提高成品油企业管理水平】落实“清洁空气行动计划”，在通州区全部加油站开展了车用尿素供应保障工作。通州区各销售柴油的加油站均已配备了车用尿素销售业务。重点加强成品油企业安全生产管理，开展安全生产大检查，落实企业安全生产主体责任。

（畅绍丽）

【商务执法覆盖面不断拓宽】2017年，通州区商务执法队除日常执法检查外，对食盐市场开展专项检查，对美容美发、洗染行业开展逐步摸排，对投诉举报开展现场调查，保持了商务行业安全稳定的市场秩序。

（畅绍丽）

【查办“双打”处罚案件218件】围绕事关民生安全和创新发展的突出问题，大力开展专项整治活动，严厉打击侵权假冒行为。2017年，建立了“两法衔接”机制，法院受理办结侵权假冒案件36件；强化日常监管，9家执法部门查办“双打”处罚案件218件，罚没款524万余元。互联网、成品油、农资、进出口等重点领域治理力度不断加强，京津冀跨区域部门联动协作机制建立。

（畅绍丽）

【协助企业用好国家扶持资金】2017年，组织了稳增长奖励资金、网络销售社零额奖励资金、商发资金、总部企业奖励资金的申报和商业便民设施固定资产投资项目征集工作，共计协助企业获批资金1.05亿元。

（畅绍丽）

【市级专班对接取得阶段性成效】成立了由市商务委主要领导任组长的专班对接工作领导小组，下设“商业规划、疏解提升、产业专业转型升级”三个专项工作小组，确定了三大方面16项具体工作。落实非首都功能疏解新要求，推动商业结构调整和产业升级，研究制定了城市副中心商业体系建设指导意见。6月份、12月份举办两场知名商务企业走进副中心活动，累计90余家企业参加活动，实现了品牌企业与通州区现有存量资源有效对接。积极配合做好行政办公区商务配套服务工作，推荐规范化、连锁化、品牌化企业入驻副中心行政办公区，并积极做好相关配套服务工作。

（畅绍丽）

对外及港澳台经济贸易

【实际利用外资大幅增长】2017年，通州区实际利用外资共有24笔入资，实际利用外资共计8.2亿美元，同比增长127.17%。其中，入资金额超过1000万美元的有13家企业。

（畅绍丽）

【对外贸易经营者备案情况】2017年，通州区商务委员会为689家企业办理对外贸易经营者备案登记及变更，其中新备案对外贸易企业243家，变更企业446家；并为26家加工贸易企业出具加工生产能力证明。

（畅绍丽）

【外商投资企业登记备案效率提升】通州区商务委坚持每日与工商部门沟通联系，关注外商投资企业登记备案联动系统，及时督办情况，提前了解企业变更事项。截至2017年年底，通州区外资法人企业工商登记数量共320家，均已督办（含无需督办90家），占比100%，实现了外资企业设立及变更事项应备尽备，外资应统尽统。

（畅绍丽）

【外商投资企业发展迅速】2017年，通州区新设立外商投资企业32家，增减资企业29家。投资总额合计1625304.84万美元，同比增长1385.98%；注册资金合计434383.05万美元，同比增长742.01%；合同利用外资229114.33万美元，同比增长499.87%。

（畅绍丽）

名　录

单位名称：北京市通州区商务委员会
主　　任：陈国增
地　　址：北京市通州区新华东街254号
邮　　编：101100
电　　话：69543319
传　　真：69532753

（畅绍丽）

顺义区

概　况

2017年，在顺义区委、区政府的正确领导下，顺义区商务委深入贯彻落实党的十九大精神和习近平总书记视察北京系列重要讲话精神，积极践行新发展理念，认真落实北京市新版城市总体规划给予顺义的功能定位，商务领域供给侧结构性改革步伐加快，服务业扩大开放综合试点取得重要突破，提高生活型服务业品质行动计划深入推进，全区商务运行保持了稳中有进、稳中提质的良好发展态势。全年完成社会消费品零售总额474.2亿元，同比增长7.1%，总量继续保持全市第六位，城市发展新区之首，超额完成全年任务。充分挖掘企业的进出口潜力和调动企业的进出口积极性，圆满完成市级下达的进出口总额1045亿元的指标任务，实现全年进出口总额1112亿元，同比增长8.4%，全市排名第五，其中，出口447亿元，同比增长33.7%。完成实际利用外资9.27亿美元，同比增长33.8%，全市排名第四。

（王凌燕）

商业流通

【社会消费品零售总额完成情况】2017年，实现社会消费品零售总额474.2亿元，同比增长7.1%，高于全年任务目标0.1个百分点，总量保持全市第六位、城市发展新区之首。限额以上单位实现零售额330.3亿元，同比增长6.1%；限额以下单位实现零售额143.9亿元，同比增长9.4%。批发、零售、住宿、餐饮分别完成51.5亿元、383.56亿元、6.45亿元、32.69亿元，同比增长4.9%、7.3%、5.2%、8.3%。

（王凌燕）

【生活性服务业品质持续提升】2017年，顺义区新建或规范提升103个便民商业网点，便民商业网点连锁化率由23.2%提高到29.1%，提升5.9个百分点，圆满完成了预定的目标任务和各项重点工作。全区生活性服务业品质持续提升，生活性服务业“规范化、连锁化、便利化、品牌化、特色化”取得了新进展，更好地满足了人民群众对美好生活的期待。

（王凌燕）

【生活性服务业示范街区创建工作有序推进】积极落实区委、区政府领导的指示精神，严格按照生活性服务业示范街区建设标准，对中粮祥云小镇创建的工作进度、品牌聚集、环境改造等方面工作进行跟踪和调度。2017年，该项目已通过企业自评、区级联合初审、第三方评估等环节。通过创建工作，祥云小镇的示范效应、品牌效应得到进一步强化，有效满足了周边居民不同层次、多种功能的消费需求。

（王凌燕）

【“疏解整治促提升”专项行动】2017年，顺义区市级疏解任务为日升美姿家居市场、博联小商品市场、春峰大卖场三家市场，5月份在全市率先完成了疏解工作，清退摊位803户、疏解人口1510人、腾退建筑面积 3.4 万平方米。在积极完成市级疏解任务的同时自加压力，完成玖立国际家具城、北京四方天龙汽配市场、杨镇京东商品批发市场疏解提升工作，清退摊位 471 户、疏解人口 1862 人、涉及建筑面积 11.5 万平方米。

（王凌燕）

【推进新国展二、三期项目建设】根据区政府专题会的工作部署，区商务委牵头，积极与贸促会对接，与区发改委、区规划分局、区国土分局、大龙控股等相关单位沟通，建立工作协调推进机制，成立专门机构，研究新国展功能定位、项目开发模式，切实做好推进新国展二、三期建设相关工作。

（王凌燕）

【圆满完成新国展 33 场展会属地服务保障工作】根据《顺义区加强新国展会展活动服务保障工作实施方案》要求，全面统筹协调各服务保障专项工作组提前根据展会相应级别部署保障措施，确保合理调配保障资源、合理安排筹划时间，为展会提供高效、细致、专业、全面的“一站式”服务，确保新国展 33 场展会顺利举办，累计展览面积达到 220 万平方米，吸引参观 200 万人次。

（王凌燕）

【重点商业项目稳步推进】天竺澳金园、空港一号、马坡鲁能购物中心已全面封顶，正在招商过程中；马坡金宝花园购物中心正在建设过程中，并同步启动招商；后沙峪沃尔玛（山姆会员店）法人公司已在顺义注册完成，正在着手启动店内装修。

（王凌燕）

【全面落实 2017 年粮食安全区长责任制考核工作】区政府第二次常务会议审议并发布施行了《落实粮食安全区长责任制的实施意见》，分管区长先后两次组织召开粮食安全领导小组全体会议，部署推进相关工作落实；制定了《顺义区关于全面落实粮食安全区长责任制的实施方案》，下发了《粮食流通管理工作要点》，进一步提高粮食安全保障能力。

（王凌燕）

【大力发展电子商务产业】为有效落实《顺义区促进电子商务产业发展办法》，8 月 18 日，区商务委召开了各属地政府、经济功能区、相关电子商务企业负责人参加的电子商务产业政策解读会。2017 年，最终通过项目评审的共计 8 个，为企业争取资金 640.98 万元。

（王凌燕）

【成立顺义区商业项目工作推动领导小组】为进一步加强对顺义区重点商业项目协调工作的领导，提高商业项目质量，提升全区商贸服务业发展水平，完善协调推进工作机制，成立了顺义区商业项目工作推动领导小组，统筹推进顺义区重点商业项目（含商业设施、商贸服务业项目）规划布局、建设实施、运营管理等相关工作，实现商业项目“谋划储备一批、前期推进一批、开工建设一批、投入运营一批”的良好循环。

（王凌燕）

【积极推进社区蔬菜网点布局】积极做好新建小区菜市场移交工作，发展以公司化、连锁化经营为基础，施行“五统一”经营模式，即统一管理、统一采购、统一配送、统一标准、统一品牌，同时以社区菜市场为载体，推动服务功能搭载，实现便利店、早餐、蔬菜零售、洗染、美容美发、家政服务、代收代缴、便民维修等 8 项基本便民服务功能的搭载。目前移交区商务委新建小区菜市场 18 家，已开业 10 家。

（王凌燕）

【市场供应与民生保障工作】适时开展生活必需品日监测机制，重要节假日、十九大期间启动生活必需品日监测机制，提前组织企业做好货源准备和预案制定工作，有效防止重要时间节点的市场波动。不断提升市场安全水平，启动肉菜流通追溯体系建设工作，全区现有74个商业企业网点可基本实现移动终端等多种方式的追溯查询，完成食品安全示范区创建工作中商务部门承担的早餐网点建设和放心肉菜示范超市建设工作。

（王凌燕）

【完善粮食应急体系建设】制定《粮食应急网点管理办法》，开展对44家应急保障企业资格认定、核准工作，每个网点安排专项经费2万元，用于扶持企业健康发展和硬件配套，确保应急状态下货物存放调运、加工补库和投放登记等技术环节紧密衔接。

（王凌燕）

【整体提升全区快递物流企业消防安全水平】以全市开展大排查大清理大整治专项行动为契机，全面排查顺义区快递物流企业存在的安全隐患，分类施策、限期整改、提升水平，在确保安全运营的基础上保障企业正常运转，不间断保障民生。

（王凌燕）

【组织开展培训以确保储粮和行业生产安全】全面贯彻实施安全储粮和安全生产“一规定两守则”，组织开展全员轮训。强化粮食库存安全管理，督促企业落实“两个安全”主体责任，严格责任追究，切实守住不发生重特大粮油储存事故和生产安全事故的底线。

（王凌燕）

【推进“粮安工程”和“放心粮油工程”建设】大力实施粮食收储供应安全保障工程建设，明确工作安排和进度，完善各项配套政策措施，加大政策支持和资金投入，彻底改善粮食仓储、应急等基础设施条件；加快推动王各庄、张辛“智能粮库”建设，逐步实现粮库数字化、智能化，提升粮食仓储信息化水平，全面提升粮食收储供应安全综合保障能力、宏观调控能力和抗风险能力。开展放心粮油进社区宣传活动，加强粮油健康消费科普讲座；利用“世界粮食日、全国爱粮节粮宣传周、粮食普法宣传周”等时机，采取悬挂横幅、LED屏、新媒体等多种方式开展爱粮节粮、反对浪费等宣传教育活动，提高全社会爱粮节粮意识。

（王凌燕）

【完成5800吨区级储备稻谷轮换入库工作】加强组织领导，成立区级储备稻谷轮换领导工作小组，采用计算机网上竞价交易方式进行轮换，积极与区财政局沟通协调，帮助企业完成后期资金结算工作。

（王凌燕）

【开展2017年度库存检查工作】组织印发《2017年顺义区粮食库存检查工作实施方案》，对全区中央储备粮、国家临储粮、地方储备粮等12家政策性粮食企业开展粮食库存检查自查工作，并于4月18日至20日组织区发改委、区财政局、农发行北京市分行顺义支行、京粮顺兴粮油公司等部门，开展对顺义区中央储备粮北京顺义直属库和北京市顺义杨镇粮食收储库两家单位进行粮食库存检查复查，顺利完成了库存检查自查和实地复查工作。强化库存粮质量的监管，严格把控省外流入粮食质量，确保总量安全。

（王凌燕）

【完成社会粮油供需平衡调查工作】进一步掌握区内粮食生产、消费、流通和库存情况，提高粮油市场保供稳价能力，共调查全区转化用粮企业 6 家，其中国有企业 2 家，非国有企业 4 家，餐饮企业和食堂 40 家，抽样调查记账城镇居民住户 55 户，乡村农民住户 70 户，发放台账 714 页。

（王凌燕）

【严格典当、拍卖、保理设立及变更手续】加强典当、保理等类金融行业运营安全监管，严格落实各级监督审查制度。对全区 19 家典当企业、14 家拍卖企业进行年度审核，批准新设立商业保理企业 4 家，注册资金共计 4 亿元。

（王凌燕）

【加强物资储备保障】2017 年，储备生活必需品 1350 吨，包括 675 吨饮用水及 675 吨方便食品，储备冬季耐储蔬菜 1000 吨，汛期储备雨衣雨鞋、铁锹、桩木等十余类防汛物资，并加强对储备物资的巡查力度，有效增强应对突发事件能力。

（王凌燕）

【发挥协会作用，提高行业规范化发展水平】依托行业协会，组织餐饮、家政、美容美发等行业 300 多家企业，共进行 5 场生活性服务业行业标准宣传贯彻。通过此次宣传贯彻活动，将积极引导企业按照行业标准规范经营，使生活性服务业行业内企业及从业人员全面了解行业现行有效法律、法规、标准、规范，引导行业有序发展。

（王凌燕）

【组织开展职业技能大赛】根据市商务委职业技能大赛整体安排，2017 年 5 月至 10 月组织开展了中餐烹饪、育婴师、摄影师三个行业技能大赛，230 余名选手报名参赛。通过大赛，进一步锤炼技术功底，查找市、区两级从业人员职业技能差距，促进了技能服务水平再提升。

（王凌燕）

【全力做好商务领域安全生产管理工作】2017 年，全力开展安全隐患“大排查、大清理、大整治”专项行动。召开“2017 年商务领域安全生产工作会”，与 139 家规模以上商业零售、餐饮企业签订安全生产责任书。完成标准化复评企业 48 家，风险评估 47 家，组织观摩应急演练 12 次。组织商业经营企业培训会 31 次，培训从业人员 5000 余人次，发放宣传材料 5000 余份。利用巡查、抽查、联合检查等方式，检查企业 620 家次，整改安全隐患 410 余处，行政处罚 1 件，罚款 5000 元。在元旦春节、中秋国庆等重要节点和“一带一路”高峰论坛、党的十九大等重要时期，采取综合检查、突击夜查和巡查相结合的形式全力开展执法检查，确保了商务领域的安全平稳。

（王凌燕）

【切实加强商务综合执法工作】全面开展食盐购销、家政服务、成品油、报废汽车、再生资源、美容美发、家电维修、促销、餐饮油烟、打击侵权假冒、烟花爆竹等方面的督导检查工作，检查企业 581 家次，出动执法人员 1296 人次，开具简易处罚 218 件。组织联合检查 26 次，出动人员 78 人次；上报各类工作信息 45 篇，通过微信公众号和微信群发送各类通知、提示性信息 100 余次。

（王凌燕）

对外经贸

【外贸实现稳中有进，超额完成指标任务】建立外贸稳增长联合工作机制，加强与职能部门之间的联系，实行“一企一策”措施，帮助企业解决遇到的问题。积极宣传、贯彻落实市、区两级外贸稳增长政策，促进企业用好、用足扶持性政策，减轻企业负担，促推企业业绩增长。2017 年完成进出口额 1112 亿元，同比增长 8.4%，超额完成全年进出口总额 1045 亿元任务指标，全市排名第五。其中，出口 447.3 亿元，同比增长 37.5%。

（王凌燕）

【实际利用外资稳步增长】强化对外商投资企业的服务力度，及时跟进重大外资签约项目，与相关职能部门保持密切联系，定期了解项目进展情况，协调解决外商投资企业遇到的问题，做到应统尽统，避免漏统。2017 年，全区实际利用外资 9.27 亿美元，同比增长 33.77%，全市排名第四。

（王凌燕）

【服务业扩大开放综合试点现场会在顺义召开】2017 年 9 月 29 日，深化改革推进北京市服务业扩大开放综合试点现场会暨示范园区、示范单位、示范项目、示范团队授牌仪式在顺义区举行。顺义区内的北京通航法荷航飞机航线维修有限责任公司、北京三帝科技股份有限公司、顺义区外国人出入境服务大厅等七家单位入选《北京市服务业扩大开放综合试点示范园区、示范单位、示范项目、示范团队名单》，数量居全市各区之首。

（王凌燕）

【深化改革推进服务业扩大开放工作】顺义区全力推进服务业扩大开放综合试点示范区建设工作，已提前完成首轮实施方案确定的 2 年期 38 项试点任务。2017 年，全市两次深化服务业扩大开放综合试点现场会在顺义召开，9 月 9 日顺义区召开深化改革推进服务业扩大开放动员部署会，印发新一轮深化实施方案和 36 项试点任务。截至 2017 年年底，新一轮试点任务已完成 34 项，完成率达 94%。在各项开放政策的带动下，全区服务业发展水平明显提升。2017 年实现服务业增加值 1036 亿元，首次突破 1000 亿元大关，占 GDP 比重的 60.32%，同比提高 11.2 个百分点，对 GDP 增长的贡献率达到 97.3%；服务业项目吸引合同外资占全区吸引合同外资的 99%。

（王凌燕）

【顺义区参展 2017 京交会】2017 中国（北京）国际服务贸易交易会（简称京交会）于 5 月 28 日至 6 月 1 日在国家会议中心举办。此次京交会，顺义区首次以独立板块形式参展，重点展示北京市服务业扩大开放综合试点示范区的建设成果。顺义展区得到了各级领导和参会代表的高度关注，来自乌克兰、南非、法国、巴西、澳大利亚等国家企业，以及天津、河北、山东等省市部门负责人到顺义展区洽谈合作。顺义区项目签约总额约 1800 亿元，约占签约项目总数的 1/3。顺义展区也得到了各级媒体的广泛关注，展会期间，关于顺义参展京交会的新闻报道共 249 条，其中电视新闻 2 条，《北京日报》《北京晚报》等传统报刊报道 12 篇，网络 184 条，微博 14 条，微信论坛 37 条。

（王凌燕）

【顺义区外国人服务大厅启动运行】2017 年 5 月 2 日，顺义区外国人服务大厅正式揭牌，标志着公安部批复北京市服务业扩大开放综合试点示范区 10 项出入境政策措施正式启动实施。大厅进驻部门有区公安分局、商务委、地税局、总部人才中心，设置外籍人才资格认定、外国人永久居留权受理、外国人签证业务受理、外国人缴税和税务咨询服务等窗口，实现“一口申报、联合审批、一站式办理”的工作模式。2017 年 12 月 11 日起，经北京市公安局报请公安部批准，再次拓展顺义区外国人服务大厅出入境业务受理范围，可受理外国人工作、学习、团聚、私人事务 4 类居留许可业务申请，并可服务全市外国人。2017 年，已有两位外籍人士通过顺义区外国人服务大厅获得《中华人民共和国外国人永久居留身份证》，并办理了新政实施以来全市第一张外国高校在校生来华实习签证。

（王凌燕）

【积极争取资金，促进总部经济发展】召开 2017 年度总部奖励政策培训会，邀请市商务委总部处为区内 70 余家重点总部企业讲解政策，并对项目的申报资格、奖励金额、对地方财政收入贡献等情况进行初审和核实。2017 年，共 3 家企业的 5 个项目得到资金支持，获得资金支持 670 万元，其中市级资金 404 万元，区级资金 266 万元。

（王凌燕）

【加大宣传推介力度，积极推动总部小镇建设】6 月 1 日，在京交会上区领导以“建设总部经济特色小镇、积极承接中心城区功能”为题，进行专题推介。9 月 23 日，成功举办总部企业健步走活动，150 余家在京总部企业、跨国公司地区总部以及部分国际经济组织驻京机构和总部经济功能区等单位负责人 500 余人参加。此次活动宣传推介了顺义区不断打造的“高效、廉洁、亲商”营商环境，以及在金融、科技、文化创意、生态、总部、人才等方面的一系列支持政策，并形成《北京总部经济》顺义专刊。9 月，后沙峪镇被市服开办正式授牌，确定为总部经济特色小镇。

（王凌燕）

【简化外商投资企业办理程序】启动“外商投资企业设立商务备案与工商登记单一窗口、单一表格”，外商投资企业网上填报表格，一次性完成商务备案和工商登记。通过商务工商备案联动系统，确保外资企业设立及变更事项应备尽备。全年共审批备案外商投资企业 306 家，其中新设立项目 37 家，增资（含股权转让导致的）32 家，股权转让 30 家，经营范围变更 61 家，其他变更 146 家。

（王凌燕）

【优化服务，打造良好的营商环境】强化窗口服务意识，做到有问必答、一问告知。全年办结对外贸易经营者备案登记 498 家企业，加工贸易生产能力证明 41 份，境外企业设立备案 11 家。

（王凌燕）

名　录

单位名称：北京市顺义区商务委员会
主　　任：袁日晨
地　　址：北京市顺义区华中路枫桥别墅南门行政中心办公楼 1 层
邮　　编：101300
电　　话：69443513
传　　真：69446407

（王凌燕）

大兴区

概　况

2017年大兴区商务工作重点围绕疏解整治促提升、生活性服务业品质提升及服务业扩大开放三项重点工作，在消费增长、外资外贸、总部经济、商务安全监管、粮食安全等方面，取得了良好的成绩。

2017年，大兴区社会消费品零售总额累计完成413.7亿元，同比增长7.1%，高于全市1.9个百分点，增幅位列全市第四，超额完成市、区两级任务指标；全区进出口总额累计实现156.6亿人民币，超额完成全年任务指标；因产业政策调整，2017年全区实际利用外资实现6173万美元，全部投向第三产业，利用外资结构更加符合产业政策要求，更趋合理。

2017年，区商务委牵头疏解区域性市场10家，涉及占地面积超过55万平方米；疏解清退73家物流企业，涉及占地面积176.7万平方米。

在生活性服务业方面，2017年发展提升生活性服务业网点145个，基本便民服务功能社区覆盖率达到80%以上。在服务业扩大开放方面，制定了《关于深入落实北京市服务业扩大开放综合试点工作实施方案》和《服务业扩大开放综合试点政策宣传方案》等文件，与相关基地共同推出了《关于推进大兴区服务业扩大开放综合试点示范园区建设的协同工作方案》，服务业扩大开放的良好态势初步形成。

（郭秀英）

【持续提升生活性服务业发展品质】 2017年，发展提升152个生活性服务业网点，其中包括3个家政服务网点、19个便民早餐、5个蔬菜零售、1个便利店（超市）、3个农村连锁便利店、1个便民浴池、8个美容美发、1个便民洗染、1个生活服务中心、10个再生资源回收站点和100个便民智能包裹柜。

（张　晋）

【稳定外贸进出口】 2017年，制定了开发区与大兴区外贸稳增长出口奖励政策，组织召开11场外贸政策说明会，进一步提高“双自主”企业占比，目前大兴区共有17家“双自主”企业，努力稳定外贸进出口。

（王军祥）

【实际利用外资结构持续优化】 2017年，大兴区实际利用外资6007万美元，第三产业占比100%，新批外资项目16个，第三产业14个，占比87.5%，实际利用外资结构持续优化。

（刘　丹）

【疏解整治促提升工作情况】 2017年，疏解市场10家，涉及占地面积55.905万平方米、商户1301户、人口2083人；完成疏解物流企业25家，占地面积100.88万平方米、人口4075人。

（张　晋）

【服务业扩大开放深入开展】 大兴区商务委制定和具体落实了《大兴区服务业扩大开放综合试点政策宣传方案》。2017年9月，大兴区国家新媒体文化创意产业园被评为北京市首批示范园区，小笨鸟跨境电商产品质量安全追溯平台项目被评为北京市首批示范项目。

（刘　丹）

【优化结构提升商务发展质量】支持（亦庄）锋创科技园总部经济公共服务平台开展升级改造，培育4家企业、7个项目获得市级总部企业奖励；组织2个申报市级商务服务业升级改造项目；支持培育2家企业成为北京市物流标准化试点单位；共有2家企业获得2016年度网络零售和网络批发鼓励政策资金支持。

（刘　丹）

【强化执法工作】2017年，检查各类商业企业1700家次，行政处罚累计470件。党的十九大安保工作期间开展执法检查460家次，行政处罚57件，隐患整改率100%。商务行业安全生产隐患大排查大清理大整治三大专项行动共出动185个检查组次、执法人员850人次，共检查各类商业场所298处，发现隐患329处，立即整改319处，限期整改16处，关停17家，搬迁1家。

（赵红领）

【推进粮食安全区长责任制落实】深入推进粮食安全区长责任制落到实处，建立协调工作机制；加强储备粮质量检查，完成夏粮质量抽样检测工作，完成年度粮食库存检查工作，确保粮食储备安全；修订完善了《粮食供给应急预案》，持续提高粮食应急保障能力。

（朱红波）

【实际利用外资完成情况】因产业政策调整，2017年全区实际利用外资实现6173万美元，全部投向第三产业，利用外资结构更加符合产业政策要求，更趋合理。

（刘　丹）

【外贸进出口完成情况预测】全年进出口总额完成156.6亿元人民币，同比下降11.9%，其中出口57.3亿元人民币，同比下降33.3%，进口99.3亿元人民币，同比增长8.0%。

（王军祥）

【政务服务窗口成绩显著】政务服务窗口2017年共完成商务事项1143项，其中行政许可类27项，服务类1116项，时限办结率100%；群众满意率100%，群众咨询5909人次 。

（孙　强）

【境外投资情况】2017年大兴区企业以新设、增资，并购的形式总计在境外投资8726.8万美元，主要投向德国、美国、中国香港、日本、老挝等地。

（刘　丹）

名　录

单位名称：北京市大兴区商务委员会
地　　址：北京市大兴区桐城行政办公楼甲14号
党组书记、主任：马士刚
电　　话：81298206
传　　真：81298204
邮　　编：102600
网　　址：http：//www.dxsw.cn

（郭秀英）

昌平区

概　况

2017年，昌平区商务委在昌平区委、区政府的正确领导和市商务委的有力指导下，以推进“两学一做”学习教育常态化制度化、扎实开展“强党性、敢担当、出实效”主题活动为有力推手，学习宣传贯彻党的十八届五中、六中全会和党的十九大精神，以提高党员干部素质，加强党支部规范化建设，深入推进党风廉政建设，夯实党建工作基础，全面提升党建水平为引领，立足于科学发展，加快转变经济发展方式，商务经济平稳协调健康发展。

社会消费品零售总额累计实现452.1亿元，同比增长7.0%，总量在5个城市发展新区中位居第二；实际利用外资累计实现80000万美元，同比增长1.4%，总量排在城市发展新区第三；进出口总额累计实现人民币202.1亿元，同比增长7.7%，其中进口实现124.9亿元，同比增长21.3%。

（陈前进）

商业流通

【零售额指标平稳增长】社会消费品零售总额累计实现452.1亿元，同比增长7.0%。

（陈前进）

【腾退5个区域性市场】研究起草《2018—2020年疏解区域性专业市场专项任务方案》；累计疏解宏福百业农副产品等5个市级任务的区域性市场，腾退土地27.7万平方米，疏解商户949户，疏解相关人员2547人。

（陈前进）

【生活性服务业品质明显提高】制定了《2017年昌平区生活服务业品质提升工作实施方案》，建设提升了90个便民商业网点，改造社区菜市场1家，升级改造主食加工配送中心1个；社区便民网点覆盖率提高了8%，连锁化率提高了3%；搭建生活性服务业便民服务平台系统；重点推进天通苑和回龙观地区生活服务业便民服务网点建设；初步解决1818地区社区买菜难的问题；引进志广富庶、新隆嘉超市品牌连锁企业建设社区蔬菜网点连锁直营店和生鲜超市；积极探索小麦智能便利店发展模式；创建首农首食生鲜连锁便利店。

（陈前进）

【大力推进商贸企业和商贸集聚区创业创新】出台《商贸企业创业创新发展支持办法》及实施细则，对商务楼宇、商业综合体（含购物中心）、电子商务集聚区及电子商务公共服务平台三类商贸集聚区的7个项目予以支持。

（陈前进）

【促消费工作持续加强】组织重点零售商业在传统假日分别开展了“鸡年迎春，欢喜过大年”“悦享春姿”“浓情端午”“欢乐儿童节”等主题促销活动。元旦、春节、国庆中秋等七个节日，126家次零售餐饮企业累计实现收入5.58亿元，同比增长17.2%。在各镇街举办了“绿色北京 节能减排”政策宣传活动。

（陈前进）

【强化商务执法】狠抓排查和督查，确保消费环境安全。检查零售及餐饮企业715家次，处罚245起；检查成品油、典当、拍卖、粮食企业146家次，规范了安全经营行为。

（陈前进）

【培育网络消费新型业态】组织企业积极申报国家和市级电子商务应用示范企业，昌平区探路者控股集团股份有限公司（网上零售类）和北京慧聪互联信息技术有限公司（综合型）被确认为示范企业。

（陈前进）

【立足商务实际，助推精准帮扶】派驻第一书记对口帮扶南口镇前桃洼村。通过领导班子多次调研等支部共建活动，明显改观了前桃洼村党建工作；召开前桃洼村精准帮扶工作座谈会，区商务委及4家支援单位共为前桃洼村提供帮扶资金和物资价值55万元；依托商务优势促农产品销售，通过微信及农产品进社区一系列活动扩大前桃洼村农产品知名度，增加销售量；开展走访慰问关心困难群众，共慰问前桃洼村老党员和困难群众54户，送去慰问品和慰问金价值共计6.4万元。

（陈前进）

【对口帮扶精准脱贫】做好河北省尚义县、内蒙古阿鲁科尔沁旗和青海玉树曲麻莱县在商务领域等方面的对接和结对帮扶工作。就农副产品进入北京市大型超市、批发市场，建立产品直销点。组织任我在线电子商务公司多次到尚义县进行对接、帮扶、体验等活动。

（陈前进）

【做好仓储物流快递行业专项行动】在全区开展仓储物流快递行业安全隐患大排查、大清理、大整治专项行动。按照市里统一安排，召集相关镇街和部门召开了专题会，成立了专班。经过排查，未有快件、货物积压情况。各镇街落实了主体责任，确保仓储物流快递行业企业彻底排查、全面上账、整治到位。

（陈前进）

【正确引导汽车销售企业、交易市场】按照《汽车销售管理办法》要求和市商务委工作部署，加强对区内汽车销售及其相关服务活动进行监督管理，督促企业在新的汽车流通信息管理系统中进行备案，全年备案企业141家；加强对二手车市场监管，亚运村二手车交易市场二手车交易量为64884辆，交易额71.9亿元，外迁33126辆，外迁金额25.14亿元。

（陈前进）

【打击侵权假冒工作成效显著】认真做好打击侵犯知识产权和制售假冒伪劣商品工作。全年开展宣传培训150次，新闻报道100篇。区工商分局、区食药局、区知识产权局、区质监局、区农业局开展了专项执法行动，切实做好市场秩序风险防控和保障工作。全区9家行政执法部门共立案556起，罚没款约312.74万元，刑拘3人，累计出动执法人员约万人次，检查生产经营者上万余家。

（陈前进）

【粮食流通秩序进一步加强】区级储备粮和粮食风险基金落实到位。粮食应急供应保障机制进一步加强，合理配置了应急供应网点、加工企业、储备设施和配送中心。开展了全区社会粮食供需平衡调查，及时做好退耕还林补助粮发放。妥善做好军粮供应。

（陈前进）

外经外贸

【新批三资企业38家】新批设立外商投资企业38家，合同外资30584万美元。

（陈前进）

【18家三资企业扩大经营规模】18家企业增资扩大生产经营规模，共增加投资总额13495万美元。

（陈前进）

【做好总部经济政策落地申报工作】对接市商务委，对5家企业网上申报的12项奖励补助项目，做好初审等工作。

（陈前进）

【促进对外贸易稳步发展】对外贸易经营者备案541个。服务外包收入完成61558.51万美元，同比下降9.69%；审核第一批中小企业国际市场开拓资金资助项目157个，受益企业47家。组织16家服务外包企业申请了北京市服务外包支持资金、北京市技术出口贴息补贴项目和国际服务外包业务人才培训专项资金共计922.91万元。做好出口企业的奖励工作，21家企业获资金支持674.7万元。

（陈前进）

【认真做好加工贸易审批管理】协助海关开展实地验厂13次。

（陈前进）

【积极推进北京市服务业扩大开放工作】未来科学城列入示范园区，中关村生命科学园联合创新服务中心被列入示范项目，北京科信美德生物医药科技有限公司创业团队列入示范团队，均已授牌。

（陈前进）

名　　录

单位名称：北京市昌平区商务委员会
党组书记、主任：黄先锋
地　　址：北京市昌平区南环路55号
电　　话：69746220
邮　　编：102200

（赖金坚）

平谷区

概　　况

2017 年，平谷区商务委员会在市委市政府的坚强领导下，在市商务委的指导下，不断优化消费环境，呈现出稳中有进、进中求快的良好发展态势，实现商务经济平稳较快发展。2017 年平谷区实现社会消费品零售总额 107.3 亿元，同比增长 7.1%。其中，限额以上 60.7 亿元，同比增长 4.8%；限额以下 46.6 亿元，同比增长 10.2%。顺利完成全年任务指标。

（张麓阳）

商业流通

【调整疏解非首都功能】积极开展疏解整治促提升工作。疏解、转型市场 2 家，共疏解建筑面积 0.8 万平方米，疏解涉及商户 120 家、从业人员 220 人。

（张麓阳）

【生活性服务业品质提升】一是与区财政局联合制定了《平谷区生活性服务业品质提升扶持资金管理办法》。二是加强便民商业网点建设。2017 年在平谷城区新建或规范各类便民服务网点 36 家。北大市场 3500 平方米社区菜市场已建成开业。

（张麓阳）

电子商务

【电子商务交易额稳步增长】2017 年全区电子商务交易额 14.3 亿元，同比增长 37.8%。

（张麓阳）

【开展“农村淘宝”项目】开展“农村淘宝”项目，服务农村居民“最后一公里”。截至年底已建成 1600 平方米的仓储物流中心，在全区布局了 50 个“农村淘宝”村级服务站，为村民代买代购 23.5 万余笔，成交金额 2020 万元。

（张麓阳）

【推进“互联网＋大桃”工程】推进“互联网＋大桃”工程，开拓大桃网络销售新渠道。挂牌 3 所大桃学校，成立了 10 个互联网＋专业合作社。与顺丰、EMS 物流合作，在 13 个大桃主产乡镇设立了 66 个平谷大桃揽收点；开展“电商培训进乡村”活动，已经开展 18 期电商培训班，培训桃农 2000 人。2017 年，平谷区电商线上销售大桃 2060 万斤，销售额 1.7 亿元，促进农民增收 5155 万元。

（张麓阳）

对外经贸

【出口创汇有所下降】2017 年，全区实现出口额 1 亿美元，同比下降 10.9%。

（张麓阳）

【实际利用外资有所增长】全年全区实现实际利用外资 6041 万美元，同比增长 34.29%。

（张麓阳）

【推进行政审批改革】对下放的事项做到统一审批管理标准和服务规范，缩短行政许可办理时限，承诺审批时限为全市最短。积极推进审批五位一体和外资备案制度改革，做到按时办结率100%，不断提升平谷区的营商环境。

（张麓阳）

【外贸稳增长情况】积极推动服务业扩大开放，指导企业转型升级。“北京市平谷区乐器基地”和“北京市平谷区食品农产品基地”两个外贸转型示范基地通过考核，为“北京市平谷马坊物流基地”申请了北京市服务业扩大开放综合试点示范园区。

（张麓阳）

商务执法

【加强商务行业安全生产工作】重点对规模以上商业零售和餐饮单位进行监管，通过建立台账、加强宣传培训和不间断检查，提高企业安全生产意识和水平，被评为2017北京市安全生产先进单位。大力保障商务领域流通秩序。加强粮食流通监督管理、盐政、家政服务、家电维修、洗浴、美容美发、汽车销售等商务行业执法监管力度。全年共制作处罚案件107件，罚款19200元。平谷区在市“双打办”考核中获全市第一。全年未发生因侵权假冒行为导致的突发公共事件和重大刑事案件。

（张麓阳）

名　录

单位名称：北京市平谷区商务委员会
主　　任：杨河清
地　　址：北京市平谷区府前西街十七号
邮　　编：101200
电　　话：69962955

（张麓阳）

怀柔区

概　况

2017年，怀柔区商务委按照“疏功能、转方式、补短板、促协同”的工作要领，持续推进商务领域供给侧结构性改革，实现了“十三五”期间怀柔区商务工作良好发展。民生工程成绩斐然，市级绩效任务生活性服务业品质提升工作超额完成。新建和规范提升便民连锁网点60家，基本便民服务网点连锁化率达到16.1%，较上年末提升3.86个百分点，社区覆盖率达到80%；消费市场运行良好，全年社会消费品零售总额增速7.5%；对外贸易保持平稳态势，实际利用外资1.27亿美元，进出口额完成59亿元；会展经济势头强劲，实现会展产业综合收入9亿元，会展直接收入3.6亿元，接待会议7205个，累计接待会议人次71.8万。

（张　蕊）

【生活性服务业品质提升工作】2017年，建设便民网点60家，基本便民网点连锁化率提升了3.86个百分点，全区35个社区中28个社区达到7项基本便民服务全覆盖，基本便民服务社区覆盖率达到80%。

（张　蕊）

【对外经贸工作】2017年，新设外商投资企业19家，投资总额1.23亿美元，同比增长309%，注册资本1亿美元，同比增长257%，合同外资7184万美元，同比增长206%；实际利用外资1.3亿美元，同比增长688%；进出口总额完成59亿元，与上年基本持平。

（张　蕊）

【召开2017年经济贡献企业表彰会】1月12日，召开2017年企业新春座谈会，表彰为全区经济社会发展做出贡献的驻怀企业，对2017年及“十三五”时期全区经济社会发展进行展望和畅谈。出席本次会议的区领导有常卫、姜泽廷、朱家亮、堵凤春、王岦、李志遂、周东金，区商务委、区发改委等相关单位领导及61家驻怀企业负责人出席会议。

（张　蕊）

【召开服务业扩大开放座谈会】2月23日，邀请商务部国际贸易经济合作研究院专家来怀就北京市服务业对外开放及“一带一路”工作进行调研，对怀柔开展服务业扩大开放、招商引资和企业“走出去”工作给予指导。

（张　蕊）

【组织对口帮扶对接】3月16日，与丰宁县商务局举行了商务领域对接工作座谈会，怀柔区商联会、饮食行业协会、部分重点企业以及丰宁县奶制品、生猪屠宰、蔬菜种植等行业龙头企业参会。

（张　蕊）

【粮食区长责任制迎检】3月16日，市粮食安全区长责任制考核组到怀柔区古船面粉厂进行实地考核。随后，召开了怀柔区粮食安全区长责任制抽查考核工作会议，副区长李志遂出席会议，各成员单位主管领导参加了此次会议。

（张　蕊）

【举办餐饮行业厨艺交流会】4月18日，怀柔区2017年餐饮行业厨艺交流会在钟磬山庄成功举办，100余家餐饮企业300余名餐饮从业者参加。

（张　蕊）

【召开“一带一路”高峰论坛服务保障动员会】5月5日，组织召开了2017年怀柔区商务行业服务保障工作动员大会，区反恐办相关领导出席会议，全区近90家重点商业零售企业、餐饮企业、涉粮企业负责人、安全生产负责人共计100余人参会。

（张　蕊）

【完成户存粮调查工作】5月23日，完成2017年度乡村居民户存粮专项调查工作。

（张　蕊）

【参加2017京交会】5月28日至6月1日，2017中国（北京）国际服务贸易交易会（简称京交会）在京顺利召开，怀柔区会展、科技、影视三大产业及部分老字号企业亮相京交会。

（张　蕊）

【亮相会议与奖励旅游产业交易会】6月8日至9日，怀柔区商务委携手北京雁栖湖国际会展中心等区内重点会展企业，以“怀柔会展组团”亮相2017年中国（杭州）会议与奖励旅游产业交易会。

（张　蕊）

【召开粮食培训会】6月14日，区商务委组织召开了怀柔区粮食行业“一规定两守则”及“粮食质量安全监管办法”培训会。区内各粮油企业主管安全生产领导、仓储主管领导、仓储保管员、化验员等60余人参加了培训。

（张　蕊）

【节能家电进农村】6月17日，组织区内企业开展了“节能家电进农村”主题售卖活动。

（张　蕊）

【启动“关爱老人一元理发”公益活动】6月20日，联合怀柔区美容美发行业协会，启动“关爱老人一元理发”公益活动。

（张　蕊）

【对口帮扶考察】6月23日，带领区内商贸企业负责人到丰宁县进行实地考察，丰宁县相关领导陪同考察。

（张　蕊）

【粮食质量安全宣传日】6月30日，联合源益盛粮油总公司、古船面粉厂怀柔分公司等单位开展“粮食质量安全宣传日”活动。

（张　蕊）

【中外会展项目合作洽谈会成功举办】7月4日至6日第七届“中外会展项目合作洽谈会”（EPFIC2017）在北京雁栖湖国际会展中心成功举办，标志着该洽谈会连续两年花落怀柔区。

（张　蕊）

【完成外商投资企业联合年报工作】7月18日，2016年度外商投资企业联合年报工作圆满顺利结束。怀柔区共有211家外资企业参加了联合年报，参报率达到了98%，年报通过率为100%。

（张　蕊）

【举办怀柔会议资源买家考察活动】7月18日，“怀柔会议资源买家考察活动”在怀柔区成功举办。驻京知名会议公司及协会学会等机构的会议组织者共40余人对区内会议会展资源和接待能力进行了深度考察和对接。

（张　蕊）

【开展综合执法检查】7月17日至26日，对辖区内美容美发、洗浴、家电维修、家庭服务、成品油、洗染等40多家服务性企业开展了综合执法检查。共出动执法人员

120 人次，发现不规范行为 19 处，隐患 8 处。

（张　蕊）

【参加第十二届北京国际商务及会奖旅游展览会】 8 月 23 日至 24 日，携区内北京雁栖湖国际会展中心、唐韵会议中心、益田影人花园酒店等优质会展企业亮相 2017 年第十二届北京国际商务及会奖旅游展览会（CIBTM）。

（张　蕊）

【举办“2017 品牌连锁商业企业怀柔行”活动】 9 月 8 日，市商务委员会联合怀柔区人民政府共同主办了“2017 品牌连锁商业企业怀柔行”活动。市商务委组织了超市、餐饮、生活服务业等 50 余家品牌连锁商业企业来怀参观考察，怀柔区商务委组织了 30 余家区内本土企业负责人进行了对接。市商务委领导闫立刚、孙尧出席了活动，怀柔区领导常卫、朱家亮、李志遂陪同。

（张　蕊）

【召开服务业扩大开放政策宣讲会】 10 月 12 日，召开了服务业扩大开放综合试点政策宣讲座谈会。北京市服务业扩大开放综合试点工作领导小组办公室、北京海关、怀柔科学城、雁栖湖示范区管委会、区文促中心等单位主要领导以及区内 50 家相关企业负责人参与了座谈。

（张　蕊）

【开展“农村电商精准帮扶”对接会】 11 月 15 日，借助市商务委资源优势，邀请京东、苏宁、中粮、顺丰和国安社区五家市级重点电商企业来怀开展“农村电商精准帮扶”对接会。

（张　蕊）

【第十届中国会议产业大会在怀柔开幕】 12 月 4 日至 6 日，主题为“会奖十年——成长与超越”的第十届中国会议产业大会在北京雁栖湖国际会展中心盛大开幕。这是大会连续第二年在怀柔区召开，逾 2000 名会奖精英齐聚雁栖湖。

（张　蕊）

名　录

单位名称：北京市怀柔区商务委员会
主　　任：张学君
地　　址：北京市怀柔区迎宾中路 21 号
邮　　编：101400
电　　话：69645258
传　　真：69647234

（张　蕊）

密云区

概　　况

密云区商务委（密云区粮食局）共有三方面工作职责：一是内贸领域负责商业、服务业规划布局、流通体系建设及行业管理；二是外贸领域负责吸引和利用外资、对外贸易和对外经济合作；三是负责粮食流通管理工作。现本委共有 12 个科室，分别为办公室、财务科、综合信息科、市场运行调控科、服务行业管理科、外资促进科、外资管理科、粮食贸易管理科、贸促会密云支会办公室、市场秩序管理服务中心、总部经济发展中心、商务综合执法大队，现有编制 69 名，其中行政编制 21 名，行政工勤编制 6 名，事业编制 42 名。

2017 年，密云区消费品市场规模进一步扩大，新兴业态和新商业模式快速发展，消费继续发挥经济增长主要驱动力的作用。全区实现社会消费品零售总额 139 亿元，同比增长 7.1%，商务工作实现高速发展。

（胡婷婷）

商贸管理

【消费市场持续平稳增长】2017 年，密云区实现社会消费品零售总额 139 亿元，同比增长 7.1%。在五个生态涵养区中，密云区总量仍居首位，增速与平谷区并列排在第 3 位，增速排位同比提升 1 个位次。从消费市场运行情况上看，计算机类消费和金银珠宝商业引领增长，吃类商品增长稳定，餐饮市场健康发展，新兴业态发展迅猛，传统零售业经营回暖，消费品市场延续平稳增长的态势。

（胡婷婷）

【疏解整治“山林丰”废品回收市场】北京市全面开展“疏解整治促提升”专项行动工作以来，密云区立足区域实际，以专项行动为契机，针对全区废品回收网点普遍存在经营秩序混乱，经营环境脏、乱、差，消防和公共安全隐患突出等问题，将再生资源回收市场清理整顿工作纳入市级“清理整顿区域性市场”专项任务，以区属“山林丰”废品回收市场为突破，综合施策、攻坚克难，全面开展再生资源回收市场整治工作。历时两个月，“山林丰”市场内 84 个经营商户全部退出，共清理废品物资约 4 万余吨，搬迁、拆卸大中型设备近百台，拆除地上建筑物 1 万余平方米，平整土地 6 万余平方米，疏解人口近千人，顺利完成“清理整顿区域性市场”市级台账任务。此外，全区共排查 276 家个体经营废品回收站点，于 10 月底全部关停取缔并清理完毕。

（胡婷婷）

【开展商务行业泡沫彩钢板专项整治工作】自 2017 年 3 月开始，开展泡沫彩钢板建筑专项整治工作。此次专项整治工作中，进行入户宣传 103 家次，联合消防支队、属地政府等部门开展联合执法 6 次，重点排查全区由商务委依法监管的人员密集场所、废品回收行业、早餐工程零售亭、便民蔬菜配送中心、粮食收储企业等经营单位，共排查出有关经营单位使用泡沫彩钢板共计 37611.49 平方米，拆除 9856.61 平方米，查封27754.88平方米。

（胡婷婷）

【部门联动合理拆除违规早餐亭】6月14日至15日，由区商务委联合果园街道、鼓楼街道在区公安、城管、司法（公证）、供电公司等部门的积极配合下，共出动执法人员60余人次车辆30多车次，对城区的13座早餐亭进行了彻底拆除，拆除面积406平方米，解决了早餐亭占用城市公共空间和存在的食品安全隐患问题，腾退出的空间将交由市政和园林部门进行硬化和绿化。针对部分缺少早餐网点的社区，商务委、食药局积极鼓励连锁化、品牌化的座店餐饮经营企业增设早餐服务，便利周边社区居民。

（胡婷婷）

【生活性服务业品质得到进一步提升】2017年，围绕建设绿色国际休闲之都的发展定位，进一步优化产业结构，培育生活性服务业载体，生活性服务业品质得到了提升，社区商业便民服务水平得到了优化。全年共新建和规范提升各类商业便民网点110家，其中蔬菜零售网点50家，便利店（超市）10家，早餐店25家，美容美发店14家，洗染店5家，家政公司5家，末端配送1家，基本便民服务在社区覆盖率达到70%，连锁化率提升3个百分点。

（胡婷婷）

【新城蔬菜零售网络建设基本实现全覆盖】2017年，新增蔬菜零售网点70家。密云新城49个社区及周边地区布局发展蔬菜零售网点319家，实现居民出家门5分钟范围内便民菜店100%全覆盖。

（胡婷婷）

【创建生态原产地示范区工作正式启动】2017年，正式启动密云区创建生态原产地示范区工作。出台了工作方案，明确了各部门职责分工。以打造密云特色农产品，提升农副产品附加值，切实为农民增收为目标，力争在1～2年内完成示范区创建工作。2017年，一批优质农产品申报生态原产地保护产品认证，为创建工作打下良好基础。其中，北京奥金达蜂产品专业合作社生产的密云“花彤”牌荆花蜂蜜率先顺利通过了国家质监总局的验收，成为京津冀地区首个生态原产地保护认证产品。

（胡婷婷）

【商务行业清洁能源改造工作顺利完成】2017年，对溪翁庄镇鱼街41台燃煤锅炉进行了改造。鼓励引导餐饮企业更换高效能油烟净化装置，并对空气质量监测子站周边1公里餐饮企业排查，建立数据库。完成12家早餐规范店建设。对密云区所有加油站进行了检查，全部符合京VI标准汽油。

（胡婷婷）

【出台商业保理相关政策】2017年，出台了《北京市密云区人民政府关于印发〈设立商业保理公司试行办法〉的通知》和《北京市密云区人民政府关于印发〈设立商业保理试点监管暂行办法〉的通知》。两个办法的出台，标志着密云区鼓励开展商业保理这种现代服务业新兴业态，为经济发展注入新的活力。

（胡婷婷）

【商务行业安全无事故】2017年，区商务委继续认真做好行业安全监管工作，加大行业安全生产检查力度，要求各单位将安全生产责任逐级落实到部门、到岗位、到人头，形成良好的安全管理体系，以“最高标准、最强组织、最实举措、最佳状态”迎接国务院和市委、市政府安全生产监督检查，圆满完成区长粮食安全责任制相关工作。成功应对各种突发事件。2017年，全行业安全生产无事故。

（胡婷婷）

对外经济

【外贸进出口情况】2017年，全区完成进出口总额57亿元，其中出口额22亿元，超额完成全年指标任务。

（胡婷婷）

【外商投资企业设立及变更由审批改为备案】根据商务部2017年7月30日印发《外商投资企业设立及变更备案管理暂行办法》的规定和市商务委的统一部署，密云区外商投资企业的设立管理，由原采用行政许可审批管理方式，改为备案管理方式；外商投资企业营业执照发放前的前置审批条件取消，改为领取营业执照后进行商务委备案。全市统一了备案标准和时限。统一采取网上申报备案，备案事项办理时限缩短为3个工作日。

（胡婷婷）

【利用外资情况】2017年，共新设立外商投资企业13家，其中，合资企业5家，独资企业8家（并购企业审批1家，并购备案2家），项目投资总额26067万美元，注册资本26067万美元，协议外资23037万美元。投资领域涉及融资租赁、房地产开发、商业批发、信息咨询、生产加工等行业，其中房地产开发、融资租赁业、商业批发为投资热点，主要拉动了密云区实际利用外资的额度。外商投资来源依然是以香港为主，欧洲和北美洲为辅。

（胡婷婷）

蔬菜零售网络建设

【新城蔬菜零售网络初步形成】按照《2016—2018年密云区新城蔬菜零售网络建设实施方案》安排，2017年，蔬菜零售网络建设取得了新的进展。通过政府引导、市场化运作，大星发、东方家家和檀州农业3家区内蔬菜零售连锁龙头企业，以直营、联营和加盟等方式，加快社区便民蔬菜网点布局、建设。新城49个社区及周边地区发展蔬菜零售网点319家，其中，鼓楼地区65家、果园地区45家、檀营地区5家，新城周边204家。

（胡婷婷）

【规范蔬菜零售网络发展】通过政府扶持和规范管理，各蔬菜连锁企业建设统一配送平台，整合分散的社会化中小蔬菜零售网点，实行统一管理、统一采购、统一配送、统一标准、统一品牌的经营模式，蔬菜零售网络连锁化、便利化、规范化、现代化水平不断提升，蔬菜进货渠道更趋规范，品种更加丰富，菜品品质更有保证，价格更加合理，

（胡婷婷）

【提升城市精细化管理水平】区委区政府将“五分钟便民蔬菜零售网络”建设作为提升城市精细化管理水平的重要抓手，作为地方党委政府实现便民、利民、惠民承诺的重要窗口。在推进蔬菜零售网络建设中，以人民群众为中心，发挥政府引导作用，因地制宜布局，规范运行管理，在更好满足居民生活需求的同时，提高了城市发展质量，使政府的有形之手、市场的无形之手、市民的勤劳之手同向发力，实现了城市共治共管、共建共享。

（胡婷婷）

名　录

单位名称：北京市密云区商务委员会
主　　任：郑小君
地　　址：北京市密云区檀西路21号
邮　　编：101500
电　　话：89089310
传　　真：89089320

（胡婷婷）

延庆区

概　　况

2017年，延庆区商务工作在区委、区政府的正确领导下，在市商务委的指导帮助下，主动适应经济发展新常态，牢牢把握生态涵养区功能定位，积极落实市、区各项工作部署，稳增长有新亮点，促发展有新突破，惠民生有新举措，较好地完成了全年各项任务。

（律　琳）

商业流通

【内贸市场运行平稳】2017年，延庆区社会消费品零售总额完成94.2亿元，同比增长7.5%；重点监测的13家商业企业销售额达18.3亿元，同比增长2.9%；8家重点餐饮企业销售额完成8468.4万元。

（律　琳）

【生活性服务业品质规范提升】制发《延庆区生活性服务业品质提升资金管理暂行办法》；完成60个便民服务网点提升；引入6家京精果蔬社区店、义利等连锁企业；构建利嘉生活服务圈线上服务平台和京东延庆特色商品销售线上平台；支持主食加工配送企业发展；疏解南菜园建材市场；制定改造特色餐饮街区工作方案、提升奖励方案。

（律　琳）

【延庆区生活必需品三级供应体系建设】与北京首农食品经营有限公司签订"建立延庆区域'一个配送中心＋两个配送节点＋若干社区直营店'生活必需品三级供应体系"战略合作框架协议，重点推进配送中心项目的建设。

（律　琳）

【再生资源回收站点清理工作】2017年，清理台账内再生资源回收站点100家，规范整治20家；另清理台账外无照商户156家和有照商户9家。

（律　琳）

【粮食行业管理情况】与南口面粉厂签订应急加工协议，与妫川保成公司签订区储备粮承储合同。2017年，共计收购玉米7.3万吨，轮换区储备小麦3000吨，批准转储玉米2.7万吨。

（律　琳）

【展会组织筹办工作情况】完成2017年（第四届）中国葡萄酒大会、2017北京延庆汽车文化节、第二届京张优质农产品推介会等各大展会的组织筹办工作。

（律　琳）

【商务执法检查工作情况】2017年，出动执法检查人员1365人次，检查行业内各类经营单位414家次，做出行政处罚决定96起，立销案程序6起，罚款15000元。开展联合执法行动28次。

（律　琳）

【商业经营环境改善情况】落实"创城""创卫"标准，通过改造维护商业设施设备，开展交通秩序、环境卫生等整治工作，营造商业文明氛围。

（律　琳）

对外经贸

【对外经贸情况】2017年，延庆区外贸进出口总额完成1.1亿美元，实际利用外资509万美元，合同外资4291万美元。

（律　琳）

【外贸备案服务情况】2017年，办理外资企业备案27件，督办企业37家，检查企业3家；办理加工贸易企业经营状况及生产能力证明1件，对外贸易经营者备案登记58件。

（律　琳）

【服务业扩大开放综合试点工作全面启动】编制《北京市延庆区关于落实深化服务业扩大开放综合试点工作的实施方案》，在围绕市级措施的基础上，以服务保障世园会、冬奥会，接轨旅游国际化，设立重大项目协调机制为发展侧重，以康庄世园风情小镇、张山营冬奥冰雪小镇为培育重点，以公共保税库、中关村现代园艺产业创新中心为突破对象。

（律　琳）

名　录

单位名称：北京市延庆区商务委员会
主　　任：贺　利
通讯地址：北京市延庆区新城街2号
邮政编码：102100
电　　话：69101551
传　　真：69144243

（律　琳）

第六部分

统　计　资　料

一、商业流通

1-1　社会消费品零售额

项　目	2016 年（亿元）	2017 年（亿元）	同比增长（%）
社会消费品零售总额	11 003.27	11 575.44	5.2
其中：限上批零业网上零售额	2 138.36	2 371.44	10.9
按商品用途分	0.00	0.00	
吃类商品	2 357.28	2 489.29	5.6
穿类商品	744.96	774.02	3.9
用类商品	7 398.65	7 790.77	5.3
烧类商品	503.74	521.37	3.5
按行业分	0.00	0.00	
批发业	1 426.24	1 511.82	6
零售业	8 621.03	9 034.84	4.8
住宿业	167.20	173.89	4
餐饮业	787.92	854.89	8.5
按地区分	0.00	0.00	
城镇	10 730.45	11 266.97	5
乡村	270.59	308.47	14
按消费形态分	0.00	0.00	
餐饮收入	955.23	1 028.78	7.7
商品零售	10 054.01	10 546.66	4.9

数据来源：北京市统计局

（郭　超）

1-2　社会消费品零售额（按功能区分组）

项　目	2017 年（亿元）	2016 年（亿元）	同比增长（%）
全　市	11 575.4	11 005.1	5.2
首都功能核心区	2 112.8	2 015.4	4.8
东城区	1 098.9	1 046.6	5
西城区	1 013.9	968.8	4.7
城市功能拓展区	6 510.5	6 230.5	4.5
朝阳区	2 762.3	2 654.5	4.1
丰台区	1 135.2	1 075.3	5.6

（续）

项　目	2016年（亿元）	2015年（亿元）	同比增长（%）
石景山区	303.4	287.5	5.6
海淀区	2 309.6	2 213.2	4.4
城市发展新区	2 426.1	2 268.5	6.9
房山区	267.4	248.5	7.6
通州区	419.1	388.1	8
顺义区	474.2	443	7.1
昌平区	452.1	422.7	7
大兴区及北京经济技术开发区	813.2	766.1	6.1
大兴区	413.7	386.4	7.1
北京经济技术开发区	399.5	379.7	5.2
生态涵养发展区	526.1	490.7	7.2
门头沟区	65.9	61.7	6.8
怀柔区	119.8	111.5	7.5
平谷区	107.3	100.2	7.1
密云区	139	129.8	7.1
延庆区	94.2	87.6	7.5

数据来源：北京市统计局

（郭　超）

1-3　社会消费品零售额进度表

2017年	社会消费品零售额（亿元）	同比增长（%）
1-2月	1 683.5	4.1
1-3月	2 583.7	6.1
1-4月	3 429.0	5.3
1-5月	4 283.6	5.1
1-6月	5 257.0	5.6
1-7月	6 205.9	5.6
1-8月	7 152.5	5.4
1-9月	8 174.9	5.4
1-10月	9 253.4	5.1
1-11月	10 473.8	5.7
1-12月	11 575.4	5.2

数据来源：北京市统计局

（郭　超）

1－4　批发和零售业商品购进、销售、库存总额

项　　目	2017年（万元）	同比增长（%）
一、商品购进额	625 040 899	10.6
1. 市内购进	150 983 134	－0.8
2. 市外购进	382 398 219	13.9
3. 进口	91 659 546	19
二、商品销售额	682 258 779	10.5
1. 批发额	576 792 162	11.6
（1）市内批发	159 966 074	－1.1
（2）市外批发	393 214 081	17.7
（3）出口	23 612 007	12.3
2. 零售额	105 466 617	4.9
三、期末库存额	58 068 341	6.9

数据来源：北京市统计局

（郭　超）

二、对外贸易

2-1 海关进出口商品类别及构成

2-1-1 北京地区海关出口商品类别及构成

金额单位：万美元

类别	2017年		2016年		增（减）%
	金额	比重（%）	金额	比重（%）	
总值	**5 850 305**	**100.0**	**5 142 337**	**100.0**	—
初级产品	1 722 204	29.4	1 292 433	25.1	4.3
工业制成品	4 128 101	70.6	3 849 903	74.9	−4.3
机电产品	2 841 008	48.6	2 727 916	53.0	−4.5
高新技术产品	1 128 360	19.3	1 131 391	22.0	−2.7

注：数据摘自北京海关统计月报

（汪云云）

2-1-2 北京地区海关进口商品类别及构成

金额单位：万美元

类别	2017年		2016年		增（减）%
	金额	比重（%）	金额	比重（%）	
总值	**26 521 753**	**100.0**	**22 995 260**	**100.0**	**—**
初级产品	15 452 705	58.3	11 393 066	49.5	8.7
工业制成品	11 068 606	41.7	11 602 195	50.5	−8.7
机电产品	6 594 045	24.9	6 544 456	28.5	−3.6
高新技术产品	2 649 248	10.0	2 544 518	11.1	−1.1

注：数据摘自北京海关统计月报

（汪云云）

2-2 海关进出口商品分类金额

2-2-1 海关出口商品分类金额

金额单位：万美元

商品名称	2017年	2016年	同比（±%）
合计	**5 850 305**	**5 183 744**	**12.5**
第1章 活动物	1 707	1 682	1.5
第2章 肉及食用杂碎	18	23	−21.1
第3章 鱼及其他水生无脊椎动物	200	91	119.3

（续）

商品名称	2017年	2016年	同比（±%）
第4章 乳；蛋；蜂蜜；其他食用动物产品	1 053	910	15.7
第5章 其他动物产品	4 213	3 001	40.4
第6章 活植物；茎、根；插花、簇叶	547	222	146.5
第7章 食用蔬菜、根及块茎	3 634	5 491	−33.8
第8章 食用水果及坚果；甜瓜等水果的果皮	680	584	16.3
第9章 咖啡、茶、马黛茶及调味香料	2 681	1 557	72.2
第10章 谷物	47 638	19 211	116.6
第11章 制粉工业产品；麦芽；淀粉等；面筋	259	415	−37.6
第12章 油籽；子仁；工业或药用植物；饲料	10 938	11 800	−7.3
第13章 虫胶；树胶、树脂及其他植物液、汁	4 828	5 273	−8.4
第14章 编结用植物材料；其他植物产品	67	230	−71.0
第15章 动、植物油、脂、蜡；精制食用油脂	1 706	584	189.5
第16章 肉、鱼及其他水生无脊椎动物的制品	6 287	5 183	21.3
第17章 糖及糖食	249	428	−41.9
第18章 可可及可可制品	6 382	5 713	11.7
第19章 谷物粉、淀粉等或乳的制品；糕饼	5 901	5 235	12.7
第20章 蔬菜、水果等或植物其他部分的制品	18 619	18 155	2.6
第21章 杂项食品	2 626	2 513	4.5
第22章 饮料、酒及醋	2 992	3 009	−0.6
第23章 食品工业的残渣及废料；配制的饲料	1 343	1 036	29.7
第24章 烟草、烟草及烟草代用品的制品	23	0	0.0
第25章 盐；硫磺；土及石料；石灰及水泥等	12 605	15 346	−17.9
第26章 矿砂、矿渣及矿灰	862	1 024	−15.8
第27章 矿物燃料、矿物油及其产品；沥青等	1 579 669	1 179 691	31.7
第28章 无机化学品；贵金属等的化合物	57 251	41 238	38.8
第29章 有机化学品	112 960	96 615	16.9
第30章 药品	28 496	24 902	14.5
第31章 肥料	46 268	61 260	−24.5
第32章 鞣料；着色料；涂料；油灰；墨水等	7 876	6 395	23.7
第33章 精油及香膏；芳香料制品化妆盥洗品	3 827	3 935	−2.8
第34章 洗涤剂、润滑剂、人造蜡、塑型膏等	6 663	4 864	37.0
第35章 蛋白类物质；改性淀粉；胶；酶	3 973	3 437	15.5

（续）

商品名称	2017年	2016年	同比（±%）
第36章　炸药；烟火；引火品；易燃材料制品	3 648	3 833	－4.8
第37章　照相及电影用品	1 265	1 553	－18.6
第38章　杂项化学产品	42 437	41 716	1.7
第39章　塑料及其制品	79 453	62 915	26.2
第40章　橡胶及其制品	26 232	26 413	－0.7
第41章　生皮（毛皮除外）及皮革	132	100	32.3
第42章　皮革制品；旅行箱包；动物肠线制品	20 704	11 891	74.1
第43章　毛皮、人造毛皮及其制品	1 584	1 054	50.3
第44章　木及木制品；木炭	10 453	11 675	－10.5
第45章　软木及软木制品	4	3	41.2
第46章　编结材料制品；篮筐及柳条编结品	2 400	2 520	－4.8
第47章　木浆等纤维状纤维素浆；废纸及纸板	715	689	3.8
第48章　纸及纸板；纸浆、纸或纸板制品	12 968	11 628	11.5
第49章　印刷品；手稿、打字稿及设计图纸	6 740	9 244	－27.0
第50章　蚕丝	765	1 166	－34.0
第51章　羊毛等动物毛；马毛纱线及其机织物	5 338	3 850	38.6
第52章　棉花	7 775	5 331	45.8
第53章　其他植物纤维；纸纱线及其机织物	327	368	－11.1
第54章　化学纤维长丝	9 800	6 708	45.7
第55章　化学纤维短纤	8 644	7 002	23.4
第56章　絮胎、毡呢及无纺织物；线绳制品等	11 252	8 955	25.6
第57章　地毯及纺织材料的其他铺地制品	9 210	9 860	－6.6
第58章　特种机织物；簇绒织物；刺绣品等	2 122	1 293	63.4
第59章　浸渍、涂布、包覆或层压的纺织物；工业用纺织制品	4 761	3 875	22.4
第60章　针织物及钩编织物	4 511	1 513	198.2
第61章　针织或钩编的服装及衣着附件	76 072	87 527	－13.1
第62章　非针织或非钩编的服装及衣着附件	95 971	81 589	17.6
第63章　其他纺织制品；成套物品；旧纺织品	27 629	14 749	87.3
第64章　鞋靴、护腿和类似品及其零件	29 350	26 267	11.7
第65章　帽类及其零件	9 327	6 206	50.3
第66章　伞、手杖、鞭子、马鞭及其零件	1 533	603	154.3
第67章　加工羽毛及制品；人造花；人发制品	5 423	4 939	9.8

（续）

商品名称	2017年	2016年	同比（±%）
第68章　矿物材料的制品	29 679	16 576	79.0
第69章　陶瓷产品	36 653	24 584	49.0
第70章　玻璃及其制品	26 798	22 797	17.5
第71章　珠宝、贵金属及制品；仿首饰；硬币	7 535	9 157	－17.7
第72章　钢铁	178 992	191 769	－6.7
第73章　钢铁制品	270 942	245 097	10.5
第74章　铜及其制品	5 954	5 367	10.8
第75章　镍及其制品	866	605	43.2
第76章　铝及其制品	51 173	59 103	－13.4
第78章　铅及其制品	101	196	－48.5
第79章　锌及其制品	278	433	－35.7
第80章　锡及其制品	156	59	164.7
第81章　其他贱金属、金属陶瓷及其制品	9 749	4 248	129.5
第82章　贱金属器具、利口器、餐具及零件	15 351	11 335	35.4
第83章　贱金属杂项制品	18 010	14 116	27.6
第84章　核反应堆、锅炉、机械器具及零件	705 557	699 756	0.8
第85章　电机、电气、音像设备及其零附件	1 030 710	1 011 701	1.8
第86章　铁道车辆；轨道装置；信号设备	97 999	68 919	41.4
第87章　车辆及其零附件，但铁道车辆除外	231 104	262 538	－11.8
第88章　航空器、航天器及其零件	55 307	84 178	－34.3
第89章　船舶及浮动结构体	133 400	86 876	53.6
第90章　光学、照相、医疗等设备及零附件	254 293	227 703	11.7
第91章　钟表及其零件	2 575	2 252	14.3
第92章　乐器及其零件、附件	5 751	5 385	6.8
第93章　武器、弹药及其零件、附件	306	480	－36.1
第94章　家具；寝具等；灯具；活动房	70 411	51 977	35.5
第95章　玩具、游戏或运动用品及其零附件	26 569	20 950	26.8
第96章　杂项制品	17 013	12 315	38.1
第97章　艺术品、收藏品及古物	1 352	7 045	－80.8
第98章　特殊交易品及未分类商品	62 135	48 139	43.3

注：摘自北京海关统计月报

（汪云云）

2-2-2 海关进口商品分类金额

金额单位：万美元

商品名称	2017 年	2016 年	同比（±%）
合　计	**26 521 616**	**23 016 195**	**15.1**
第 1 章　活动物	23 793	25 621	−7.1
第 2 章　肉及食用杂碎	72 836	87 674	−16.9
第 3 章　鱼及其他水生无脊椎动物	73 074	49 510	47.5
第 4 章　乳；蛋；蜂蜜；其他食用动物产品	56 998	41 856	36.2
第 5 章　其他动物产品	2 940	3 020	−2.6
第 6 章　活植物；茎、根；插花、簇叶	2 548	2 254	13.0
第 7 章　食用蔬菜、根及块茎	5 931	5 893	0.7
第 8 章　食用水果及坚果；甜瓜等水果的果皮	14 347	8 827	62.6
第 9 章　咖啡、茶、马黛茶及调味香料	3 814	2 362	61.5
第 10 章　谷物	117 592	123 115	−4.5
第 11 章　制粉工业产品；麦芽；淀粉等；面筋	6 525	3 602	81.1
第 12 章　油籽；子仁；工业或药用植物；饲料	597 171	501 193	19.2
第 13 章　虫胶；树胶、树脂及其他植物液、汁	2 760	2 699	2.3
第 14 章　编结用植物材料；其他植物产品	1 362	1 535	−11.3
第 15 章　动、植物油、脂、蜡；精制食用油脂	111 759	112 016	−0.2
第 16 章　肉、鱼及其他水生无脊椎动物的制品	791	523	51.3
第 17 章　糖及糖食	43 336	43 993	−1.5
第 18 章　可可及可可制品	11 393	12 556	−9.3
第 19 章　谷物粉、淀粉等或乳的制品；糕饼	10 504	15 101	−30.4
第 20 章　蔬菜、水果等或植物其他部分的制品	10 441	9 151	14.1
第 21 章　杂项食品	12 527	11 044	14.0
第 22 章　饮料、酒及醋	43 723	67 500	−35.3
第 23 章　食品工业的残渣及废料；配制的饲料	55 090	44 818	22.9
第 24 章　烟草、烟草及烟草代用品的制品	150 873	138 234	9.1
第 25 章　盐；硫磺；土及石料；石灰及水泥等	44 652	29 519	51.3
第 26 章　矿砂、矿渣及矿灰	1 243 357	877 710	41.3
第 27 章　矿物燃料、矿物油及其产品；沥青等	12 385 601	8 950 694	38.3
第 28 章　无机化学品；贵金属等的化合物	198 266	231 214	−14.3
第 29 章　有机化学品	213 117	192 534	10.6
第 30 章　药品	582 876	475 040	22.7
第 31 章　肥料	171 535	149 129	15.4
第 32 章　鞣料；着色料；涂料；油灰；墨水等	17 075	15 549	9.8

（续）

商品名称	2017年	2016年	同比（±%）
第33章　精油及香膏；芳香料制品化妆盥洗品	66 159	57 550	15.0
第34章　洗涤剂、润滑剂、人造蜡、塑型膏等	14 018	11 605	20.8
第35章　蛋白类物质；改性淀粉；胶；酶	16 231	14 903	8.9
第36章　炸药；烟火；引火品；易燃材料制品	134	718	−81.4
第37章　照相及电影用品	11 414	11 034	3.4
第38章　杂项化学产品	150 333	141 953	5.8
第39章　塑料及其制品	211 405	199 871	5.8
第40章　橡胶及其制品	60 653	52 714	15.1
第41章　生皮（毛皮除外）及皮革	2 988	1 974	50.8
第42章　皮革制品；旅行箱包；动物肠线制品	18 659	14 464	29.0
第43章　毛皮、人造毛皮及其制品	29 037	28 534	1.8
第44章　木及木制品；木炭	140 705	97 038	45.0
第45章　软木及软木制品	557	344	62.2
第46章　编结材料制品；篮筐及柳条编结品	13	8	77.1
第47章　木浆等纤维状纤维素浆；废纸及纸板	67 616	55 569	21.7
第48章　纸及纸板；纸浆、纸或纸板制品	32 237	29 403	9.6
第49章　印刷品；手稿、打字稿及设计图纸	59 335	44 577	33.1
第50章　蚕丝	206	211	−2.3
第51章　羊毛等动物毛；马毛纱线及其机织物	39 553	31 607	25.1
第52章　棉花	66 368	49 971	32.8
第53章　其他植物纤维；纸纱线及其机织物	11 793	11 133	5.9
第54章　化学纤维长丝	6 526	4 842	35.5
第55章　化学纤维短纤	19 657	5 839	236.6
第56章　絮胎、毡呢及无纺织物；线绳制品等	6 621	5 927	11.3
第57章　地毯及纺织材料的其他铺地制品	1 195	1 124	6.4
第58章　特种机织物；簇绒织物；刺绣品等	755	973	−22.4
第59章　浸渍、涂布、包覆或层压的纺织物；工业用纺织制品	4 468	4 089	9.3
第60章　针织物及钩编织物	676	856	−20.9
第61章　针织或钩编的服装及衣着附件	12 739	11 770	8.2
第62章　非针织或非钩编的服装及衣着附件	21 769	21 080	3.3
第63章　其他纺织制品；成套物品；旧纺织品	3 073	2 321	32.4
第64章　鞋靴、护腿和类似品及其零件	15 073	14 181	6.3
第65章　帽类及其零件	679	607	12.0
第66章　伞、手杖、鞭子、马鞭及其零件	181	153	18.9

（续）

商品名称	2017 年	2016 年	同比（±%）
第 67 章　加工羽毛及制品；人造花；人发制品	168	114	46.8
第 68 章　矿物材料的制品	6 951	7 665	−9.3
第 69 章　陶瓷产品	8 722	6 485	34.5
第 70 章　玻璃及其制品	33 971	30 801	10.3
第 71 章　珠宝、贵金属及制品；仿首饰；硬币	1 855 313	2 705 847	−31.4
第 72 章　钢铁	57 399	45 510	26.1
第 73 章　钢铁制品	77 902	100 496	−22.5
第 74 章　铜及其制品	407 038	299 095	36.1
第 75 章　镍及其制品	30 378	67 429	−55.0
第 76 章　铝及其制品	23 329	20 590	13.3
第 78 章　铅及其制品	140	158	−11.6
第 79 章　锌及其制品	22 508	2 975	656.5
第 80 章　锡及其制品	2 233	9 559	−76.6
第 81 章　其他贱金属、金属陶瓷及其制品	5 903	10 072	−41.4
第 82 章　贱金属器具、利口器、餐具及零件	14 361	15 959	−10.0
第 83 章　贱金属杂项制品	21 788	21 517	1.1
第 84 章　核反应堆、锅炉、机械器具及零件	1 281 939	1 200 486	6.7
第 85 章　电机、电气、音像设备及其零附件	1 172 114	1 247 609	−6.5
第 86 章　铁道车辆；轨道装置；信号设备	13 903	20 091	−30.5
第 87 章　车辆及其零附件，但铁道车辆除外	2 795 021	2 778 199	0.6
第 88 章　航空器、航天器及其零件	181 880	186 249	−2.5
第 89 章　船舶及浮动结构体	39 535	27 697	42.7
第 90 章　光学、照相、医疗等设备及零附件	976 725	940 272	3.8
第 91 章　钟表及其零件	6 854	5 123	33.8
第 92 章　乐器及其零件、附件	2 406	2 292	5.0
第 93 章　武器、弹药及其零件、附件	518	1 214	−57.3
第 94 章　家具；寝具等；灯具；活动房	44 527	36 660	21.5
第 95 章　玩具、游戏或运动用品及其零附件	16 732	13 407	24.7
第 96 章　杂项制品	4 222	4 266	−1.1
第 97 章　艺术品、收藏品及古物	2 538	5 049	−49.7
第 98 章　特殊交易品及未分类商品	33 164	38 882	−14.6

注：摘自北京海关统计月报

（汪云云）

2-3　按洲别（地区）分海关进出口贸易额

2-3-1　北京出口到各洲情况一览表

金额单位：万美元

洲　　别	出口	同比（±%）	占总出口比重（%）
亚洲	3 572 399	20.0	61.1
非洲	519 764	14.9	8.9
欧洲	692 420	−3.5	11.8
拉丁美洲	387 229	11.8	6.6
北美洲	530 229	−1.6	9.1
大洋洲	148 253	−12.7	2.5

注：摘自北京海关统计月报

（汪云云）

2-3-2　北京从各洲进口情况一览表

金额单位：万美元

洲　　别	进口	同比（±%）	占总进口比重（%）
亚洲	10 678 219	13.3	40.3
非洲	2 558 180	26.6	9.6
欧洲	6 155 171	2.9	23.2
拉丁美洲	2 276 045	38.2	8.6
北美洲	2 959 996	12.8	11.2
大洋洲	1 893 926	41.8	7.1

注：摘自北京海关统计月报

（汪云云）

2-4　按国别（地区）分海关进出口贸易额

金额单位：万美元

国别（地区）	进出口	出口	进口
合　　计	**32 372 057**	**5 850 304**	**26 521 753**
美国	3 154 764	474 089	2 680 675
德国	2 136 377	93 702	2 042 675
澳大利亚	1 803 264	110 457	1 692 807
日本	1 533 573	335 209	1 198 364
沙特阿拉伯	1 414 011	26 384	1 387 627
安哥拉	1 380 469	30 645	1 349 824
俄罗斯联邦	1 274 824	122 006	1 152 818
伊拉克	1 244 025	14 753	1 229 272

（续）

国别（地区）	进出口	出口	进口
伊朗	1 086 413	166 314	920 099
巴西	1 054 223	42 718	1 011 505
瑞士	1 029 901	10 191	1 019 710
韩国	972 596	363 872	608 723
新加坡	867 526	483 937	383 589
阿曼	858 080	4 498	853 582
科威特	679 308	5 411	673 897
土库曼斯坦	657 055	3 944	653 111
英国	569 005	75 750	493 255
香港	513 907	482 958	30 949
委内瑞拉	427 058	49 413	377 645
印度尼西亚	412 644	111 199	301 445
越南	407 393	207 519	199 874
哈萨克斯坦	398 303	60 295	338 008
马来西亚	356 929	162 929	194 000
印度	337 544	126 469	211 076
加拿大	335 386	56 108	279 278
台湾省	311 087	107 322	203 765
阿联酋	304 686	59 223	245 463
南非	299 375	21 748	277 627
泰国	278 374	81 867	196 507
法国	271 275	53 848	217 427
哥伦比亚	245 259	12 384	232 875
意大利	244 030	44 281	199 749
菲律宾	221 810	169 172	52 638
巴基斯坦	210 866	180 994	29 871
阿根廷	202 753	41 963	160 790
中华人民共和国	201 193	0	201 193
秘鲁	197 424	20 967	176 457
卡塔尔	183 507	9 929	173 579
荷兰	181 278	46 454	134 824
墨西哥	180 179	70 248	109 932
加纳	158 722	17 329	141 394
刚果（布）	157 519	3 505	154 014
孟加拉国	147 543	135 956	11 587
乌兹别克斯坦	130 960	36 519	94 441

（续）

国别（地区）	进出口	出口	进口
巴布亚新几内亚	130 412	12 795	117 617
埃及	125 901	47 535	78 366
匈牙利	124 174	7 275	116 899
南苏丹共和国	110 535	2 560	107 974
西班牙	94 693	32 798	61 895
比利时	94 691	23 482	71 209
奥地利	93 258	4 356	88 903
以色列	89 033	25 603	63 430
阿尔及利亚	88 755	68 346	20 409
缅甸	87 720	45 494	42 226
瑞典	82 193	15 556	66 637
波兰	79 269	28 142	51 127
土耳其	76 495	38 989	37 506
新西兰	75 852	8 360	67 492
赤道几内亚	74 884	3 546	71 338
古巴	73 513	43 981	29 532
加蓬	71 483	1 224	70 259
乌克兰	67 658	18 055	49 604
厄瓜多尔	67 196	10 524	56 672
埃塞俄比亚	66 550	58 277	8 273
爱尔兰	64 954	2 096	62 858
津巴布韦	64 737	4 454	60 283
智利	63 851	21 064	42 787
尼日利亚	63 130	20 098	43 033
丹麦	59 902	15 795	44 107
芬兰	55 240	8 320	46 920
乌拉圭	53 886	4 122	49 764
利比亚	51 715	110	51 605
肯尼亚	47 112	46 503	608
蒙古	46 126	10 200	35 926
也门	45 187	937	44 250
挪威	45 076	6 150	38 926
保加利亚	45 066	2 099	42 967
白俄罗斯	43 847	20 337	23 510
捷克	43 386	6 614	36 772
老挝	35 852	22 235	13 617
巴拿马	33 020	32 327	693

（续）

国别（地区）	进出口	出口	进口
赞比亚	31 949	17 671	14 278
刚果（金）	29 744	14 744	15 000
利比里亚	29 456	28 793	663
柬埔寨	28 294	16 323	11 971
喀麦隆	25 218	8 714	16 505
罗马尼亚	23 531	3 145	20 387
澳门	22 345	21 582	763
科特迪瓦	21 894	17 920	3 974
斯里兰卡	20 562	19 051	1 511
苏丹	20 521	6 640	13 881
哥斯达黎加	19 746	2 856	16 891
多民族玻利维亚国	17 449	13 513	3 935
约旦	17 349	2 087	15 262
希腊	16 308	10 558	5 750
所罗门群岛	16 230	310	15 920
阿塞拜疆	15 881	1 521	14 360
葡萄牙	15 526	5 423	10 103
莫桑比克	14 778	10 677	4 101
乌干达	14 109	13 561	547
纳米比亚	13 184	1 759	11 425
斯洛伐克	13 030	4 997	8 033
斯洛文尼亚	12 814	2 490	10 325
朝鲜	11 877	10 476	1 402
马绍尔群岛	11 572	11 572	0
摩洛哥	11 378	6 398	4 980
文莱	11 151	962	10 189
塞内加尔	10 766	6 587	4 179
毛里塔尼亚	10 597	1 882	8 715
坦桑尼亚	10 249	6 643	3 607
吉布提	10 176	10 176	0
马耳他	7 537	7 075	462
卢森堡	7 219	5 934	1 285
贝宁	7 006	1 632	5 375
马达加斯加	6 879	2 156	4 723

（续）

国别（地区）	进出口	出口	进口
爱沙尼亚	6 877	1 965	4 911
几内亚	6 738	6 737	2
塞尔维亚	6 355	1 376	4 979
多哥	6 295	3 837	2 458
阿尔巴尼亚	5 229	619	4 610
乍得	5 218	5 218	0
塔吉克斯坦	5 050	1 282	3 769
尼泊尔联邦民主共和国	4 667	4 514	153
突尼斯	4 447	3 238	1 209
塞拉利昂	4 431	2 466	1 965
马里	4 175	3 741	434
多米尼加共和国	4 023	1 862	2 161
巴林	3 878	885	2 994
洪都拉斯	3 746	3 720	25
克罗地亚	3 671	2 836	835
塞浦路斯	3 653	3 088	566
巴拉圭	3 652	3 595	57
吉尔吉斯斯坦	3 590	3 587	3
尼日尔	3 208	1 922	1 286
巴哈马	2 782	2 780	3
黎巴嫩	2 663	2 651	13
萨尔瓦多	2 623	1 224	1 399
马拉维	2 582	165	2 417
马尔代夫	2 561	2 560	2
拉脱维亚	2 520	1 250	1 270
特立尼达和多巴哥	2 456	298	2 158
法罗群岛	2 308	1	2 307
危地马拉	2 008	1 941	67
立陶宛	1 964	1 233	731
布隆迪	1 947	1 947	0
黑山	1 779	1 740	38
圭亚那	1 771	1 766	5
几内亚比绍	1 692	1 692	0
斐济	1 529	1 516	14
卢旺达	1 393	1 393	0
格鲁吉亚	1 365	1 142	223

（续）

国别（地区）	进出口	出口	进口
毛里求斯	1 327	1 075	253
索马里	1 320	1 235	85
瓦努阿图	1 300	1 287	14
叙利亚	1 243	1 242	1
东帝汶	1 007	1 007	0
密克罗尼西亚联邦	913	913	0
摩尔多瓦	901	640	261
阿富汗	885	877	8
安提瓜和巴布达	682	682	0
尼加拉瓜	672	437	234
冰岛	670	182	488
海地	606	604	2
波多黎各	591	393	198
亚美尼亚	554	526	29
布基纳法索	552	357	194
冈比亚	539	437	102
牙买加	537	510	27
莱索托	512	370	142
波黑	506	69	437
列支敦士登	489	137	352
中非	483	219	265
巴巴多斯	465	457	9
厄立特里亚	464	462	1
博茨瓦纳	394	361	33
斯威士兰	386	13	374
苏里南	353	134	219
科摩罗	350	350	0
佛得角	318	318	0
前南马其顿	291	182	109
多米尼克	290	289	1
库克群岛	235	235	1
萨摩亚	233	208	25
国别（地区）不详	228	11	216
留尼汪	192	192	0
图瓦卢	168	168	0

（续）

国别（地区）	进出口	出口	进口
帕劳	158	158	0
伯利兹	118	118	0
基里巴斯	98	98	0
圣多美和普林西比	97	97	0
瓜德罗普	74	74	0
新喀里多尼亚	73	73	0
汤加	72	38	34
圣马力诺	65	6	60
直布罗陀	64	64	0
法属圭亚那	61	61	0
法属波利尼西亚	58	55	3
格陵兰	58	15	43
不丹	54	54	0
塞舌尔	52	52	0
开曼群岛	44	44	0
巴勒斯坦	39	39	0
库腊索岛	38	38	0
阿鲁巴	32	32	0
摩纳哥	31	1	30
圣文森特和格林纳丁斯	24	23	0
马约特	22	22	0
格林纳达	20	20	0
马提尼克	16	16	0
加那利群岛	15	15	0
荷属安的列斯群岛	13	13	0
北美洲其他国家（地区）	10	10	0
英属维尔京群岛	10	10	0
百慕大	8	7	0
安道尔	6	1	5
大洋洲其他国家（地区）	5	5	0
拉丁美洲其他国家（地区）	4	4	0
非洲其他国家（地区）	4	4	0
圣卢西亚	3	3	0
社会群岛	3	3	0
瑙鲁	2	2	0

（续）

国别（地区）	进出口	出口	进口
圣其茨和尼维斯	2	2	0
特克斯和凯科斯群岛	1	1	0
亚洲其他国家（地区）	1	1	0
欧洲其他国家（地区）	1	1	0
博内尔	1	1	0

注：摘自北京海关统计月报，按进出口额排序

（汪云云）

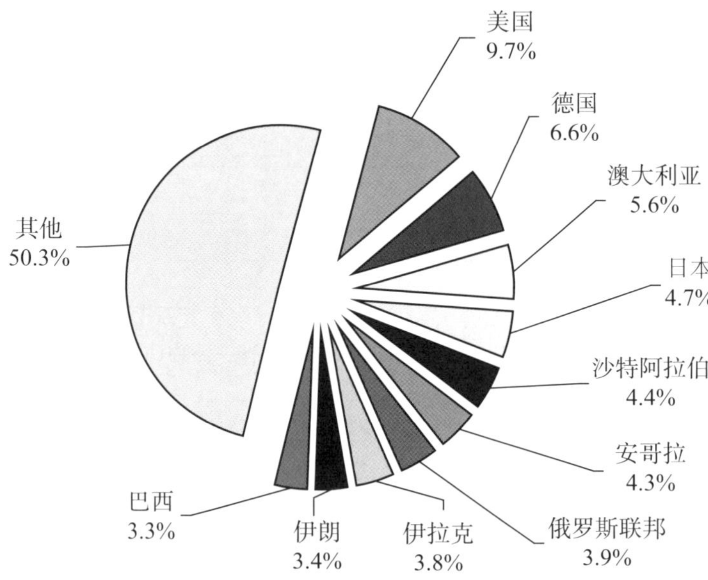

2017 年北京企业前十位贸易伙伴

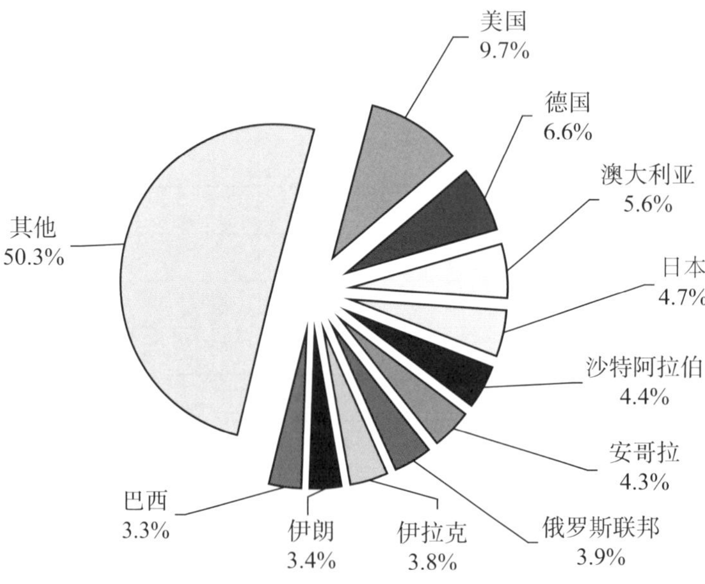

2017 年北京企业前十位出口市场

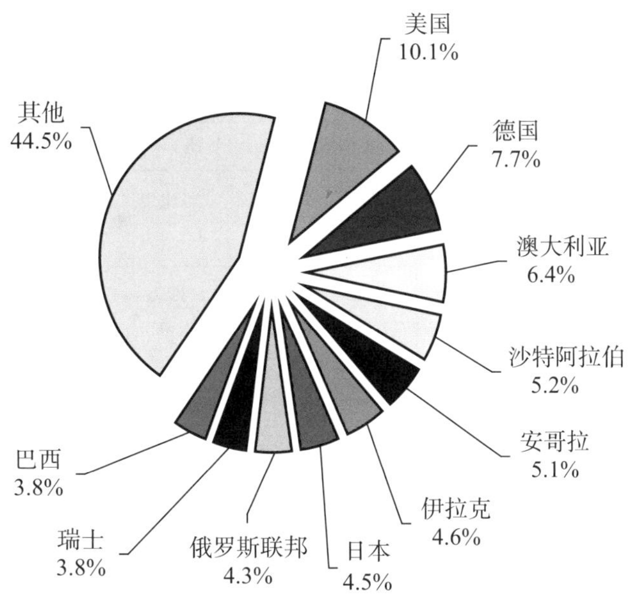

2017年北京企业前十位进口市场

（汪云云）

2-5　2017年海关进出口贸易额（分贸易方式）

金额单位：万美元

贸易方式	进出口	出口	进口
合　　计	**32 372 058**	**5 850 305**	**26 521 753**
一般贸易	26 421 530	3 493 472	22 928 058
加工贸易	3 212 982	1 229 833	1 983 149
来料加工	2 460 368	716 415	1 743 953
进料加工	752 614	513 418	239 196
海关特殊监管区域	1 723 280	284 582	1 438 698
保税监管场所进出境货物	1 209 627	251 648	957 980
海关特殊监管区域物流货物	512 390	32 935	479 455
对外承包工程出口货物	744 285	744 285	0
租赁贸易	14 543	644	13 899
免税品	78 921	0	78 921
国家间、国际组织无偿援助和赠送的物资	29 981	29 727	254
外商投资企业作为投资进口的设备、物品	12 041	0	12 041
出料加工贸易	3 261	1 912	1 349
其他捐赠物资	409	0	409
免税外汇商品	2 128	0	2 128
加工贸易进口设备	163	0	163
边境小额贸易	2	2	0
其他贸易	128 532	65 846	62 686

注：摘自北京海关统计月报

（汪云云）

2-6 2017年北京各区进出口情况表

金额单位：亿美元

序号	区（功能区）	进出口			出口			进口		
		总额	同比（%）	占比（%）	总额	同比（%）	占比（%）	总额	同比（%）	占比（%）
	总 计	3 237.2	14.6	100.0	585.0	12.5	100.0	2 652.2	15.1	100.0
1	朝阳区	1 446.7	22.7	44.7	141.2	−7.6	24.1	1 305.5	27.2	49.2
2	西城区	720.0	9.2	22.2	103.4	43.9	17.7	616.5	4.9	23.2
3	海淀区	311.8	10.1	9.6	107.1	24.1	18.3	204.7	4.0	7.7
4	大兴区	196.8	5.5	6.1	63.9	−1.4	10.9	132.9	9.2	5.0
	其中：北京经济技术开发区	173.7	8.4	5.4	55.4	6.4	9.5	118.2	9.4	4.5
5	顺义区	164.4	6.1	5.1	66.1	35.0	11.3	98.3	−7.3	3.7
	其中：北京天竺综合保税区	57.6	10.6	1.8	7.0	10.2	1.2	50.6	10.7	1.9
6	丰台区	153.0	23.4	4.7	36.8	26.4	6.3	116.2	22.6	4.4
7	东城区	149.4	8.5	4.6	29.7	16.0	5.1	119.6	6.8	4.5
8	昌平区	29.8	5.0	0.9	11.4	−11.4	1.9	18.5	18.6	0.7
9	通州区	23.4	−4.3	0.7	9.2	1.3	1.6	14.2	−7.6	0.5
10	怀柔区	8.8	−3.4	0.3	3.4	−17.0	0.6	5.3	7.9	0.2
11	密云区	8.5	−8.9	0.3	3.3	−26.2	0.6	5.2	7.2	0.2
12	房山区	7.3	7.6	0.2	2.6	−0.5	0.5	4.7	12.8	0.2
13	平谷区	6.7	−23.3	0.2	1.0	−10.9	0.2	5.7	−25.2	0.2
14	石景山区	5.9	−26.9	0.2	3.1	−26.7	0.5	2.9	−27.1	0.1
15	门头沟区	3.6	22.7	0.1	1.8	38.6	0.3	1.7	9.4	0.1
16	延庆区	1.1	10.8	0.04	0.9	16.0	0.2	0.2	−6.0	0.01
17	其他	0.02	−21.7	0.001	0.01	−22.1	0.002	0.01	−21.3	0.000 4

注：1. 各区外贸统计口径按企业实际注册地（税务登记地）统计；

2. 顺义区数值含北京天竺综合保税区；东城区和西城区均指各自合并后的新区；大兴区数值含北京经济技术开发区；其他中含归属地不清及海关数据调整因素；

3. 进出口额是出口额与进口额之和；排序以进出口额为准；

4. 同比是指本年与上年相比的增长（下降）率，即：（本年值－上年值）×100/上年值；

5. 占比是指各区值占总计值（全市值）的比重，用百分数表示。

（汪云云）

2-7 2017年北京进出口进度表

金额单位：亿美元

北京				
时间	当月进出口		累计进出口	
	金额	同比（%）	金额	同比（%）
1月	252.1	24.4	252.1	24.4
2月	218.0	26.8	470.1	25.5
3月	290.1	26.3	760.6	25.9
4月	240.4	10.1	1 001.6	21.8
5月	273.1	13.0	1 275.0	19.8
6月	282.6	16.2	1 556.6	19.1
7月	262.2	−1.9	1 818.7	15.5
8月	262.6	7.0	2 080.8	14.3
9月	273.3	7.5	2 354.5	13.5
10月	262.7	14.7	2 617.5	13.6
11月	299.6	25.9	2 917.7	14.8
12月	319.8	13.3	3 237.2	14.6

注：数据摘自北京海关统计月报

（汪云云）

2-8 全国各省市进出口贸易总额

（按经营单位所在地分）

金额单位：亿美元

地区	进出口额	出口额	进口额	同比（%）		
				进出口	出口	进口
总值	**41 044.7**	**22 634.9**	**18 409.8**	**11.4**	**7.9**	**15.9**
广东	10 064.9	6 227.8	3 837.0	5.4	4.0	7.6
江苏	5 911.4	3 633.0	2 278.4	16.1	13.9	19.8
上海	4 761.2	1 936.8	2 824.4	9.8	5.6	12.8
浙江	3 779.0	2 868.9	910.0	12.3	7.1	32.4
北京	3 237.2	585.0	2 652.2	14.6	12.5	15.1
山东	2 630.6	1 471.0	1 159.5	12.2	7.3	19.2

（续）

地　　区	进出口额	出口额	进口额	同比（%）		
				进出口	出口	进口
福建	1 710.3	1 049.3	661.0	9.1	1.2	24.4
天津	1 129.4	435.6	693.8	10.0	−1.6	18.8
辽宁	994.2	448.8	545.5	14.9	4.2	25.4
河南	776.1	470.3	305.8	9.0	9.9	7.7
四川	681.2	375.5	305.7	38.2	34.4	43.1
重庆	666.0	426.0	240.0	6.1	4.8	8.6
广西	572.1	274.6	297.5	20.1	19.8	20.5
安徽	536.4	304.8	231.5	20.8	7.2	45.0
河北	498.1	313.6	184.5	6.7	2.6	14.6
湖北	463.1	305.0	158.1	17.6	17.1	18.4
江西	444.7	326.9	117.8	11.1	9.7	15.2
陕西	401.4	245.6	155.9	34.0	55.0	10.5
湖南	360.4	231.7	128.7	37.3	31.0	50.5
云南	233.9	114.3	119.6	17.5	−0.5	42.2
新疆	206.6	177.3	29.3	17.1	13.8	42.6
黑龙江	189.4	52.6	136.8	14.5	4.4	18.9
吉林	185.3	44.3	141.0	0.4	5.4	−1.0
山西	171.7	102.0	69.8	3.1	2.7	3.7
内蒙古	139.0	49.4	89.6	19.4	12.3	23.7
海南	103.7	43.7	60.0	−8.6	105.4	−34.9
贵州	81.3	57.8	23.5	42.6	21.8	145.8
甘肃	50.6	18.3	32.2	−26.0	−54.9	16.4
宁夏	50.4	36.5	13.9	54.8	46.8	80.9
西藏	8.7	4.4	4.3	10.8	−7.5	38.7
青海	6.6	4.2	2.3	−57.1	−69.1	45.5

数据来源：商务部

（汪云云）

2-9 历年进出口总额一览表

（1993—2017 年）

单位：万美元

年度	进出口总额	出口额	进口额
1993	2 826 683	672 105	2 154 578
1994	2 927 427	834 206	2 093 221
1995	3 703 513	1 024 977	2 678 536
“九五”时期	17 417 315	5 010 231	12 407 084
1996	2 931 833	811 975	2 119 858
1997	3 038 852	961 103	2 077 749
1998	3 050 609	1 051 293	1 999 316
1999	3 433 844	989 059	2 444 785
2000	4 962 177	1 196 801	3 765 376
“十五”时期	39 273 900	9 269 879	30 004 021
2001	5 154 131	1 178 687	3 975 444
2002	5 250 870	1 261 464	3 989 406
2003	6 846 262	1 685 173	5 161 089
2004	9 465 509	2 057 493	7 408 016
2005	12 557 128	3 087 062	9 470 066
“十一五”时期	113 900 296	24 818 619	89 081 677
2006	15 817 225	3 797 921	12 019 304
2007	19 294 630	4 892 328	14 402 302
2008	27 171 187	5 745 424	21 425 763
2009	21 476 276	4 836 261	16 640 014
2010	30 140 978	5 546 685	24 594 293
“十二五”时期	196 175 679	29 893 938	166 281 740
2011	38 949 480	5 902 502	33 046 978
2012	40 791 626	5 965 038	34 826 588
2013	42 910 333	6 324 622	36 585 711
2014	41 565 180	6 234 540	35 330 640
2015	31 959 059	5 467 235	26 491 824
“十三五”时期	60 571 617	11 034 083	49 537 534
2016	28 199 559	5 183 778	23 015 781
2017	32 372 058	5 850 305	26 521 753

（汪云云）

2-10 1995—2017年北京进出口额在全国各地区的排名

年份	1995	1996	1997	1998	1999	2000	2001	2002	2003	2004	2005	2006	2007	2008	2009	2010	2011	2012	2013	2014	2015	2016	2017
进口	2	2	2	2	2	2	2	2	3	4	4	4	3	3	2	2	2	2	2	2	2	2	3
出口	3	7	7	5	7	7	7	7	7	8	7	7	7	6	7	7	7	7	8	8	8	7	7

（汪云云）

三、服务外包与技术贸易

3－1 2017年北京服务贸易进出口情况

单位：亿元人民币

分项	进出口额	出口额	进口额
总　额	**9 688.00**	**2 953.20**	**6 734.80**
运输	2 136.22	325.75	1 810.47
旅行	3 183.54	178.85	3 004.69
建筑	819.24	597.18	222.05
保险服务	622.50	176.38	446.12
金融服务	126.26	96.12	30.14
电信、计算机和信息服务	806.88	448.74	358.14
电信服务	162.61	84.67	77.93
计算机和信息服务	644.27	364.06	280.21
知识产权使用费	295.31	21.15	274.16
个人、文化和娱乐服务	100.37	16.81	83.56
维护和维修服务	92.96	57.05	35.91
加工服务	60.79	60.26	0.53
其他商业服务	1 443.93	974.90	469.03
其中：技术相关服务	251.95	149.86	102.09
专业管理和咨询服务	804.91	595.93	208.97
研发成果转让费及委托研发	75.13	5.97	69.16

（李　倩）

3－2 北京地区历年服务贸易进出口情况统计表

单位：亿美元

年　度	出　口	进　口	进出口额	顺（逆）差
2003	82.45	79.78	162.24	2.67
2004	121.12	114.58	235.70	6.54
2005	165.81	134.92	300.74	30.89
2006	198.54	194.68	393.23	3.86
2007	252.81	250.25	503.06	2.55
2008	341.69	350.23	691.92	−8.53

（续）

年　度	出　　口	进　　口	进出口额	顺（逆）差
2009	331.60	332.50	644.10	－20.90
2010	388.22	410.10	798.32	－21.88
2011	414.99	480.38	895.37	－65.39
2012	445.11	555.09	1000.20	－109.98
2013	426.89	596.44	1023.33	－169.55
2014	435.05	671.09	1 106.14	－236.04
2015	490.67	812.11	1 302.78	－321.44
2016	532.13	976.47	1 508.60	－444.35
2017	437.2	997.1	1 434.3	－559.9
	（2 953.2 亿元人民币）	（6 734.8 亿元人民币）	（9 688 亿元人民币）	（－3 781.60 亿元人民币）

（李　倩）

3－3　北京市 2017 年服务外包（离岸）外包类别情况

外包类别	2016 年执行金额（万美元）	2017 年执行金额（万美元）	同比增幅（%）
服务外包（离岸）合计	490 592.22	456 555.49	－6.9
其中：			
信息技术外包	308 467.87	317 956.41	3.1
业务流程外包	90 795.95	62 344.52	－31.3
知识流程外包	91 328.40	76 254.56	－16.5
其他服务产品	—	—	—

（许　鑫）

3－4　北京市历年服务外包（离岸）情况

年　度	合同数（份）	执行金额（万美元）	同比增幅（%）
总　计	**43 503**	**3 325 956.06**	
2008	3 050	54 176.8	27.6
2009	5 264	104 841.0	93.5
2010	5 565	153 755.9	46.7
2011	5 884	244 880.9	59.3
2012	5 887	355 953.30	45.4
2013	4 586	482 575.57	35.6
2014	3 950	532 693.40	10.4
2015	3 450	449 931.48	－15.5
2016	2 842	490 592.22	9.0
2017	3 025	456 555.49	－6.9

（许　鑫）

3-5 2017年技术进出口合同登记情况

3-5-1 技术出口合同登记情况

一、按合同类型分

出口方式（合同类别）	合同数（个）	合同金额（万美元）	技术费（万美元）
合 计	**654**	**454 580.5**	**411 378.2**
A：专利技术的许可或转让（包括专利申请权的转让）	27	5 159.4	158.4
B：专有技术的许可或转让	17	17 094.4	17 094.4
C：技术咨询、技术服务	584	374 317.5	336 769.3
D：计算机软件的出口	26	58 009.1	57 356.1

（巨振乐）

二、按企业性质分

企业性质分类	合同数（个）	合同金额（万美元）	技术费（万美元）
合 计	**654**	**454 580.5**	**411 378.2**
国有企业	70	51 174.5	9 412.7
集体企业	4	135.6	34.1
外商投资企业	357	379 451.5	379 407.7
民营企业	219	23 766.6	22 471.5

（巨振乐）

三、按国民经济行业分

行 业	合同数（个）	合同金额（万美元）	技术费（万美元）
合 计	**654**	**454 580.5**	**411 378.2**
其他行业	11	579.4	579.4
农、林、牧、渔业	3	5 131.0	28.5
采矿业	62	10 302.8	4 035.4
制造业	105	217 452.3	209 105.0
电力、燃气及水的生产和供应业	1	7 860.8	252.5
建筑业	4	1 621.6	1 621.6
交通运输、仓储和邮政业	0	0.0	0.0
信息传输、计算机服务和软件业	299	112 353.1	112 289.3
批发和零售业	2	7.4	7.4
住宿和餐饮业	0	0.0	0.0
金融业	0	0.0	0.0
房地产业	0	0.0	0.0

（续）

行　　业	合同数（个）	合同金额（万美元）	技术费（万美元）
租赁和商务服务业	10	17 297.7	1 484.7
科学研究、技术服务和地质勘查业	145	80 038.1	80 038.0
水利、环境和公共设施管理业	2	136.0	136.0
居民服务和其他服务业	8	1 621.4	1 621.4
教育	1	147.2	147.2
卫生、社会保障和社会福利业	0	0.0	0.0
文化、体育和娱乐业	1	31.7	31.7
公共管理与社会组织	0	0.0	0.0
群众社团、社会团体和宗教组织	0	0.0	0.0
国际组织	0	0.0	0.0

（巨振乐）

四、按国别（地区）分

国别地区	合同数（个）	合同金额（万美元）	技术费（万美元）
合　　计	**654**	**454 580.5**	**411 378.2**
瑞典	4	101 356.4	101 356.4
美国	116	82 843.7	82 843.7
芬兰	1	45 644.0	45 644.0
新加坡	21	41 216.9	41 216.9
德国	11	36 851.0	36 851.0
中国香港	91	20 800.2	20 780.1
孟加拉国	1	16 400.0	587.0
荷兰	4	14 905.9	14 905.9
韩国	21	11 680.8	11 680.8
阿尔及利亚	3	10 589.8	2 490.6
日本	151	10 463.2	10 463.2
法国	13	9 502.3	9 502.3
巴基斯坦	3	7 975.3	367.1
爱尔兰	3	7 577.6	7 577.6
南非	3	5 792.5	544.0
瑞士	6	5 076.2	5 076.2
阿根廷	1	5 001.0	0.0
英属维尔京	38	3 475.2	3 431.4
百慕大	1	3 000.0	3 000.0
开曼群岛	17	2 905.4	2 905.4

（续）

国别地区	合同数（个）	合同金额（万美元）	技术费（万美元）
阿拉伯酋长国	2	1 795.0	1 795.0
意大利	14	1 171.6	1 171.6
伊拉克	1	1 057.4	42.3
中国台湾	8	920.1	920.1
英国	7	783.5	783.5
哈萨克	7	616.5	616.5
埃塞俄比亚	6	568.4	568.4
西班牙	2	401.5	401.5
印度	1	400.0	400.0
印度尼西亚	10	374.4	374.4
越南	3	347.8	87.8
刚果	10	305.6	305.6
以色列	1	300.0	300.0
加拿大	4	245.6	245.6
泰国	3	242.9	242.9
菲律宾	1	226.4	226.4
苏丹	2	219.5	219.5
哥伦比亚	2	215.5	215.5
澳大利亚	3	158.9	158.9
文莱	4	156.5	156.5
马来西亚	9	130.8	130.8
阿富汗	1	111.6	22.0
马绍尔群岛共和国	2	101.0	101.0
赞比亚	8	94.7	90.8
津巴布韦	4	88.2	88.2
中国澳门	3	86.3	86.3
蒙古	3	58.0	58.0
厄瓜多尔	1	50.9	50.9
塞舌尔	1	50.8	50.8
智利	1	27.8	27.8
葡萄牙	1	26.0	26.0
秘鲁	1	22.6	22.6
土库曼	2	22.6	22.6
新西兰	1	20.5	20.5
俄罗斯	2	18.0	18.0

（续）

国别地区	合同数（个）	合同金额（万美元）	技术费（万美元）
比利时	1	17.3	17.3
塔吉克	2	15.9	15.9
塞拉利昂	2	15.8	15.8
奥地利	2	13.3	13.3
委内瑞拉	1	10.8	10.8
波兰	0	8.6	8.6
缅甸	1	8.0	8.0
斯里兰卡	1	6.2	6.2
沙特阿拉伯	1	4.4	4.4
希腊	1	4.1	4.1
巴西	2	2.0	2.0

（巨振乐）

3-5-2 技术引进合同登记情况

一、按合同类型分

引进方式（合同类别）	合同数（个）	合同金额（万美元）	技术费（万美元）
合 计	**534**	**277 690.0**	**261 639.4**
专利技术	18	43 355.4	43 355.4
专有技术	118	167 299.6	162 184.6
技术咨询、技术服务	370	45 911.3	40 064.2
计算机软件	14	15 263.6	15 255.1
商标许可	2	222.9	211.9
合资生产、合作生产	0	42.1	42.1
成套设备、关键设备、生产线	10	5 475.1	436.2
其他方式	2	120.0	90.0

（巨振乐、李家旭）

二、按企业性质分

企业性质分类	合同数（个）	合同金额（万美元）	技术费（万美元）
合 计	**534**	**277 690.0**	**261 639.4**
国有企业	144	57 918.3	45 935.8
集体企业	1	13.9	2.0
外商投资企业	309	164 438.5	164 421.8
民营企业	72	44 237.4	40 197.9
其他	8	11 081.9	11 081.9

（巨振乐、李家旭）

三、按国民经济行业分

行　　业	合同数（个）	合同金额（万美元）	技术费（万美元）
合　　计	**534**	**277 690.0**	**261 639.4**
其他行业	2	1 174.8	1 174.6
农、林、牧、渔业	4	5 096.9	84.0
采矿业	13	1 776.7	1 240.6
制造业	214	178 748.8	172 683.8
电力、燃气及水的生产和供应业	9	714.2	612.1
建筑业	3	257.0	257.0
交通运输、仓储和邮政业	3	6 865.9	6 731.8
信息传输、计算机服务和软件业	173	28 572.9	28 542.9
批发和零售业	5	1 250.1	1 250.1
住宿和餐饮业	0	1 614.0	1 614.0
金融业	8	4 135.8	4 135.8
房地产业	1	25.4	25.4
科学研究、技术服务和地质勘查业	82	41 998.7	37 828.4
水利、环境和公共设施管理业	5	161.6	161.6
居民服务和其他服务业	10	5 266.4	5 266.4
教育	1	5.1	5.1
卫生、社会保障和社会福利业	0	0.0	0.0
文化、体育和娱乐业	0	21.2	21.2
公共管理与社会组织	1	4.6	4.6
基层群众自治组织	0	0.0	0.0

（巨振乐、李家旭）

四、按国别（地区）分

国别地区	合同数（个）	合同金额（万美元）	技术费（万美元）
合　　计	**534**	**277 690.0**	**261 639.4**
美国	73	81 708.0	81 119.1
德国	87	44 208.9	40 022.2
韩国	160	39 706.6	39 628.6
斯洛文尼亚共和国	1	30 324.0	30 324.0
瑞士	12	20 580.0	19 235.2
日本	73	7 985.8	7 977.3
中国台湾	19	5 978.0	5 978.0

（续）

国别地区	合同数（个）	合同金额（万美元）	技术费（万美元）
西班牙	4	5 729.5	5 729.5
中国香港	17	5 120.7	5 072.0
阿富汗	1	5 001.0	0.0
加拿大	9	4 559.3	569.3
爱尔兰	5	4 406.1	4 406.1
英国	10	3 884.3	3 884.3
意大利	4	3 880.8	3 525.3
丹麦	1	3 418.5	3 418.5
法国	8	3 152.1	3 050.0
荷兰	9	2 422.5	2 411.6
英属维尔京	4	1 355.9	1 355.9
卢森堡	1	666.8	666.8
奥地利	6	562.8	562.8
比利时	4	536.1	353.4
巴西	1	479.6	479.6
开曼群岛	3	462.2	462.2
瑞典	3	350.7	350.7
新加坡	6	291.1	161.3
百慕大	0	198.3	198.3
澳大利亚	1	175.3	175.3
阿曼	1	140.0	140.0
芬兰	1	108.3	108.3
俄罗斯	2	91.6	91.6
匈牙利	3	88.4	88.4
乌克兰	1	42.5	42.4
塞舌尔	1	34.9	34.9
阿尔及利亚	2	33.9	11.0
新西兰	1	5.1	5.1
以色列	0	0.5	0.5

（巨振乐、李家旭）

四、利用外资

4-1　2017年1-12月外商投资分方式结构表

金额单位：万美元

投资方式	实际外资
总　　计	**2 432 909**
中外合资企业	200 974
中外合作企业	8 441
外资企业	2 195 168
外商投资股份制	28 326

（崔晶雪）

4-2　2017年1-12月外商投资分产业结构表

金额单位：万美元

产业名称	实际外资
总　　计	**2 432 909**
第一产业	838
第二产业	111 886
第三产业	2 320 185

（崔晶雪）

4-3　2017年1-12月外商投资分行业结构表

金额单位：万美元

行业名称	实际外资
总　　计	**2 432 909**
农、林、牧、渔业	838
采矿业	247
制造业	39 318
化学原料及化学制品制造业	964
通用设备制造业	642
专用设备制造业	2 216
交通运输设备制造业	4 310
通信设备、计算机及其他电子设备制造业	10 951

（续）

行业名称	实际外资
电力、燃气及水的生产和供应业	69 670
建筑业	2 651
交通运输、仓储和邮政业	138 001
信息传输、计算机服务和软件业	1 317 877
批发和零售业	182 005
住宿和餐饮业	3 161
金融业	33 992
房地产业	206 915
租赁和商务服务业	229 595
投资性公司	169 070
科学研究、技术服务和地质勘查业	202 393
水利、环境和公共设施管理业	490
居民服务和其他服务业	215
教育	0
卫生、社会保障和社会福利业	397
文化、体育和娱乐业	5 144
公共管理和社会组织	0

（崔晶雪）

4-4 2017年1-12月外商投资主要国别和地区结构表

金额单位：万美元

国别（地区）	实际外资
中国香港	2 145 130
百慕大	73 939
开曼群岛	36 757
韩国	31 878
英属维尔京群岛	30 907
日本	29 609
荷兰	16 181
美国	14 036
德国	11 784
新加坡	11 389

（崔晶雪）

五、对外经济

5－1　1979—2017 年对外投资一览表

金额单位：万美元

年度	企业数（个）	中方协议投资额	中方实际投资额
1979	1	22	
1980	4	181.8	
1981	2	25.8	
1982	3	20.8	
1983	2	166.5	
1984	3	210.07	
1985	5	190.3	
1986	4	56.6	
1987	6	213.72	
1988	12	720.7	
1989	6	671	
1990	11	396.9	
1991	23	3623.18	
1992	34	819.45	
1993	47	12562.49	
1994	30	486.68	
1995	25	2 510.86	
1996	22	1 656.7	
1997	20	715.46	
1998	21	550.73	
1999	13	394.58	
2000	20	2 502.29	
2001	20	912.3	
2002	25	5 086.04	
2003	38	63 249.61	
2004	52	20 371.08	13 621.48
2005	52	24 216.24	7 582.08

（续）

年度	企业数（个）	中方协议投资额	中方实际投资额
2006	76	31 654.53	6 980.56
2007	87	36 642.53	9 439.85
2008	103	42 491.15	20 582.28
2009	140	49 958.39	30 580.71
2010	266	177 084.38	69 383.36
2011	237	209 700.08	74 533.75
2012	277	202 133.22	16 885
2013	393	—	413 010
2014	375	—	727 353
2015	—	—	955 475.35
2016	—	—	1 550 955
2017	—	—	665 126
总计			4 561 508.42

（罗　群）

5-2 2017年1-12月我国对外承包工程、劳务合作和境外就业业务分国家（地区）统计表

单位：份、万美元、人

国家（地区）名称	对外承包工程					对外劳务合作					累计派出各类劳务人员数量	月末在外各类劳务人员数量	雇用项目所在国人员数量
	新签合同份数	新签合同额	完成营业额	派出人数	月末在外人数	新签合同份数	新签劳务人员合同工资总额	劳务人员实际收入总额	派出人数	月末在外人数			
甲	(1)	(2)	(3)	(4)	(5)	(6)	(7)	(8)	(9)	(10)	(11)	(12)	(13)
合　计	272	905 968	402 944	6 026	11 806		2 168	16 138	12 426	12 782	18 452	24 588	39 702
亚洲	76	508 299	200 585	1 101	3 724	0	1 271	10 306	6 817	8 512	7 918	12 236	12 513
孟加拉	6	10 252	2 401	40	47	0	0	0	0	0	40	47	333
吉尔吉斯斯坦	0	0	0	0	0	0	0	0	0	0	0	0	22
菲律宾	0	0	0	0	0	0	3	81	36	47	36	47	0
中国澳门	0	0	984	0	215	0	1	60	12	86	12	301	11
新加坡	0	0	0	0	55	0	189	4 545	2 939	3 272	2 939	3 327	5
沙特阿拉伯	3	25 184	3 518	330	569	0	60	21	48	48	378	617	302
越南	4	4 355	14 255	32	87	0	0	0	0	0	32	87	316
伊拉克	2	6 757	1 048	0	56	0	0	0	0	0	0	56	20
斯里兰卡	3	4 880	6 391	6	33	0	0	0	0	0	6	33	561
乌兹别克斯坦	0	0	2 666	0	0	0	0	0	0	0	0	0	0

（续）

国家（地区）名称	对外承包工程					对外劳务合作					累计派出各类劳务人员数量	月末在外各类劳务人员数量	雇用项目所在国人员数量
	新签合同份数	新签合同额	完成营业额	派出人数	月末在外人数	新签合同份数	新签劳务人员合同工资总额	劳务人员实际收入总额	派出人数	月末在外人数			
柬埔寨	4	81 865	29 624	5	66	0	0	0	0	5	5	71	1 716
卡塔尔	0	0	6 311	0	50	0	15	213	147	273	147	323	140
土耳其	5	14 471	998	0	0	0	7	33	22	16	22	16	159
科威特	2	15 990	6 392	5	165	0	0	0	0	0	5	165	195
以色列	0	0	0	0	0	0	0	217	150	227	150	227	0
尼泊尔	1	3	3	3	3	0	0	0	0	0	3	3	0
马尔代夫	3	5 579	13 429	104	182	0	0	0	0	0	104	182	161
哈萨克斯坦	1	150	12 278	5	60	0	0	0	0	0	5	60	48
塞浦路斯	0	0	0	0	0	0	11	401	305	204	305	204	0
日本	0	0	0	0	0	0	771	347	493	1 414	493	1 414	5
老挝	1	11 411	11 079	0	71	0	0	0	0	0	0	71	290
阿富汗	0	0	10	0	0	0	0	0	0	0	0	0	2
黎巴嫩	0	0	0	0	0	0	0	0	0	0	0	0	6
韩国	0	0	0	0	0	0	4	12	7	5	7	5	0
缅甸	0	0	181	0	25	0	0	0	0	0	0	25	12
塔吉克斯坦	1	7 209	1 288	13	6	0	0	0	0	0	13	6	8
伊朗	5	93 317	322	11	61	0	0	0	0	0	11	61	45
阿曼	0	0	0	0	4	0	0	0	0	0	0	4	0
印度	3	106	405	3	0	0	1	3	1	0	4	0	2
巴基斯坦	9	39 524	12 875	439	318	0	3	3	4	4	443	322	1 964
印度尼西亚	6	7 613	9 018	56	184	0	0	0	0	0	56	184	276
中国香港	0	864	851	0	13	0	203	3 134	2 091	2 142	2 091	2 155	0
台湾省	0	0	0	0	0	0	0	562	266	344	266	344	0
马来西亚	7	165 088	44 144	25	374	0	0	457	280	216	305	590	2 282
蒙古	3	10 890	349	0	10	0	0	0	0	0	0	10	110
阿拉伯联合酋长国	6	2 791	1 771	2	981	0	0	215	4	197	6	1 178	2 588
泰国	1	0	17 993	22	89	0	2	2	12	12	34	101	934
非洲	171	366 435	154 226	4 574	7 106	0	294	468	408	336	4 982	7 442	25 919
多哥	9	19	0	0	5	0	0	0	0	1	0	6	6
吉布提	4	446	4 079	1	18	0	0	0	0	0	1	18	26
赞比亚	9	63 445	15 636	127	444	0	0	0	0	0	127	444	4 376
苏丹	1	35 716	0	0	17	0	0	0	0	0	0	17	100

（续）

国家（地区）名称	对外承包工程					对外劳务合作					累计派出各类劳务人员数量	月末在外各类劳务人员数量	雇用项目所在国人员数量
	新签合同份数	新签合同额	完成营业额	派出人数	月末在外人数	新签合同份数	新签劳务人员合同工资总额	劳务人员实际收入总额	派出人数	月末在外人数			
毛里塔尼亚	0	0	303	0	5	0	0	0	0	0	0	5	0
阿尔及利亚	25	43 588	25 542	2 930	2 137	0	0	0	0	0	2 930	2 137	1 295
津巴布韦	2	322	104	3	13	0	0	0	0	0	3	13	10
刚果（金）	5	3 180	732	24	73	0	0	0	0	0	24	73	249
南苏丹	6	129	1 030	2	5	0	0	0	0	0	2	5	158
贝宁	2	5 245	1 037	18	18	0	0	0	0	0	18	18	16
赤道几内亚	0	0	609	0	42	0	0	0	0	0	0	42	86
几内亚	2	430	411	0	20	0	0	0	0	0	0	20	48
加纳	0	0	226	0	25	0	0	0	0	0	0	25	67
肯尼亚	1	10 416	3 689	13	227	0	0	0	0	0	13	227	880
尼日尔	3	9 611	3 058	24	61	0	0	0	0	0	24	61	88
乍得	0	0	3 146	6	121	0	0	0	0	0	6	121	2 151
布基纳法索	1	1 202	27	3	3	0	0	0	0	0	3	3	0
马拉维	0	0	0	0	6	0	0	0	0	0	0	6	0
坦桑尼亚	4	2 695	1 587	77	181	0	0	0	0	0	77	181	687
塞内加尔	12	9 133	5 345	48	97	0	0	0	0	0	48	97	191
莫桑比克	3	297	5 279	33	79	0	0	0	0	0	33	79	188
南非	2	5 566	1 364	24	19	0	0	0	0	0	24	19	32
埃及	0	0	5	17	14	0	0	0	0	0	17	14	11
突尼斯	0	1 115	584	0	0	0	0	0	0	0	0	0	0
佛得角	0	0	512	15	40	0	0	0	0	0	15	40	26
安哥拉	16	16 843	11 077	562	1 122	0	0	0	0	0	562	1 122	2 983
利比亚	0	0	0	0	0	0	0	0	0	0	0	0	32
科特迪瓦	1	325	2 157	144	156	0	0	0	0	0	144	156	930
乌干达	2	1 061	1 978	0	103	0	0	0	0	0	0	103	382
布隆迪	0	0	18	0	13	0	0	0	0	0	0	13	49
刚果（布）	2	1 405	6 921	0	124	0	0	0	0	0	0	124	309
利比里亚	0	0	0	0	0	0	53	269	314	233	314	233	0
卢旺达	0	0	1 889	15	57	0	0	0	0	0	15	57	289
马达加斯加	0	0	45	0	3	0	0	0	0	0	0	3	18
埃塞俄比亚	9	80 131	25 344	212	399	0	240	199	94	94	306	493	2 817
喀麦隆	2	12 128	3 052	5	53	0	0	0	0	0	5	53	225

（续）

国家（地区）名称	对外承包工程					对外劳务合作					累计派出各类劳务人员数量	月末在外各类劳务人员数量	雇用项目所在国人员数量
	新签合同份数	新签合同额	完成营业额	派出人数	月末在外人数	新签合同份数	新签劳务人员合同工资总额	劳务人员实际收入总额	派出人数	月末在外人数			
马里	0	292	292	0	3	0	0	0	0	0	0	3	0
尼日利亚	41	55 809	24 356	175	1 226	0	0	0	0	0	175	1 226	6 576
毛里求斯	4	4 043	1 976	73	135	0	0	0	0	0	73	135	163
纳米比亚	1	554	731	0	10	0	0	0	0	0	0	10	203
塞拉利昂	2	1 288	72	23	22	0	0	0	0	8	23	30	231
中非共和国	0	0	16	0	10	0	0	0	0	0	0	10	19
加蓬	0	0	0	0	0	0	0	0	0	0	0	0	2
欧洲	13	19 401	21 246	105	701	0	300	2 765	2 254	1 647	2 359	2 348	589
瑞典	0	0	0	0	4	0	0	0	0	0	0	4	0
瑞士	0	0	0	0	0	0	0	278	194	123	194	123	0
德国	0	0	0	0	0	0	243	1 015	659	609	659	609	0
捷克	0	0	0	0	0	0	0	0	0	0	0	0	6
西班牙	0	0	0	0	0	0	0	5	0	7	0	7	0
意大利	1	89	89	0	0	0	3	193	208	180	208	180	20
丹麦	0	0	0	0	0	0	2	119	52	49	52	49	6
葡萄牙	0	0	0	0	0	0	1	3	5	4	5	4	0
挪威	0	0	0	0	0	0	2	354	282	180	282	180	0
马其顿共和国	2	80	62	0	0	0	0	0	0	0	0	0	25
白俄罗斯	0	3 637	4 983	0	618	0	0	0	0	0	0	618	68
俄罗斯联邦	6	14 864	5 053	105	58	0	0	0	0	0	105	58	32
塞尔维亚	0	0	0	0	1	0	0	0	0	0	0	1	0
马耳他	0	0	0	0	10	0	14	66	104	70	104	80	10
格鲁吉亚	0	0	0	0	0	0	0	0	0	0	0	0	134
英国	3	712	11 041	0	0	0	34	729	745	424	745	424	221
罗马尼亚	0	0	0	0	10	0	0	0	0	0	0	10	3
阿塞拜疆	0	0	0	0	0	0	0	0	0	0	0	0	7
卢森堡	0	0	0	0	0	0	0	2	1	1	1	1	0
法国	1	18	18	0	0	0	0	2	4	0	4	0	57
拉丁美洲	8	11 608	21 175	240	266	0	231	1 434	1 718	1 360	1 958	1 626	540
墨西哥	2	44	471	0	0	0	0	0	0	0	0	0	12
古巴	2	377	1 199	47	32	0	0	0	0	0	47	32	13
委内瑞拉	0	0	400	0	0	0	0	0	0	0	0	0	0
特立尼达和多巴哥	0	0	0	0	4	0	0	0	0	0	0	4	0

（续）

国家（地区）名称	对外承包工程					对外劳务合作					累计派出各类劳务人员数量	月末在外各类劳务人员数量	雇用项目所在国人员数量
	新签合同份数	新签合同额	完成营业额	派出人数	月末在外人数	新签合同份数	新签劳务人员合同工资总额	劳务人员实际收入总额	派出人数	月末在外人数			
伯利兹	0	0	0	0	0	0	5	23	8	6	8	6	0
牙买加	1	30	38	0	0	0	0	0	0	0	0	0	0
开曼群岛	0	0	0	0	0	0	0	1	7	7	7	7	0
英属维尔京群岛	0	0	0	0	0	0	0	61	40	23	40	23	0
格林纳达	0	0	47	0	19	0	0	0	0	0	0	19	0
多米尼加共和国	0	0	0	0	0	0	1	3	5	4	5	4	0
秘鲁	0	0	8 004	9	0	0	0	0	0	0	9	0	0
哥伦比亚	0	0	0	0	1	0	0	0	0	0	0	1	0
哥斯达黎加	1	1	255	0	0	0	0	0	0	0	0	0	4
洪都拉斯	0	0	132	0	0	0	0	0	0	0	0	0	0
安提瓜和巴布达	0	0	0	0	22	0	0	1	1	2	1	24	5
巴拿马	0	0	209	0	0	0	152	1 015	887	751	887	751	0
阿根廷	0	0	9	0	0	0	0	0	0	0	0	0	0
厄瓜多尔	2	11 157	9 981	184	168	0	0	0	0	0	184	168	506
圣文森特和格林纳丁斯	0	0	0	0	0	0	0	0	1	0	1	0	0
玻利维亚	0	0	428	0	0	0	0	0	0	0	0	0	0
巴哈马	0	0	2	0	20	0	73	329	769	567	769	587	0
北美洲	2	1	5 610	0	0	0	3	791	733	556	733	556	120
加拿大	0	0	0	0	0	0	0	324	153	105	153	105	0
美国	2	1	5 610	0	0	0	3	466	575	447	575	447	120
百慕大群岛	0	0	0	0	0	0	0	1	5	4	5	4	0
大洋洲	2	223	102	6	9	0	69	373	496	371	502	380	21
图瓦卢	0	0	0	0	0	0	0	1	0	0	0	0	0
马绍尔群岛共和国	0	0	0	0	0	0	66	354	483	354	483	354	0
帕劳共和国	1	31	9	0	0	0	1	6	3	2	3	2	0
新西兰	1	92	40	6	6	0	0	0	0	0	6	6	0
巴布亚新几内亚	0	101	53	0	0	0	0	0	0	0	0	0	21
基里巴斯	0	0	0	0	0	0	2	10	4	10	4	10	0
库克群岛	0	0	0	0	0	0	1	2	6	5	6	5	0
所罗门群岛	0	0	0	0	3	0	0	0	0	0	0	3	0

（袁　渤、李　恩）

六、口岸通关

6－1　2017年北京口岸运营情况一览表

项　　目	本年累计	上年同期	同比增长（±%）
北京首都机场口岸			
旅客吞吐量（人次）	95 786 060	94 393 521	1.5
其中：进港（人次）	47 801 780	47 126 166	1.4
出港（人次）	47 984 280	47 267 355	1.5
出入境人员（人次）	24 700 290	24 252 213	1.8
其中：入境（人次）	12 427 641	12 190 264	1.9
出境（人次）	12 272 649	12 061 949	1.7
其中：出入境外籍人员（人次）	6 789 454	6 998 138	－3.0
其中：出入境港澳台同胞（人次）	1 224 777	1 256 995	－2.6
其中：出入境内地居民（人次）	16 686 059	15 997 080	4.3
其中：旅客过境（人次）	1 236 130	1 050 409	17.7
其中：72小时过境免签旅客（人次）	27 678	26 319	5.2
飞机起降（架次）	597 246	606 086	－1.5
其中：进港（架次）	298 622	303 066	－1.5
出港（架次）	298 624	303 020	－1.5
出入境飞机起降（架次）	145 266	139 973	3.8
货邮运量（吨）	2 021 228.0	1 942 791.0	4.0
其中：国际货邮（吨）	1 032 754.3	909 390.0	13.6
国内货邮（吨）	988 473.7	1 033 401.0	－4.35
海关监管货物总量（吨）	74 410 082	57 500 276	29.4
其中：监管进口货物（吨）	72 985 062	56 130 398	30.0
监管出口货物（吨）	1 425 020	1 369 878	4.0
其中：跨关区通关货物（吨）	72 765 409	55 919 766	30.1
其中：进口货物（吨）	72 756 879	55 917 715	30.1
出口货物（吨）	8 530	2 051	315.9

（续）

项　　目	本年累计	上年同期	同比增长（±%）
北京西站铁路口岸			
出入境人员（人次）	47 666	53 787	－11.4
其中：入境（人次）	24 349	26 845	－9.3
出境（人次）	23 317	26 942	－13.5
其中：出入境外籍人员（人次）	3 262	3 388	－3.7
其中：出入境港澳台同胞（人次）	16 488	17 814	－7.4
其中：出入境内地居民（人次）	27 916	32 585	－14.3
北京丰台货运口岸			
海关监管货物（吨）	18 761	15 547	20.7
其中：监管进口货物（吨）	15 453	11 713	31.9
监管出口货物（吨）	3 308	3 834	－13.7
北京朝阳口岸			
海关监管货物（吨）	1 147 200	1 007 374	13.9
其中：监管进口货物（吨）	1 086 287	984 602	10.3
监管出口货物（吨）	60 913	22 772	167.5
北京平谷国际陆港			
海关监管货物（吨）	123 977	184 904	－33.0
其中：监管进口货物（吨）	120 670	181 154	－33.4
监管出口货物（吨）	3 307	3 750	－11.8
北京天竺综合保税区			
实际进出口货物（吨）	74 247	55 404	34.0
北京口岸合计			
出入境人员合计（人次）	24 747 956	24 306 000	1.8
其中：入境（人次）	12 451 990	12 217 109	1.9
出境（人次）	12 295 966	12 088 891	1.7
其中：出入境外籍人员（人次）	6 792 716	7 001 526	－3.0
其中：出入境港澳台同胞（人次）	1 241 265	1 274 809	－2.6
其中：出入境内地居民（人次）	16 713 975	16 029 665	4.3
海关监管货物合计（吨）	75 700 020	58 708 101	28.9
监管进口货物（吨）	74 207 472	57 307 867	29.5
监管出口货物（吨）	1 492 548	1 400 234	6.6
海关征收税款净入库税额（亿元）	693.5	610.4	13.6

注：海关征收税款净入库税额是北京海关征收的税款合计，包含进出口关税和进口环节税。
海关监管货物合计不包含北京天竺综合保税区。

（何　剑）

第七部分

大　事　记

大 事 记

一季度

2017 年，北京在全国范围内率先试行以总消费（商品消费＋服务消费）替代社零额衡量消费，开创总消费统计新纪元。

2 月 15 日，市政府召开 2017 年全市商务工作会议，程红副市长出席会议并讲话。

2 月 27 日，北京通航法荷航飞机航线维修有限责任公司在京揭牌，标志着全国第一个外方控股的飞机维修项目正式进入运营阶段。

3 月 8 日，北京首家外商独资演出经纪企业“龙之传奇（北京）国际艺术有限公司”正式落户天竺综合保税区文化保税园。

3 月 30 日，首家“北京天竺综合保税区进口商品直营中心”在物美管庄店正式挂牌。

二季度

4 月 10 日，首票启运地为德国，经郑州转关的中欧班列运输货物进境至平谷国际陆港（平谷口岸）。

4 月 19 日，北京首创外资企业设立“一窗受理”模式，作为省直辖市层面推出此项改革措施，并经国务院发文在全国推广。

4 月 25 日，蔡奇同志调研北京餐饮老字号传承发展情况。

5 月 2 日，朝阳区、顺义区两个外国人出入境服务大厅正式揭牌，标志着公安部批复北京市服务业扩大开放综合试点示范区 10 项出入境政策措施正式启动实施。

5 月 28 日至 6 月 1 日，由中国国际经济技术交流中心和北京市国际服务贸易事务中心共同主办的京交会品牌延续性活动——2017 北京国际服务贸易交易会在京举行。

5 月 31 日，知识产权拍卖首次进入北京国际服务贸易交易会，借助线上线下相结合的拍卖新形式实现总成交额 3.349 亿元。

6 月 25 日，国务院批复《深化改革推进北京市服务业扩大开放综合试点工作方案》，标志着北京市服务业扩大开放综合试点进入打造升级版的全新阶段。

三季度

7 月 19 日，市政府召开全市生活性服务业品质提升工作交流推进电视电话会议，市委副书记、代市长陈吉宁出席会议并发表重要讲话。

7 月 27 日，国务院新闻办公室举行北京市服务业扩大开放综合试点新闻发布会，商务部王受文副部长和北京市程红副市长出席发布会，介绍试点成效及深化试点安排并回答记者提问。

8 月 16 日，北京市与商务部联合召开深化服务业扩大开放综合试点工作动员部署大会。市委书记蔡奇、商务部部长钟山出席并讲话，市委副书记、代市长陈吉宁主持大会，程红副市长进行了工作部署。

9 月，北京新机场口岸非现场设施项目

边检综合办公楼、海关国检综合办公楼和国检口岸疾控中心开工建设。

9月28日，北京电子口岸升级改造暨中国（北京）国际贸易单一窗口终验并正式上线运行，初步实现国际贸易“单一窗口”的一点接入、一次申报、一站式服务的基本功能。

四季度

10月30日至12月31日，北京市商务委员会开展全市商务领域集中调研活动，期间深入调研企业及服务对象共计725家。

10月31日，北京跨境电商进口网购保税业务启动试运行，为居民购买国外商品提供新选择，回拉外流消费。

11月1日至11月11日，年度“双十一”电商促销节期间，京东、小米、国美在线、苏宁易购、一商宇洁等重点监测企业，累计实现网上销售额近1400亿元，同比增长55%。

11月9日，京津冀三地首次联合执法对交界处加油站进行专项检查。

12月，北京西站铁路口岸开放改造工程完成正式验收。

12月28日，由市口岸办牵头推进的“京津冀144小时过境免签政策”正式启动实施。

2017年度，市商务委被北京市政府评为“安全生产先进单位”。

（石　龙）

第八部分

附　　录

北京市商务委员会组织序列

（截至2017年12月31日）

序　号	市商务委处室
1	办公室
2	综合处（研究室）
3	法制与公平贸易处（世贸组织事务处）
4	规划建设处（京津冀商务发展协同处）
5	流通发展处
6	流通秩序处
7	市场秩序协调处
8	服务交易处
9	储备调控处（北京市盐务管理办公室）
10	消费促进处（批发业发展处）
11	物流发展处
12	商务服务业发展协调处
13	总部经济发展处
14	电子商务处
15	外贸运行处（北京市机电产品进出口办公室）
16	贸易发展处
17	北京市服务业扩大开放综合试点工作领导小组办公室规划政策处
18	北京市服务业扩大开放综合试点工作领导小组办公室协调推进处
19	服务贸易处
20	对外经济合作处
21	外资发展处
22	外资管理处（对港澳台经济合作处）
23	安全监管处
24	财务处
25	人事处
序　号	**市政府口岸办处室**
1	秘书处
2	综合业务处
3	航空港处
4	陆港管理处（北京市人民政府口岸办公室丰台货运口岸管理处、北京市人民政府口岸办公室朝阳口岸管理处）
5	北京西站铁路口岸处

序　号	市粮食局（部门管理机构）
1	办公室
2	调控处
3	政策法规处
4	储备处
5	监督检查处
6	流通管理处
7	财务处
8	人事处
序　号	**市商务执法监察大队（直属管理机构）**
1	办公室
2	法制科
3	执法一队
4	执法二队
5	执法三队
6	执法四队
7	执法五队

（余　军、栾一飞）

北京市商务委员会领导成员

（截至2017年12月31日）

闫立刚 党组书记、主任
闫小彦 党组成员(2017年11月免职)、副主任(2017年12月免职)，
巡视员(2017.12任职)
许 康 委员（正局级，2017年5月免职），
巡视员（2017年5月任职，2017年12月免职退休），
机关党委书记，机关工会主席
倪跃刚 党组成员、副主任
李广禄 党组成员
宋建明 党组成员(2017年3月免职)、副主任(2017年4月免职)
申金升 副主任
武玉民 党组成员、纪检组组长
孙 尧 党组成员、副主任
柯永果 党组成员(2017年4月任职)、副主任(2017年5月任职)
王黎生 副主任（2017年4月挂职）
邓洪波 委员(副局级，2017年5月免职)、副巡视员(2017年5月任职)
王洪存 委员(副局级，2017年5月免职)、副巡视员(2017年5月任职)
丁剑华 委员(副局级，2017年5月免职)、副巡视员(2017年5月任职)
赵卫东 委员(副局级，2017年5月免职)、副巡视员(2017年5月任职)
赵立宗 副巡视员

（余 军、栾一飞）

北京市人民政府口岸办公室领导成员

（截至2017年12月31日）

吴伯棠　党组成员、驻市商务委纪检组正处级纪检监察员（2017年3月任职）

朱　雷　党组成员、副主任

薛海涛　党组成员、副主任

张沙宁　党组成员、副主任（2017年4月任职）

杨保京　党组成员、副主任（2017年5月挂职）

（余　军、栾一飞）

北京市粮食局领导成员

（截至 2017 年 12 月 31 日）

李广禄　　党组书记、局长
张　强　　党组副书记、副局长
阎维洪　　党组成员、副局长
任昌坤　　党组成员、副局长
王德奇　　党组成员、副局长（2017 年 6 月任职）

（余　军、栾一飞）